Великолепная книга, которая безусловно станет бестселлером.

Александр Невзоров

история гностических христианств

Юлия Латынина

ХРИСТОС

С ТЫСЯЧЬЮ ЛИЦ

историческое расследование

МОСКВА
2019

УДК 27-31
ББК 86.37
Л27

Латынина, Юлия.

Л27 Христос с тысячью лиц / Юлия Латынина. — Москва : Эксмо, 2019. — 576 с.

ISBN 978-5-04-101544-2

Иисус Христос был — но не один. Их было много. Едва ли не каждый адепт раннего христианства мог видеть и знать своего Христа. В продолжении бестселлера «Иисус. Историческое расследование» писатель и журналист Юлия Латынина ставит перед читателями новые неожиданные вопросы: чему именно учил настоящий Мессия и почему его апостолы так быстро стали переделывать его учение?

Книга превращает безликие статичные фигуры апостолов — Иоанна, Филиппа, Павла — в живых людей, со своими необыкновенными биографиями и яростными, несовместимыми теологиями. Двум персонажам уделено особое внимание.

Фигура Иуды Фомы, претендовавшего на звание духовного близнеца Христа и проповедовавшего за Евфратом, переворачивает традиционное представление о христианстве как о вере, развивавшейся в пределах Римской империи. А фигура Иоанна Крестителя — религиозно-политического лидера невероятного авторитета и мощи — принципиально меняет представления о времени и причине возникновения гностицизма.

УДК 27-31
ББК 86.37

ISBN 978-5-04-101544-2

ОГЛАВЛЕНИЕ

«Ты услышишь, что я страдал,
но я не страдал».

«Деяния Иоанна», 101, 6

«Они его не убили и не распяли,
им лишь показалось».

Коран, Сура 4, 157.

«Какая пошлая казнь! Но ты мне,
пожалуйста, скажи, ведь ее не было!
Молю тебя, скажи, не было?»

Михаил Булгаков,
«Мастер и Маргарита»

Книга «Иисус [illegible]» является продолжением книги «Иисус: историческое расследование», и фактически обе книги составляют одну — попытку биографии исторического Иисуса и истории его ранних последователей.

В первой книге мы попытались показать, что проповедь Иисуса ничем не отличалась от проповедей других иудейских фанатиков того времени и, более того, что он возглавлял их значительную часть и принадлежал к целому роду Мессий из дома Давидова, которые сменяли друг друга в руководстве движением.

Первый тезис — тезис о том, что исторический Иисус не был пророком мира, прощения и любви, — не является сколько-нибудь новым по крайней мере со времени Роберта Айслера и Самуэля Брендона. Второй, о династичности Иисуса, — встречается гораздо реже, но с ним можно ознакомиться, к примеру, в фундаментальном исследовании Роберта Эйзенмана «Иаков, брат Иисуса».

В результате вторая книга оказалась посвящена ответу на следующий простой вопрос: почему же тогда последователи Иисуса победили? В мире была масса мегаломаньяков, обещавших своим последователям власть над миром — от

ВСТУПЛЕНИЕ

Книга «Иисус с тысячью лиц» является продолжением книги «Иисус: историческое расследование», и первоначально обе книги составляли одну — попытку биографии исторического Иисуса и истории его ранних последователей.

В первой книге мы попытались показать, что проповедь Иисуса ничем не отличалась от проповедей других иудейских фанатиков того времени и, более того, что он возглавлял их значительную часть и принадлежал к целому роду Мессий из дома Давидова, которые сменяли друг друга в руководстве движением.

Первый тезис — тезис о том, что исторический Иисус не был пророком мира, прощения и любви, — не является сколько-нибудь новым по крайней мере со времени Роберта Айслера и Самуэля Брендона. Второй, о значительности Иисуса, — встречается гораздо реже, но с ним можно ознакомиться, к примеру, в фундаментальном исследовании Роберта Эйзенмана «Иаков, брат Иисуса».

В результате вторая книга оказалась посвящена ответу на следующий простой вопрос: почему же тогда последователи Иисуса победили? В мире была масса мегаломаньяков, обещавших своим последователям власть над миром, — от какого-нибудь буржского разбойника, объявившего себя Христом в 591 г. н.э., до живого бога Млимо, который во время второй войны англичан с матабеле хвалился, что умеет превращать пули белых в воду и снаряды их — в скорлупки от орехов. Мистиков, разбойников и террористов, чье окружение считало их богами, в человеческой истории было предостаточно, — но ни одному из этих прекрасных людей не удалось стать основателями мировой религии.

Как же это удалось Иисусу?

В результате ответа на этот вопрос «Иисус с тысячью лиц» — несколько неожиданно для автора — оказался посвящен, почти полностью, гностическим христианствам.

«Гнозис» по-гречески означает «знание».

Слово «знание» — «гнозис» по-гречески, «мандай» (עְדְנָּמ) по-арамейски и «мада» (עְדַּמ) или «яда» (עדי) на иврите — было одним из ключевых слов в революционном словаре раннего иудейского милленаризма. При этом всегда имелось в виду тайное знание. Знание о боге. Знание, позволяющее человеку стать бессмертным и даже богом.

Это слово было очень популярно в Кумране. Именно «*знание*... спрятанное от собрания плоти» (IQS XI, 6) позволяло членам кумранской секты подниматься на небо и «вступать в совет чистых богов (элим) и всех, кто владеет вечным *знанием*» (4Q286 Fr.7ai). *Гнозис* был целью жизни загадочной египетской секты терапевтов, «совершенствовавших знание» в уединенных монастерионах[1]. А потомки почитателей Иоанна Предтечи, и сейчас обитающие в песках Ирака, до сих пор называются «мандеями», то есть в переводе с арамейского на греческий — «гностиками».

Был *гнозис* ключевым термином и для ранних грекоговорящих христиан. Именно гнозис обещал Иисус своим ученикам в Евангелии от Иоанна, и именно обладателем гнозиса называл он себя сам.

«Отче праведный! и мир Тебя не *познал*; а Я *познал* (ἔγνων) Тебя, и сии *познали*, что Ты послал Меня» (Ин.

17:25). «И я дал им *знать* имя Твое, и буду давать им *знать* (γνωρίσω)» (Ин. 17:26).

Ученики апостола Павла, так же как и обитатели Кумрана, обладали *знанием* (γνωσις) (1Кор. 8:1) и росли в *познании* (επίγνωσις) Бога (Кол. 3:10). Именно познание истины обещало послание к Евреям (Евр. 10:26). Тексты, написанные от имени апостола Петра, рекомендовали мужам жить с женами «*по гнозису*» (1 Петра 3:7) и показать в «добродетели — *гнозис* и в *гнозисе* — воздержание» (2 Петра 1:5–6).

Однако в 180-х гг. н.э. — то есть значительно позже, чем были написаны все эти канонические тексты Нового Завета — один из отцов церкви и епископ Лиона Ириней написал текст, который так и назывался, «Обличение и Опровержение Лжеименного Гнозиса», он же: «Против ересей».

Слово «гнозис» не случайно соседствовало в этом названии со словом «ересь».

Термин «ересь» до появления христианства не существовал. Существовало греческое слово «эйресис». Но оно обозначало просто «выбор» или «школа, направление». «Ересь» — это одно из понятий, которые подарил нам христианский новояз.

Дело в том, что глупым язычникам и не приходило в голову, что веровать в бога можно неправильно. Жрецы Зевса Боттея никогда не называли «бешеными псами» жрецов Зевса Кассиоса. А жрицы Афродиты не призывали императоров казнить жрецов Аполлона.

Не так обстояло дело с религией добра и мира, чьи приверженцы обладали абсолютной истиной. В ней то и дело заводились ужасные богохульники, понимавшие истину неправильно, и добрым христианам, любящим своих врагов, постоянно приходилось напоминать этим богомерзким псам, что если они не раскаются, то будут вертеться на сковородах в аду не хуже язычников. «Но если бы даже мы или Ангел с неба стал благовествовать вам не то, что́ мы благовествовали вам, да будет анафема» (Гал. 1:8), — писал апостол Павел.

Тут надо сделать маленькое отступление и напомнить, что в I–V вв. н.э. общины последователей Иисуса были чрезвычайно разнообразны. Далеко не все эти последователи принадлежали к той общине, догматы которой впоследствии и стали государственной религией Римской империи. Более того, далеко не все они назывались христианами! Общины последователей Иисуса отличались и ритуалами, и диетой, и теологией.

Многие из последователей Иисуса строго соблюдали иудейский закон. Они ели только кошерное. В других общинах, наоборот, учили, что можно есть что угодно. Так поступали, например, последователи апостола Павла. «Все, что продается на торгу, ешьте без всякого исследования» (1 Кор. 10:25).

Был и третий вариант — есть все, кроме мяса, принесенного в жертву языческим богам (а таковым было практически любое мясо, продававшееся на рынке). Победившая церковь придерживалась именно этого варианта. Варианта Павла она не придерживалась, и тем, кто ел идоложертвенное, отцы церкви обещали, что их, как мерзких еретиков, в аду будут жарить на сковородках.

Различались христианские общины по отношению к календарям. У одних, как у евреев, календарь был лунный. У других, как у обитателей Кумрана, — солнечный.

Общины различались ритуалом причастия. Некоторые общины причащались кровью и плотью Христовой, то есть вином и хлебом. Этот вариант восходил, по-видимому, к апостолу Павлу, который заявил, что Христос лично рассказал, что он причастил своих учеников на Тайной вечере именно так (1 Кор. 11:23).

Однако другие братья во Христе об этой встрече Павла и Христа на третьем небе, видимо, не знали, и причащались хлебом и водой — какового еретического заблуждения, разумеется, было достаточно, чтобы обречь их на вечное проклятие.

Более того! Некоторые и хлеба не ели, а питались только овощами, как, например, община эльхасаитов, в которой родился основатель манихейства, пророк Мани.

А еще некоторые общины считали, что на Тайной вечере вообще не было никакого причастия. Вместо этого Иисус на Тайной вечере научил своих поклонников экстатическому танцу: они вставали в круг и плясали под гностический гимн, который был популярен среди присциллианистов еще в IV в. н.э., за что их и сжигали. (Присциллианисты вообще были первые еретики, которых начали сжигать.)

Общины последователей Иисуса разнились по отношению к аскетизму. Они разнились по отношению к женщинам и по отношению к добровольным скопцам (некоторые считали самооскопление вершиной аскезы, некоторые осуждали его, как козни Сатаны).

И, конечно, у них было разное отношение к теологии.

Краеугольным камнем учения той общины, к которой принадлежал Ириней Лионский, было утверждение о том, что Иисус, сын Бога, принес себя в жертву за грехи человечества. Он физически умер и физически воскрес.

Однако огромное количество последователей Иисуса Мессии вообще не считали, что он умер. Это, собственно, и были те, «кто ложно назывался гностиками»[2].

Обладатели лжеименного гносиза считали, что Иисус — посланец Настоящего Бога, надмирный дух, никогда не имевший тленной плоти — не умирал и не воскресал. Они не считали, что он пришел искупить первородный грех. Они считали, что Христос пришел дать людям знание, и это было знание о том, как самим стать богами.

Кроме того, эти еретики считали, что наш, вещный, мир, недостоин спасения. Они не считали, что спасать нужно мир. Они считали, что спасаться нужно *от мира*. Они полагали, что люди могут увидеть бога, стать богами, сбросить с себя смертные одежды (то есть плоть) и обратиться в сверкающее эфирное тело ангела. «Ты увидел Христа — ты стал Христом», — учили гностики[3].

Некоторые из них считали, что Христос — всемирный дух — просто принял облик человека. Некоторые, наоборот, считали, что он надел на себя тело человека Иисуса, как рубашку, и что он также может войти в тела самих гностиков.

Эта позиция резко противоречила позиции победившей церкви, согласно которой Иисус Христос пришел во плоти, воскресение было процессом вполне физическим, а будущее Царство Божие имело своей составляющей вполне ощутимое материальное изобилие.

«Кто говорит, что нет ни Воскресения, ни Суда, тот первенец Сатаны», — сурово предупреждал в 160-х гг. епископ Смирны Поликарп[4].

Это неимоверное разнообразие общин, веровавших в Иисуса, создает перед нами совершенно очевидную сложность. Начиная с XIX в. н.э. в классической библеистике было принято то, что можно назвать теорией «маленького ручейка». Согласно этой теории, Иисус Христос был никому не известный проповедник мира и любви, распятый по ошибке римлянами в переполненой религиозными террористами провинции Иудея.

Смерть его прошла совершенно незамеченной, но с течением времени маленький ручеек добра и любви, который он проповедовал, превратился в могучую реку, которая смела языческую античность со всеми ее богами и статуями в пропасть забвения.

Очевидно, что само это огромное разнообразие общин, веровавших в Иисуса и существовавших как за пределами, так и в пределах империи, противоречит тезису о «незначительном ручейке». «Незначительный ручеек» уже ко II в. н.э. не мог иметь такое количество мутаций.

Кроме того, он ставит под вопрос еще одно часто встречающееся утверждение, а именно, что христианство восторжествовало из-за своего уникального месседжа о Сыне Бога, сошедшем на землю, проповедовавшем любовь и прощение и давшем себя распять за грехи человечества. Ведь далеко не все эти общины исповедовали этот месседж! И если кто и был «маленьким ручейком» на фоне безбрежного еретического океана — так это именно победившая церковь.

Как мы уже сказали, ересей в христианстве было очень много. Можно было сказать, что весь период II — IV вв. отцы церкви провели в непрестанной борьбе с ересями, точно так же, как сталинское НКВД беспрестанно боролось с врагами народа. И точно так же, как в случае с врагами народа, — чем больше церковь с ними боролась, тем больше их становилось.

Ириней Лионский в 180-х гг. насчитал еретиков: Валентина, Птолемея, Коловраса, некоего Марка, от которого пошли маркосиане, Симона Волхва, Менандра, Сатурнина, Василида, Керинфа, Николая, Эбиона, Кердона, Маркиона и Татиана, а также офитов, каинитов и варвеолитов, — итого 17 позиций.

Ипполит Римский спустя полвека насчитал их уже несколько десятков, включая, впрочем, еретиков Аристотеля и Платона. А старательный Епифаний из Саламиса, создавший в V в. н.э. фундаментальный труд под названием «Панарион», то есть «аптечка от ересей», насчитал их уже 80.

Дело выявления ересей осложнялось тем, что сама церковь — тоненький мост спасения, пролегавший над зыбучими безднами ересей, — вынуждена была, мягко говоря, маневрировать.

К примеру, один из основоположников церковной ортодоксии, предшественник Иринея Юстин Мученик был страшно недоволен еретиком Маркионом, который думал, что души являются бессмертными и тотчас после смерти берутся на небо. Юстин даже отказывался считать тех, кто так думает, христианами.

«Если вы встретитесь с такими людьми, которые… не признают воскресения мертвых и думают, что души их тотчас по смерти берутся на небо, то не считайте их христианами», — предупреждал Юстин[5]. Как и Ириней, Юстин считал, что Царство Божие будет иметь вполне плотский характер и что мученики будут царствовать «в том же создании, в котором они получили плоды страдания своего и были умерщвлены»[6].

Однако вместо еретиков иногда приходилось возражать римским префектам, в которых такое описание Царства Божия порождало вполне понятные опасения. И тогда тот же самый Юстин Мученик, который только что отказывался считать христианами тех, кто не верит в физическое воскресение мертвых, вдруг выступал перед императором со вполне гностических позиций. «Когда вы слышите, что мы ожидаем царства, то напрасно полагаете, что мы говорим о каком-либо царстве человеческом», — заверял он[7].

Хуже того, вовсе не все гностики утверждали, что Царство Божие непременно не от мира сего! К примеру, богохульник Керинт, который жил в конце I в. н.э, как раз утверждал, что Царство Божие именно-таки от мира сего. Физический мир, полагал он, будет преображен Вторым Пришествием Христа.

Короче говоря, Керинт верил точь-в-точь в то, что было написано в Евангелии от Иоанна в конце I в. н.э. (каковое Евангелие, по мнению римского пресвитера Гая, Керинт и написал). И все-таки при этом Керинт был гностик и ужасный еретик, а Евангелие от Иоанна было частью Св. Писания.

Прибавьте к этому тот факт, что доктрина самой церкви непрерывно менялась, и то, что было самой что ни на есть ортодоксией во II в. н.э. — вроде отрицания Юстином Мучеником бессмертия души, — к V могло оказаться совершеннейшей ересью. Верующим, чтобы не попасть в ад, приходилось колебаться с линией партии, а все новым и новым поколениям переписчиков — постоянно редактировать

Евангелия, как у Оруэлла в «1984» редактировали задним числом газеты.

Словом, ересь подстерегала верующего везде и всегда, и даже автор, с покоем преданный земле как отец церкви и мученик, мог быть с улюлюканьем предан позору в следующем поколении как злейший еретик. Можно только себе представить, как тяжело это сказывалось на его посмертном существовании: ведь после каждого очередного церковного собора этих бедных людей выгоняли с неба, где они блаженствовали в венцах на престолах, в ад, где и поджаривали их на сковородках.

Нетрудно из всего вышесказанного заметить, что точно определить, что именно есть «гностицизм», очень сложно. Поэтому мы будем коварно использовать это слово в двояком смысле. Во-первых, мы уверенно будет считать «гностическими» все те поздние тексты, которые за «лжеименный гнозис» преследовала сама церковь. В этом смысле мы полностью доверяемся бдительным отцам церкви, безошибочно изобличавшим крамолу в самых потайных местах. Если текст сжигали или запрещали как гностический — значит, мы и будем считать его таковым.

Во-вторых, мы будем говорить о протогностицизме или «гностических элементах» в тех текстах, написание которых предшествует размежеванию между «ортодоксами» и «гностиками», а иногда даже предшествует самой проповеди Иисуса Христа.

Все те, кого Ириней заклеймил как представителей лжеименного гнозиса, действительно жили довольно поздно. Бесстыдный богохульник Маркион, происходивший из Понта, претендовал на пост папы римского в 130-х гг. н.э. Примерно тогда же претендовал на этот же пост презренный ересеучитель Валентин, явившийся в Рим из Александрии. Собственно, проиграв в административной борьбе, они и превратились в еретиков, подобно тому, как превратились в уклонистов Троцкий и Бухарин, проигравшие Сталину.

Наша проблема заключается в том, что и их обличители, выигравшие все в той же административной борьбе, жили не раньше!

Нет сомнения, что представление о том, что воскресший Иисус имел самое настоящее тело, «напитанное кровью, укрепленное костями, пронизанное нервами, переплетенное жилами»[8], возникло очень рано.

К примеру, в гностических «Деяниях Иоанна» есть такой эпизод.

Любимый ученик Иисуса Иоанн в этом тексте укрывается на Елеонской горе, в то время как на Голгофе распинают Христа. Иоанн, естественно, страдает по этому поводу. Он жалуется на судьбу и рыдает в три ручья. И вот, в тот самый момент, когда Иоанн достигает пика отчаяния, Христос — распинаемый в это самое время на кресте — объявляется рядом с Иоанном.

Христос сообщает своему любимому ученику, что он жив-здоров, а распятие есть просто видимость. «Я не претерпел ничего из того, что они говорят», — говорит Иисус (Деян. Ин. 101:1)[9]. Познав эту великую тайну, Иоанн спускается с горы, радуясь и смеясь и презирая тех глупых людей, которые думали, что Иисуса и вправду распяли.

Несложно заметить, что эти глупые люди как раз и есть протоортодоксы — предшественники Юстина, Иринея и практически всего современного христианства. Из этого мы можем справедливо заключить, что точка зрения «глупых людей» существовала еще до того, как были написаны полемизирующие с ней «Деяния Иоанна», то есть еще до конца I в. н.э.

Бинго! Ортодоксы существовали раньше!

Но — вот проблема — в «Евангелии от Луки» есть сцена, которая совпадает с вышеописанной с точностью до наоборот. В ней Иисус после распятия является своим ученикам, и они решают, что *видят Духа*.

«Они, смутившись и испугавшись, подумали, что видят Духа» (Лк. 24:37).

Чтобы разубедить глупых учеников, Иисус показывает им руки и ноги: вот же они, они осязаемые, физические, материальные! А когда апостолы все равно не верят, что он не Дух, Иисус требует печеной рыбки и ест.

Перед нами — та же богословская полемика. Лука полемизирует с теми из учеников Иисуса, которые считают, что видят Духа. Поедание Иисусом печеной рыбки — это сцена, с помощью которой Иисус убеждает апостолов, что он не бесплотный Дух. Духам рыбка не нужна.

Но если Лука полемизирует с той точкой зрения, что Иисус был Дух, — это значит, что она существовала уже во время Луки, писавшего в 80-х гг. н.э.

Более того: она существовала уже при Павле! Апостол столкнулся с ней в лице некоего Аполлоса, который пришел из Александрии и, как нам известно из «Деяний апостолов», «учил о Господе правильно, зная только крещение Иоанново» (Деян. 18:25). Этот Аполлос вдруг стал учить, что воскресения из мертвых вовсе нет! (1 Кор. 15:13) И Павел вынужден был не только опровергнуть его, но и сделать ему большую уступку. Да, конечно, физическое воскресение мертвых будет, но тело человеческое при этом будет изменено: «Сеется тело душевное, восстает тело духовное» (1 Кор. 15: 44). «Говорю вам тайну: не все мы умрем, но все изменимся» (1 Кор. 15:50–51).

В этом тексте Павла поразительно не только то, что гностик Аполлос, отрицавший физическое воскресение, проповедовал очень рано: в 50-х, а то и 40-х гг. н.в. Поразительно то, что Павел, не будучи гностиком и, более того, отрицая главный пункт учения Аполлоса, использует тем не менее совершенно гностическую терминологию. В частности, он противопоставляет «душевное» и «духовное» в точности так, как будет об этом потом негодовать Ириней[10].

Читателю может быть не очень понятно, почему, собственно, мелкие различия в догматах вызывали у проповедников мира и любви такую бешеную ненависть. В конце концов, какая разница: приходил ли Христос во плоти или в духе? Мучился ли он физически на кресте или его мучение заключалось в том, что он, трансцендентный дух, спустился в тленный мир низкой материи, подобно Супермену, уроженцу планеты Криптон?

Но дело в том, что из этих догматических различий проистекали важные практические следствия. В частности, просветленные гностики не нуждались в церковной бюрократии для того, чтобы общаться с богом. Они делали это самостоятельно! Они сами становились богами.

Между тем церковь полагала, что воплощением Христа на земле была сама она. «Епископ председательствует на место Бога»[11], — требовала она. Ясное дело, что гностики, которые не нуждались в епископах для установления междугородней связи с богом, а общались с ним по местной линии, вызывали у церкви жесточайшее раздражение. Ведь эти еретики часто вовсе не имели церковной иерархии, а на собраниях своих, чтобы определить, кому в этот день быть священником, бросали жребий. И в результате этот жребий выпадал — на кого бы вы могли подумать! — на женщин!

По счастью, после прихода церкви к власти, к методам убеждения кроме слова добавились меч и костер. Уже к V в. епископы по всей империи самоотверженно использовали для борьбы с еретиками те самые войска, которых в это время недоставало на фронте: ведь именно в это время империя гибла под натиском варваров.

В результате с десятками разновидностей христианства, существовавших в империи к IV в. н.э., произошла престранная вещь. Все эти разновидности без помех пережили века жесточайших языческих преследований. И все они были истреблены огнем и мечом после триумфа религии любви и добра.

Полторы тысячи лет внедренной словом, огнем и мечом монополии ортодоксов сделали свое дело. Еще в XIX в. библеистика считала победившую церковь носительницей истинного слова Христова, а гностицизм — отклонением от ее единственного верного учения.

Адольф фон Харнак назвал его «острым случаем эллинизации христианства». Другие влиятельные библеисты, например Вильгельм Буссе и Рудольф Бультман, наоборот, считали, что гностицизм обязан своим возникновением индийским и иранским культам. Это была самостоятельная восточная религия, гностический «миф об искупителе», которая повлияла на незамутненное христианство и исказила его.

Однако — как мы постараемся показать и как это все чаще признается в последнее время — гностицизм имеет отчетливо иудейские корни.

Если гностицизм использует какие-нибудь мифологические персоналии, то это исключительно Адам, Ной, Сиф, Энох. Перед нами исключительно иудейская мифология, без малейшей примеси иранской, греческой или индийской.

Если гностицизм и имеет множество Властей и Эонов («родословия бесконечные», как ехидно говорит о них автор Послания к Тимофею (1 Тим. 1:4)), то они являются совершенно статическими эманациями Монады.

Эоны не грешат, не влюбляются, не распутничают, как языческие боги. Они напоминают скорее математические символы, нежели живых существ. Все главные составляющие будущего гностицизма, включая убеждение в возможности человека увидеть бога и стать богом, мы находим уже в Кумране, и именно кумранский мистицизм в конце концов приводит к появлению еврейской мистической литературы Хекалот и Меркава, а после — Каббалы.

И Хекалот, и Меркава, и Каббала — это, по сути, разновидности иудейского гностицизма. Более того, еще одна разновидность этого раннего, арамейскоговорящего гностицизма сохранилась до сих пор в болотах Ирака. Речь идет об уже упоминавшихся мандеях, которые считают настоящим Мессией и посланцем надмирных эонов не Иисуса Христа, а Иоанна Крестителя. Иисуса они считают лже-Мессией евреев.

История мандеев подводит нас к главному герою нашей книги, а именно, к Иоанну Крестителю.

Все четыре канонических Евангелия настаивают на очень странном на первый взгляд обстоятельстве. Они настаивают на том, что у Иисуса был некий предшественник. Они называют этого человека Иоанном Крестителем.

Они настаивают на том, что именно Иоанн крестил Иисуса. Более того, они настаивают, что при этом обряде Иоанн «увидел разверзающиеся небеса и Духа, как голубя, сходящего в Него» (Мк.1:10).

Заметим что это описание имеет отчетливо гностический характер.

Во-первых, Марк сообщает нам, что Иоанн Креститель обладал способностью видеть разверзающиеся небеса и Духа Святого. Это было очень необычное умение для иудейского пророка. Дело в том, что иудейским пророкам было строго-настрого запрещено видеть бога. Они от этого умирали.

Зато процедура *видения* бога — с последующим превращением в бога — была в большом ходу у иудействующих гностиков. «Кто не соблюдает субботы, не *увидит* Отца» (Фм. 27), — гласит одно из изречений гностического «Евангелия от Фомы». И вот Иоанн у Марка обладает этим самым умением видеть божественное: он видит Духа, сходящего в Иисуса.

Во-вторых, согласно Марку, Иоанн видит, как Дух снисходит *в* Иисуса. Дух надевает Иисуса на себя, как рубашку. Утверждение Марка в оригинале опасно близко к «гностической ереси».

История про Иоанна, если подумать, была, скорее, невыгодна христианам. Она утверждала, что был какой-то человек, который крестил Иисуса. Именно этот человек заявил, что видел лично, как в Иисуса сошел Дух Святой, или, точнее, учитывая, что оба персонажа нашей истории говорили на арамейском, Святая Руха. Арамейское «руха» («руах» в иврите), то есть «дух», — женского рода, и во многих гностических системах она, Руха, и считалась матерью Иисуса.

Эта невыгодность заставляет подозревать, что эта история — правда. И что Иоанн Креститель действительно существовал. Более того, из верований мандеев (и не только из них) мы можем подозревать, что между Иоанном и Иисусом, или, точнее, между их учениками, впоследствии начались серьезные разногласия.

Кто был этот таинственный Иоанн Креститель?

У нас есть ответ и на этот вопрос: если верить тексту, известному как «Славянский Иосиф», Иоанн Креститель был не кто иной, как тот самый страшный пророк Цадок, которого Иосиф Флавий называет одним из основателей «четвертой секты», секты ассасинов, террористов и убийц, ответственной за Иудейскую войну. Он был не современник, а предшественник Иисуса. Он начал проповедовать за поколение до него и был казнен несколько позже, около 36 г. н.э.

«Славянский Иосиф» — несомненно, крайне токсичный источник, полный христианских интерполяций и вообще бог знает какого мусора. Его надо использовать с большой осторожностью.

Мы постараемся показать, однако, что в этом вопросе ему можно доверять. И что текст, отождествляющий Иоанна Крестителя и основателя фанатичной «четвертой секты», не мог быть фантазией христианского переписчика по той простой причине, что для любого верующего христианина такое отождествление было самым страшным поклепом, который только можно возвести на Иоанна, и самой ужаснейшей ересью, которую можно было сказать об основании христианства.

Какое отношение фигура Иоанна Крестителя имеет к возникновению гностицизма?

Самое прямое. Как мы постараемся показать, пророк Иоханан, который крестил людей в Иордане и питался, если верить «Славянскому Иосифу», только тем, чем питались Адам и Ева в раю, проповедовал от имени хорошо известного персонажа — а именно, праотца Еноха, седьмого сына Адама и Евы, взятого, согласно Бытию, живьем к Богу на небо (Быт. 5:24).

Отрывки целых пяти книг Еноха обнаружены в Кумране, в то время как в нем не найдено ни одного отрывка из книг основателя секты праведников. Мы постараемся показать, что кумранский мистицизм был не просто абстрактным набором мистических рецептов для ассасинов, желающих при жизни подняться на небо и войти в Совет Богов.

Он был основан на конкретном жизненном опыте его основателя — человека, который утверждал, что он был праотцем Енохом, праправнуком Адама в седьмом колене. Он был взят живьем на небо, увидел Бога, превратился в результате его лицезрения в ангела и вернулся обратно на землю перед концом времен.

В основополагающей книге цикла Еноха — книге Стражей — праотец Енох, взятый живьем на небо, возвращается на землю по повелению Господа, чтобы произнести проклятие Господа Стражам — падшим ангелам, которые спустились на землю, развратили ее и совокупились с дочерьми человеческими. Эти Стражи, а потом их сыновья, Великаны, пытаются подкупить Еноха и переманить его на свою сторону. Они просят его заступиться за них перед Господом. Но Енох вместо этого проклинает их.

Мы постараемся показать, что история Еноха, перед которым безуспешно заискивают сыны Божии, — это метафорическое изображение совершенно конкретной истории. А именно — попыток сыновей Ирода заискивать перед пророком, который говорит от имени вернувшегося на землю Еноха.

Мы постараемся показать, что мифический «енохианский иудаизм», который так любят исследователи, — это не абстрактное направление в иудаизме, не сферический конь в ваккууме, который существовал где-то в вечности, то ли в V, то ли во II в. до н.э.

Это совершенно конкретная военно-прикладная теология, которая начала развиваться в кругах ревностных иудеев после позорного конца династии Маккавеев, в качестве ответа на многочисленные и неудачные восстания против римлян.

Эта военно-прикладная теология начала обещать своим приверженцам не *физическое воскресение,* как это было в ранних разновидностях иудейского милленаризма, а *освобождение души, родственницы Бога, от тела.* Эта военно-прикладная теология начала обещать не материальные богатства, а попадание в Рай.

Эта теология уничтожала одну из главных несущих конструкций иудейского монотеизма: великую китайскую стену между Богом и человеком. Она утверждала, что душа есть родственница Бога. Что человек способен подняться на небо, увидеть Бога, сбросить с себя прежнюю одежду (т.е. физическое тело) и облечься в одежды славы — то есть в сияющее тело ангелов.

Она утверждала, что павшие шахиды попадают на небо и становятся там ангелами (Енох. 19:139/104:4)*. Что они вступают в Небесное Воинство (Енох. 19:140/104:6).

---

* Книга Еноха цитируется, как правило, по единственному российскому переводу А. В. Смирнова, выполненному в 1888 г. Перевод Смирнова выполнен с эфиопской книги Еноха, впервые опубликованной в начале XIX в. Для своего времени он был замечательного качества. С тех пор, однако, нам стало известно значительно больше вариантов текста, и в случае разночтений автор оставляет за собой право пользоваться текстом: George W. E. Nickelsburg and James C. VanderKam. 1 Enoch: The Hermeneia Translation. Fortress Press, Minneapolis, 2012. На сегодняшний день это наиболее точный перевод, учитывающий все варианты и разночтения. Кроме того, в русском и западном переводах приняты разные разбиения: перевод Смирнова разбит на 20 главок, западный — на 107. Для удобства читателя автор указывает оба варианта нумерации, сначала русский, потом западный.

И что они сияют при этом, как небесные светила (Енох. 19:137/104:2).

И она утверждала это от имени человека, который все это проделал, — от имени вернувшегося с небес Еноха.

Именно этот человек — он же Иоанн Креститель — он же реформатор иудейского милленаризма Цадок — стал основателем совершенно революционного (во всех смыслах) бренда мистицизма, невиданного до той поры ни среди язычников, ни среди монотеистов.

Он и его последователи создали концепцию нового, небесного Рая. Рая у престола Бога, где собираются шахиды, причисленные к богам (*элим*), где они созерцают Бога и сами становятся святыми и богами, где они садятся на своих небесных тронах и надевают свои венцы. И к этому Раю, естественно, прилагался Ад — где мучаются все те, кто не примкнули к числу шахидов.

Цадок/Иоанн/Енох переосмыслил или отверг все догмы ортодоксального иудаизма (или, точнее, переразвил их на основе древних, домонотеистических иудейских верований). Он обещал, что человек в результате познания может стать Богом.

С его времени обещание Рая стало неотъемлемым для фанатичных сект — от ассасинов до нынешних исламистов, которые надеются получить своих 72 девственниц.

Тот факт, что он сделал это для решения чрезвычайно практической проблемы — для объяснения постоянных неудач секты милленаристов-фанатиков, — не отменяет красоты и дерзости этого поразительного мистического построения.

Иоанн Креститель создал религию, которая учила, что человек, путем познания, может стать Богом. «Ты увидел Христа — ты стал Христом».

Это утверждение и было сущностью гностицизма. Оно появилось на свет несколько раньше Иисуса. Оно было приметой бесчисленного количества разновидностей христианств, и оно в конце концов было отвергнуто победившей церковью как слишком опасное, потому что, с точки зрения церковной бюрократии, новым воплощением Христа был не индивидуум, а сама бюрократия: церковь и ее епископы. «Почитайте епископа, как Иисуса Христа»[12].

Именно отождествление Иоанна Крестителя и автора книг Еноха (даже больше, чем отождествление Иоанна и Цадока) является самым спорным — и вместе с тем самым важным местом данной книги. В какой-то мере всю эту книгу можно рассматривать как вступление к ее последней главе.

ГЛАВА 1
Находка в Наг-Хаммади

В декабре 1945 года недалеко от утеса под названием Джабал-ал-Тариф, в трехстах милях от Каира и в сорока милях к северу от Долины Царей несколько египетских феллахов копали *сабах* — местную почву, используемую крестьянами как удобрение. Феллахов было семеро, и родом они были из крошечной деревушки аль-Каср, находившейся, в свою очередь, по ту сторону Нила от самой крупной деревни района, Наг-Хаммади. Главного среди феллахов звали Мохаммед Али.

Внезапно кирка младшего брата Мохаммеда Али за что-то задела. Вскоре феллахи выворотили из земли древний скелет. Они продолжили копать и выкопали изрядный глиняный кувшин в полметра высотой, с крышкой, запечатанной битумом.

Как было хорошо известно любому египетскому феллаху, в таких кувшинах обыкновенно были запечатаны джинны. Поэтому Мохаммед Али не стал поначалу открывать кувшин. Потом, однако, ему пришло в голову, что вместо джинна в кувшине может быть золото. Жадность победила осторожность, и феллахи размозжили кувшин мотыгами.

Золота в кувшине не обнаружилось, и это был минус. С другой стороны, там не обнаружилось и джинна, что, несомненно, было плюсом. Вместо золота в кувшине нашлась уйма старинных книг. Это были кодексы, а не свитки — с папирусными листами и твердыми кожаными обложками. Мухаммед Али начал делить книги и даже порвал одну напополам, чтобы всем было поровну, но никто из его товарищей не выразил интереса к находке, и в конце концов Мухаммед Али забрал все книги с собой. Вечером того же дня его старая мать пустила несколько листов на растопку.

Во время, на которое пришлась эта находка, Мухаммед Али жил непростой и насыщенной событиями жизнью. Дело в том, что за полгода до этого отец Али, состоявший сторожем при германском импортном оборудовании, застрелил лезшего на склад вора, а на следующий день родственники вора застрелили отца Али. Поэтому Мухаммед Али был занят местью больше, чем книгами, тем более что он все равно не умел читать.

Через месяц после находки ему сообщили, что убийца его отца спит в поле рядом с кувшином, полным сахарной патоки. Мухаммед Али и братья поспешили по указанному адресу и убили обидчика теми же заступами, которыми они разбили кувшин с рукописями. После этого они отрубили ему руки и ноги, разворотили грудь, вытащили еще теплое сердце и съели, как того требовали обычаи кровной мести, — по крайней мере, так сам Мухаммед Али рассказывал впоследствии одному из главных исследователей рукописей из Наг-Хаммади, Джеймсу Робинсону. Конечно, он, может быть, и привирал, но согласитесь: если бы он привирал, он бы рассказал, скорее, о том, что они сошлись с обидчиком в жестоком поединке. Кто же будет хвастать, что убил спящего?

Так или иначе, убитый был сыном местного начальника полиции, и Мухаммед Али боялся, что их дом будут обыскивать. Поэтому он отдал кодексы на сохранение местному коптскому священнику. К тому же Мохаммед Али навел справки и заподозрил, что книги могут представлять какую-то ценность. К этому времени книг оставалось двенадцать штук, плюс листы тринадцатой, разорванные и засунутые между остальными. Сколько книг пошло на растопку, сказать сложно.

Зять священника — его звали Рагиб — был местным учителем. Избежавшие феллахской печки книги были в прекрасной сохранности, но они были на древнем коптском языке, и прочесть их, конечно, никто не мог. Рагиб забрал одну из книг и поехал с ней в Каир, чтобы ее продать. Предприятие Рагиба оказалось не очень успешным — египетские власти услышали о его затее и отобрали книги. Одиннадцать книг и разорванные страницы двенадцатой они передали на сохранение в Коптский музей в Каире.

Последняя, тринадцатая книга, была вывезена из Египта и вскоре была предложена на продажу в США. Среди людей, узнавших о предложении, был профессор Жиль Киспель, историк религии из университета Утрехта, в Нидерландах. По его совету кодекс был приобретен Фондом Юнга, однако, когда Киспель начал с ним работать, он сразу заметил, что нескольких страниц в книге недостает. Зная, что остальные книги из Наг-Хаммади переданы в Коптский музей, профессор Киспель спешно вылетел в Каир, надеясь разыскать там недостающие страницы.

Сразу после прилета он отправился в Коптский музей и был несколько шокирован условиями, в которых содержатся манускрипты. По сути, музей представлял собой одну небольшую запыленную комнату. Часть текстов к этому времени уже была перефотографирована. Киспель забрал фотокопии, поспешил в отель и занялся их расшифровкой. Первая же фотокопия начиналась со слов:

«Это тайные слова, которые сказал Иисус живой и которые записал его близнец Иуда Фома. Тот, кто обретет истолкование этих слов, не вкусит смерти».

Это было гностическое «Евангелие от Фомы». Всего тринадцать кодексов Наг-Хаммади содержали пятьдесят два гностических текста. Некоторые из них дублировали друг друга, и всего оригинальных текстов было сорок шесть.

Это было почти в полтора раза больше, чем текстов в Новом Завете*.

От Кодекса Брюса к Оксиринху

О том, кто такие гностики, было давно и прекрасно известно. Это были проклятые еретики, приверженцы «пропасти бессмыслия»[1], «неистовства и безумия»[2], «лишенные разума и полные богохульства»[3], вылупившиеся, «как скорпионы из неоплодотворенного змеиного яйца или как василиски из осы»[4].

---

* История находки в Наг-Хаммади сама послужила предметом увлекательного расследования одного из ее главнейших исследователей Джеймса Робинсона, изложившего свои детективные изыскания в James M. Robinson. Hag Hammadi: The First Fifty Years, Institute for Antiquity and Christianity, 1995. М-р Робинсон даже уговорил Мухаммеда Али вернуться на место его открытия. Для этого ему пришлось уговорить сына убитого: «Я должен был поехать в Хамра-Дум, найти там сына Ахмада Исмаила, человека, которого зарубил Мохаммед Али, и получить от него заверение в том, что, поскольку он уже стрелял по похоронной процессии семьи Мухаммеда Али, ранив самого Али и убив члена его клана, он считает инцидент исчерпанным. Тем самым соображения чести освободят его от необходимости напасть на Мухаммеда Али, ежели он вернется к подножию утеса. Я принес эти добрые вести самому Мухаммеду Али, который в ответ расстегнул рубаху, продемонстрировал мне шрам на груди и похвастался, что он был ранен, но не убит, и заявил, что ежели он когда-либо увидит сына Ахмада Исмаила снова, то он порешит его на месте. После демонстрации этого хвастливого бесстрашия его удалось убедить приехать к утесу, неузнаваемого в моей одежде, в правительственном джипе, со мной на стороне, откуда могли прилететь пули из деревни, и с ним на безопасной, глядящей в сторону утеса стороне, на заходе солнца во время Рамадана, когда все мусульмане сидят дома и насыщаются после длительного поста в течение всего дня». В последнее время появилось много статей, критикующих расследование Робинсона за неполиткорректность и «предвзятое колониальное отношение». Г-н Робинсон рассказывает, что арабы занимаются кровной местью и не понимают ценности древних книг: стало быть, это неправда! (См., например: Nicola Denzey, Justine Blount. Rethinking the Origins of the Nag Hammadi Codices. JBL 133, no. 2 (2014): pp. 399–419.)

Ириней Лионский около 180 г. посвятил им свой пятитомный труд «Против ересей»; спустя двадцать лет пламенный Тертуллиан громил их суетные и постыдные вымыслы в сочинении «Против валентиниан», а Епифаний из Саламиса в своем «Панарионе», сиречь «аптечке от ересей», сравнивал болезнь гностицизма с ядовитым змеем. Кроме чудовищного богохульства, гностики — если верить их противникам — вели исключительно предосудительный образ жизни.

Гностики-борбориты ели нерожденных младенцев, вырезав их из чрева матерей, забеременевших во время их дьявольских оргий. Причащались они менструальной кровью и мужским семенем[5]. Гностики-карпократы, посланные Сатаною к поруганию божественного имени церкви, «делали все те действия… о которых нам не только не следует говорить и слушать, но даже помышлять и верить, чтобы такие дела водились между нашими согражданами»[6].

Юстин Мученик по этому поводу даже просил императора Антонина Пия казнить этих проклятых еретиков. Так как Юстин Мученик писал в середине II в., когда церковь еще не имела возможности диктовать императорам, Антонин Пий оставил его предложение без рассмотрения.

После того как христианство стало государственной религией, кампания по дискредитации этого «многоголового чудовища, подобного лернейской гидре»[7], сменилась планомерной кампанией по уничтожению. Цензура, продолжавшаяся в течение полутора тысяч лет, была столь успешной, что до XX в. историки церкви могли ознакомиться с порочным богохульством исключительно в изложении Иринея и Епифания, точно так же, как советские студенты могли ознакомиться с ретроградными теориями буржуазных экономистов исключительно в изложении профессоров-марксистов.

Первый оригинальный гностический манускрипт был обнаружен в 1769 г., когда неутомимый шотландский авантюрист Джеймс Брюс, тот самый, который обнаружил истоки Голубого Нила и привез, спустя тысячу лет, в Европу книгу

Еноха, приобрел по пути в Эфиопию в Луксоре старинный кодекс, разрозненные страницы которого содержали четыре гностических текста. Уровень интереса к порочному богохульству в это время был настолько низок, что кодекс Брюса был переведен и опубликован только в 1892 г.

В 1773 г. Энтони Эскью, врач и собиратель старинных книг, купил еще один гностический манускрипт прямо в Лондонской антикварной лавке.

В 1886 г. французские археологи, раскапывая гробницу в Верхнем Египте, в которой в VII—VIII вв. был похоронен христианский монах, нашли вместе с ним старинный сборник, составленный из отрывков ортодоксальных и гностических текстов. В 1896 г. немецкий египтолог Карл Рейнхардт купил в Каире превосходно сохранившийся манускрипт, известный теперь как Берлинский Гностический Кодекс.

Египетский климат обладает одним уникальным свойством. В пустыне, в отсутствие воды, древние рукописи и даже клочки рукописей могут храниться необыкновенно долго. Этим воспользовались выпускники Оксфорда Бернард Гренфелл и Артур Хант, которые в 1896 г. начали копать мусорные кучи города Оксиринха, расположенного в Верхнем Египте. Город был построен на канале, который соединял Нил с Фаюмским оазисом. В римские времена Оксиринх был третьим по величине городом Египта и столицей 19-го нома, но после арабского завоевания канал пересох, и город исчез с лица земли.

А мусорные кучи остались.

Гренфелл и Хант надеялись, что мусорные кучи Оксиринха содержат исчезнувшие сокровища греческой литературы. Надо сказать, что, в общем, они обманулись в мечтах: книга в древности была вещь дорогая и не попадала на помойку, не превратившись в совершенный лоскут. Мусорные кучи Оксиринха, конечно, принесли нам отрывки неизвестных комедий Менандра и массу других интересных вещей, но нельзя сказать, чтобы они совершили переворот в филологии.

Зато они принесли одну поразительную неожиданность. В мусорных кучах Оксиринха нашлось, естественно, довольно много отрывков из христианских текстов, и в том числе отрывки из текстов Нового Завета. Среди них, к примеру, были три отрывка из «Деяний апостолов», два из Луки, десять из Иоанна и тринадцать из Матфея. Нашлось там по три копии «Послания к Евреям» и Апокалипсиса. «Евангелия от Марка» в мусоре не нашлось[8].

Отрывков из гностического «Евангелия от Фомы» — каковое Евангелие, собственно, до этого совершенно не было известно — в мусорных кучах Оксиринха нашлось три штуки. Разумеется, когда мы оперируем такими малыми числами, статистическая погрешность может быть очень велика.

Но все-таки.

Оксиринх был оставлен в VII в., то есть через 300 с лишним лет после того, как альтернативные разновидности христианства стали подвергаться гонениям. К тому же гностики ничего не имели против канонических Евангелий, особенно Матфея и Иоанна. Они читали их так же охотно, как и ортодоксы. Эта церковь не признавала тексты гностиков.

И вот, если верить мусорным кучам Оксиринха, то оказалось, что даже через четыреста лет после начала гонений гностическое Евангелие от Фомы пользовалось в Оксиринхе такой же популярностью, как «Деяния апостолов», «Послание к Евреям» и «Откровение Иоанна Богослова», и было популярней Луки и Марка! Получается, что еще в начале IV в. в Египте гностиков вряд ли было меньше, чем ортодоксов!

Гностический подход к миру

Если попытаться изложить суть развитого гностицизма как подхода к миру в двух словах, то получится вот что.

Современное христианство — это религия, которая исповедует Богочеловека. Гностицизм — это религия, которая исповедует *Богочеловеков*.

Для современного христианина — любого: католика, православного, протестанта — Иисус — это богочеловек. Он имеет две природы — божественную и человеческую, у него была настоящая плоть, он по-настоящему страдал на кресте и дал себя по-настоящему распять, чтобы искупить первородный грех.

Для гностика Иисус — это Бог. Это предвечный дух, который просто принял образ человека. А вот кто является богочеловеком, так это сам гностик. Бог вошел в него и даровал ему безграничные возможности творить чудеса и быть бессмертным.

Иисус Христос в гностицизме — это полностью божественный Спаситель, посланец Настоящего Бога, явившийся в наш тленный мир. А акт Спасения заключается в познании, *гнозисе*. Познавший Бога не просто преодолевает границы этого мира — он становится Богом, а Бог становится им. «Иисус сказал: Тот, кто напился из моих уст, станет, как я. А я стану им, и тайное откроется ему» (Фм. 108)[9].

Кроме этого гностики часто (но не все!) считали, что наш мир — обитель зла. Мир находится всецело в ведении злого Бога — Велиала, Ильдабаофа, Сакласа, Сатаны. Настоящий Бог находится вне мира. Он безграничен, неизмерим и неописуем. Он является воплощением абсолютного Добра. Он не имеет никакого отношения к миру материи. Но так как творцом человека является именно он, то в человеке скрыта часть божественного огня, которая не имеет отношения к этому миру, и чтобы разбудить эту часть, Настоящий Бог послал в этот мир своего Сына — Иисуса Христа.

Некоторые (но опять же далеко не все!) разновидности гностицизма заходили так далеко, что отождествляли этого злого Бога с самим Яхве, то есть с богом евреев и Ветхого Завета.

Так или иначе, гностицизм чрезвычайно удачно решал вопрос о позорной казни Иисуса Христа.

Никакой позорной казни не было, потому что посланца надмирных эонов нельзя казнить. Это все равно, что попытаться распять солнечный зайчик. Иисус Христос был предвечный дух, который просто принял образ человека.

Если и был человек-Иисус, то он был просто сосудом, в который был налит этот дух, и плащом, который дух надел на себя. Дух вошел в Иисуса-человека при крещении и оставил его на кресте, и именно поэтому Иисус-человек закричал: «Боже, Боже мой, почему ты меня оставил» (Мк. 15:34).

Этот надмирный дух потом входил в тела самих гностиков, которые, как и Иисус, становились единосущны Богу, творили чудеса и получали возможность победить Сатану и смерть.

Как следствие, никакая казнь Иисуса никого не спасала. Иисус Христос пришел в мир не для того, чтобы искупить первородный грех. Он пришел в мир для того, чтобы дать людям настоящее знание, *гнозис*.

Греческий язык, как и язык туземцев-нави в фильме «Аватар», различал два вида знания: логическое *знание* и интуитивное *ведение, постижение, познание*. «Я знаю Пушкина» — в том смысле, что я знаю, что есть такой Александр Сергеевич Пушкин, и, может быть, даже вчера заходил к нему на чай, и «Я знаю Пушкина» в том смысле, что я постиг его и его поэзию. *Гнозис* — это именно постижение.

Одной из самых поразительных черт гностицизма было это его убеждение во всемогуществе человека. Человек, получивший истинное знание, мог стать даже выше глупого и ограниченного бога этого мира, Сатаны, Сакласа, Ильдабаофа.

«Ищите Бога в себе, — писал гностик Моноймус. — Познайте того, кто внутри вас»[10]. «Ты увидел Дух — ты стал Духом. Ты увидел Христа — ты стал Христом»[11]. Тот, кто получил имя Отца, и Сына, и Святого Духа, «стал не христианином, а Христом», заявляет «Евангелие от Филиппа»[12].

«То, что в наиглубочайшем — и есть Плерома, и глубже ничего нет. И это то, что и называют наивышним», — продолжает оно[13]. В «Тайной книге Иакова» Иисус требует *пре-*

взойти его: «Сделайтесь лучше меня: станьте как сыны Духа Святаго»[14].

Вместо того, чтобы говорить о грехе и раскаянии, Иисус гностицизма говорит об иллюзорности вещного мира и просветлении. По удачному выражению Барта Эрмана, он приходит не для того, чтобы спасти этот мир, а для того, чтобы спасти человечество *от* этого мира[15].

Воскресение для гностиков — это не одноразовый процесс, пережитый Иисусом Христом. Это ежесекундный опыт, необходимый избранному для освобождения от этого тленного мира. Царство Небесное — это не событие будущего. «Это реальность, частью которой каждый может стать здесь и сейчас»[16].

«Те, кто говорит, что умрут сначала и воскреснут, — заблуждаются. Если не получают воскресения, будучи еще живыми, то когда умрут, не получают ничего»[17].

Обладатели лжеименного гнозиса не только не умеют воскрешать мертвых, — ябедничал на них Ириней Лионский (на что, по его мнению, была способна возглавляемая им община, и тому было множество доказательств), — «но и совершенно не веруют в возможность этого, *почитая воскресением из мертвых познание возвещаемой ими истины*»[18].

Гностицизм предполагал живой мистический контакт с Богом, и каждое откровение, полученное в результате этого контакта, значило ничуть не меньше, если не больше, чем прижизненные поучения Иисуса. Каждый гностик был сам себе апостол и сам себе Евангелие.

Как следствие, точно пересказать гностическое учение невозможно, потому что одного гностического учения не было в принципе. Гностицизм не существовал per se. Существовали гностицизмы: кому чего бог открыл, тот то и цитировал. Одни гностики отождествляли Сатану и Яхве, другие, наоборот, противопоставляли их.

Одни гностики считали, что Иисус был реальный человек, плоть которого надел на себя надмирный дух, а другие — что

Иисус был лишь иллюзорная видимость. Одним гностикам бог открыл, что небес — семь, и они это доподлинно знали из собственного мистического опыта, а другие так же доподлинно знали, что небес — восемь, девять или даже десять.

Кроме этого гностики полагали, что знание, как спастись от этого мира, доступно не всем. Люди для гностиков делились на три сорта — язычники, хоики, которые были совсем уже безнадежны; обычные христиане, которых они называли людьми «душевными» (психиками); и, наконец, избранные, люди «духовные» (пневматики). Спасение было доступно и для психиков, но вот познание — только для пневматиков.

Некоторые разновидности гностицизма считали пневматиков потомками Сифа — третьего, после Каина и Авеля, сына Адама, родившегося взамен убитого Авеля (Быт. 4:25).

Для них Сиф был единственным человеком, которому передалась искра божественного огня. А все остальные люди, темные и непросвещенные души, были потомками нехорошего Каина, которому искра не передалась. Эта деталь интересная и нетривиальная, и мы еще к ней вернемся. Ведь, согласно Книге Бытия, единственным человеком, выжившим после Всемирного Потопа, был Ной. При этом Ной был потомком Сифа (Быт. 5:29).

Так или иначе, собственно гностические тексты были нередко написаны заумным языком, рассчитанным на избранных. К тому же многие гностики проповедовали разные системы для разных уровней посвящения. Для пневматиков — одну систему, а для добрых, но ограниченных психиков — другую, попроще, адаптированную к их скромным возможностям. Эта система позволяла соглашаться с упрощенной версией бога, только что и доступной ограниченным психикам, и требовать от психиков вместо совершенного *гнозиса* всего лишь добрых дел.

Итак, зрелый грекоговорящий гностицизм, который единственный и был долго известен в пересказах отцов церкви, слагался из трех составляющих:

— Из убеждения, что материальный мир находится во власти Сатаны.

— Из убеждения, что настоящий, надмирный Бог послал в него Спасителя, Христа, чтобы дать людям знание.

— Из уверенности в том, что, кто познает эту истину, сам станет Христом.

Плоть человека принадлежит к этому вещному миру, но дух его несет в себе частицу божественного огня. Иисус Христос явился в мир, чтобы освободить божественный огонь, заключенный в людях. Тот, кто познает его учение, сам станет Иисусом, и Иисус станет им. Они станут духовными близнецами.

Текст, который мы сейчас называем «Евангелие от Фомы», правильнее было бы называть «Евангелие от Близнеца», потому что «фома» на арамейском — на языке, на котором разговаривал Иисус, — и значит «близнец». По-гречески «близнец» — «дидим». Евангелие от дидима Иуды Фомы — это Евангелие от близнеца Иуды Близнеца, полной духовной копии и нового воплощения Иисуса.

ГЛАВА 2
Апостол Фома

Евангелие от Фомы

По форме «Евангелие от Фомы» разительно непохоже на четыре канонических Евангелия. Все эти четыре Евангелия описывают *жизнь* Христа. Кульминационным моментом в них являются суд и распятие.

Но для гностиков земная жизнь Христа не имела никакого значения. Христос был дух, вошедший в тело человека по имени Иисус при крещении и покинувший его на кресте. Жизнь человека, чье тело было одето на Христе, представляла для гностиков не больше интереса, чем биография джинсов или рубашки.

Единственное, что интересовало гностиков, было учение Христа, и «Евангелие от Фомы» состоит из 114 изречений, которые сказал Иисус живой и которые записал Иуда-близнец. «Тот, кто обретает истолкование этих слов, не вкусит смерти» (Фм. 1).

Часть изречений от Фомы известна нам по Марку, Луке, Матфею и Иоанну.

«Если слепой ведет слепого, оба падают в яму» (Фм. 34; Мф. 15:14), — говорит Иисус. «Нет пророка в своем селении» (Фм. 31; Мф. 13:57; Мк. 6:4; Лк. 4:24; Ин, 4:44). «Благословенны нищие, ибо их есть Царствие Божие» (Фм. 54; ср. Мф.

5:3; Лк. 6:20). Царствие Божие «подобно зерну горчичному, самому малому среди всех семян. Когда же оно падает на возделанную землю, оно дает большую ветвь и становится укрытием для птиц небесных» (Фм. 20; Мф. 13:31–32; Мк. 4:30–32; Лк. 13:18–19).

Однако другая часть нам неизвестна совершенно. К примеру, Иисус говорит:

«То, что вы имеете в себе, спасет вас, если вы родите это в себе. То, что вы не имеете в себе, убьет вас, если вы не имеете это в себе» (Фм. 70).

«Это небо прейдет, и то, что над ним, прейдет, и те, которые мертвы, не живы, и те, которые живы, не умрут. В те дни, когда вы ели мертвое, вы делали его живым. Когда вы окажетесь в свете, что вы будете делать? В тот день, когда вы были одно, вы стали двое. Но когда вы станете двое, что будет с вами?» (Фм. 11).

«Ученики его сказали: В какой день ты явишься нам и в какой день мы увидим тебя? Иисус сказал: Когда вы обнажитесь и не застыдитесь и возьмете ваши одежды, положите их у ваших ног, подобно малым детям, растопчете их, тогда вы увидите Сына Живаго, и вы не будете бояться» (Фм. 37).

Это — совершенно необычные для Иисуса тексты. Это — коаны. Такие коаны мог бы произнести даос или учитель дзен-буддизма.

«Я нашел всех пьяными, и никого — жаждущим», — говорит Иисус (Фм. 28).

«Иисус сказал: Будьте прохожими» (Фм. 42).

«Иисус сказал: Тот, кто познал мир, нашел труп, и тот, кто нашел труп, — мир недостоин его» (Фм. 56).

«Когда вы познаете себя, тогда вы будете познаны и вы узнаете, что вы — дети Отца живого. Если же вы не познаете себя, тогда вы в бедности и вы — бедность» (Фм. 2:4–5).

Иисус сказал: «Блажен тот лев, которого съест человек, и лев станет человеком. И проклят тот человек, которого съест лев, и лев станет человеком» (Фм. 7).

«Иисус сказал: Тот, кто напился из моих уст, станет, как я. А я стану им, и тайное откроется ему» (Фм. 108). «Тот, кто нашел самого себя, — мир недостоин его» (Фм. 111:3).

Произносил или нет исторический Иисус эти фразы — сказать сложно. В конце концов, мы не должны забывать, что, согласно «Евангелию от Фомы», каждый, познавший Иисуса, становился его Фомой. Каждый близнец мог добавлять свои изречения в Евангелие от близнеца.

Протоевангелие от Фомы и Иаков Праведник

Все это очень интересно, — скажете вы, — и «Евангелие от Фомы» представляет из себя прелестный образчик поздних гностических коанов, в котором подлинные изречения Иисуса перемешаны с изречениями других «Христов». Но при чем тут исторический Иисус и раннее христианство?

Для того чтобы ответить на этот вопрос, обратимся к еще одной группе изречений из «Евангелия от Фомы», которые совершенно точно восходят к самой ранней общине последователей Иисуса, но при этом *не сохранились в канонических Евангелиях*.

Единственной канонической книгой, которая повествует о судьбе учеников Иисуса после его казни, являются «Деяния апостолов». В них сообщается, что вскоре после казни Иисуса, в день Пятидесятницы, на всех апостолов с неба спустился Святой Дух в виде огненных языков (Деян. 2:1–4). Таким образом, если верить «Деяниям апостолов», в церкви сразу после смерти Иисуса возобладало коллективное самоуправление. Все апостолы были равны и все равно были исполнены Святого Духа.

Однако «Евангелие от Фомы» полагает, что дело обстояло совсем по-другому. Если верить ему, после смерти Иисуса в общине не было никакой демократии. Абсолютную власть над ней получил физический брат Иисуса Иаков Праведник.

«Ученики сказали Иисусу: Мы знаем, что ты скоро оставишь нас. Кто станет нашим вождем? Иисус сказал им: где бы вы ни были, идите к Иакову Праведнику, для которого были созданы Небо и Земля» (Фм. 12).

Это изречение может показаться читателю Нового Завета очень странным. Ведь единственное, что мы знаем из Нового Завета о родственниках Иисуса, — это то, что они не понимали его. В нем даже сообщается, что когда эти родственники услышали, что Иисус совершает чудеса, то они попытались схватить его. Они решили, что он сошел с ума! (Мк. 3:21). Это, согласитесь, чрезвычайно плохая рекомендация. Родственник, который пытается сдать провидца в желтый дом, вряд ли достоин быть его преемником.

Поэтому, чтобы понять своеобразие этого изречения и целую огромную историю, которая скрывается за ним, мы вынуждены сделать довольно серьезное отступление. Эта история более полно рассказана в книге «Иисус. Историческое расследование», здесь же мы ограничимся ее кратким пересказом для тех, кто не читал первой книги, или читал, да плохо запомнил: в нашем современном мире все не упомнишь.

Неосведомленность большинства современных христиан о роли, которую играл в движении Иисуса его физический брат Иаков Праведник, — не случайна. Можно без преувеличения сказать, что тексты, вошедшие в Новый Завет, преследовали одну цель: вычеркнуть Иакова, брата Иисуса, из истории христианства, так же как Краткий курс ВКП(б) Иосифа Сталина преследовал цель вычеркнуть Троцкого из истории Октябрьской революции.

Церковь даже объявила, что Иисус родился от девственницы. Согласитесь, это заявление разрешало вопрос с Иаковом Праведником раз и навсегда. Иаков был не брат Иисусу. Они были даже не родственники! Это было очень изящное теологическое решение, густо замешанное на перипетиях межфракционной христианской борьбы.

Тем не менее Иаков, брат Иисуса, сохранился в других текстах: в частности, в текстах историка Гегесиппа, которого цитирует Евсевий Кесарийский, у Епифания из Саламиса и бл. Иеронима.

Согласно этим текстам Иаков Праведник, брат Иисуса, руководил Иерусалимской церковью в течение тридцати лет. Он не пил вина, не ел мяса, носил только льняную одежду (т.е. одежду жреца) и претендовал на статус *первосвященника иудеев*.

Уже из одного того факта, что Иаков претендовал на статус первосвященника, видно, что он строжайше соблюдал иудейский закон. Более того, его прозвище, Праведник, было абсолютно знаковым. Цадоком, то есть Праведником, звали, согласно Иосифу Флавию, основателя страшной «четвертой секты» зилотов и сикариев, виновников Иудейской войны*.

А самое слово *праведники* (цадиким) являлось одним из самоназваний как членов кумранской общины, так и ранних христиан. Еще одно их важнейшее общее самоназвание было *святые*.

Об Иакове Праведнике знает и Иосиф Флавий. В «Иудейских древностях» он сообщает, что Иакова Праведника, «брата Иисуса, называемого Христом», казнили по настоянию первосвященника Анании около 62 г. н.э. — то есть через тридцать с лишним лет после казни Иисуса и за 4 года до начала Иудейской войны.

---

* Напомним, что в иврите, как и во всех семитских языках, носителем смысла является трехбуквенный корень, состоящий из одних согласных. Гласные подставляются в этот корень по мере грамматической надобности. Корень ЦДК имеет значение «справедливости», «праведности», «правосудия». «Цедака» — это справедливость или правосудие, а также милостыня. Праведник — это, строго говоря, «цадик». А «Цадок» — это имя первосвященника царя Соломона, потомки которого до времени Маккавеев одни и имели право становиться первосвященниками. Дело также осложняется тем, что прозвище основателя «четвертой секты» Цадока дошло к нам только через греческий, где буквы «ц» нет, и поэтому в греческом тексте Флавия оно имеет вид «Садок». Таким образом, прозвище основателя «четвертой секты» Цадок было бы логично перевести на русский каким-нибудь чуть косо звучащим словечком, например «Справедливец» или «Праведнец».

Иосиф Флавий сообщает, что этот поступок Анании так напугал «лучших и усерднейших бывших в городе законоведов», что они поспешили откреститься от него. Сразу за казнью Иакова началась новая вспышка террора со стороны сикариев, первой жертвой которой стал сын первосвященника Анании — сикарии его украли.

Сведения, сообщаемые Иосифом об Иакове Праведнике, чрезвычайно плохо согласуются с изобретенной во времена Просвещения теорией «маленького ручейка». Из них следует, что Иаков Праведник был важнейшей частью теологически-политического ланшафта в Иерусалиме. Его казнь вызвала панику элиты и оживление сикариев. Они также показывают, что Иаков Праведник соблюдал иудейский Закон и был не в курсе, что его брат приходил его отменить.

Читатель, конечно, может усомниться: может, эти сведения не принадлежали Флавию? Может быть, христиане кое-что вписали в этот рассказ? Ответ такой: что они кое-что из него вычеркнули. Они вычеркнули фразу, которую неосторожно цитируют сразу несколько ортодоксов, включая Оригена и Евсевия Кесарийского. Эта фраза утверждала, что Иудейская война случилась в возмездие за смерть Иакова Праведника.

Как известно, Иудейскую войну начали зилоты. И единственный, за смерть кого они могли мстить — был их вождь. Фраза, связывающая Иакова Праведника и Иудейскую войну, совершенно несовместима с историей о никому не известном проповеднике любви и мира по имени Иисус, смерть которого прошла незамеченной современниками.

Еще одна причина, по которой человек, в течение тридцати лет возглавлявший последователей Иисуса, был вычеркнут из Нового Завета, заключается в его острейшем конфликте с другим известным раннехристианским персонажем, который, в отличие от Иакова Праведника, наверняка хорошо знаком читателю. Этот человек в истории остался, да еще как! Просвещенная библеистика XIX в. называла его «вторым основателем христианства». Это не кто иной, как апостол Павел.

По иронии судьбы именно Павел, чьи подлинные письма являются самой ранней по времени частью Нового Завета, является сейчас единственным человеком, который упоминает в Новом Завете Иакова, брата Иисуса, по имени. Он делает это в «Послании к Галатам».

В этом тексте, написанном, заметим, еще при жизни Иакова, Павел сообщает, что, когда он был в Иерусалиме, он виделся там только с двумя людьми: с апостолом Петром и с «Иаковом, братом Господним» (Гал. 1.19).

Встреча эта вряд ли была приятной. Дело в том, что немного позже в том же послании апостол Павел сообщает, что между ним и Петром в Антиохии случилась размолвка по вопросу о необходимости соблюдения иудейского закона — то есть необходимости субботы, обрезания и кашрута, — и главным двигателем этой размолвки был именно Иаков.

«Когда же Петр пришел в Антиохию, то я лично противостоял ему, потому что он подвергался нареканию. Ибо, до прибытия некоторых от Иакова, ел вместе с язычниками. А когда те пришли, стал таиться и устраняться, опасаясь обрезанных» (Гал. 2: 11–12).

Картина, которая предстает перед нами, вполне наглядна. Иаков, брат Господень, бессменный руководитель общины на протяжении тридцати лет, и апостол Петр, прижизненный ученик Иисуса, который, худо-бедно, слышал взгляды Иисуса из его собственных уст, считали, что *праведники* и *святые* обязаны соблюдать иудейский закон. А апостол Павел — то есть человек, который Иисуса никогда живьем не видел и, более того, состоял, согласно «Деяниям апостолов», в числе его преследователей — утверждал, что Иисус пришел закон отменить. В качестве пруф-текста он ссылался на свое собственное собеседование с Иисусом на третьем небе.

Это все равно, как если бы среди последователей Карла Маркса образовался человек, который учил любви к капиталистам, а в качестве обоснования ссылался бы не на «Капитал» Маркса, а на свои посмертные с ним встречи в видениях.

Мы можем себе представить, что аутентичные марксисты были бы недовольны. Более того, они могли бы заподозрить нашего инноватора в том, что он намеренно вносит раскол в ряды движения и состоит на содержании буржуазных властей. Они бы наверняка отлучили такого человека от движения и, не исключено, попытались бы его подстрелить.

И действительно, «Деяния апостолов» утверждают, что Павел подвергался преследованиям почти повсюду, куда он заходил. При чем это не были преследования властей. Это были преследования евреев. Эти евреи в греческом оригинале «Деяний» называются не просто евреями, а *ревнителями*, или *зилотами*. Именно *зилотами* Иосиф Флавий называет фанатиков, развязавших Иудейскую войну.

«Деяния» сообщают, что именно исполнившиеся *ревностью (ζῆλος)* иудеи выгнали Павла из Антиохии Писидии (Деян. 13:45). Ревность их пылала так горячо, что они не поленились пройти за Павлом полтораста километров до города Листры, нагнали, избили камнями «и вытащили за город, почитая его умершим» (Деян. 14:19). Фессалоникийские иудеи *возревновали (ζηλόω)* против Павла и чуть не взяли штурмом дом, где он скрывался (Деян. 17:5).

Но самая большая неприятность случилась с Павлом в Иерсалиме. Там науськанная кем-то толпа чуть не линчевала его у входа в храм, крича, что он осквернил святое место сие; а потом, когда римские войска отбили Павла у разгоряченной толпы, сорок каких-то мрачных иудейских террористов дали клятву «ни пить, ни есть», пока они не убьют Павла прямо во время судебного заседания, так что римскому тысяченачальнику, спасшему жизнь Павла, пришлось принять экстраординарные меры. Он собрал конвой в двести пеших, семьдесят конных и двести стрелков и направил его под этой беспримерной охраной в Кесарию к прокуратору Феликсу.

Кто же натравил на Павла людей возле храма и кто руководил фанатиками, давшими клятву «ни пить, ни есть», — фанатиками, в которых трудно заподозрить представителей официальных властей?

О личности этого человека можно догадаться из того, что, согласно «Деяниям», Павел, едва прибыв в Иерусалим, отправился на поклон к некому Иакову (статуса Иакова автор «Деяний» не указывает). Этот Иаков попенял Павлу на то, что тот не соблюдает Торы, показал на других верующих в Иисуса и сказал:

«Видишь, брат, сколько тысяч уверовавших Иудеев, и все они *зилоты (ζηλωτής)*» (Деян. 21: 20).

Несложно заподозрить, что евреи, преследовавшие Павла по всем городам Римской империи, были не просто евреи, а именно что *зилоты* и что руководителем их был тот самый Иаков Праведник, месть за смерть которого и послужила причиной Иудейской войны.

Месседжи последователей Иакова и месседжи последователей Павла были прямо противоположны друг другу. Иаков считал, что его брат пришел, чтобы исполнить Закон. Он пришел, чтобы раздавить язычников железной пятой и обеспечить избранным из числа евреев господство над всем миром.

Павел учил, что Иисус пришел, чтобы отменить закон. Он учил, что Иисус пришел, чтобы спасти язычников, а не для того, чтобы их уничтожить.

Неприятие Павла аутентичными последователями Иисуса было настолько велико, что немецкий протестантский библеист и основатель Тюбингенской школы Кристиан Фердинанд Баур еще в XIX в. н.э. выдвинул гипотезу, что Павел дошел до нас в двух видах, в двух алломорфных модификациях.

В одной христианской традиции он известен как апостол Павел, апостол к язычникам, а в другой традиции, восходящей к тем самым «зилотам», — как ужасный *гоис* (т.е. колдун, шарлатан) и мерзкий богоотступник Симон Волхв.

Одним из ярких документов, представляющих эту другую традицию, является группа текстов под названием «Псевдоклиментины». «Псевдоклиментины» рассказывают об организации ранней церкви совсем другую историю, нежели «Деяния апостолов». Ни про какое коллективное руководство и Духа Святого, снизошедшего на всех апостолов, они не знают.

Вместо этого утверждают, что никто не имел права проповедовать Иисуса, *не имея на то письма от Иакова Праведника,* единственного законного главы всей общины. Симон Волхв/Павел такой франшизы, естественно, не имел.

Более того, «Псевдоклиментины» утверждают еще одну важную вещь.

Канонические «Деяния апостолов» начинают свой рассказ о карьере апостола Павла с неких беспорядков, произошедших прямо на ступенях Иерусалимского храма. Согласно «Деяниям» в ходе этих беспорядков Павел участвовал в побиении камнями некоего христианского мученика по имени Стефан, то есть по-гречески «Венец».

«Псевдоклиментины» тоже сообщают нам о крупном мордобое между фракциями сектантов, имевшем место прямо на ступенях храма. Главой одной из фракций и был Симон Волхв. А вот нападал он ни на какого «Венца», а на Иакова Праведника, претендовавшего, напомним, на венец Первосвященника иудеев (по версии *святых* и *праведников).* В ходе этой теологическо-криминальной разборки Симон Волхв столкнул Иакова со ступеней храма, сломав ему ногу, и после этого Иаков был вынужден бежать в Дамаск, куда Павел за ним и последовал.

Этот маленький эпизод говорит нам о взаимоотношениях Иакова Праведника и апостола Павла куда больше, чем сотня богословских рассуждений. Симон/Павел напал на Иакова, брата Иисуса, прямо у дверей храма, спустил со ступеней и сломал ему ногу!

Вожди тоталитарных сект прощают такое редко, и, если эта история является правдой, она представляет нам действия зилотов, охотившихся на Павла по всем городам империи, совершенно в другом свете.

Это не теология Павла была причиной конфликта между ним и зилотами. Это личный конфликт между Павлом и лидером зилотов был причиной теологических новаций Павла!

Так или иначе, из Нового Завета Иаков Праведник — аскет, фанатик, зилот, первосвященник иудеев, по версии зилотов, абсолютный глава секты последователей Иисуса в течение тридати лет, человек, чья смерть повергла в панику «усерднейших и лучших законоведов» и привела к Иудейской войне, — был вычеркнут.

А вот в «Евангелии от Фомы» он сохранился!

«Ученики сказали Иисусу: мы знаем, что ты скоро покинешь нас. Кто станет нашим вождем? Иисус сказал им: где бы вы ни находились, идите к Иакову Праведнику, ради которого были сотворены небо и земля» (Фм. 12).

Согласимся, уже одна эта фраза показывает, что первоисточник нашего Евангелия восходит к текстам, не имевшим параллелей в греческом Новом Завете, но представлявшим из себя аутентичную арамейскую традицию.

А вот еще одна любопытная фраза, которую Иисус с большой вероятностью произносил, или, по крайней мере, она приписывалась ему очень давно. Содержится она в изречении #72. В нем Иисус говорит:

«Некто сказал Ему: скажи моим братьям, чтобы они разделили имущество моего отца со мной. Он сказал ему: «Кто поставил меня делящим?» Он повернулся к своим ученикам и сказал им: «Я не делящий, не так ли?» (Фм. 72).

Коллизия, которая описывается в этой фразе, совершенно понятна. Мы должны напомнить, что ранняя христианская община практиковала *общность имущества.* Она также чуралась денег — до такой степени, что даже в канонических Евангелиях Иисус ни разу не берет в руки денег.

И вот представьте себе человека, который проповедует общность имущества и все преимущества коммунизма, и вдруг к нему, как к судье, обращается какой-то незадачливый наследник с просьбой: — нет, не вступить в общину, не отдать свое имущество на общее дело, а с просьбой посодействовать получению его доли в наследстве! Реакция Иисуса молниеносна. Он пришел не делить, а обобществлять! «Я не делящий, не так ли?»

Почему, однако, мы можем утверждать, что этот ответ дал сам Иисус, или, точнее, что этот ответ приписывался ему очень-очень давно?

Очень просто. Потому что у нас есть соответствующее высказывание из «Евангелия от Луки». И оно, как легко убедиться, неправильное.

«Некто из народа сказал ему: Учитель! Скажи брату моему, чтобы он разделил со мною наследство; Он же сказал человеку тому: *кто поставил Меня судить или делить вас?*» (Лк. 12: 13–14).

У Луки смысл фразы Иисуса исказился или был потерян при переводе. Более того, это высказывание теперь попросту бессмысленно. Как это: «кто поставил Меня судить вас»?

Вся христианская доктрина ровно на том и строится, что Иисус есть Судия и что именно он будет вершить Страшный суд, награждая мучеников венцами и престолами и низвергая грешников в геенну огненную. С учетом этой — главной, основной, многократно заявленной — функции Иисуса, — его отказ рассудить тяжущихся о наследстве выглядит совершенно непонятно.

Напротив, изречение #72 бьет прямо в точку. Это изречение лидера коммунистической общины, который пришел не затем, чтобы делить в пользу частных лиц, а затем, чтобы обобществлять во имя бога.

Более того, у нас есть еще один арамейский текст, переведенный уже на арабский и в таком виде дошедший до нас в составе арабского манускрипта X в. н.э. В этом арамейском тексте Иисус говорит:

«Некто сказал ему: Господин, скажи моему брату, чтобы он поделился (со мной) имуществом отца. Он сказал ему: «Кто поставил меня над вами делящим?»[1]

Иначе говоря, мы видим, что изречение #72 «Евангелия от Фомы» снова содержит *неискаженную арамейскую традицию,* отличающуюся от канонической, и именно традицию Фомы в данном случае следует признать аутентичной[2].

Случай с высказыванием #72 — важный, но не единичный.

Возьмем, например, еще один текст Нового Завета: Первое послание апостола Павла к Коринфянам. В нем Павел пишет: «Но, *как написано*: не видел того глаз, не слышало ухо, и не приходило то на сердце человеку, что приготовил Бог любящим Его» (1 Кор. 2:9).

Павел цитирует, очевидно, какой-то священный текст: «как написано». Однако ни в Ветхом, ни в Новом Завете ничего подобного нет. Зато аналогичное изречение есть в «Евангелии от Фомы». «Иисус сказал: я дам вам то, что не видел глаз и не слышало ухо, чего не касалась рука и что не приходило на сердце человеку» (Фм. 17)[3].

Из этого мы можем вывести, что уже в 50-х гг. н.э. существовал не дошедший до нас сборник изречений Иисуса, из которого цитирует Павел. Некоторые изречения из этого сборника не вошли в канонические Евангелия. Но они вошли в «Евангелие от Фомы». И, более того, по крайней мере, приведенное выше изречение имело отчетливо протогностический характер.

А вот еще несколько других ранних изречений Фомы:

«Если не будете соблюдать субботу, не *увидите* Отца» (Фм. 27).

«Фарисеи и книжники взяли ключи от *знания* и спрятали их. Они не вошли сами и не пустили тех, кто хотел войти» (Фм. 39).

В этих двух изречениях поразительно то, что они совмещают совершенно отчетливый иудаизм с отчетливым же гностицизмом. Иисус не просто призывает соблюдать субботу. Он сообщает, что без этого нельзя *увидеть Бога*. Ортодоксальный иудаизм видеть Бога запрещал. Иисус не просто порицает фарисеев. Он сообщает, что они спрятали *ключи от гнозиса*.

Ортодоксы впоследствии уверяли, что гностицизм был поздней и неправильной ветвью на великом стволе христианства. Но эти изречения очень ранние. Они сложены еще тогда, когда их автор (кто-то из последователей Иисуса или даже сам Иисус) еще соблюдал субботу и полемизировал с фарисеями, — и они говорят о ключах от *знания* и лицезрении Бога!

А вот еще одно раннее и протогностическое высказывание из «Евангелия от Фомы». «Те, кто ищет, не должен прекращать искать, пока не найдет. Когда найдут, будут смущены. Когда они будут смущены, они изумятся и будут править всем» (Фм. 2).

Почему мы можем считать его ранним?

Дело в том, что очень похожее высказывание Иисуса цитирует Климент Александрийский[4]. Он нашел его в «Евангелии от Евреев». Это Евангелие, не дошедшее до нас целиком, было написано теми учениками Иисуса, которые строго соблюдали иудейский закон и признавали ведущую роль Иакова Праведника.

Но самая важная деталь, которая подтверждает древность источника, лежащего в основе «Евангелия от Фомы», находится на самой поверхности. Она просто бьет в глаза.

Эта деталь — не что иное, как полное имя апостола. Его звали Иуда Фома, то есть Иуда Близнец. Иуда — это имя, Фома — прозвище.

Почему это важно?

Потому что точно так же, как нигде в «Деяниях апостолов» не упоминается о лидирующей роли Иакова Праведника, точно так же нигде в канонических Евангелиях не упоминается о том, что апостола Фому на самом деле звали Иуда.

Авторы канонических Евангелий вообще часто манипулируют именами апостолов.

К примеру, Марк называет апостола Симона Симоном Кананитом (Мк. 3:18). В переводе с арамейского Симон Кананит будет Симон Ревнитель, то есть Симон Зилот. Марк, уповающий на то, что его грекоязычный читатель незнаком с арамейским, предпочитает оставить грозную кличку без перевода.

Точно так же Матфей проговаривается, что прозвище апостола Петра (он же Симон) было Симон Бариона (Σίμων Βαριωνᾶ) (Мф. 16:17), то есть Симон Террорист. Словом *бирьона* Талмуд называет тех же людей, которых Флавий называет словом *зилот*.

Во всех канонических Евангелиях апостол Иуда Фома фигурирует просто как Фома (Мк. 3:18. Ин. 11:16; 14:5; 20: 24–29). Это имя стало очень популярным в Европе. С момента победы христианства в мире появилась масса Томасов, Томми, Томов и даже Томасин. Однако это имя не было настоящим именем апостола! Его имя было Иуда, а Близнец было просто его арамейским прозвищем.

Почему ортодоксальное христианство очень рано превратило прозвище апостола — «Близнец» — в его имя собственное?

Мы можем предположить, что по крайней мере одной из причин было то, что это прозвище само по себе носило гностический характер. Ведь Близнецом апостола прозвали еще при жизни.

И это значит, что — если не считать невероятного поистине предположения о том, что у Иисуса Христа был брат-близнец, — человек по имени Иуда еще в 30–40 гг. н.э. претендовал на то, что Христос был его духовным близнецом, его небесным двойником. Его вторым «я», сошедшим в Иуду так же, как до этого Христос сошел в человека по имени Иисус.

Сам факт наличия у Иисуса «духовного близнеца» еще в 40 гг. н.э явно противоречил утверждению о том, что гностицизм был поздней ересью.

И хотя Евангелие от Фомы в своем нынешнем виде написано не ранее 140-х гг., его первоисточник, как мы видим, отражает традиции, такие же ранние и даже раньше Марка, Матфея и Иоанна[5]. Это независимый от канонических Евангелий источник. «Иногда этот источник превосходит их»[6].

Согласитесь, это очень неожиданно. Мы привыкли считать, что ужасный и проклятый гностицизм является поздней ересью. Он является искажением слов Христа.

Но гностическое «Евангелие от Фомы» сохраняет для нас некоторые очень ранние тексты, утраченные в Новом Завете. Эти тексты в оригинале принадлежали людям, которые соблюдали иудейский закон и считали Иакова Праведника главой всех верующих. Они принадлежали людям, которые считали человека по имени Иуда духовным близнецом, а не предателем Иисуса. И эти тексты уже носят явственно гностический душок.

Арамейский оригинал

Почему «Евангелие от Фомы» так разительно отличается от канонических Евангелий?

На это есть много ответов, но один из них необыкновенно прост.

Дело в том, что оригинал этого Евангелия был написан на арамейском. Оно дошло до нас в переводе на коптский и, отчасти, на греческом, но оригинал его был написан на арамейском языке.

Почему это важно?

Дело в том, что в истории христианства есть одна очевидная и невероятная загадка. Все тексты, которые вошли в Новый Завет, были написаны по-гречески.

Чтобы понять необычность этого, посмотрим на языковую карту античного мира.

Мы увидим, что греческий язык был языком всей восточной части Римской империи. Он был *lingua franca* в Егип‑

те, на Кипре, в Ионии, в Антиохии, в Тире, то есть во всех землях, которые до этого входили в состав эллинистических царств. В том числе на греческом говорили и жившие в них евреи, а евреев там жило предостаточно.

Однако в самой Иудее и Галилее на греческом не говорили. Там греческий был языком захватчиков, которые в 63 г. до н.э. уничтожили свободу Иудеи и осквернили Храм. Иудеи с этими людьми не общались, и следы этого сохранились в Евангелиях, где Иисус называет греков псами (Мк. 7:27) и говорит апостолам, чтобы они не входили в город эллинский (Мф. 10:5), то есть в те города на территории расчлененной римлянами Иудеи, которые были населены язычниками и которым было представлено право полисного самоуправления.

На иврите в Иудее к этому времени, однако, тоже не говорили. Там говорили на арамейском — другом *lingua franca* Древнего Востока. Это был официальный язык другой империи, почившей в бозе, а именно — Вавилонской. На нем (точнее, на его несколько различных диалектах) говорили также на огромных пространствах к востоку от римской границы, по всей Месопотамии.

И Иисус, и его апостолы, очевидно, проповедовали на арамейском. Даже если кто-то из них умел говорить на пиджин-греческом, их аудитория этого языка не знала и не доверяла ему. Иисус, проповедующий галилейским крестьянам на греческом, произвел бы такое же нелепое впечатление, что и ведущий новостей Fox News, который вдруг начал бы читать эти новости по-французски.

Кроме того, греческие тексты, вошедшие в Новый Завет, были написаны достаточно поздно. Самое первое из Евангелий — «Евангелие от Марка» — было написано после конца Иудейской войны, то есть не ранее 70 г. н.э. Письма апостола Павла были написаны раньше, но все равно не раньше 40–50 гг. н.э.

Согласитесь, это очень странно, что Иисус проповедовал на арамейском, а его канонические биографии оказались написаны на греческом. Это все равно как если бы единственные биографии Карла Маркса, которые до нас дошли, оказались бы написаны на русском.

Естественно, возникал вопрос: куда делись те книги, которые написали аутентичные последователи Иисуса, которые должны были быть написаны на арамейском и которые были написаны раньше канонических Евангелий?

Классическая библеистика для ответа на этот вопрос строила разные сложные теории, которые сводились к тому, что таких книг не существовало. Последователи Иисуса были неграмотные рыбаки, и они передавали весть о нем из уст в уста, пока Марк не сочинил в 70-х гг. н.э. первое Евангелие.

Об этих теориях проще всего сказать, что они неверны. Книги на арамейском были. Мы только что видели, что в очень раннем тексте, написанном в 50-х гг. н.э., апостол Павел цитирует некое письменное высказывание Иисуса. «Но, *как написано*: не видел того глаз, не слышало ухо» (1 Кор. 2:9).

Это *написанное* ко времени Павла высказывание Иисуса дошло до нас в составе арамейского Евангелия и не дошло до нас в составе греческих Евангелий.

Почему арамейский первоисточник так важен?

Возьмем одно из высказываний Фомы. «Иисус сказал: Если те, кто ведут вас, говорят вам: Смотрите, царствие в небе! — тогда птицы небесные опередят вас. Если они говорят вам, что оно — в море, тогда рыбы опередят вас. Но царствие внутри вас и вне вас» (Фм. 3:1–3).

Оно известно нам на двух языках — на коптском и греческом. Совсем недавно, в 2004 г., Николас Перрин попытался сравнить эти два перевода между собой, чтобы понять, как они звучали в оригинале. Это такой своеобразный метод лингвистической триангуляции.

Николас Перрин заметил два интересных момента. Он предположил, что слово, которое обычно переводят как «ведущие» или «тащущие», в оригинале звучало как *реберим*.

Это слово куда более многозначно — оно может быть переведено и как «те, кто ведут по пути», и как «те, кто с пути сбивают», то есть ведут, но не туда[7]. Перед нами слово, опасно близкое к понятию «прельстителя» и «обманщика», — терминамв, которые Тора употребляет относительно тех, кто неправильно учит и заводит народ в бездну нечестия.

Что же до слова «море», то, согласно Перрину, в арамейском оригинале стояло слово «техома» (на иврите — техом), то есть бездна.

«Бездна» — слово, невероятно сакрально нагруженное в иврите. Именно над бездной летал Дух Божий в гл. 1 Бытия. И в дономотеистическом оригинале текста это была, вероятно, не просто бездна. Это было морское чудовище.

Техом — это языковой родственник того самого чудовища, которого в Вавилоне звали Тиамат и которое разрубил Бог, создавая мир.

Этот дуализм, Небеса вверху, Техом (бездна) внизу, долго сохранялся в иудаизме. К примеру, в книге Бытия 49, благословляя Иосифа, Иаков дарует ему «Благословение Небес сверху, благословение Техом, ярящейся внизу» (Быт. 49:25).

«Иисус сказал: Если *реберим* говорят вам: Смотрите, царствие в небе! — тогда птицы небесные опередят вас. Если они говорят вам, что оно — в *техом*, тогда рыбы опередят вас. Но царствие внутри вас и вне вас» (Фм. 3:1–3)[8].

Общий смысл нашей фразы сохранился. Все понятно. Иисус говорит, что Царство Божие не от мира сего. Но в этом общем смысле прибавились очень важные обертоны. Это теперь не абстрактная фраза. Это фраза иудейского рабби. Пара небо — бездна, *шамаим — техом,* прямо отсылает к благословению Иакова. А те, кто это говорят, — это не просто «тащущие вас», «ведущие вас», это «сбивающие вас с правильного пути».

Все?

Нет, не все.

Давайте задумаемся — кто был автор этого высказывания?

Совершенно точно — не сам Иисус. Мы имеем все основания полагать, что для исторического Иисуса Царство Божие было физическим и военным триумфом самого Иисуса. И дело тут не только в реликтовых фразах, сохранившихся в Евангелиях, вроде знаменитого обещания «ныне, во время сие, среди гонений, во сто крат более домов, и братьев, и сестер, и отцов, и матерей, и детей, и земель» (Марк 10:30).

Дело тут прежде всего в самих действиях Иисуса. Он пришел в Иерусалим именно, чтобы воцариться в нем, и его сторонники приветствовали его с криками: «Да здравствует Царь Израиля»: и они никак не предполагали, что эта попытка воцарения Царя Израиля позорно закончится на кресте.

Но, с другой стороны, автором этого высказывания был какой-то очень ранний последователь Иисуса. Тот человек, который еще соблюдал иудейский закон. Он мыслил в категориях иудейского рабби. И он не любил тех вождей, которые обещали материальное Царство Божие. Он называл их неправильными вождями. Он говорил, что они ведут не туда. Из этого следует, что в тот момент, когда он проповедовал, эти вожди уже существовали, и у него с ними были разногласия по земельному вопросу: а именно, кто кого закопает.

Кто был этот человек?

Конечно, про прошествии двух тысяч лет точно сказать сложно, но у нас есть очень хорошая кандидатура.

Этим человеком мог быть сам Иуда Фома. Ученик вождя, который называл себя его Духовным Близнецом. Который провозгласил себя Близнецом Иисуса после его смерти. Который считал, что он тоже стал Христом. И который спорил с какими-то прельстителями, считавшими Царство Божие материальным.

Все? Нет, не все.

Дело в том, что наше высказывание сохранилось в урезанной форме в Евангелии от Луки. Лука рассказывает нам об Иисусе следующее:

«Быв же спрошен фарисеями, когда придет Царствие Божие, отвечал им: не придет Царствие Божие приметным образом, и не скажут: вот, оно здесь, или: вот, там. Ибо вот, Царствие Божие внутрь вас есть» (Лк. 17: 20–21).

Удивительно — но это хорошо знакомое каноническое изречение Иисуса есть на самом деле кратчайшая формулировка гностицизма.

О чем учили гностики? О том, что вещный мир сотворен не настоящим Творцом, а глупым Демиургом, который не знал, что он не творец. Когда этот Демиург попытался вдохнуть в глиняного Адама, сотворенного им, жизнь, это у Демиурга не получилось. На помощь пришел настоящий Творец, который вдохнул в человека часть своего духа. Этим он его и оживил.

Единственная часть, которая есть в этом материальном мире от Царства Божия, — это человеческий дух, часть Бога-Творца. «Царство Божие внутри нас».

«Иисус сказал: Если *реберим* говорят вам: Смотрите, царствие в небе! — тогда птицы небесные опередят вас. Если они говорят вам, что оно — в *техом*, тогда рыбы опередят вас. Но Царствие внутри вас и вне вас» (Фм. 3:1–3).

«Не придет Царствие Божие приметным образом, и не скажут: вот, оно здесь, или: вот, там. Ибо вот, Царствие Божие внутрь вас есть» (Лк. 17:20–21).

Как нетрудно заметить — Лука позаимствовал и сократил Иуду Фому. Мы легко можем заметить, что текст, упоминавший «небо и бездну», является явно первичным по отношению к невнятному изречению «вот здесь или вот там». Получается, что прототипом утверждения Луки был очень ранний иудео-гностический текст, который является квинтэссенцией гностицизма, — и этот текст, обеззаразив его и дезинфицировав, употребляет в пищу протоортодокс Лука.

И это не единственное такое сокращение. Так, у Матфея Иисус говорит по-гречески: «Ищите и обрящете» (Мф. 7:7).

У Фомы он говорит по-арамейски: «Пусть тот, кто ищет, не перестает искать до тех пор, пока не найдет, и, когда он найдет, он будет потрясен, и, если он потрясен, он будет удивлен, и он будет царствовать над всем» (Фм. 2).

Это высказывание Иисуса опять-таки имелось в написанном по-арамейски «Евангелии от евреев», и из этого мы опять-таки можем предположить (хотя и с меньшей уверенностью), что полный арамейский вариант существовал раньше, чем краткий греческий — и носил при этом, в отличие от греческого, вполне ярко выраженный гностический характер.

Но как согласовать этот ранний гностический характер с утверждением церкви, что гностицизм был поздней ересью?

Место написания: Эдесса

Где же было написано такое удивительное Евангелие, самый ранний слой которого сочетает явный иудаизм с явным же гностицизмом?

Скорее всего, оно было написано в городе Эдессе, и это обстоятельство является еще более удивительным, нежели его арамейский язык[9].

Дело в том, что мы привыкли думать о христианстве как о религии, которая распространялась в первую очередь внутри Римской империи. А Эдесса до III в. н.э. находилась за границей этой империи.

Она была столицей маленького Осроенского царства — буферного государства между Римом и Парфией. Крошечная, но стратегически важная Осроена представляла из себя, по сути дела, просто большой оазис в верховьях между Евфратом и Тигром.

Эдесса, основанная Селевкидами, находилась всего в 300 км от столицы римской Сирии — Антиохии. Однако после краха Селевкидов Эдесса быстро обарамеилась, стала тяготеть к Парфии и управлялась местной арабской династией. Члены династии чеканили монеты с изображениями то римских императоров, то парфянских царей и все более и более втягивались в орбиту римской политики, пока наконец не были поглощены — в 216 г. по существу и в 242 г. окончательно — Римом.

В результате последователи Иисуса существовали в Эдессе в совершенно других условиях, нежели в преследовавшей их Римской империи.

В Риме христиане прятались по частным домам, собираясь на богослужение, как на подпольную явку. Никаких христианских храмов в I—II вв. в Риме быть не могло. Напротив, в Эдессе здание церкви, где собирались для богослужения верующие, существовало уже к концу II в. н.э. Мы это знаем из «Эдесской хроники», сообщающей, что в ноябре 201 г. это здание вместе с большой частью города было уничтожено наводнением.

Одним из виднейших эдесских христиан II в. н.э. был человек по имени Бардесан. Этот человек имел в Эдессе совсем другой социальный статус, нежели вольноотпущенники и рабы, которые, вместе с богатыми женщинами, обыкновенно являлись главным объектом христианской вербовки в Риме.

Бардесан был видный парфянский аристократ, великолепный стрелок из лука (умение это считалось необходимым именно среди парфянской знати), товарищ детских игр, а потом ближайший приближенный царя Эдессы Абгара VIII.

В Эдессе никогда не издавались эдикты против христиан. Никакие доносчики в ней не сговаривались «уничтожить *святых*», не ждали нужного часа, не входили «в Дом Господень тогда, когда все молятся и восхваляют Господа», и не схватывали их, как жаловался в начале III в. Ипполит Римский[10]. В ней не было Нерона, который зашивал христиан в шкуры быков на потеху толпе, Веспасиана, который после разгрома Иудейского восстания приказал предать смерти всех потомком дома Давидова, и Марка Аврелия, по чьим эдиктам «по всей Асии» преследовали и гнали «людей благочестивых»[11].

Более того, среди эдесских христиан царила упорная легенда, что предок Абгара VIII, Абгар V принял христианство еще в I в. н.э. сразу после смерти Христа!

И даже если не разделять точку зрения автора данной книги о том, что закон, приписывавший предавать христиан смерти, был принят Сенатом еще в 36 г. н.э., под давлением императора Тиберия, то видно, что в Эдессе на эволюцию учения *святых* действовали совсем другие факторы, чем на римское христианство.

Что мы можем еще сказать про «автора» это необыкновенного Евангелия, про апостола Иуду Фому?

Где он жил? Чем он кончил?

Каков был его исторический прототип? Каковы были его отношения с другими апостолами, и прежде всего с Иаковом по прозвищу Праведник, «для которого были сотворены Небо и Земля»?

Что еще мы знаем об апостоле Близнеце?

Не так уж и мало.

Дело в том, что у нас есть целая его биография — «Деяния Фомы». Правда, эта биография написана не раньше начала III в. н.э. — и это плохо[12]. Зато она написана на том же арамейском языке, что и «Евангелие от Фомы», и, более того, она написана в той же самой Эдессе.

Приступим же к изучению этой увлекательной и необыкновенной биографии, и посмотрим, что мы можем из нее извлечь.

Жизнь и необыкновенные приключения апостола Иуды Фомы

«Деяния Фомы» начинаются с того, что Иисус Христос, явившись после смерти Фоме, «который близнец», посылает его апостолом в Индию. Фома в Индию не хочет, мотивируя это тем, что он — еврей. «Куда бы ты ни послал меня, посылай, но в Индию я не пойду», — говорит он Иисусу[13].

Ввиду такого упрямства Фомы Иисус пускается в хитрую стратагему. В это время в Иерусалиме пребывает индийский торговец по имени Аббан. Его прислал царь Гундафор (реальный исторический персонаж, правивший частью Индии в I в. н.э.) с тем, чтобы тот купил ему искусного плотника для строительства дворца.

Иисус — напомним, что дело происходит уже после распятия — лично встречает Аббана на рынке и спрашивает, не купит ли тот раба-плотника? Аббану только того и надо. Иисус продает Аббану Фому за три литры серебра и, лихо расписавшись в договоре о продаже, сдает ему Фому с рук на руки. Подозрительный Аббан, чтобы не быть обманутым, на всякий случай осведомляется у Фомы, точно ли он раб Иисуса. «Да», — отвечает тот[14]. Аббан поздравляет себя с выгодной сделкой.

Первым делом на пути к Гундафору Аббан и его новый раб Фома попадают в царский город Андраполис. В городе царит большое веселье: тамошний царь выдает замуж единственную дочь и приглашает на пир всех путников. Аббан и Фома приходят на пир, чтобы не оскорбить царя пренебрежением к его гостеприимству.

Социальный статус Фомы, напомню, в это время очень низок: он раб и вдобавок иноземец, который говорит на непонятном никому в Индии арамейском языке, и, понятно, что на пиру, на котором собрался весь цвет города, он находится в самом низу пищевой цепочки.

Какой-то виночерпий за недостаточное проворство дает ему пощечину. Фома, в полном соответствии с заветом учителя, призывающим подставить левую щеку, если тебя ударят по правой, говорит виночерпию: «да простит тебя Бог», однако тут же предрекает, что рука, ударившая его, скоро окажется в зубах пса.

Так оно и случается: виночерпий идет за водой, и там его загрызает лев. Собаки бросаются на останки, и одна из них, держа в зубах ударившую апостола руку, вбегает прямо в зал, где идет пир.

Это происшествие приводит гостей в немалое возбуждение, и особо они изумляются тогда, когда девушка-флейтистка, которая, будучи еврейкой, понимала арамейский язык, сообщает им, что раб, сидящий рядом с торговцем Аббаном, «или бог, или апостол бога»: ибо она слышала, как этот человек говорил, что рука, ударившая его, окажется в пасти пса[15].

Этот случай, естественно, привлекает к Фоме внимание царя, и тот, чтобы заручиться на всякий случай благословением такого важного волшебника, приказывает ему помолиться в брачном покое о счастье новобрачных. Бедный царь еще не знает, какую змеюку он подкладывает дочке в постель.

Фома молится; после этого гостей выпроваживают из брачного чертога. Однако, когда жених приходит в него, «он видит Господа Иисуса в виде Иуды Фомы, который разговаривает с невестой»[16], что приводит жениха в немалое изумление: ведь он видел, что Фома вместе со всеми другими покинул чертог. Господь разъясняет ему его заблуждение: «Я не Иуда, который также зовется Фома, но его брат», — объясняет он[17].

После этого Иисус садится на кровать, а жениха и невесту просит занять места на стульях, и разъясняет им необходимость воздерживаться от любого вида плотских связей, с тем, чтобы превратить свое тело в священный храм.

Наутро царь заходит в брачный чертог и видит молодоженов сидящими как ни в чем не бывало. В ответ на его вопрос о произошедшем этой ночью жених и невеста информируют его о своем полном отказе от плотских сношений и желании войти в тот Брачный Чертог, который есть бессмертие и свет.

Символизм этой сцены вполне понятен. Дело в том, что одной из высших гностических церемоний был как раз Брачный Чертог. Так называлась церемония, в ходе которой искатель сочетался со своим астральным двойником, своей Пневмой, нетленной частицей Всевышнего.

«Владыка все делал втайне: Крещение, Миропомазание, Причастие, Искупление и Брачный Чертог», — гласит «Евангелие от Филиппа»[18]. «Святое — это крещение; святое святого — искупление. Святая святых — это Брачный Чертог»[19].

Наш бедный царь, однако, в тонкости гностических церемоний не был посвящен и пришел в ужас; грохнувшись наземь и разодрав одежды, он послал скорее за мерзким колдуном, который по злой воле небес прибыл в их город. Однако Фома уже отплыл.

Второй акт нашего приключенческо-теологического романа разворачивается уже при дворе индийского царя Гундафора. Гундафор поручает Фоме строить дворец и в достатке снабжает его деньгами и провизией для рабочих. Фома дворца не строит, а деньги и еду раздает народу, одновременно проповедуя ему Евангелие. Фоме справедливо кажется, что добрым словом и раздачей денег можно привлечь больше душ, чем просто добрым словом.

В конце концов, при таком нетрадиционном подходе к девелопменту деньги на дворец оказываются растрачены. Царь вызывает Фому к себе и получает ответ, что Фома построил царю незримый дворец, который царь не видит при жизни, но узрит после смерти. Как легко можно себе представить, царь оказывается не очень удовлетворен этим ответом и приговаривает Фому к смерти за казнокрадство. Однако в это время, на счастье Фомы, умирает брат царя по имени Гад. Первое, что он видит, попав на небо, — это тот самый дворец, о котором говорил Фома. Пораженный Гад отпрашивается у ангелов на землю и, ожив, заклинает своего брата подарить ему этот дворец.

После этого царь и его брат принимают «печать», то есть крещение и помазание. Иуда Фома во время крещения призывает Христа, Всевышнего, милосердную матерь и мать «семи домов, чтобы они могли упокоиться в восьмом доме»[20].

При этом имеется важная теологическая тонкость. После того, как царь и его брат принимают крещение водой, они *слышат* голос Бога, но не видят его, поскольку они еще не помазаны. А вот после того, как они принимают помазание, они *видят* юношу с факелом, свет которого затмевает любой другой свет.

Всякие «Деяния апостолов», которых до нас дошло довольно много, были построены по принципу сериала. Если первый сезон умел успех, то все новые и новые авторы писали все новые и новые серии.

В «Деяниях Фомы» таких сезонов довольно много, и во всех них Фома, как и подобает близнецу Христа, совершает чудеса: изгоняет бесов и воскрешает мертвых, заставляет проповедовать ослов и светится неземным светом — то есть еще при жизни его лицо сияет, как лицо Моисея или Еноха, увидевших Бога.

В одном эпизоде он даже убивает Сына Сатаны. Этот сын — тот самый змей, который соблазнил Еву, велел Каину убить Авеля, и это он ожесточил сердце фараона против египтян и соблазнил евреев в пустыне сделать золотого тельца.

Это, согласитесь, немаловажное достижение, — что какой-то простой смертный, пусть даже с сияющим лицом, убил то самое сверхъестественное существо, козни которого лежали в основе всех злоключений человечества.

Это достижение представляется нам тем более немаловажным, что в Пятикнижии Моисея ничего ни о каком Сатане, ожесточившем сердце фараона, не говорится. Его авторы постоянно подчеркивают, что это Бог Израиля, единый и единственный, сам ожесточил сердце фараона. С одной стороны, он явил фараону множество знамений (слово «от» на иврите значит одновременно и «знак, знамение», и «печать»), а с другой стороны, он устроил так, чтобы на фараона все эти знамения не подействовали. «Но Господь ожесточил сердце фараона», — постоянно повторяет Тора.

Тора так боится упоминаний о каких-то соперниках Яхве, что в истории с чудесами Моисея она заставляет Яхве играть сразу за обе команды: и за евреев, и за египтян, что, конечно, выглядит как сущее издевательство по отношению к бедным египтянам.

Напротив, с точки зрения «Деяний Фомы», в истории с чудесами Моисея за команды играли разные игроки. За египтян играл Сын Сатаны, а за евреев — Господь.

Вот этого-то Сына Сатаны и убивает апостол Фома, близнец Иисуса. Он делает это *словом*. Увидев Сына Сатаны и рядом убитого им человека, апостол Фома приказывает Сыну Сатаны, то есть змею, вобрать в себя обратно свой яд.

«И когда змей всосал в себя всю желчь, юноша подпрыгнул и вскочил, и упал к ногам апостола, а Змей, раздувшись, лопнул и умер, и яд его и желчь разлились, и на месте, где пролился его яд, разверзлась Бездна, и она поглотила Змея»[21].

Иначе говоря, наш мертвый юноша распрощался с Сатаной и обрел знание Христа. Он ушел с Пути Тьмы и Встал на Путь Света. Его смерть и воскресение были *символическими*. Гностики, — напомним Иринея Лионского, — «почитают воскресением из мертвых познание возвещаемой им истины»[22].

В этом смысле «Деяния Фомы» придерживаются стиля символического реализма, и мы можем не сомневаться, что апостол Фома много раз убивал Сатану и воскрешал мертвых для жизни вечной. Это было его профессиональное занятие. Каждый раз, когда он кого-нибудь *запечатывал,* он убивал Сатану и воскрешал человека.

Наконец в своих странствиях апостол Фома приходит в земли, которыми правит царь Миздай. Изгнав бесов из жены и дочери царского военачальника, он становится влиятельным человеком в городе. Слава его тем громче, что бесов изгоняет не сам Фома: он поручает это сделать дикому говорящему ослу, который и выполняет с блеском ответственное поручение.

Эта-то слава и становится причиной его неприятностей: среди его учениц появляется некая Мигдония, жена царского родственника Кариша.

Совершенно очарованная проповедуемым Фомой небесным Христом, она просит у Фомы позволить ей «принять печать, чтобы я стала Святым Храмом, в котором он обитает»[23].

Уверовав, Мигдония отказывает мужу в телесной близости. Когда он пытается овладеть женою, она объясняет ему, что в ней отныне поселился Христос. «Ибо мой Господь Иисус больше тебя, и он со мной и во мне»[24].

Понятное дело, что Христос, находящийся внутри Мигдонии, никак не может заниматься сексом с Каришем. Когда ее муж пытается сунуть в новый христов сосуд свою потную лапу, Мигдония связывает ему руки простыней, удирает, нагая, от мужа и ночует в комнате со служанкой.

Происшествие это приводит Кариша в понятное раздражение, и этот альфа-самец, ослепленный страстью и получивший удар в самую чувствительную часть своего животного эго, тут же обращается к царю с жалобой на залетного «колдуна и обманщика»[25], который «не ест и не пьет»[26], учит, что никто не может жить, пока не откажется от всего вещного, включая имущество[27], утверждает, что муж не должен возлежать со своею женой[28], и которого *народ почитает как Бога*[29].

Может быть, история с Мигдонией еще и сошла бы Иуде Фоме с рук. Но черт дернул царя Миздая рассказать ее собственной жене — в качестве занятного примера безумия, в которое заезжий колдун ввергает знатных женщин. Надо ли говорить, что жена царя немедленно сама отправилась к Иуде Близнецу и после этого, возродившись для жизни вечной, немедленно отказала в доступе в свой Господний Храм царю?

Этот эпизод окончательно переполнил чашу терпения и без того уже кипевшего гневом царя. Он лично отправился в дом своего военачальника Сифора, где обнаружил значительную долю своей знати у ног проповедующего Фомы.

Все, кто сидели у ног Фомы, приветствуя царя, поднялись, но сам Фома остался сидеть. Ярости Миздая не было предела. Он схватил подвернувшуюся табуреточку, перевернул ее и крепко и страшно огрел этой табуреточкой заезжего колдуна.

«И он взял сиденье и перевернул его, и схватил сиденье обеими руками и ударил его по голове, так, что ранил, и передал его солдатам, приказав: уведите его»[30].

После этого начинаются суд и пытки. Взбешенный царь приказал раскалить железные пластины и поставить на них проклятого колдуна. Однако не успели стопы Иуды коснуться пластин, как из-под них забили ключи холодной воды. Ногам Иуды ничего не сделалось, стражники в ужасе отпрыгнули в сторону, а царь Миздай, оказавшись перед серьезной перспективой утонуть, взмолился к пытуемому, чтобы тот остановил потоп.

Иуда Фома, которому Господь велел воздавать добром за зло, тут же отдал небесным стихиям соответсвующие приказания, и вода унялась. «И когда Миздай увидел это, он велел отвести его в темницу: до того, пока я не решу, что с ним делать»[31].

История про Иуду Фому, который остудил водой раскаленные пластины, имеет долгую предысторию на Востоке. В Эдессе, где, напомню, и были написаны «Деяния Фомы», такую же историю до сих пор рассказывают про праотца Авраама, которого хотел уничтожить жестокий царь Нимрод. Нимрод бросил Авраама в печь: тот упал в печи на колени, и там, где он упал, забили два ключа холодной воды, потушившие пламя[32]. «Пруд Авраама», натекший из одного из этих ключей, существует до сих пор. В древности этот пруд, видимо, был священным прудом богини Атаргатис, кишащим священными неприкосновенными карпами[33].

Мы могли бы ожидать, что такой великий колдун, как Иуда Фома, которого не берет даже раскаленное железо, попросту распахнет двери темницы и будет таков.

Но не тут-то было.

Дело в том, что апостол Фома очень хотел умереть.

Для него жизнь была тюрьма, в которой все грешники спят, и только те, кто верят в Господа, бодрствуют, а смерть была пробуждением для вечной жизни. Умереть было его затаенное желание. «Ибо то, что называют смертью, есть не смерть, а освобождение от тела, и я принимаю его с радостью»[34].

Иначе говоря, Фома очень хотел стать шахидом, причем в буквальном смысле слова.

Дело в том, что арабское слово «шахид» использует общесемитский корень «ШХД» (свидетельствовать) в значении «стать мучеником». Точно такое же значение имеет греческое слово «мартус» («свидетель» в значении «мученик»), которое, в свою очередь, было калькой с арамейского «сахде» (тоже «свидетель» в значении «мученик»). Тех, кого по-гречески называли мартусами, в Эдессе называли «сахде», и, так как апостол Фома проповедовал на арамейском, он хотел быть именно *сахде,* а не *мартусом*.

Понятно, что Фома не мог пройти мимо такой роскошной оказии исполнить свою заветную мечту.

Он, правда, перед казнью распахнул двери темницы и погрузил ее стражников в глубокий сон, — но только для того, чтобы крестить жену царя и царского сына и прочесть им напоследок несколько важных наставлений.

Прочтя эти наставления, Фома остался в темнице, устроился поудобней и принялся ожидать долгожданного освобождения.

На следующий день четыре солдата вывели Фому за город и пронзили его четырьмя копьями. Знатные последователи Фомы, включая сына царя, Иузана, и его военачальника Сифора, обернули его в роскошные одежды и положили в царскую гробницу и сидели у этой гробницы день и ночь, пока апостол Фома не появился возле них и не сказал: «Зачем сидите вы здесь и сторожите меня? Я не здесь, ибо я *вознесся* и получил все, чтобы было обещано»[35].

Когда гробницу отворили, она оказалась пуста. Но даже пыли, касавшейся некоторое время покоившегося там тела апостола, оказалось достаточно, чтобы творить чудеса. Когда у царя Миздая заболел сын, царь велел открыть гробницу и взять там чуточку пыли, и от этой пыли мальчик выздоровел.

После этого даже жестокий царь Миздай уверовал во Христа.

Историчность

Как, — воскликнет в этот момент разъяренный читатель, — вы предлагаете нам этот текст в качестве *биографии?* Иисус Христос, посмертно торгующий на рынке рабами, строительство Небесного Дворца, несгораемый апостол Фома со своими железными пластинами, проповеди военачальникам и индийским царям?

Что дальше в программе?

Социально-политическая история Вестероса в «Игре престолов»? Практика и теория классовой борьбы на примере толкиеновского Средиземья?

Книги Нового Завета — может быть, и пропаганда. Может быть, канонические «Деяния апостолов» многое недоговаривают о жизни апостола Павла. Может быть, они вполне сознательно вводят читателя в заблуждение о причинах, по которым *ревностные* иудеи преследовали Павла по городам и весям Римской империи, и они намеренно врут о характере тех сорока сикариев, которые поклялись «не пить, не есть», пока не убьют Павла. Но они, по крайней мере, утверждают, что в Иерусалиме Павла у разъяренной толпы отбил римский военачальник, а не что он взлетел в воздух на глазах потрясенных зевак! Они даже честно называют врагов Павла зилотами!

А что можно извлечь из текста, написанного в стиле «Джек и бобовый стебель»?

Не будем, однако, торопиться.

Для начала: «Деяния Фомы», в отличие от «Игры престолов», воспринимались большинством своих пользователей как сакральный текст.

Начиная с середины V в. н.э. этот текст сжигали, а епископы, которые дозволяли его хранить, объявлялись еретиками по приказу папы Льва Великого, узнавшего, что текст этот используется еретиками-присциллианистами[36]. Сжигали и самих присциллианистов.

Этот текст сжигали вовсе не за то, что он был развлекательным чтивом. Его сжигали потому, что для людей, веровавших не так, как учила римская церковь, этот текст был сакральной реальностью, такою же, как утверждение, что Бог создал мир в шесть дней.

Очевидно, что такой текст заслуживает куда большего, чем быть проведенным по графе «занимательная беллетристика». Даже если он не содержит важных сведений о Фоме, то он содержит важные сведения о теологии и ритуалах сочинившей его общины. С ритуалов и начнем.

ГЛАВА 3
Иуда Близнец и город Эдесса

Что бросается нам в глаза в «Деяниях Фомы»?

Прежде всего — радикальное отличие многих обычаев и ритуалов от римской церкви.

Это касается даже названий: Фома и его община нигде сами не называют себя «христианами». Они — «братья», «святые», «чистые» и последователи «Пути, который ведет ввысь»[1].

Это касается образа жизни: Фома «не ест и не пьет», то есть не ест мяса и не пьет вина. Это утверждение невольно напоминает нам о тех самых сорока сикариях, которые заклялись не есть, не пить, пока не убьют Павла (Деян. 23:21).

Фома категорически не признает никаких плотских сношений, по крайней мере, для тех *святых*, которые при жизни являются сосудом для духа Христа.

Этот суровый, аскетичный, демонстрирующий крайнее воздержание Иуда Близнец очень похож по своему поведению на Иакова Праведника, брата Иисуса, который был бессменным главой христианской общины в течение тридцати лет после смерти брата. Иаков Праведник тоже не ел мяса и не пил вина, и колени его были мозолистыми от молитв за народ. Зато он совершенно непохож на постпавловского Иисуса, который весело пирует с мытарями и на упреки шокированных аскетов отделывается лихим софизмом: «Я пришел призвать не праведников, но грешников к покаянию» (Мф. 9:13).

Еще больше это касается обрядов.

Фома не «крестит», а «запечатывает». Разница в терминологии, казалось бы, не особенно велика, и слово «печать» в значении «крещение» употребляется во многих христианских текстах. Но тут важно то, что, как мы уже замечали, значение слова «от» в иврите намного шире слова «печать». Это слово несет в себе мощный магический оттенок. «От» — это и печать, и мета, и знак, и знамение. «От» ставит Господь на Каина. «От» (во множественном числе «отот») совершает Моисей. «Печать» — это могучая магическая мета, оберег, который позволяет «запечатанным» ста сорока четырем тысячам избранных евреев из «Откровения Иоанна Богослова» одним спастись от золотой саранчи и гиацинтовых коней (Откр. 7:4).

К тому же «печатей», которых Фома кладет, две. Первая «печать» — это обычное водяное крещение. После него *запечатанный* слышит Бога, но не видит его.

Вторая печать — это Помазание. «И апостол взял масло и возлил его им на головы и умастил их и помазал их»[2]. После того как царь Гундафор и его брат были запечатаны первой печатью, они смогли *слышать* Бога. А когда они были запечатаны второй печатью, они смогли *видеть* его. «И когда они были запечатаны, перед ними появился юноша с зажженным факелом, так что их лампады померкли при приближении его света»[3].

Этот юноша с зажженным факелом удивительно напоминает нам не только ангела, но и двух традиционных спутников Митры, Каута и Каутопата, изображавшихся в виде юношей с факелами, повернутыми вверх и вниз. Напоминает она нам и о месте происхождения этого текста — Эдессе, где существовал арабский культ богов-близнецов Азиза и Монима, Утренней и Вечерней Звезды[4].

Но более всего церемония с двумя стадиями посвящения, после первой из которых можно слышать Бога, а после второй — видеть его, отсылает нас к главному запрету ортодоксального иудаизма: запрету на лицезрение Бога. Ритуал, который практикует Фома, есть не что иное, как очень удачный способ преодоления этого запрета. Да, сообщают нам авторы ритуала, действительно, такая проблема есть. Недостаточно посвященные люди — например, пророк Иеремия — могли только слышать Бога. Но те, кто прошли вторую ступень инициации, могут и видеть его. Помазание, которое дает возможность видеть Бога, прямо упоминается в гностическом «Евангелии от Филиппа» как вторая ступень инициации верующего после Крещения[5].

Кроме этого Фома причащает своих учеников не хлебом и вином, как в римской церкви, а хлебом и водой[6]. Какой вариант является более аутентичным: вино или вода?

Римская церковь настаивала, разумеется, на вине, а воду объявляла зловредной ересью энкратизма.

Однако мы почти точно можем сказать, кто первый причащал своих учеников вином: апостол Павел.

В 1-м послании Коринфянам Павел сообщает:

«Ибо я от *Самого* Господа принял то́, что и вам передал, что Господь Иисус в ту ночь, в которую предан был, взял хлеб и, возблагодарив, преломил и сказал: приимите, ядите, сие есть Тело Мое, за вас ломимое; сие творите в Мое воспоминание. Также и чашу после вечери, и сказал: сия чаша есть новый завет в Моей Крови; сие творите, когда только будете пить, в Мое воспоминание» (1 Кор. 11:23–25).

Конечно, Павел вместо слова «вино» говорит «моя кровь», но мало сомнений, что он имеет в виду именно вино. При этом ни на каких прижизненных учеников Иисуса, которые вместе с ним были на Тайной вечере и совершенно точно помнили, что сделал учитель, Павел в этом тексте не ссылается. Он ссылается на свою личную аудиенцию на третьем небе.

Апостол Павел не производит впечатление чрезмерно аскетичного человека. Откровенно говоря, он любил пожить. И, как всякий религиозный лидер, он был склонен оправдывать желания ссылкой на волю Божию. Проще говоря, апостол Павел не хотел отказываться от вина и поэтому сказал, что хлестать вино ему приказал Иисус. Более того, он назвал это вино «кровью Христовой»!

Напротив, его противники (те самые сорок сикариев, которые поклялись не есть мяса и не пить вина) были куда более аскетичны. Мы даже можем себе представить, что застольные привычки Павла раздражали их не меньше, чем его взгляды.

Ритуал причастия хлебом и водой сохранялся долгое время даже в разных местах империи. Например, еще в III в. н.э. епископ Карфагена Киприан был вынужден написать большое письмо, упрекавшее подведомственных ему епископов в том, что они причащают верующих хлебом и водой. Судя по негодованию Киприана, таких епископов в Африке было большинство[7].

Иначе говоря, мы легко можем предположить, что аскетическая практика причастия хлебом и водой была не менее, если не более древней, чем привычка апостола Павла попивать винцо.

А церемония Помазания?

Напомню, собственно, что слово Христос — это перевод слова «Мессия» (Машиах) и оба слова означают на греческом и на иврите одно и то же — Помазанник.

Гностики обещали, что их адепты могут стать Новыми Христами, новыми Помазанниками. Поэтому церемония Помазания в гностических христианствах всегда присутствует в самом что ни на есть возвышенном виде.

Помазание — это и есть превращение верующего в Помазанника/Христа. Именно в таком виде этот ритуал присутствует и в раннем «Откровении Иоанна Богослова», где 144 тысячи избранных делаются «царями и священниками Богу нашему» (Откр. 5:10). «Откровение» называет их царями потому, что они «будут царствовать на этой земле».

И вот тут мы сталкиваемся с парадоксальной ситуацией. Дело в том, что в канонических Евангелиях церемонии Помазания Помазанника на царство нет.

Вместо этого в них рассказана довольно-таки дикая история о том, что однажды Иисус был в доме какого-то прокаженного, и туда пришла какая-то проститутка и вылила ему на голову масло.

«И когда он был в Вифании, в доме Симона прокаженного, и возлежал — пришла женщина с алавастровым сосудом мира из нарда чистого, драгоценного, и, разбив сосуд, возлила ему на голову» (Мк. 14:3), — сообщает Марк.

Правда, у Марка не говорится, что эта женщина была проститутка. Но это говорится у Луки.

Напомним, что женщины — я уже не говорю о проститутках — в иудаизме не могли быть священниками и не могли исполнять никаких обрядов. Тем более они не могли помазать на царство. А прокаженные считались ритуально нечистыми. Их не пускали в Храм.

Таким образом, согласно каноническим Евангелиям, помазание Помазанника, Христа, произошло в доме прокаженного — то есть в месте, которое было совершенно запретно для иудея с точки зрения ритуальной чистоты. А помазала Христа проститутка, то есть опять-таки существо, негодное для помазания царя.

Как понять такой странный рассказ?

Очень просто. Что такое Помазание на царство? Это восстание против римских властей. Это преступление, которое называется *crimen laesae maiestatis*, то есть преступление, наносящее ущерб величию императора. Согласно *Lex Julia maiestatis*, принятому Цезарем в 46 г. до н.э. и повторно Августом в 8 г. до н.э., преступление это каралось смертью, причем вне зависимости от степени размаха предприятия.

Поэтому Марк, а за ним и другие евангелисты постарались максимально высмеять эту церемонию и вывернуть наизнанку.

Да, Иисуса помазали — сообщали нам они. Но это церемония не имела никакого отношения к церемонии, которую проделал великий пророк Самуил, помазав Давида (1 Цар. 16:13). Она не имела никакого отношения к церемонии, которую проделал первосвященник Садок, помазав на царство Соломона (3 Цар. 1:39), к Ииую, которого помазал Господь на истребление дома Ахавова (2 Пар. 22:7). И вообще это было не Помазание на Царство, а приготовление к погребению (Мф. 26:7; Мк. 14:9; Ин. 12:8).

И вот мы видим, что «Деяния Фомы», написанные за пределами империи, то есть там, где закон *Lex Julia maiestatis* не действовал, и вообще гностическое христианство сохраняют церемонию Помазания в ее раннем, величественном значении, таком же, которое она имеет в «Откровении Иоанна Богослова». Никаких проституток, никаких прокаженных и баб никаких: на царство помазывают Царя, и делает это Пророк, Близнец Господа.

Реальный апостол Фома

Еще одна вещь, которая бросается в глаза в «Деяниях Фомы» — это необыкновенно высокий социальный статус его прозелитов. Апостол Фома вовсе не проповедует униженным и оскорбленным. Он вращается в самых высших кругах общества.

Фома шутя обращает восточных генералов и их жен, царей и, особенно, скучающих, влиятельных, богатых и мечтающих о хоть какой-то самореализации цариц. Даже цари, которые сами не собираются обращаться в христианство, вроде царя города Андраполис, относятся к Фоме с изрядным уважением, так же, как в Китае влиятельный цзеньши мог с уважением относиться к заезжему даосу.

Но, может быть, Фома выдает желаемое за действительное? Может быть, «царицы» и «принцессы» Фомы были на самом деле кухарками и рабынями? Может быть, они становились «царицами» только после того, как Фома их «запечатал»? Может быть, их «царский» статус был всего лишь символ?

Присмотримся повнимательней.

В «Деяниях» ареной подвигов Иуды Фомы называется далекая Индия. Однако, как мы уже сказали, «Деяния Фомы» были написаны в Эдессе. Там же было написано «Евангелие от Фомы», и там же, в Эдессе, находилась его гробница, которую посетила в IV в. н.э. благочестивая паломница Эгерия.

Согласно Эгерии царем, которого обратил в истинную веру апостол Фома, был не какой-то индийский Гундафор, а не кто иной, как сам царь Эдессы, Абгар!

«Господь наш Иисус в письме, которое он послал царю Абгару через скорохода Ананию, обещал, что он пошлет ему св. Фому после того, как сам вознесется на небо», — сообщала Эгерия[8].

Утверждение о том, что царь Эдессы еще в середине I в. н.э. был обращен в христианство, на первый взгляд может вызвать только улыбку.

И в самом деле — Иосиф Флавий, наш главный источник по иудейской истории того времени, ничего не знает об обращении царя Эдессы в христианство.

Он рассказывает нам совсем другую историю. Он сообщает, что в интересующее нас время — то есть в 30-х гг. н.э. — Елена, вдова Монобаза, царя соседней с Эдессой Адиабены, и ее сын Изат *приняли иудаизм*.

Иосиф Флавий рассказывает об обстоятельствах принятия Еленой иудаизма следующее.

Царя Изата склонил к иудейской религии некий купец по имени Анания. Изат с радостью принял все положения новой веры и хотел подвергнуться обрезанию. Однако его мать, уже обращенная в иудаизм другим проповедником, была решительно против: «Ведь он царь и может навлечь на себя неудовольствие своих подданных, которые, узнав о его расположении к иноземцам и их обычаям, смогут не пожелать повиноваться царю-иудею»[9].

Того же самого мнения был и Анания. Он боялся за собственную безопасность и с этой целью разработал целую теологическую теорию, согласно которой Изат мог «поклоняться Господу Богу и не принимая обрезания, если уже он непременно желает примкнуть к иудейству. Такое поклонение, по его мнению, будет гораздо важнее принятия обрезания». Анания указывал, что «Предвечный простит ему это упущение, так как он согласился на него по необходимости и из соображений политического свойства»[10].

Царь долгое время следовал мнению Анании, пока к нему не прибыл «некий Елеазар, галилейский иудей, пользовавшийся славою большого знатока закона». «Войдя к царю и приветствовав его, Елеазар застал его за чтением Моисеева Пятикнижия и воскликнул: «О, царь, ты не исполняешь главного закона и этим грешишь против Господа Бога. Тебе следует не только читать эти законы, но раньше всего исполнять их. Доколь же ты хочешь оставаться необрезанным?»[11]

Эти слова так впечатлили царя, что он отложил книгу, перешел в другую комнату, позвал врача и немедленно велел ему совершить операцию. Мать и Анания были поражены и испуганы.

История, рассказанная Флавием, отнюдь не выдумка. Царица Елена, вдова царя Монобаза, действительно существовала и действительно приняла иудаизм. Более того, она посетила Иерусалим, умерла в нем и была похоронена в гробнице, которая известна и по сей день.

Мы можем быть уверены в том, что вариант иудаизма, в который обратились царица Елена и царь Изат, был далек от пацифистского.

Дело в том, что родственники царя Адиабены принимали горячее участие в Иудейской войне. Впервые они столкнулись с римлянами под Бейт-Хороном. В ходе этого боя в 66 г. восставшие иудеи пытались задержать подходившие к Иерусалиму войска Цестия. Иосиф сообщает, что в числе руководителей сражения, погибших в нем из-за самоубийственной храбрости, были «родственники адиабенского царя Монобаз и Кенедай»[12]. Кроме этого несколько «сыновей и братьев царя Изата» участвовали в обороне Иерусалима фанатиками. После взятия города они попали в римский плен[13].

В Иерусалиме во время осады его римлянами, напомним, в это время царил религиозный террор и зилоты убивали всех, кто веровал не так, как они. Однако знатных адиабенцев зилоты не тронули, и, более того, один из них, Навайтай, был один из трех самых храбрых защитников города, изумлявших своими подвигами даже на фоне самоубийственной храбрости остальных фанатиков[14].

Боевые подвиги *родственников адиабенского царя* под Бейт-Хороном и Иерусалимом, за тысячу двести километров от родины, удивительно напоминают нам судьбу американских коммунистов, сражавшихся против Франко в Испании, и заставляют предположить, что правящая в Адиабене династия склонялась к весьма экзальтированной версии иудаизма, что, впрочем, обычно для неофитов.

У нас есть и другие основания подозревать, что иудаизм, принятый царицей Еленой и ее сыном, имел весьма милленаристские обертоны, и «галилейский иудей, пользовавшийся славой большого знатока закона», имел прямое отношение к другому знаменитому галилейскому иудею, Иисусу. Так, один из вариантов «Толедот Иешу» утверждает, что покровительницей Иисуса была царица Елена, у которой был сын Монобаз.

А Талмуд утверждает, что царица Елена не просто приняла иудаизм, а дала назорейскую клятву и соблюдала ее или

14, или 21 год[15]. Иначе говоря, согласно Талмуду царица Елена стала *назорейкой*.

Слово «назореи» — а отнюдь не «христиане» — будет одним из ключевых для этой книги.

Кто же такие были в I в. н.э. *назореи*?

Евреи за границами Рима

Согласно каноническим «Деяниям апостолов» члены первой христианской общины обитали в Иерусалиме, пока не вынуждены были бежать из него после гонений, последовавших из-за неких беспорядков, разразившихся на ступенях храма. После этого, согласно «Деяниям апостолов», они бежали *в другие города Римской империи*.

«Рассеявшиеся от гонения, бывшего после Стефана, прошли до Финикии и Кипра и Антиохии, никому не проповедуя слово, кроме Иудеев» (Деян. 11:19). Там, в Антиохии, верующие и были названы (или провозглашены) христианами (Деян. 11:26).

Так как впоследствии христианство стало государственной религией Римской империи, у читателя невольно создается впечатление, что его ареал обитания с самого начала был ограничен пределами Римской империи, так же как ареал обитания обезьяны бонобо ограничен рекой Конго.

Религия Иисуса была маленьким ручейком любви и добра, который сохранился благодаря проповедям Петра и Павла и постепенно разлился в могучую реку. Разливался он по территории Римской империи, и если когда-то эта река и выплескивалась из ее границ, то произошло это достаточно поздно и благодаря деятельности римских миссионеров.

Это, если вдуматься, очень странно.

Как мы уже говорили, в Финикии, Кипре и Антиохии и вообще во всей восточной части Римской империи говорили по-гречески. И притом Римская империя преследовала христиан.

А совсем рядом, за границей Иудеи, на огромных пространствах Ближнего Востока говорили на арамейском, и на этих пространствах тоже проживало огромное еврейское население.

Так, множество евреев жило в Армении: их депортировал туда Тигран II в 60-х гг. до н.э.[16]. Мовсес Хоренаци не только повествует об этих громадных депортациях, но и утверждает, что из них произошли несколько знатнейших армянских родов, включая род Багратуни[17].

Евреи жили в Арбелах, столице уже упомянутой Адиабены. Жили они и в Эдессе. Еврейские обитатели Эдессы даже отождествили город, в котором они поселились, с Уром Халдейским, — тем самым городом, из которого вышел праотец Авраам. Никаких археологических оснований традиция эта не имела, однако была так упорна, что в окрестностях города даже отыскалась пещера, в которой родился Авраам.

И, разумеется, множество евреев жили, еще со времени вавилонского плена, в самой Месопотамии. В Нисибисе существовала знаменитая еврейская академия; в Вавилоне был написан Вавилонский Талмуд. Евреи были настолько влиятельным и воинственным меньшинством, что в 30-х гг. в болотах Евфрата двое братьев-евреев, Анилей и Асиней, основали небольшую разбойничью сатрапию, которую в течение 15 лет был вынужден признавать парфянский царь[18]. А вскоре после восстания Бар-Кохбы у вавилонских евреев появился свой *экзиларх* (рош галут), правитель в изгнании, претендовавший на происхождение из рода Давидова. Последний экзиларх был убит в XI в. н.э. Буидами.

Итак, последователи Иисуса в Иудее не говорили по-гречески, и Иудея была частью империи, которая их преследовала.

Согласитесь: совершенно непонятно, зачем людям, которых преследовали римляне и которые не говорили по-гречески, было бежать из контролируемого римлянами Иерусалима в грекоговорящую и римлянами же контролируемую Антиохию?

Почему бы им не бежать вместо Антиохии, к примеру, в Эдессу, которая находилась почти на том же расстоянии от Иерусалима, что и Антиохия (700 км против 900 км), но зато располагалась за пределами империи и вдобавок говорила на родном беженцам арамейском языке!

Ответ был такой, что они и бежали!

Эдесса

Эдесса, как мы уже сказали, представляла собой практически город-государство, плодородный оазис в верховьях Евфрата. Человеческие поселения существовали в этих местах очень давно, но как стратегически важный объект, Эдесса де-факто была основана Селевкидами. Однако уже в 130-х гг. до н.э. она отпала от греческого царства, обарамеилась и обзавелась династией собственных арабских царей, самой примечательной чертой которой было их имя: этих царей почти неизменно звали Абгар.

Если мы посмотрим на карту Римской империи в I в. н.э., то мы увидим, что вся Эдесса, а также прилегающие к ней Адиабена и Армения, и город Нисибис, и вся Месопотамия являются либо частями Парфянского царства, либо его вассальными государствами.

А если мы посмотрим на карту Рима спустя три века, то в ней все эти земли окажутся либо частями империи, либо, в случае Армении, глубоко вассальным царством.

Иначе говоря, в I в. н.э все эти земли были фронтиром. Это был широкий фронт, по которому наступала Римская империя, и все упомянутые нами царства — и Эдесса, и Адиабена, и Армения — были местом прокси-войн между двумя сверхдержавами тогдашнего мира, Римом и Парфией.

Обычно мы смотрим на этот регион глазами наступающих римлян, потому что мы все-таки, как ни крути, культурные наследники римлян, а не парфян. Давайте, однако, изменим ракурс и посмотрим на происходящее глазами местных владык — царя Адиабены Изата, который принял воинствующий иудаизм, и царя Эдессы Абгара, который якобы принял христианство.

Они жили на границе огромного монстра, который все время расширялся. Их прежним сувереном было рыхлое парфянское царство, царь которого назывался Царем Царей. Это величавое на первый взгляд прозвище проистекало именно от чрезвычайно слабого контроля парфян за подведомственной территорией. Оно значило, что на территориях, формально подвластных парфянам, существовали и другие цари, подчиненные парфянскому Царю Царей ровно в той степени, в которой он мог их к этому принудить.

Царские династии Эдессы и Адиабены были арабского происхождения. Их подданные говорили на арамейском, абсолютное большинство населения составляли семиты, среди них жило множество евреев.

Римская империя — монстр, наползавший на эти земли, который грозил поглотить этих царей, лишить их земли, царства, статуса и даже жизни.

Однако у римского монстра имелась огромная проблема. Совсем недавно он поглотил другую населенную семитами землю — Иудею, и она у него плохо сварилась. Она бурчала в желудке. Каждые 20 лет там происходило по восстанию, то против Ирода, то против самих римлян. Эти восстания устраивала некая могущественная секта, которой руководил (или которая ждала) Мессию из рода Давидова. И эмиссары этой секты после разбитых восстаний наводняли Эдессу и Адиабену.

Что бы вы делали на месте царей Эдессы и Адиабены?

Ответ: конечно, вы бы маневрировали между двумя сверхдержавами, пытаясь изо всех сил сохранить независимость, и при определенных условиях вы бы, несомненно, поддерживали еврейских милленаристов.

Именно это и происходило в I в. н.э. в Верхней Месопотамии.

Помпей создал римскую провинцию Сирия в 64 г. до н.э. Эдесса после этого стала соседом Рима, и очередной эдесский Абгар поспешил заверить римлянина в дружбе.

Через десять лет он принял на себя почетную обязанность проводника войск Красса, жаждавшего стяжать славу в войне с парфянами. Римские легионы, однако, были плохо приспособлены для войны в пустыне, в которой легкие парфянские лучники имели серьезное преимущество перед пешими, тяжело передвигающимися по жаре легионерами.

Трезво оценив возможности легионеров, Абгар переметнулся на сторону парфян, и «прежде чем его предательство обнаружилось, ускакал, не таясь от Красса, а уверив его в том, что хочет подготовить ему успех и спутать все расчеты неприятеля»[19]. Скакать Абгару было недалеко: Карры, где Красс и римское войско сложили головы, находились в 40 км от гостеприимной Эдессы.

Спустя сотню лет история повторилась. В 49 г. н.э. другой Абгар с восточной роскошью принял у себя римские войска, везшие в своем обозе некоего Мегердата — кандидата на трон Армении[20]. Пропировав всю зиму, Абгар с Мегердатом отправились в Адиабену к нашему старому знакомцу — царю Изату, и наконец, переправились через Тигр, где и столкнулись с парфянским войском. Перед решающим сражением оба царя, и Абгар, и Изат, сбежали. Парфяне разбили римские войска, а Мегердат, бывший родственником парфянского царя, отделался отрезанными ушами[21].

Надежду овладеть Арменией римляне не оставили, и спустя девять лет они все-таки посадили на ее трон своего царя, предварительно произведя ее зачистку войсками Корбулона. Царя звали Тигран, и примечательно, что он был внуком Ирода Великого.

«Тиграну дали охрану из тысячи легионеров, двух союзнических когорт и двух отрядов вспомогательной конницы, и, чтобы ему было легче удерживать за собою новый престол, определенным частям Армении, смотря по тому, к чьим землям они примыкали, было велено повиноваться Фарасману, Полемону, Аристобулу и Антиоху»[22].

Следующей мишенью римлян стала Адиабена. Тигран — со своей тысячью легионеров и двумя союзническими когортами — немедленно вторгся в нее, вероятно, желая присоединить к своим владениям[23].

Фактически это была прокси-война: Рим и Парфия выясняли отношения в Адиабене. Рим начал собирать на сирийской границе войска, которые, вероятно, и прибрали бы к рукам владения Изата, не разразись в это время Иудейская война. Войска были переброшены из Сирии в Иудею, и в результате родственники царя Изата, Монобаз и Кенедай, встретились с римлянами не под Арбелами, а под Бейт-Хороном.

История о вторжении римских легионов в Адиабену в начале 60-х гг. заставляют нас совершенно по-новому отнестись к рассказам о том, что царь Адиабены принял иудаизм и что царь Эдессы покровительствовал апостолу Иуде Фоме. Мы вдруг понимаем, что у них были серьезные геополитические резоны. Поддерживать иудейских милленаристов было для государств, находящихся по другую сторону римской границы, лучшей стратегией для собственной безопасности.

Благодаря этой поддержке прокси-война между Римом и Парфией, которую Рим надеялся вести на территории Адиабены, разразилась на территории Иудеи, и мы можем быть уверены, что адиабенским царям это было куда приятней. Тем более что в случае победы они вполне могли рассчитывать на венец Иудеи.

Иудейская война закончилась для евреев чудовищным поражением, но для парфян она была несомненным плюсом. Именно она остановила неуклонное расширение Рима на восток.

Это положение дел сохранялось до самого 115 г. — когда император Траян начал стремительную и победоносную кампанию против Парфии.

Кампания Траяна не имела параллелей в римской истории; она, казалось, была реваншем за унизительные поражения Красса и Марка Антония. Впервые римские легионы били парфянских всадников; впервые войска Рима захватили Ктесифон и вышли на берег Красного моря.

Траян продвинулся на восток дальше, нежели Александр Македонский, и сенаторы в Риме не были в состоянии ни поспеть за перечнем покоренных им народов, ни даже правильно их поименовать[24]. От Красного моря Траян поплыл к океану. Это был первый — и последний — момент в истории Рима, когда империя простиралась от Северного моря до Индийского океана.

Войска Траяна захватили Нисибис, разграбили Эдессу, Селевкию и Арбелы. Парфянское царство — вторая сверхдержава Ближнего Востока, доставлявшая римлянам столько хлопот, уже была практически уничтожена, когда в этих, уже покоренных, городах вспыхнуло восстание.

Однако это не было восстание парфян. Это было восстание иудеев.

Главными его центрами стали Нисибис, Эдесса, Селевкия и Арбелы — города с большим количеством иудейского населения. Мы можем легко предположить, что значительной частью этого иудейского населения были те самые милленаристы, которые сбежали от римлян, презрительно называемых ими *киттим*, за границу империи и были не очень счастливы, когда *киттим* настигли их снова. Во всех этих городах иудеи вырезали римские гарнизоны и захватили власть, а вслед за этим иудейские восстания вспыхнули в Киренаике, в Египте и на Кипре.

Восстания, разразившиеся в далеком тылу, были для римской армии стратегической катастрофой. Траян был вынужден срочно отвлечь на их подавление значительную часть своих войск.

Мы не знаем, что случилось с династией Монобаза после Иудейской войны, но есть основания полагать, что она была свергнута в 117 г. генералами Траяна после подавления восстания в Арбелах и бежала в Армению, где, возможно, она упоминается Мовсесом как род Аматуни, происходящий из иудеев[25].

В 194 г. Адиабена и Осроена объединились и атаковали римский гарнизон, стоявший в Нисибисе с 160 г.[26]. Время они выбрали неудачное. На римский престол в это время взошел профессиональный солдат Септимий Север, немедлено отправившийся «из-за жажды славы в поход против варваров — осроенов, адиабенов и арабов»[27].

Север откусил от владений царя Эдессы (его снова, как легко догадаться, звали Абгар) огромный кусок, а сам царь начал чеканить монеты с самим собой на одной стороне и с Септимием Севером на другой[28].

Это был тот самый царь Абгар VIII, придворным, фаворитом и товарищем детских игр которого был знаменитый эдесский гностик Бардесан.

Окончательно инкорпорировал Эдессу в империю сын Септимия Севера, капризный и недалекий император Каракалла. Не обладая военными талантами отца, он справился с очередным Абгаром (за номером девять) куда более простым образом.

«Антонин обманул царя Осроены Абгара, ибо пригласил его к себе как друга, а затем взял под стражу и заточил в темницу и таким образом овладел Осроеной, оставшейся без царя»[29].

Это окончательное преобразование Эдесского царства в провинцию Осроену обернулось трагедией для Бардесана. Он бежал из Эдессы в Армению и, укрывшись в горной крепости Ани, написал, между прочим, историю Армении[30]. С этого момента и до VII в. Эдесса надолго стала частью Римской империи и стратегическим римским центром в Месопотамии.

Церковь в Эдессе

Представитель той христианской церкви, которая впоследствии стала господствующей в Римской империи и которая сама себя называла «кафолической», то есть всеобщей, и «ортодоксальной», то есть правоверной, появился в Эдессе около 200 г. н.э. почти одновременно с войсками Севера. Это был некто Палут, рукоположенный антиохийским епископом Серапионом.

К своему удивлению — и, вероятно, огорчению, — Палут застал в городе великое множество верующих в Иисуса Христа сект. Все они говорили на арамейском языке, то есть на том же самом, что и сам Иисус. Последователи Палута долго находились среди этих страшных еретиков в меньшинстве и получили от них презрительную кличку «палутиане».

Ситуация начала исправляться только в IV в. н.э., когда ортодоксальное христианство стало сначала господствующей, а потом, с 380 г., — единственной разрешенной религией империи. В 411 г. епископом Эдессы стал некто Раббула. Методы, употребленные Раббулой для расправы с еретиками, мало отличались от тех, которыми впоследствии инквизиция расправлялась с альбигойцами и катарами. Он конфисковывал их имущество, сжигал книги и не брезговал натравливать на «еретиков» воинствующих фанатиков.

«Силою Бога этот славный соратник Иисуса Христа смог тихо уничтожить дома их собраний и взять и принести все их сокровища в свои церкви, пока даже и камни их он не взял для своего пользования… Тысячи евреев и мириады еретиков он обратил в веру Мессии за время своего священничества», — с нескрываемым восхищением сообщает «Жизнь Раббулы»[31].

Рвение Раббулы было тем более сильным, что императорская власть к этому времени сильно ослабела, и епископы были де-факто теократическими правителями городов. Чем меньше в этих городах было еретиков и язычников, тем абсолютней была их власть.

Помимо прямого истребления еретиков, Раббула вел с ними нешуточную идейную полемику. Важнейшим инструментом этой полемики стал сочиненный при Раббуле текст под названием «Доктрина Аддая»[32].

Это был очень трогательный текст, включавший в себя ни более ни менее как переписку Иисуса с царем Эдессы Абгаром. Абгар в этой переписке предлагал Иисусу защитить его от кровавых евреев, которые вот-вот должны были его распять. В «Доктрине Аддая» также говорилось, что после смерти Иисуса апостол Фома прислал в Эдессу своего ученика Аддая, учеником которого и был Палут. (Тот самый ортодокс Палут, который, напомним, появился в Эдессе около 200 г. и ученики которого долго назывались «палутиане».) А человек, в доме которого остановился Аддай, был некто Товия, иудей.

Поздний этот текст, как фальшивка, драгоценен для нас следующим: дело в том, что его мишенью являются почти все крупные группы «еретиков», жившие в то время в Эдессе.

Кто же были те «еретики», которыми кишела Эдесса?

Кому принадлежал храм, уничтоженный наводнением в 201 году?

Один из них, как легко может догадаться читатель, был уже неоднократно упомянутый нами Бардесан — аристократ, товарищ детских игр и фаворит царя Абгара VIII.

Учение Бардесана было не просто популярно в Эдессе. «Жизнь Раббулы» сетует на то, что Бардесан *«прельстил сладостью своих гимнов всю знать* города»[33]. А один из немногих текстов школы Бардесана, которые до нас дошли под названием «Книга законов стран», даже утверждает, что Бардесан обратил в свою веру царя Абгара. Таким образом, он был не только его фаворитом, но и духовным наставником.

На первый взгляд это сообщение может показаться странным. Каким образом царь языческой Эдессы, в которой стояли храмы Небо и Белу, в которой в священных прудах, посвященных Атаргатис, плодились неприкосновенные карпы с плавниками, украшенными драгоценностями, в которой веровали в арабских богов-близнецов Азиза и Монима, в Утреннюю и Вечернюю Звезду, мог уверовать в Иисуса?

Однако мы должны учитывать тут две вещи.

Во-первых, вера Бардесана кардинально отличалась от той, которую исповедовала римская церковь. Для римской церкви, преследуемой государством, все достижения Рима и Греции, все их статуи, боги, портики, колоннады, философия и искусство было делом рук Сатаны. Они должны были быть истреблены и разбиты, а приверженцы их — обращены в истинную веру. Не то Бардесан: его вера была, по существу, набором эзотерических духовных практик, обещающих слияние человека с Богом, и Бел с Атаргатис были ей не помеха, тем более что Бардесан не отрицал существования всяких малых богов — он просто считал, что человек стоит выше их в порядке творения.

Кроме этого боги Эдессы довольно сильно отличались от римских. Дело в том, что это были прежде всего *семитские* боги. Для семитских религий, при всем их многобожии, было характерно почитание божественной Триады — Бога-Отца, Богини-Матери и Бога-Сына. Например, в Хатре это были Марен (Господь), Мартен (Госпожа) и бар-Марен — их Сын[34]. В Эдессе это были Бел, космократор, главный бог вавилонского пантеона, творец неба и земли, супруга Бела Атаргатис и их сын Небо — посредник между Белом и человечеством[35].

Именно такие отношения, вероятно, связывали в домонотеистическом яхвизме верховного Бога Эля, его супругу Ашеру и их сына Яхве, и именно так и представлял себе Бардесан происхождение Иисуса Христа.

«Нечто излилось из Отца Жизни,
И Мать забеременела таинством рыбы и родила его,
И он был назван Сыном Жизни»[36].

Мы не можем приписать «Евангелие от Фомы» Бардесану, родившемуся в 154 г. Оно было написано незадолго до его рождения. Вероятно, оно было одной из книг, на которых он воспитывался, и, вероятно, именно община, к которой принадлежал Бардесан, почитала Фому как одного из своих основателей. Но мы с большой вероятностью можем приписать Бардесану «Оды Соломона» — написанные в Эдессе великолепные гностические тексты, повествующие о вознесении на небо и слиянии с Богом. Так же, как и «Евангелие от Фомы», «Оды Соломона» характеризуются полным отсутствием интереса к земной жизни Христа и столь же полной терпимостью.

Как можно заметить, ортодоксальная фальшивка под названием «Доктрина Аддая» была направлена, в том числе, против бардесанитов и их апостола Иуды Фомы. Она утверждала, что Иуда Фома никогда не был в Эдессе — и мало ли, что Эгерия видела там его гробницу! Она утверждала, что человек, который принес христианство в Эдессу, был некий Аддай.

Кроме этого «доктрина Аддая» была направлена против манихеев, которых в Эдессе было также превеликое множество. Об основателе манихейства, пророке Мани, который родился в 216 г., мы поговорим в этой книге позже, а сейчас заметим, что человек по имени Аддай был одним из знаменитых сподвижников Мани. Церковь, по-видимому, экспроприировала его себе, да еще и объявила его наставником Палута[37].

Еще одним знаменитым сирийским «еретиком» был Татиан (120—180 гг.). В отличие от Бардесана, Татиан был тесно связан с Римом — он долгое время жил в столице империи и даже был учеником главного идеолога (если не основателя) ортодоксии — Юстина Мученика. Именно Татиан, вернувшись в Сирию, принес туда римские Евангелия. До этого арамейскоговорящие последователи Иисуса, судя по всему, не особенно интересовались его земной жизнью, предпочитая сборники изречений вроде «Евангелия от Фомы». Из четырех (или трех) Евангелий Татиан сделал одно — так называемый «Диатессарон». «Диатессарон» и был главным сирийским Евангелием до самого V в. н.э. Раббула и его подчиненные уничтожали «Диатессарон» с тем же рвением, с которым средневековые христиане жгли Талмуд. Теодорет Кирский с гордостью повествовал, что только в его маленьком диоцезе было обнаружено и изничтожено 200 копий еретического творения[38].

Главное, что ставила церковь в вину Татиану, был *энкратизм,* или, проще говоря, чрезмерная аскеза. Татиан (как и апостол Фома) учил плотскому воздержанию. Аскеза и безбрачие были стандартной составляющей сирийского христианства, и в нем с самого начала существовал институт «сынов Завета» и «дочерей Завета», будущих монахов и монахинь[39]. «Деяния Фомы» объясняют нам причину этого аскетизма. С точки зрения сирийских последователей Иисуса, именно умерщвление плоти позволяло сделать свое тело Храмом Божиим, достойным сосудом, в который мог сойти Христос. Абы в какой храм — неубранный, загаженный, погрязший в еде и сексе — Христос не сходил.

Кажется очень странным, что во II в. н.э. римская церковь считала аскетов — еретиками. Но дело в том, что во II в. н.э. в Риме церковь часто проповедовала богатым матронам и придворным вольноотпущенникам, и эта часть населения была не совсем склонна к аскезе. Ситуация изменилась в IV в. н.э., когда церковь пришла к власти, и оказалось, что старые девы, умирающие без потомства, охотно завещают свое имущество церкви. С этого момента ортодоксы стали горячими поклонниками аскезы, но Татиан так и остался еретиком.

Кроме манихеев и бардесанитов, в Эдессе, если верить «Житию Раббулы», свирепствовали греховные учения маркионитов, борборитов, аудиан (эти гнусные еретики праздновали Пасху 14 нисана, как и сам Иисус, в то время как церковь в IV в. н.э. по указу Константина стала праздновать ее в соответствии с солярным календарем) и загадочных мессалиан, которые учили мистическому единению с Богом и имели священниками как мужчин, так и женщин.

И бардесаниты, и мессалиане, и аудиане — все они были представителями чисто сирийского, местного, арамейскоговорящего христианства, не имевшего аналогов в других частях империи. Однако несложно заметить, что все они не были и не могли быть первоначальной формой христианства в Эдессе. Они могли развиваться параллельно римской церкви, но никак не были ее предшественниками.

Однако «доктрина Аддая» полемизирует не только с ними. Одной из ее главных мишеней являются проклятые евреи — убийцы Христа.

«Также слышал я еще и то, что иудеи ропщут на тебя, и преследуют тебя, и хотят тебя распять, и смотрят, (как бы) навредить тебе. У меня есть один маленький и прекрасный город, достаточный для двоих, чтобы жить в нем в мире», — пишет в этом тексте царь Абгар Иисусу[40].

При этом, несмотря на ее звериный антисемитизм, «доктрина Аддая» сообщает, что главой церкви после смерти Иисуса стал некто Иаков, а апостол Аддай по приезде в Эдессу остановился у некоего иудея Товии. Мовсес Хоренаци в своем изложении этой легенды называет этого Товию «иудейским вельможей, который в свое время скрылся от Аршама и не отступился от иудейства, а остался верен его законам, пока не уверовал в Христа»[41].

Это заставляет многих исследователей предполагать, что «иудей Товия», местный союзник апостола Иуды Фомы, способствовавший развитию в Эдессе веры в Иисуса, принадлежит к довольно ранним и аутеничным пластам легенды о царе Абгаре. Легенда эта была отредактирована ортодоксами Раббулы и приспособлена для своих нужд, но не ими она была изобретена.

Как же назывались те иудеи, которые веровали, как Товия, и следы которых сохранились в древнейших слоях

1. Языковая карта древнего мира. 1 в. н.э.

«Евангелия от Фомы»? Как назывались те последователи Иисуса, которые считали, что нельзя увидеть Отца, не соблюдая субботы?

У них было много названий, но самое известное и популярное было *назореи*. Или, точнее, если мы позаимствуем это слово прямо из арамейского, не пропустив его предварительно через сито греческих букв, — *нацореи*.

Христиане и назореи

Как мы уже говорили в предыдущей книге, слово «христианин» не было и не могло быть первоначальным названием верующих в Иисуса. Ведь эти верующие говорили на арамейском, а слово «христианин» было греческим. Поэтому немудрено, что в Новом Завете оно употребляется только три раза. Из этих трех раз дважды оно однозначно вложено в уста их врагов. Третий случай касается времени появления этого названия.

«Деяния апостолов» сообщают, что верующие «были названы (или провозглашены) христианами» (Деян. 11:26) в той самой Антиохии, куда они бежали после беспорядков на ступенях Храма. Автор этой работы полагает, что речь идет о Сенатусконсульте 36 г. н.э., который запрещал секту христиан на всей территории империи. Возможно, этот же закон упоминается в «Псевдоклиментинах», где рассказывается, как в разгар магического поединка Симона Волхва и апостола Петра императорский гонец привез в Антиохию указ о запрете всех *гоисов*.

Так или иначе, очень похоже, что слово «христианин» было римским юридическим термином. Верующие в Иисуса в своих ранних текстах вкладывали его в уста врагов. А все протоколы допросов христиан римскими чиновниками (которых до нас дошло порядочно в составах ранних и самых лучших житий святых) начинаются именно с этого термина. «Ты христианин?» — спрашивает обвиняемого римский чиновник.

На территории Иудеи, знакомой с верой в Иисуса еще до сенатусконсульта, слово «христианин» было не очень распространено, и в арамейскоговорящей среде для обозначения верующего в Иисуса использовалось другое слово — *нацрайе*, то есть назореи (на иврите — *ноцрим*). Так, власти в нем именуют Павла «представителем назорейской ереси» (Деян. 24:5).

Назореем в Новом Завете называется и сам Иисус. Это — его стандартное имя. Прозвище Иисуса — Иисус Назорей, точно так же, как прозвище его брата Иакова — Иаков Праведник. Апостолы с готовностью совершают чудеса «во имя Иисуса Христа Назорея» (Деян. 3:6) и проповедуют именем «Иисуса Христа Назорея» (Деян. 4:10). Матфей даже связывает это прозвище с неким пророческим изречением: «Да сбудется реченное из пророков, что Он назореем наречется» (Мф. 2:23).

Употребляется это прозвище и властями. «И этот был с Иисусом Назореем», — говорит служанка первосвященника о Петре (Мф. 26:71). А надпись, вырезанная по приказу Понтия Пилата на кресте Иисуса, гласила: «Иисус Назорей, царь Иудейский» (Ин. 19:19). Надпись эта и ставляла перед собой полный перечень его прегрешений.

Если на территории Римской империи в конце концов победило слово «христиане», то в Палестине и за ее пределами последователей Иисуса продолжали называть *назореями*. Епифаний из Саламиса сохранил для нас важные сведения о том, что проклятие еретикам, принятое фарисеями сразу после конца Иудейской войны в Явне и теперь известное как *биркат ха-миним*, в античности часто звучало именно как проклятие назореям. Евреи, — сообщает Епифаний, — «встают на рассвете, и в полдень, и к вечеру, и трижды в день, когда они читают свои молитвы в синагогах, они проклинают и предают их анафеме. Трижды в день они говорят: «Да проклянет Бог назореев»[42].

Слово «назорей» дожило в семитских языках до наших дней. До сих пор христианин на иврите будет *ноцри,* а на арабском — *насрани.*

Тут надо уточнить, что иврит имеет два похожих корня, НЦР и НЗР, с близким и взаимозаменяемым значением. На греческом они вовсе не различаются, потому что ивритской буквы «цадик» (и русской «це») в греческом нет.

Корень «НЗР» (Быт. 49: 26; Чис. 6:13) — несет в себе значение «отделенный», «посвященный Богу». Назорей — это тот самый назорей Самсон, который не стриг волос. А вот «НЦР» (Исх. 34:7; Пс. 34:13, и т.д.) — это «хранить», «сберегать», «охранять», «сохранять в тайне». «Ноцер тора» — хранящий закон, (Пр. 28:7), «ноцер дарко» — хранитель своего пути (Пр. 16:17).

Ивритское *ноцрим* происходит именно от НЦР— «соблюдать», «сторожить», «хранить»[43]. *Ноцрим ха-брит* — это «хранители завета»[44]. Это — те, кто соблюдают завет, а также те, кто хранят тайну[45].

Иначе говоря, само прозвище Иисуса, *Ноцри,* указывало на еврея, фанатически соблюдающего закон. Слово это было, конечно, совершенно неприемлемо для будущей церкви.

Поэтому оно очень рано подверглось манипуляциям. Авторы канонических Евангелий стали объяснять, что Иисус назывался назореем, потому что происходил из несуществующего города Назарета, — каковой город появился на карте Галилеи только после победы христианства.

В течение довольно долгого времени церковь сохраняла трезвое понимание того, что «христиане» и «назореи» — это одно и то же.

«Евреи зовут нас назореями», — писал в конце II в. н.э. Тертуллиан[46]. Даже Евсевий Кесарийский уточнял в начале IV в.: «Те, кого раньше в насмешку называли назореями, теперь христиане»[47]. Уже упомятый Епифаний не только подтверждал, что христиане сначала назывались назореями, но и сообщал, что эта секта *существовала до Иисуса Христа*. «Секта назореев была до Христа и не знала Христа. Но кроме этого, как я показал, все называли христиан назореями»[48].

Однако с течением времени ситуация поменялась. Назореи были объявлены победившей церковью еретиками. Ересь их заключалась в том, что они верили в Христа, но соблюдали иудейский закон.

«И до сих дней во всех восточных синагогах, — сообщает бл. Иероним, — среди иудеев есть ересь, до сих пор проклинаемая фарисеями, которую они называют *миним* и которую народ называет *назореями*. Они верят во Христа, Сына Бога, рожденного от девственницы Марии, и считают, что он был казнен при Понтии Пилате и воскрес, во что и мы верим, но, желая быть и иудеями, и христианами, они оказываются и не иудеи, и не христиане[49].

Назореи, — сообщает Епифаний, — «прекрасно натасканы в иврите… Они отличаются от евреев и отличаются от христиан только вот в чем. Они не согласны с евреями, потому что они пришли к вере во Христа, но, так как они до сих пор скованы Законом — обрезанием, субботой и прочим, они не в согласии с христианами»[50].

В пределах Римской империи слово «христиане» в конце концов вытеснило слово «назореи», но за ее границей дело обстояло иначе. Там слово «назореи» продолжало сущестовать, и надпись жреца Картира, главного идеолога зороастризма при царе Бахраме I, гласит: «Учения Аримана и демонов были изгнаны из царства и были уничтожены, и евреи, шаманы, брахманы, *назореи, христиане* и мактаки и манихеи были раздавлены в царстве»[51].

Как мы видим, Картир отличал соблюдающих Тору *нацрайе* от христиан, приверженцев римской церкви. То же самое различие делает и Псевдо-Захария. Он сообщает о том, как персидский генерал попросил полководца Юстиниана Велизария отложить битву до конца празднования Пасхи «ради назореев и евреев в моем войске и ради вас, христиан»[52]. Арамейское *нацрайе* было стандартным наименованием христиан во всех арамейскоговорящих церквях[53]. Производные от этого слова в качестве обозначения последователей Иисуса использовали также все народы, сталкивавшиеся с ними за пределами империи, то есть арабы, персы и армяне[54].

Несложно заметить, что утверждение Талмуда о том, что адиабенская царица Елена, принявшая иудаизм, та самая царица, чьи родственники потом пали в Иудейской войне, стала ревностной *назорейкой,* звучит по меньшей мере двусмысленно. Не одни христиане при желании могли путать «ц» и «з».

Как мы уже говорили, «Деяния апостолов» рассказывают нам в основном о путешествиях апостола Павла по городам Римской империи. Средиземное море было огромным тысячеполосным шоссе, связывавшим части империи в единое целое, и именно по этому тысячеполосному шоссе и плавал апостол к язычникам Павел: он проповедовал в Антиохии и на Кипре, в Афинах и в Коринфе, в Писидии и Киликии, в Ионии и Памфилии. В результате у нас создается впечатление, что вера в Иисуса распространялась именно на территории Римской империи. Кроме того, у нас создается впечатление, что эта вера была ровно такой, какую проповедовал Павел.

На самом деле картина была принципиально другой. Самым логичным местом для бегства после преследований для арамейскоговорящих последователей Иисуса были именно арамейскоязычные земли за Евфратом.

Эдесса и Антиохия находились всего в 300 км друг от друга, но в них вел принципиально разный путь. Путь в Антиохию лежал по римским владениям: Антиохия находилась в 600 км морем от Кесарии, и еще 130 км пешком надо было пройти в Кесарию из Иерусалима.

Путь в Эдессу шел по ту сторону римской границы, по набатейским землям, правители которых в 30-х гг. н.э. были резко враждебны династии Ирода и постоянно укрывали у себя сражавшихся с ним «разбойников». А сама Эдесса была, по сути, первым арамейскоговорящим оазисом, который ждал путников за Евфратом.

Первый путь был, несомненно, удобней и проще для бродячих пропагандистов, призванных просвещать и обращать евреев в синагогах. К их услугам были римские постоялые дворы и великолепная система дорог и морских перевозок. Второй путь был единственно возможный для вооруженных групп.

Именно верующие в Иисуса евреи «принесли христианство в Месопотамию и далее на восток, тем самым положив основание семитскому, арамейскоговорящему, сирийскому христианству», — писал еще в 1968 г. Жиль Киспель[55]. Более того, от Кумрана до Эдессы шла прямая линия[56]. «Традиция, связанная с Фомой, была древнейшей формой сирийского христианства»[57].

Эта традиция проявлялась во многом. Прежде всего в самом оригинальном имени апостола, Иуда, которое сохранилось в эдесском христианстве, но исчезло в канонических Евангелиях. Проявлялось оно и в том, что именно «Евангелие от Фомы» сохранило в себе древнейшую форму, в которой в назорейской среде распространялись слова Иисуса, — а именно, форму *логой,* коллекций изречений. Эта форма была чужда будущим ортодоксам, и они смогли адаптировать ее, только вставив гностические изречения Q в изобретенную Марком форму остросюжетного Евангелия[58].

Даже самые осторожные исследователи вынуждены признать, что «сирийское христианство долго сохраняло некоторые черты, которые могут быть объяснены происхождением из совершенно еврейского вида христианства»[59].

Это касалось и его аскетизма, и его терминологии, и даже его архитектуры. Так, многие ранние сирийские церкви имели в центре своем возвышение, называемое *бема*, которое явно было позаимствовано из синагоги[60].

«Можно иногда только изумляться, — пишет Киспель, — как не могли более ранние поколения видеть то, что мы сейчас видим так ясно»[61].

На самом деле ничего изумительного в этом нет. Наличие за пределами империи огромных и разнообразных пластов не-павловского и анти-павловского христианства противоречили главному тезису классической библеистики — о маленьком незаметном пророке Иисусе, который был обязан своей посмертной славой исключительно «второму основателю» христианства Павлу.

Нога Павла ни разу не ступала за пределы империи, и это было естественно. Даже внутри нее он постоянно подвергался нападениям со стороны *ревностных* иудеев, которые чуть не забили его до смерти в Листре и в Фессалониках, напали на него в Иерусалиме, послали сорок каких-то мрачных террористов, поклявшихся ни пить, ни есть, пока не убьют Павла. Только постоянное сотрудничество с римскими властями — с проконсулом Сергием на Кипре, с неназванным «тысяченачальником» в Иерусалиме и прокуратором Антонием Феликсом в Кесарии — спасло Павла от этих страшных сикариев.

Римские власти были крайне заинтересованы в месседже Павла, вносившем раскол в ряды воинствующих милленаристов. Что же касается самого Павла, то он был заинтересован как минимум в выживании. Особенно если учесть, что вражда Симона Волхва с Иаковом, братом Господним, носила не только теологический, но прежде всего личный характер. Ведь если верить «Псевдоклиментинам», то Павел/Симон Волхв был тот человек, который физически напал на Иакова Праведника на ступенях Иерусалимского храма, столкнул его со ступеней вниз и сломал ему ногу. Вряд ли Иаков Праведник хорошо после этого относился к Павлу.

За пределами империи действительно не было *христианства*. Зато за ее пределами были *назореи*. «Очень вероятно, — писал Барнард еще в 1968 г., что христианство зародилось в Эдессе в еврейской среде, которая имела тесные связи с палестинскими сектантами, и что самые ранние обращенные были, по большинству, евреи»[62]. В переводе с языка велеречивых эвфемизмов на реальный исторический процесс это значит: «милленаристы, веровавшие в Иисуса, бежали через набатейскую пустыню, перешли Евфрат и основали в Эдессе свои общины».

Среди этих общин очень рано сложилась легенда, что их глава, апостол Иуда по прозвищу Близнец, обратил в свою веру царя Эдессы Абгара.

Эта легенда ставила ортодоксов в очень сложное положение. Ведь само прозвище «Близнец» ярко свидетельствовало о гностическом характере самых ранних разновидностей эдесской веры. Все последующие богомерзкие гностические практики, все разговоры о превращении человека в бога, о духовных близнецах, все призывы «Од Соломона» «надеть на себя» любовь бога[63] и найти его, «как любовник возлюбленного»[64], все рассказы мессалиан о том, что «душа должна чувствовать то же при слиянии с Божественным Женихом, что женщина при совокуплении с мужем»[65], восходили к единому общему предку — к прозвищу апостола Иуды, претендовавшему на то, что он является новым воплощением и *духовным близнецом* Христа.

Как связаны между собой ранняя эдесская легенда об обращении эдесского царя Абгара апостолом Иудой Фомой и история Иосифа Флавия об обращении адиабенской царицы Елены в иудаизм?

Конечно, безопасней всего предположить, что первая история не имеет никаких корней в реальности. Она была просто выдумана ортодоксами в IV в. н.э., как полагал великий Вальтер Бауэр[66], или родилась из полемики ортодоксов с манихеями в III в. н.э.[67]. Эдесские христиане прочитали Иосифа Флавия, им стало обидно, что царь соседней Адиабены обратился в иудаизм, и они придумали своего обращенного в иудаизм Абгара[68]. Возможно, они срисовали его с Абгара VIII Великого, который был большим другом Бардесана и, по крайней мере, не препятствовал тому, что этот мистик своими сладкоречивыми гимнами привлек к своему учению «всю знать»[69].

От такого предположения и овцы сыты, и волки целы.

Мы можем безопасно рассуждать о том, что, оказывается, за границей Римской империи тоже существовали последователи Иисуса, но они тоже были маленькие, никому не известные, это тоже был маленький ручеек, который почему-то уже во II в. н.э. привел к появлению в Эдессе влиятельного теолога и царского фаворита Бардесана. (Согласитесь, если предположить, что царь Эдессы лично привечал веру Иисуса еще в I в. н.э., то от «маленького ручейка» не останется вообще ничего.)

Однако такое предположение не совсем отвечает имеющимся свидетельствам. Как ни скудны они (а, признаться, мы ничего толком не знаем об Эдессе, по крайней мере, до походов Траяна), а все-таки они показывают на ранний характер легенды об Иуде Фоме.

Они показывают, что она предшествовала поздней (и спорящей с ней) ортодоксальной «доктрине Аддая». Они показывают, что эта ранняя легенда была хорошо осведомлена об иудейском характере раннего эдесского христианства (вельможа Товия). Не факт, что эдесские *нацрайе* вообще читали Иосифа Флавия — источник римский, ангажированный и ненавистный зилотам. Зато мы легко можем предположить, что они знали об обращении царя соседней Адиабены и о геройских подвигах его родичей в Иудейской войне без всякого Флавия.

Одна из самых интересных разновидностей «доктрины Аддая» сохранилась в «Истории Армении» Мовсеса Хоренаци. Вообще-то Мовсес приводит эту легенду в довольно позднем ее виде, с «письмами Иисуса Абгару» и прочей ерундой. Но Мовсес при этом утверждает, что царь Эдессы Абгар был заодно и царем Армении, а царица Елена была его женой и вдовой.

Мы точно знаем, кто был царем Армении в 30—60 гг. н.э., и никаких Абгаров среди них не было. Откуда тогда Мовсес взял это утверждение? Мы можем сделать простое предположение. С большой вероятностью, Мовсес взял его из той самой «Истории Армении» Бардесана, которую он называет своим источником.

Это позволяет думать, что легенду об апостоле Фоме, наставнике царя Абгара, придумал Бардесан, наставник другого царя Абгара. Ее первоначальной задачей была легитимизация положения Бардесана при дворе путем легитимизации территориальных претензий Абгара VIII к Армении. Из нее получалось, что предок Бардесана был царем Армении — когда слушался Иуду Фому.

Но эта легенда II в. н.э., равно как и само положение Бардесана, возникла не на пустом месте. Точно так же, как и история об адиабенских царях, она опиралась на *высокое положение иудейских милленаристов* за пределами империи.

Если в пределах Римской империи эти люди преследовались потому, что мечтали положить конец власти *киттим*, то за ее пределами они *ровно по тем же причинам пользовались поддержкой местных властей.*

Мы знаем из Иосифа Флавия, что набатейцы систематически поддерживали и давали укрытия многочисленным галилейским «разбойникам», воевавшим против Ирода. За несколько лет до смерти Ирод был даже вынужден вторгнуться в набатейские владения специально для истребления лагерей этих «разбойников»[70]. Кумран, расположенный на «земле Дамаска», находился именно во владениях набатейского царя. Парфянские войска в 37 г. до н.э. вторглись в Иудею во главе с конкурентом Ирода, Антигоном[71]. Ничто не заставляет думать, что Осроена и Адиабена — небольшие, но стратегически важно расположенные царства, которые должны были стать (и стали) первыми объектами римской атаки, — составляли тут исключение. Все эти земли поддерживали иудейских милленаристов ровно по той же причине, по которой немцы посадили Ленина в пломбированный вагон.

И эта стратегия окупилась. Иудейские фанатики были одним из важных факторов, который на добрую сотню лет задержал распространение Рима на восток. Они спасли Адиабену от римского вторжения в 66 г. н.э. и уничтожили планы Траяна по завоеванию всего Востока вплоть до Ганга в 117-м.

Другое дело, что эта поддержка привела к парадоксальным результатам. Преследуемое, озлобленное, загнанное в угол *христианство* на территории Рима продолжало оставаться непримиримым противником религии и культуры ненавистных *киттим*. В куда более гостеприимной атмосфере Месопотамии она быстро начала дрейфовать в сторону мистицизма и терпимости.

Типичным примером этого дрейфа может служить почитавшая Иисуса секта *кукитов*.

Расцвет ее основателя, Кука, приходился, по-видимому, на 160-е гг. н.э.[72]. Иначе говоря, Кук жил несколько раньше Бардесана.

Кукиты отказывались хоронить мертвых и изгоняли из своей среды всех страдающих кожными заболеваниями или калек. Это патологическое пристрастие к ритуальной чистоте они совмещали со странной гностической мифологией, согласно которой, по-видимому, Иисус пришел на землю ни больше ни меньше, чтобы спасти свою невесту. Эта невеста была одной из семи девственниц, пришедших когда-то на землю вместе с Матерью Жизни, матерью Иисуса. На земле Мать Жизни и девственницы осквернились, и, собственно, процессом очищения их от скверны и был занят Иисус.

Кукиты вряд ли обладали большим влиянием и к V в., вероятно, исчезли без следа, поглощенные своими более удачливыми собратьями.

Мы здесь, однако, упоминаем эту секту вот почему. С одной стороны, она явно имела прямое генетическое отношение к иудейскому милленаризму. Изгнание из своей среды всех прокаженных и калек сразу напоминает нам о кумранском тексте под названием «Война сынов света против сынов тьмы», где из лагерей сынов света как раз и изгоняются прокаженные и калеки и по очень уважительной причине. А именно — они ввергают войско в состояние ритуального осквернения, и к этим оскверненным войскам не могут спуститься ангелы, чтобы воевать с ними в одном боевом строю.

С другой стороны, история про Мать Жизни и ее сына Иисуса, спасающего девственницу, живо напоминает нам множество восточных культов, и прежде всего — культ богини Атаргатис, очень популярный в Эдессе, с ее умирающим и воскресающим женихом. Точно так же, как римское христианство переводило иудейский милленаризм на язык греческой культуры и философии, точно так же и кукиты были явной адаптацией этого же самого милленаризма к местной месопотамской почве.

Более того, мы можем назвать еще один, — куда менее экзотический, чем кукиты, и точно уж известный всем пример добрососедских отношений между иудейскими милленаристами и заграничными язычниками — и этот пример есть не что иное, как история о трех магах, навестивших в Вифлееме младенца Иисуса.

Подчеркнем, речь идет именно о магах. Несмотря на то что в Синодальном переводе языческие мудрецы, навестившие Иисуса, фигурируют как волхвы, в греческом оригинале Матфея они называются именно «маги» (μάγοι) (Мф. 2:1). Это слово в тогдашнем греческом обозначало или зороастрийцев, или вавилонских звездочетов.

С точки зрения позднейшей римской церкви все языческие боги были дьяволами. Очень трудно представить в Евангелиях легенду о жрецах Зевса или Аполлона, пришедших навестить младенца Иисуса. Мы не видим в Евангелиях ни единой притчи, в которой Иисус беседует со стоиком, или киником, или последователем Платона, — а такую притчу было несложно вписать, если бы перед евангелистом стояла задача легитимизации учения Христа, как, скажем, еврейского киника. А вот легенда о поклонявшихся Иисусу парфянских огнепоклонниках (или вавилонских звездочетах) в Новом Завете есть.

Очень вероятно, что эта легенда родилась за пределами Римской империи как пропагандистская притча, долженствующая подчеркнуть теплые и дружеские отношения между иудейскими милленаристами и их восточными покровителями. Эта притча также легитимизировала восточное отношение к звездам и астрологии. Гностик Бардесан, к примеру, был известный астролог и считал звезды и планеты подчиненными богу духами — в отличие от людей, у которых есть свобода воли. Иначе говоря, Барседан, так же как восточные мудрецы, навестившие Иисуса, был, с точки зрения грека, *магом*.

Итак, как ни удивительно, но фантастическая на первый взгляд картина обращения царей, которую рисуют нам написанные в Эдессе «Деяния Фомы», оказывается не так уж далека от действительности.

Эдесские цари, как и их адиабенские родственники и коллеги, действительно могли благоволить иудейскому милленаризму. «В основании легенды вполне могли лежать факты»[73]. Другое дело, что та разновидность иудаизма, которой покровительствовали правители Эдессы, имела довольно мало общего с будущей церковной ортодоксией.

Теология многоцветной одежды

Оставим ненадолго город Эдессу и вернемся к «Деяниям Фомы».

Мы уже отметили, что община «Деяний Фомы» кардинально отличается от протоортодоксов ритуалами. Но еще больше она отличается теологией.

Несмотря на то, что известные нам рукописи «Деяний» бесчисленное количество раз подвергались цензуре, несмотря на то, что их жгли, правили и снова жгли, — это отличие буквально бросается в глаза.

Иисус в «Деяниях Фомы» не умирал. Он пришел на землю не для того, чтобы смертью своей искупить первородный грех. Он пришел для того, чтобы дать людям знание.

Это знание о том, как познать Бога и стать Богом.

Это знание «О мире, который свыше, о Боге и ангелах, о *стражах* и *святых*, которые вкушают пищу бессмертных и пьют истинное вино, о одеянии, которое вечно и не старится, о вещах, которых не видело око, и о которых не слышало ухо, и которые не вошли в сердца грешников, о вещах, которые Бог приготовил тем, кто любят его»[74].

Иисус «Деяний Фомы» — это «скрытая тайна, которая была открыта нам, тот, кто показал нам многие тайны»[75]. Он — тот, «кто незрим для очей нашего дела, но никогда не спрятан от духовных очей»[76].

Мир для Иуды Фомы — это тюрьма, в которой бодрствуют только те, кто верят в Иисуса. Настоящая жизнь начинается после смерти на небесах, но *святой*, который не ест мяса, не пьет вина и воздерживается от секса, еще при жизни может сделать свое тело физическим вместилищем и храмом Христа.

Кроме этого Иуда Фома утверждает, что члены секты возносятся на небеса и становятся там ангелами. Они сбрасывают свою смертную одежду и обращаются в одежды славы, то есть в тела ангелов. Это учение об «одеянии, которое вечно и не старится», то есть об эфирном теле ангела, которое ждет праведника на небе, — есть центральная часть учения Фомы.

«Деяния Фомы» содержат в себе поразительный «Гимн Жемчужины» — изумительной красоты вставной текст. Очень вероятно, что текст этот был написан уже не раз упомянутым нами здесь Бардесаном — аристократом, великолепным стрелком из лука, товарищем детских игр, фаворитом царя Абгара VIII и *магом*.

«Гимн Жемчужины» — это возвышенный гностический текст о той самой душе, которая имеет небесного двойника, брата Христа, и которая забывает себя, упав с небес в плотскую грязь[77].

Когда я был ребенком во дворце моего Отца, говорит «Гимн Жемчужины», и воспитывался в роскоши и богатстве, из Востока, из моей родной земли мои родители послали меня. Они совлекли с меня платье, расшитое драгоценными камнями и украшенное золотом, платье, которое они сотворили для меня, ибо любили меня, и они заключили Завет со мной, чтобы я не забыл своей родины, и послали меня в Египет за жемчужиной, которая покоится в море, обвитая ужасным драконом. И они сказали: когда ты добудешь жемчужину и возвратишься, ты опять «облечешься в свое драгоценное платье, и в тунику на нем, и вместе с братом твоим, *второй нашей властью*, станешь наследник нашего царства»[78].

Но когда я пришел в Египет, — продолжает автор гимна, — я облачился в одежды египтян, чтобы не выглядеть чужаком, — и я попробовал их пищи, и я потерял память, «и забыл, что я царский сын, и я стал рабом их царю»[79].

И я забыл о жемчужине, за которой отцы мои послали меня, и я ел их пищу, и пребывал в глубоком сне. И тогда родители мои написали мне:

«От отца твоего, Царя Царей, и матери, Царицы Востока, и брата твоего, второй нашей власти, нашему сыну в Египте — мир. Поднимись и проснись ото сна, и послушайся слов письма и вспомни, что ты сын царей, и вот, — ты под рабским ярмом. Вспомни о жемчужине, за которой ты послан в Египет. Вспомни роскошное твое одеяние и сверкающую тунику, которую ты наденешь и которой украсишься, когда имя твое будет написано в Книге Жизни, и с братом твоим, нашим вторым царем, ты будешь в Нашем Царстве»[80].

И сын Царя Царей прочитал письмо; и вспомнил свободу, и жемчужину, за которой он был послан в Египет, чтобы отобрать ее у дракона, и отобрал жемчужину, и вернулся домой, и совлек с себя грязное одеяние, и облачился в чудесную одежду, которую для него сшили родители.

«Но я не помнил формы ее. Ибо я был еще дитя, когда покинул дворец моего Отца, но вдруг, когда я увидел одеяние, — словно зеркало, оно казалось как я. И я увидел его все, целиком, и я видел в нем себя во всей полноте, ибо мы были разлучены, но одновременно мы были едины»[81].

И — наконец — происходит кульминация всей песни. Ее герой находит жемчужину, поднимается во дворец своего отца и надевает свое многоцветное одеяние.

«Я надел его и вознесся в ворота мира и прославления, я склонил главу и прославил Славу моего Отца, который послал меня в мир, ибо я выполнил его волю и что он мне обещал, то он сделал»[82].

В этом гимне, который поет Иуда Фома, он сам — а не только Иисус — является Христом. Это он — Сын Царя Царей и Царицы Востока, посланный в материальный мир, чтобы добыть жемчужину-спасение. Герой гимна Фомы не верит в то, что спасение заключается в физическом воскресении плоти. Наоборот, спасение заключается в том, что душа, освобождаясь от плоти, воссоединяется с Богом и надевает «многоцветное одеяние» — плоть ангела.

Такое же превращение происходит во 2 Еноха, где с Еноха, узревшего Бога, снимают его земные одежды и облачают его в ризы Славы Господней.

Такое же превращение происходит в «Вознесении Исайи», в котором вознесенный на небо пророк видит праведников, «избавленных от одежд плоти. И я видел их в их *вышних одеждах,* и они были как ангелы, стоящие в великой славе»[83].

Это же превращение постоянно встречается в «Одах Соломона»: «И Господь обновил меня Своим одеянием, и Он овладел мной Своим Светом» (11, 11–12). «Облачись в благо

Господне, и войди в Его Рай, и свей себе венок с Его дерева» (20, 7). «Те, кто облачились в Меня… будут нетленными в новом мире» (33, 12).

Именно в таких же сверкающих эфирных одеждах стоят у престола Бога в Кумранских текстах «боги, подобные пылающим углям» (Q403 I, ii, 6), они же власти, стоящие у престола «царства святых Царя святости» (4Q405 23 ii).

И именно метафора «тело — это одежда, которую мы снимаем, чтобы стать ангелами» позволяет нам правильно истолковать одно из загадочных на первый взгляд изречений Евангелия от Фомы.

«Ученики его сказали: “В какой день ты явишься нам и в какой день мы увидим тебя?” Иисус сказал: “Когда вы обнажитесь и не застыдитесь и возьмете ваши одежды, положите их у ваших ног, подобно малым детям, растопчете их, тогда вы увидите Сына Живаго, и вы не будете бояться”» (Фм. 37).

Иисус в этом тексте отнюдь не рекомендует ученикам заделаться нудистами. Одежда, которую надо снять, — это плоть.

Именно неверие в спасение плоти, как главную ересь, ставит в упрек Бардесану, сплетателю лжи и вору заблудших овец, подобному прелюбодейке, грешащей в тайном покое, ненавидевший его и полемизировавший с ним в IV в. н.э. ортодокс Ефрем Сирин: этот сын Сатаны не верит в физическое воскресение!

«Ну и что с того?» — скажете вы. В конце II в. еретик Бардесан не верил в воскресение плоти, так же, как в него не верил автор 2 Еноха и «Вознесения Исайи», но нам-то что с того?

Как мы можем утверждать, что в воскресение плоти не верил сам Иуда Фома? Как мы можем утверждать, что это еще он рекомендовал «снять одежды», положить их у ног и растоптать?

Этого мы, разумеется, утверждать не можем. Но зато мы можем наверняка показать, что комплекс гностических идей, связанных с лицезрением Бога, преображением верующего в Бога, и избавлением от плоти, и связанных с именем Иуды Фомы, начал развиваться среди верующих в Иисуса очень рано.

Наше главное доказательство тут — это не что иное, как «Евангелие от Иоанна».

А точнее, его знаменитая хрестоматийная сцена, в которой апостол по имени Фома отказывается верить в телесное воскресение Иисуса до того момента, когда он не сможет убедиться в этом опытным путем. Не поверю, — говорит Фома, — пока «не вложу перста моего в раны от гвоздей и не вложу руки моей в ребра Его» (Ин. 20:25). Как известно, в «Евангелии от Иоанна» Фома оказывается посрамлен. Он-таки вкладывает свои персты в раны и руку в ребра и становится «не неверующим, но верующим» (Ин. 20:27).

Нетрудно заметить, что апостол Фома, который не верит в физическое воскресение Иисуса, стал героем этой истории не случайно. Автор «Евангелия от Иоанна» в этой истории спорит именно с теологией «многоцветной одежды». Он утверждает, что воскресение Иисуса было физическим. Он был не призрак, не бесплотный дух, не носитель высших эонов. Он не сложил одежды плоти у своих ног. Он воистину, физически воскрес. Глупый Фома, который отрицал это воскресение, был не прав.

Но это значит, что теология, с которой спорит автор «Евангелия от Иоанна», написанного в конце I в. н.э., уже существует.

Но, конечно, самое главное, самое неотменимое и самое бросающееся в глаза доказательство раннего характера гностических идей связано — как мы уже упоминали — с самим именем Иуды Фомы. Апостол по имени Иуда называл себя духовным близнецом Иисуса и делал это, очевидно, еще при своей жизни.

Иначе говоря, с его точки зрения, Христос был надмирный дух, который надел на себя, как одежду, тело человека

Иисуса, а вот теперь он надел тело человека Иуды, и тот стал Фомой.

Именно поэтому Фому и продолжателей его традиции совершенно не интересовала форма канонического Евангелия, содержащая в себе историю земной жизни человека Иисуса. С самого начала их интересовали лишь высказывания духа Христа, — вне зависимости от того, какой из Христов их высказал. Сама форма «Евангелия от Близнеца», так же как и само прозвище Близнец являются зримыми доказательствами чрезвычайно ранней гностической составляющей веры в Иисуса.

Реальная биография Иуды Фомы

Итак, на основании «Деяний Фомы» мы можем предположить довольно много о ритуалах и теологии почитавшей его общины. Но что мы можем сказать о реальном, живом, из плоти и крови, апостоле Иуде Близнеце, проповедовавшем и жившем в первой половине I века?

С одной стороны — вроде бы ничего. Мы можем быть уверены, что апостол Иуда Близнец никогда не строил дворец царю Гундафору, и если он и был пронзен четырьмя солдатскими копьями, то не из-за того, что отговорил супругу царя Миздая от телесной близости с мужем.

С другой стороны — немало.

Мы видим перед собой сурового, фанатичного аскета, который не ел мяса и не пил вина. Он *запечатывал* своих последователей дважды: один раз — водой и другой — священным елеем. Эта *печать* даровала им неуязвимость, которую там впечатляюще продемонстрировал сам апостол Фома, когда раскаленное железо не причинило его ногам никакого вреда. Он познал Христа и стал Христом. Его последователи называли его богом. Его лицо сияло при жизни, как лицо Моисея и Еноха.

Он проповедовал чрезвычайный аскетизм и, возможно, способность души освободиться от уз плоти. Для него, как и для Елеазара бен Яира, вождя сикариев, душа была «родственница Бога».

После беспорядков, произошедших прямо на ступенях Храма и кончившихся появлением Сенатусконсульта против «христиан», Иуда Фома бежал за границу империи, в земли, где жило огромное количество евреев. Он действительно проповедовал их царям. Эти земли говорили на арамейском языке, эти земли вслед за Иудеей были следующим объектом римской экспансии, и поддержка иудейских милленаристов была для правителей этих земель естественной стратегией выживания.

Многие жители этих земель были такие же семиты, как те, которые населяли Галилею и Идумею и которые были необыкновенно легко обращены в иудаизм. Эти семиты исповедовали религию, мало отличающуюся от домонотеистического яхвизма.

Нет ничего удивительного в том, что проповеди милленаристов в этих землях имели успех, и проще всего предположить, что лидером *нацрайе* Эдессы и был Иуда Фома, как это гласила местная эдесская традиция. «Нет никакого сомнения, что эта традиция имела свое первоначальное происхождение в реальной исторической миссионерской деятельности этих апостолов в тех регионах, в которых сохранились их имена»[85].

Гибель апостола Иуды Фомы

Итак, у нас есть две легенды. Одна — это христианская легенда об обращении в 30-х годах в христианство Абгара, царя Эдессы. Другая — это иудейская легенда об обращении в иудаизм в то же время царя Адиабены Изата и его матери Елены.

Мы склонны предполагать, что обе эти истории описывали одну и ту же ситуацию, а именно, покровительство, которое набатеи, эдессцы, адиабенцы и парфяне оказывали религиозным врагам Ирода и римлян. Эдесса и Адиабена были расположены на одном и том же торговом пути, тесно кооперировались друг с другом (например, в 194 г. н.э. при нападении на римский Нисибис), и обе династии были связаны родственными узами. Мы знаем, например, что однажды в Эдессе шестнадцать лет правил «Ману, сын Изата», прервавший своим царствованием бесконечную череду различающихся только номерами Абгаров, — он был, видимо, сыном царя Адиабены[86].

У нас есть также две разных легенды о рассеянии апостолов. Согласно каноническим «Деяниям апостолов» верующие после гонения, «бывшего после Стефана», отправились по городам и весям Римской империи и «прошли до Финикии и Кипра и Антиохии, никому не проповедуя слово, кроме Иудеев» (Деян. 11:19).

Согласно другой версии, которая неохотно и без большого энтузиазма упоминается Евсевием Кесарийским, святые апостолы рассеялись *по всей земле*, и при этом Фоме по жребию «выпала Парфия»[87].

Классическая библеистика XIX в., библеистика «маленького ручейка», именно первую версию признавала правильной, а вторую относила на счет неизбежного христианского преувеличения и хвастовства, — но, если подумать, вторая версия намного логичней.

Совершенно непонятно, зачем беглецам из подконтрольного римлянам Иерусалима, говорящим на арамейском и *проповедующим только иудеям*, бежать за семьсот с лишним километров в грекоговорящую и римлянам же подвластную Антиохию. Арамейская Эдесса, находившаяся почти на том же расстоянии, но за пределами империи, выглядела для многих из беглецов куда более логичным пунктом назначения.

Милленаристы бежали за Евфрат и еще по одной простой причине: они надеялись вернуться.

Любая секта, потерпевшая временное поражение, имеет два шанса восстановить свое влияние. Один — это поднять новое восстание. Другой — увеличивать численность, вербуя во время мира новых сторонников. Вербовка происходит прежде всего за счет того, что секта забирает имущество у своих богатых покровителей и раздает их бедным — ровно так, как это делал апостол Фома, строя царю Гундафору дворец.

Особенно тут способствуют всякие природные бедствия — землетрясения, голод и пр. Их, во-первых, всегда можно объяснить гневом Бога (причина для гнева найдется всегда), а во-вторых, раздача продовольствия голодающим является непревзойденным способом вербовки.

Именно такой голод разразился в Палестине в царствование императора Клавдия, то есть после 44 г. н.э. Христианская община не замедлила им воспользоваться и, согласно «Деяниям апостолов», собрала «пособие братьям, живущим в Иудее» (Деян. 11:29).

Что еще интереснее, именно этот голод и вызвал приезд царицы Елены в Иерусалим. Согласно Иосифу Флавию новообращенная *назорейка*, узнав о голоде, отрядила людей для покупки хлеба в Египте и фиников на Кипре, а сын ее дополнительно послал в Иерусалим много денег. «Распределенные среди нуждающихся, эти суммы спасли многих от жестоких мучений голода»[88].

Раздачи продовольствия привели к росту популярности секты, и в 46 г. н.э. в Иудее вспыхнуло новое восстание.

Во главе его стоял некий пророк, обещавший своим приверженцам раздвинуть воды Иордана, так же как в древности это сделал Иисус Навин. Иосиф Флавий именует его *«гоисом» (γόης),* то есть колдуном, волшебником.

Гоис — это стандартный термин, которым Иосиф называет пророков «четвертой секты». Это также тот самый термин — колдун, обманщик, волшебник, — которым апостола Иуду Фому в «Деяниях Фомы» постоянно именуют его враги.

«Он выдавал себя за пророка и уверял, что прикажет реке расступиться и без труда пропустить их», — пишет Иосиф[89].

Вместо расступившихся вод бунтовщиков встретила римская кавалерия, и голова *гоиса* была выставлена в Иерусалиме в назидание другим бунтовщикам.

Как звали нашего *гоиса?*

Согласно единственному упоминанию, сохранившемуся о нем в «Иудейских древностях», его звали *Феуда*. Роберт Эйзенман считает, что Феуда — это и есть Иуда Фома.

В таком случае биография апостола Иуды Фомы получает логическое завершение.

После казни Иисуса и разгрома возглавленного им восстания часть его сторонников сбежала в арамейскоговорящие земли, лежавшие за Евфратом. Это были люди влиятельные (см. историю о «иудейском вельможе Товии»), вооруженные и, несомненно, фанатики. Их предводитель называл себя новым Христом.

Цари этих земель покровительствовали секте. Благотворительная деятельность адиабенской династии в Иудее, как мы знаем, не ограничивалась раздачей продовольствия. Спустя двадцать лет эта благотворительность кончилась участием Монобаза и Кенедая, а также множества неназванных «родственников и детей» царя Изата в Иудейской войне.

Возможно, первая попытка развязать такую войну имела место в 46 г. н.э., сразу после того, как умер последний формально независимый царь Иудеи, Ирод Агриппа, и территория снова перешла под прямой контроль римлян. Для милленаристов это было страшное оскорбление, а для правителей Эдессы и Адиабены — признак того, что они следующие в очереди.

Мощные продовольственные вливания из-за Евфрата способствовали росту популярности секты, и в первую очередь того ее предводителя, который имел базу в тех краях, то есть Иуды Фомы. В 46 г. н.э., набрав достаточно сторонников, он поднял восстание, был разбит войсками Куспия Фада, захвачен в плен и казнен.

Статус «духовного близнеца», на который претендовал Иуда, ставит перед нами еще одну огромную проблему.

Мы очень плохо знаем подлинную историю эволюции веры в Иисуса за Евфратом. Но мы зато очень хорошо знаем, кто был тот человек, который — несмотря на всю цензуру, которой он подвергнут в Новом Завете — руководил Иерусалимской церковью в течение тридцати лет, до 62 г. н.э., пока его не сбросили по приговору Синедриона со стены Храма.

Это был физический брат Иисуса, Иаков, по прозвищу Цадок, фанатик, не евший мяса и не пивший вина, — ее Папа, ее Первосвященник, ее абсолютный владыка, тот человек, о конфликте с которым глухо говорят письма апостола Павла, тот, чьи эмиссары, видимо, и били Павла по всем городам империи от Листры до Фессалоник за неправильную интерпретацию идей вождя.

Каковы были в таком случае отношения *физического брата* и *духовного близнеца?*

Как мы уже отмечали, «Евангелие от Фомы» хорошо помнит о первенстве Иакова и считает, что после того, как Иисус оставит паству, ее лидером будет «Иаков Праведник, ради которого были созданы Небо и Земля» (Фм. 12).

Однако несложно также заметить, что титул Иуды представлял собой плохо скрытую полемику с притязаниями Иакова. Иаков был физический брат Иисуса. Иуда Фома — поднимай выше — был его духовный близнец.

Теология *духовного близнеца* представляла для Иакова как минимум потенциальную проблему. Если каждый Лжец начнет заявлять, что он стал Христом, — что будет с организацией и иерархией?

Роберт Эйзенман, представивший публике нетривиальную и резко расходящуюся с обычной трактовку кумранских текстов, полагает, что Кумран контролировался именно партией Иакова Праведника. И что когда «Дамасский документ» — один из главных текстов Кумрана — говорит о некоем Лжеце, который увел с собой часть общины, то «Дамасский документ» имеет в виду Павла.

Однако Лжец — понятие безразмерное. Лжец, он же Диавол, он же Псевдомартус, он же Еретик, — это любой, кто отклонился от генеральной линии партии. Точно так же, как ригидное доктринерство марксистов сопровождалось постоянными расколами, — точно так же и сверхжесткая иерархия зилотов постоянно сопровождалась появлением все новых и новых Лжецов. Иуда Фома, пользовавшийся поддержкой арамейскоговорящей общины за Евфратом, был в начале 40-х гг. куда более весомым кандидатом на роль Лжеца, чем отщепенец Павел.

Возвышенная теология Иуды Фомы могла иметь в своей основе обыкновенное политическое соперничество. В основе мистического тезиса о том, что Христом может стать каждый, лежала война за влияние. И если это так, то гибель Иуды Фомы имела одно важное следствие: она способствовала концентрации власти в руках Иакова Праведника.

Мы не претендуем на то, что реконструкция наша полностью достоверна, — в ней слишком много дыр, белых пятен, лихих отождествлений и неоправданно спрямленных углов.

Мы едва-едва коснулись истории арамейскоговорящих последователей Иисуса за Евфратом — вернемся к этой истории в рассказе о манихеях и эльхасаитах. Мы преследовали в этой главе цель показать две важных вещи.

Первое: география распространения раннего христианства несовместима с теорией «маленького ручейка», а разногласия между сектантами не ограничивались спором между Иаковом Праведником и апостолом Павлом.

Второе: «Евангелие от Фомы» сохранило для нас некоторые очень ранние изречения, не вошедшие в канонические грекоязычные Евангелия. Оно было «прямым и почти неразрывным продолжением учения самого Иисуса, не имеющим параллелей в канонической традиции»[90].

Учитывая тот факт, что эти изречения имели протогностический характер, утверждение римской церкви о том, что гностицизм был «поздней ересью», вряд ли могло быть правдой.

Апостол Иуда Фома, современник и ученик Иисуса, считавший себя новым воплощением Мессии, был, с точки зрения не существовавших еще ортодоксов, еретиком и гностиком.

Но был ли он единственным гностиком в своем поколении?

Продолжим рассказ.

ГЛАВА 4
Жизнь и необыкновенные приключения апостола Иоанна

Все четыре канонических Евангелия повествуют о жизни, смерти и воскресении Иисуса Христа. Они не содержат никаких подробностей его посмертного существования. Относительно любого другого персонажа мировой истории это было бы весьма логично. Нелепо выглядела бы, например, биография, содержавшая посмертные высказывания Льва Толстого.

Но с Иисусом Христом было другое дело. Его ученики утверждали, что он воскрес. Было бы странно ожидать, что этот воскресший Иисус воздержится от наставления последователей. Более того — его посмертные наставления даже более важны, чем прижизненные.

Для начала, эти посмертные наставления могли были быть даны куда более широкому кругу людей. При жизни Иисус учил только двенадцать апостолов, которым посчастливилось родиться в одно время и в одном месте с ним. После смерти Иисус мог явиться любому продвинутому пользователю и рассказать подробности об устройстве Бога.

Большинство гностических Евангелий и представляют из себя именно такие наставления: это поучения Иисуса, которые он давал своим ученикам *после* смерти.

Одно из таких Евангелий — это «Апокрифон Иоанна», написанный во II в. н.э., в 140—180-х гг. В ортодоксальном христианстве слово «апокриф» обрело уничижающий характер. *Апокрифами* были книги, не входящие в *Канон* — одобренный церковью и единственно разрешенный список книг для священного чтения. Однако в раннем христианстве ἀπόκρυφος значило всего лишь «тайный», «спрятанный».

Гностики использовали это слово исключительно в положительном значении. «Апокрифами» были тайные книги, предназначенные не для глупой публики, а для посвященных. С этой точки зрения «Курс теоретической физики» Ландау и Лившица является апокрифом для филологов. Сверхсекретный доклад военной разведки — это тоже апокриф.

«Апокрифон Иоанна», то есть «Тайное Евангелие от Иоанна», был один из текстов того самого кодекса, который был куплен в Каире в 1896 г. египтологом Карлом Рейнхардтом. Кроме этого три копии Апокрифона нашлись в Наг-Хаммади. Таким образом, мы имеем целых четыре копии этой книги, датируемые серединой IV века. Для сравнения: мы имеем всего лишь две копии канонического Нового Завета, датируемые IV веком. Это *Codex Vaticanus* и *Codex Sinaiticus*.

Несмотря на века гонений, эта тайная книга, принадлежавшая к тем богомерзким сочинениям, которые, согласно указанию папы Льва Великого, данному еще в V в., «должны были быть не только запрещены, но и полностью уничтожены и сожжены огнем»[1], дошла до нас в большем количестве экземпляров, чем канонический Новый Завет.

«Апокрифон Иоанна» выглядит еще необычней, чем «Евангелие от Фомы». Он начинается с того, чем обычно заканчивается любая история — со смерти ее главного героя, то есть Христа.

Его автор ведет повествование с того момента, в который любимый ученик Иисуса Иоанн после казни учителя удаляется в пустыню. Сердце его разбито, и душа уязвлена насмешками фарисеев, издевающихся над его учителем, который рассказывал им ложь, но не мог спасти сам себя.

В этот-то наивысший момент отчаяния небеса разверзаются, и Иоанн видит Христа — сначала в облике ребенка, потом старика, а потом молодого человека[2].

Эта переменчивость не случайна. В канонических Евангелиях Христос воскресает во плоти: как мы только что видели, чтобы удостовериться в этом, в «Евангелии от Иоанна» не кто иной, как апостол Фома, даже тычет свои негигиеничные пальцы в его раны.

Но в гностических текстах воскресший Христос постоянно меняет облик. В гностическом «Евангелии от Петра» в сцене воскресения Христа от гробницы отваливают камень, и из нее показываются два человека, головы которых достигают небес. Они поддерживают третьего, голова которого выше небес. За этими тремя выходит крест. В этот момент раздается громовый Голос с Неба — персонаж, который в талмудической традиции известен как *Бат Кол*. «Проповедовал ли ты усопшим?» — спрашивает Бат Кол. «Да», — отвечает крест[3].

В гностических «Деяниях Петра» Иисус излечивает от слепоты нескольких женщин. Одна из них тут же заявляет, что ее излечил старик, а другая — что это сделал юноша. Третья считает, что ее излечил мальчик[4]. В другом месте «Деяний Петра» об Иисусе говорится: «Он и велик и мал, и прекрасен и безобразен, и молод и стар, он виден во времени и совершенно невидим в вечности»[5].

В «Деяниях Петра и двенадцати апостолов», найденных в Наг-Хаммади, Христос является апостолам сначала под личиной купца Литаргоэля, предлагающего людям чудесную жемчужину, а потом — под личиной лекаря. Апостолы не узнают его, пока он не принимает привычный вид[6].

В гностических «Деяниях Филиппа» Иисус предстает Филиппу в виде дерева и орла на нем[7], а потом «в подобии красивого молодого человека с тремя лицами: первое лицо было подобие безбородого юноши, среднее было подобием женщины, одетой в платье славы и третье было лицом старца»[8].

В гностических «Деяниях Иоанна» Иоанн, ловящий рыбу на Генисаретском озере, сразу замечает, что имеет дело с кем-то необыкновенным, потому что он видит Иисуса как взрослого человека. Брат его в это же время видит Иисуса как ребенка[9].

Эти изменения облика Иисуса удивительно напоминают изменения облика самого Яхве.

«Рабби Леви сказал: Бог принимает многие обличья. Одному он предстал стоящим, другому — восседающим, одному как юный муж, другому — как старец»[10]. В другом месте читаем: «У моря он предстал им как юный муж, воин… На Синае он предстал им как старец, полный милосердия»[11].

В «Апокрифоне» Иоанн тоже видит Христа, который меняет обличья точно так же, как Яхве: он то юный муж, то старец. Тем самым Иисус показывает, что он неподвластен законам вещного мира и провозглашает свое тождество с Богом.

Успокоив обрадованного его воскресением Иоанна, Христос объясняет ему устройство космоса. Первым делом он называет себя, то есть Бога, Троицей.

«Я Отец, и Мать, и Сын, — говорит Христос, — я — нетленная чистота»[12].

Позднейшая Троица состояла из Отца, Сына и Святого Духа. Но в «Апокрифоне Иоанна» Христос называет себя «Отцом, Сыном и Матерью». На первый взгляд это совсем другая Троица. Но это только на первый взгляд.

Дело в том, что греческое слово «пневма», «дух» — среднего рода. Таким образом, греческая Троица связана исключительно нетрадиционными сексуальными отношениями. В ней состоят два существа мужского рода и одно — среднего.

Однако древнееврейское «дух» («руах», по-арамейски — «руха») — женского рода. Для грамматического благозвучия его лучше перевести на русский словом «духовность».

Такая Троица выглядит вполне логично с точки зрения теологической генетики: Бог-Отец, Мать-Духовность и их Сын, Спаситель Мессия. Именно поэтому в «Евангелии от евреев» в переводе на греческий Иисус говорит о «моей матери, Пневме»[13].

Мать-Духовность женского рода есть важная примета гностических текстов, прежде всего сирийских, но в том числе и греческих.

В уже упоминавшихся «Деяниях Фомы» апостол Иуда Фома при причастии поет гимн, в котором, в частности, есть следующие строки: «Приди, милосердная Матерь, приди Та, которая Открывает скрытые Тайны, Приди, Матерь Семи Домов, дабы твой отдых мог стать в Восьмом Доме, Приди, Святая Руха»[14]. В гностическом «Гимне Жемчужины» в тех же «Деяниях» говорится о *родителях души* — Отце и Матери.

Автор гностического «Евангелия от Филиппа» высмеивает тех примитивных простаков, которые все понимают буквально и считают, что Иисус родился от девы. По Филиппу, Иисус был зачат девственницей в том смысле, что его мать, Пневма — девственница. «Некоторые говорят, что Мария забеременела от Святого Духа. Они не правы и не понимают, что говорят. Когда это женщина беременела от женщины?»[15] В гностических «Деяниях Петра» Петр говорит об Иисусе: «Ты мой отец, и ты моя мать»[16]. В гностических «Деяниях Иоанна» Иисус учит Иоанна гимну, в котором есть следующие строки: «Я буду рожден, и я рожу»[17].

Эта гностическая Триада — Бог-Отец, Богиня-Мать и Бог-Сын — до степени смешения напоминает нам классическую западносемитскую божественную триаду и заставляет предполагать сильное семитское (а вовсе не греческое) влияние на развитие именно этой детали гностицизма.

Несложно заметить, что в греческом языке арамейское «руах», очевидно, ассоциировалось со св. Софией, Мудростью Божией.

Представившись Иоанну, Христос переходит к описанию устройства мира.

Поскольку «Апокрифон Иоанна» написан достаточно поздно — на 50–100 лет позднее канонических Евангелий, — устройство это довольно сложное. Гностические системы усложнялись, как ракетные двигатели, и с каждым десятилетием обрастали все новыми и новыми деталями.

Тертуллиан саркастически сравнивал универсум, описываемый гностиками, с гигантским римским доходным домом: «с комнатами одна над другой, с балкончиками, отведенными каждому богу с помощью бесчисленных, как лестницы в таком доме, ересей: вселенная превратилась в доходный дом»[18].

Если бы Тертуллиан жил сейчас, он бы сравнил гностическую вселенную с гигантским торговым моллом, в котором разным богам сданы в аренду разные бутики. Тем не менее главный гностический принцип, как принцип, по которому движется ракета, оставался достаточно прост.

Верховным божественным принципом являлся Бог, — объясняет Иоанну Иисус. — Он управляет всем. Он вечен и совершенен. Он не знает границ. Все существует внутри него. Ничто не существует вовне его и не ограничивает его. Он за пределами измерения, понимания и описания. Он свет, порождающий свет, жизнь, порождающая жизнь, благословение, порождающее благословение, знание, порождающее знание, и благо, порождающее благо.

Из мысли своей этот Бог, Монада, божественная Единица, породила Барбело. Барбело — это точный образ (*эйкон*) Монады и его первая мысль, но, будучи точным образом, Барбело тем не менее женского рода.

Язычник назвал бы Барбело *богиней*. Ведь она была порождена Монадой, как Афина — Зевсом. Но гностики, будучи строгими монотеистами, называли божественные сущности, порожденные Монадой, *эонами*, то есть «вечностями» или «вечными царствами». «Эон» был одним из самых лю-

2. Восток Римской империи, I в. н.э.

бимых технических терминов гностиков; он позволял избежать упреков в многобожии.

Барбело просит Монаду дать ей Предвидение и тем самым создает Предвидение. Барбело просит Монаду дать ей Нетленность, и возникшая Нетленность встает рядом с Мыслью и Предвидением. Таким же образом порождаются Вечная Жизнь и Истина, и эти пять эонов составляют Царство Отца: это Барбело, она же первый человек и образ невидимого духа, предмысль и мысль, и с нею Предвидение, Нетленность, Вечная Жизнь и Истина (Алетейя).

Вместе Отец и Барбело зачинают дитя: это — Христос, помазанный Благом и достигший поэтому Совершенства. «Апокрифон Иоанна» называет Христа «аутогеном», то есть самопорожденным. Христос, сын Бога и Барбело, создает своим словом весь мир. Из себя и Нетленности Христос создает три сущности и четыре силы. Три сущности — это Воля, Мысль и Жизнь. Четыре силы — это Понимание, Милость, Восприятие, Разумность.

Милость обитает в царстве светоносного эона Гармозеля. Это царство Гармозеля подразделяется на три царства: Милости, Истины и Формы. Столь же сложное устройство у царств Ороэля и Давитая, и, наконец, четвертое царство светоносного Элелета включает в себя царства Совершенства, Мира и Софии.

Собственно, с появлением Софии эта божественная генеалогия получает новую актуальность, потому что доселе все эоны существовали парами, в дополняющей друг друга *сизигии* — Божественном браке начал, создающем целостность, то есть *Плерому*. (Вообще в гностицизме — в отличие от ортодоксального иудаизма и ортодоксального христианства — женское начало играет важнейшую роль.)

София первая изменила этому правилу и, не спросясь, родила внебрачного ребенка Ильдабаофа — первого среди неполных демонических сущностей, которые по-гречески называются уже не эоны, а *архоны*: то есть не Вечные Царства, а Власти.

Ильдабаоф злобен и несовершенен. Он ни в чем не напоминает мать, ибо родился вне божественного брака. У него голова льва и туловище змеи, и когда София увидела, что она наделала, она спрятала его от Монады в сверкающем облаке, что имело трагические последствия не только для космоса, но и для самого Ильдабаофа, ибо, отрезанный от всех источников сущего, этот вздорный и несовершенный архон вообразил себя единственным богом.

С этого момента нарратив «Апокрифона Иоанна» начинает совпадать с Книгой Бытия, только с оценками, развернутыми на 180 градусов.

Ильдабаоф и созданные им архоны творят несовершенный мир и человека Адама. Адам, однако, остается бездыханным и неподвижным. София, увидев это, решает прибегнуть к уловке. По ее подсказке Ильдабаоф оживляет Адама, вдохнув в него Душу-Эпинойю, полученную им от Софии. Адам оживает, а Ильдабаоф, напротив, лишается божественной Эпинойи, которая переходит в Адама.

Таким образом — согласно «Апокрифону» — человек, сотворенный невежественным и ограниченным демиургом, оказывается выше этого демиурга. Способность к *гнозису* ставит его не только выше животных, но и выше создателя вещного мира.

Это обстоятельство не остается незамеченным ревнивым Ильдабаофом, и тот в бешенстве заключает превзошедшее его творение в узилище из земли, воды, огня и ветра, — то есть в темницу плоти, — и запирает его в Эдеме, который, таким образом, суть вовсе не рай, а тюрьма, созданная специально для Адама.

Из Эдема Адама вызволяет Христос, приняв облик змея. Он побуждает его вкусить от древа познания Добра и Зла.

Тогда Ильдабаоф замысливает новую пакость: он пытается извлечь из Адама дух-Эпинойю. Дело опять кончается неудачей, и при попытке экстракции Эпинойи рождается Ева. Когда Адам видит ее, он видит в ней отражение своей сути и тем самым освобождается из-под тиранической власти Ильдабаофа.

В отчаянии Ильдабаоф насилует Еву, и она рождает Каина и Авеля. Их рождение — это намеренное преступление демиурга, желающего погрузить мир в пучину похоти и тлена — именно от Каина будут рождаться все новые и новые дети, в которых Ильдабаоф будет вдыхать свой искусственный дух и которые будут служить ему в темноте и невежестве.

Но от Адама у Евы рождается третий сын, Сиф. Именно его потомки являются обладателями настоящего духа — Эпинойи. Именно для них возможно истинное просветление, и это так злит Ильдабаофа, что он продолжает устраивать новые пакости. Сначала он дает людям напиться забвения, а потом он напускает на потомков Сифа потоп, от которого они спасаются в сверкающем облаке.

Эта история со спасением Сифа объясняет нам ход мысли тех гностиков, которые считали себя просветленных носителей духовности, потомками Сифа. Это было невозможно с точки зрения иудейской ортодоксии, для которой все современные люди являлись потомками сыновей Ноя — Сима, Хама и Яфета. Но с точки зрения «Апокрифона Иоанна», это было вполне обычное дело, потому как Ильдабаоф напустил потоп именно на потомков Сифа, а потомков Каина он не тронул.

Наконец, когда и потоп не помог, — Ильдабаоф послал на землю архонов, чтобы они совокуплялись с дочерями человеческими.

«Они принесли золото, серебро, дары, медь, железо, металлы и все прочие вещи. Они принесли великие беспокойства людям, которые следовали за ними... Люди старились, не испытывая удовольствия, и умирали, не найдя истины и не познав бога истины. Так было порабощено все творение, от начала мира и до нынешнего дня»[19].

Эту печальную ситуацию исправил только, явившись в мир, Христос, сын Отца и Барбело, и, разумеется, он явился не затем, чтобы устроить в мире революцию, освободить евреев от власти римлян и даже создать Царство на земле. Спасти этот мир нельзя, потому что этот мир сам есть зло, тленное порождение невежественного демиурга.

Что можно спасти — так это потомков Сифа, обладателей Эпинойи. Потомки Каина при этом обречены — они являются пожизненными пленниками устроенной Ильдабаофом Матрицы.

Спасать надо не мир — спасаться надо от мира.

Диалог о душе

«Апокрифон Иоанна», как и множество христианских книг, составлен из нескольких написанных в разное время частей, и одной из таких частей является диалог о душе.

Иоанн спрашивает Иисуса, что случается с душами после смерти:

«Господь, — спросил я, — когда души отлетают от плоти, куда они попадают?»[20]

Иисус объясняет, что у души есть на выбор три дороги. Души тех, кто познал просветление, освобождаются от оков плоти, получают жизнь вечную и становятся частью света.

Души тех, кто не вполне достиг света, воплощаются на земле снова и снова, пока не достигнут освобождения от мира через гнозис. Что же касается тех, кто достиг гнозиса, но отвернулся от него, для тех нет спасения: «демоны *нищеты* ввергнут их в место, где невозможно раскаяние»[21].

На взгляд сегодняшнего читателя, в этой картине нет ничего примечательного, разве кроме того, что будущее христианское чистилище здесь — по причине, о которой мы поговорим ниже — заменено на колесо сансары и переселение душ. Ну кто же не знает, что душа праведника после смерти попадает в Рай? Мы только что встречались с этой точкой зрения в «Деяниях Фомы».

Но это только на первый взгляд. Дело в том, что раннее ортодоксальное христианство обещает людям *вовсе не бессмертие души*. В нем — так же как во 2-й Маккавеев — утверждается ровно противоположная точка зрения.

Спасшихся в нем ждет не Рай — то есть место вне этого мира, — а *вечная жизнь и физическое воскресение*.

Физическое воскресение мертвых есть основа обещаний Иисуса в канонических Евангелиях и краеугольный камень учения апостола Павла.

«Будет воскресение мертвых, праведных и неправедных», — излагает коротко суть своего учения Павел (Деян. 24:15). «Воздастся тебе в *воскресение праведных*», — говорит Иисус у Луки (Лк. 14:14).

Христианство — это «учение о крещениях, о возложении рук, *о воскресении мертвых* и о суде вечном» (Евр. 6:2), — утверждает автор «Послания к Евреям». «Они *ожили* и царствовали со Христом тысячу лет» (Откр. 20:4), — рисует будущее автор «Откровения Иоанна Богослова».

Именно вера в физическое воскрешение мертвых, а вовсе не в бессмертие души, отличает сторонников Иисуса от саддукеев. «В тот день приступили к Нему саддукеи, *которые говорят, что нет воскресения*, и спросили Его» (Мф. 22:23).

«Жизнь вечная» (ζωην αιώνιον), словосочетание, постоянно встречающееся в Евангелиях, — это именно жизнь, физическое существование воскрешенного тела на земле. Даже Евангелие от Иоанна, наиболее возвышенное и духовное, настаивает непременно на физическом воскресении.

«Ядущий Мою Плоть и пиющий Мою Кровь имеет жизнь вечную, и *Я воскрешу его в последний день*» (Ин. 6:54). «Иисус сказал: я есмь воскресение и жизнь, *верующий в меня если и умрет, оживет» (*Ин. 11:21).

Более того: это физическое воскресение мертвых должно произойти вот-вот, еще при жизни апостолов. Награда, которая ждет верующего «на небесах» (Мф. 5:12), в Евангелиях, несомненно, существует. «Ныне же будешь в Раю», — обещает Иисус висящему рядом с ним на кресте разбойнику, но она имеет крайне краткосрочный характер.

Небеса для евангелистов — просто кратковременная остановка праведников на пути ко всеобщему физическому воскресению, небесный пятизвездочный отель, где, конечно, выделят венец и престол, но только ненадолго, до всеобщего воскресения. «И пойдут сии в муку вечную, а праведники в жизнь вечную» (Мф. 25:46).

Физическое воскресение (а вовсе не бессмертие души) и впоследствии оставалось главным обещанием ортодоксов.

«Мы надеемся получить обратно наши собственные тела, хотя они мертвы и закопаны в землю», — излагает суть христианства Юстин Мученик[22].

«Еретики... не признавая спасения своей плоти... говорят, что тотчас после смерти своей они вознесутся выше небес», — негодует Ириней Лионский[23].

Воскресает именно «эта плоть, напитанная кровью, укрепленная костями, пронизанная нервами, переплетенная жилами», — настаивает Тертуллиан[24].

«Апокалипсис Петра» утверждает, что Мессия прикажет «диким зверям и птицам восстановить *всю плоть*, которую они пожрали»[25].

Письмо лионских христиан, жалующихся на казни 177 г., специально отмечает, что римские власти не давали похоронить растерзанные тела убитых, и *куски плоти* долго лежали на пустыре под охраной солдат — несомненно, в попытке опытным путем продемонстрировать, что христиане преувеличивают свои возможности по части физического восстановления трупов. «Истерзанные, обугленные куски, а также головы и обрубки туловищ — все это много дней подряд оставалось без погребения и охранялось с воинской старательностью»[26].

В 306 году св. Филеас, епископ Тмиуса, полемизирует с префектом Египта Кулькианом о сущности христианства. Кулькиан уточняет, что именно, с точки зрения Филеаса, подлежит воскресению:

«Кулькиан: Только душа или плоть тоже?

Филеас: И душа и плоть.

Кулькиан: *Эта* плоть?

Филеас: Да.

Кулькиан: Вот именно эта плоть воскреснет? (изумленно, повторяет) Вот эта именно плоть воскреснет?

Филеас: Вот эта именно плоть воскреснет, и плоть тех, кто грешил, будет наказана, но плоти праведников суждено спасение и вечная жизнь»[27].

Именно *неверие в воскресение мертвых* ставил в вину еретику Бардесану Ефрем Сирин[28].

Эта ситуация кажется парадоксальной. Средневековое христианство было буквально одержимо идеей Рая и Ада. Изображения праведников в нимбах и чертей, жарящих души в адском котле, украшают стены бесчисленных церквей. Данте посвятил описанию Чистилища, Ада и Рая свою «Божественную комедию». Если спросить современного рядового христианина, что ждет его после смерти, он, скорее всего, ответит: «Рай или Ад». Далеко не факт, что он вспомнит о физическом воскресении мертвых в Конце Дней.

Однако именно *физическое воскресение мертвых* было главным обещанием ортодоксального христианства еще в III–IV вв., и именно тезис о *всеобщем воскрешении мертвых* вошел в Никейско-Константинопольский символ веры.

Нигде в этом символе веры ни словом не упоминалось о бессмертии души.

Утверждение о том, что праведник после смерти не воскресает физически, а, наоборот, освобождается из темницы плоти и попадает в свет, являлось, по состоянию на II–IV вв.н.э., страшной ересью и сатанинским богохульством.

«Если встретитесь с такими людьми, которые… не признают воскресения мертвых и думают, что *души их тотчас после смерти берутся на небо*, то не считайте их христианами»[29], — предупреждает Юстин Мученик.

Оба-на!

Биография апостола Иоанна

«Апокрифон Иоанна» написан в Египте, и не раньше 140 года. Как легко заметить, он является гностическим текстом, и он представляет из себя *радикально другой вид гностицизма,* нежели «Евангелие от Фомы».

Он ни больше ни меньше, как объявляет Бога Ветхого Завета дьяволом и Ильдабаофом, а змея, пытавшегося открыть на него глаза, — самим Христом. Ничего подобного сирийская традиция, связанная с Фомой, не содержит. В «Деяниях Фомы», если мы помним, змей, пробравшийся в Рай, был никакой не Христос, а Сын Сатаны. И этого Сына Сатаны уничтожил Иуда Фома.

Сложно предположить, что исторический Иисус действительно хоть что-то подобное говорил историческому Иоанну.

Но что он ему говорил?

Кто таков был исторический апостол Иоанн, «любимый ученик» Иисуса? Во что он верил? Какую доктрину он проповедовал? Где он жил и как кончил путь свой? Можем ли мы составить для него такую же, как у Плутарха, биографию?

Биография Иуды Фомы, как мы видим, принесла нам некоторые неожиданности. Мы обнаружили, что последователи Иисуса уже к 40-м гг. н.э. обосновались к востоку от Римской империи. Мы обнаружили, что эти последователи не ели мяса и не пили вина, *запечатывали* своих последователей дважды, делали из них близнецов Христа, и, возможно, в 46 г. вернулись на родину, чтобы сложить головы в тот самый момент, когда их пророк, духовный близнец Христа Иуда, обещал раздвинуть им воды Иордана, как новый Иисус Навин.

Эта широкомасштабная биография плохо согласуется с теорией «маленького ручейка» и «никому не известного Иисуса».

Какие неожиданности принесет нам биография Иоанна?

Эфесский долгожитель

Апостол Иоанн знаком ортодоксальным христианам куда лучше апостола Иуды Фомы. Это связано прежде всего с ареалом его жизнедеятельности. Если Иуда Фома проповедовал за пределами Римской империи, то Иоанн проповедовал в римской провинции Азия, столицей которой был Эфес*. «Там он жил, там в Эфесе и скончался»[30].

«Евангелие от Иоанна» шесть раз называет Иоанна «любимым учеником» Иисуса и рассказывает, что во время Тайной вечери он возлежал на груди Христа (Ин. 13:23).

Эта томная нега впоследствии возбудила злые домыслы. Высокопоставленные геи Европы искали библейские аналогии для оправдания своих влечений и неизменно натыкались на образ Иоанна, покоящегося на груди учителя. «У Иисуса был свой Иоанн, а у меня есть мой Джордж», — воскликнул будто бы английский король Карл I про своего возлюбленного, герцога Бэкингема.

Мы, однако, можем решительно опровергнуть непристойные домыслы короля Карла I. Раннее христианство отличалось исключительным аскетизмом, и звание «любимого ученика», на которое претендовал Иоанн, означало совсем другое.

Оно было просто знаком особой избранности Иоанна. Если Иуда Близнец за Евфратом претендовал в 40-х гг. на звание «духовного близнеца» Иисуса, то Иоанн претендовал

---

* Напомним, что римская провинция Азия (бывшее Пергамское царство) в I–II вв. н.э. занимала западную часть Малой Азии и граничила с Вифинией, Ликией и Галатией. В самой книге мы будем называть ее «Азия», в Синодальном переводе она фигурирует как «Асия».

в 50—60-х в римской провинции Азия на звание «любимого ученика».

Более того — он претендовал на статус Первосвященника. Так, эфесский епископ Поликрат в конце II в. н.э. утверждал, что Иоанн носил золотую табличку с именем Божиим.

«Иоанн, который возлежал на груди у Господа и, будучи священником, носил петалон (πέταλον), мартус и учитель, покоится в Эфесе», — писал он[31].

Петалон — это в данном случае та самая табличка с именем Божиим, которая украшала венец иудейского первосвященника. Настоящий *петалон* мог существовать только в единственном экземпляре, и его оригинал был сделан для Аарона. «Слова Поликрата означают, что Иоанн был первосвященником, преемником Аарона»[32].

Петалон, который носил любимый ученик Иисуса, так же, как и надпись на кресте: «Иисус Назорей, царь Иудейский», — это достоверная и заслуживающая всяческого внимания деталь. Ее не могли придумать позднейшие христиане. Уже к III в. н.э. им не пришло бы в голову заявлять, что ученик Иисуса претендовал на звание первосвященника иудеев.

Ортодоксальная традиция также приписывает Иоанну поистине фантастическое долголетие: Ириней Лионский первый сообщает, что Иоанн «был с нами до времени Траяна», то есть дожил до мафусаилова возраста в сто с лишним лет[33].

В отличие от детали с *петалоном* эта традиция вряд ли заслуживает доверия и объясняется, вероятно, необходимостью приписать Иоанну авторство «Евангелия от Иоанна», которое, как было известно еще в античности, было действительно написано около 100 г. до н.э. «Иоанн все время проповедовал устно и только под конец взялся за писание»[34].

Зато традиция сохраняет нам еще одну важную деталь: апостол Иоанн был одним из немногих апостолов, который умер своею смертью. Он не был замучен, распят, растерзан на части зверьми или иным образом казнен. Он просто, устав от мира, велел выкопать себе могилу и сам в нее лег, но когда на следующий день ученики разрыли могилу, она была пуста: как пророк Илия, он был взят живым во плоти на небо. Так ему обещал Иисус, обещавший, что Иоанн *пребудет* до второго пришествия (Ин. 21:23).

Гробница его находилась в Эфесе; поначалу считалось, что она пуста, но с момента победы христианства понемногу возобладала другая версия, — а именно, о том, что Иоанн спит в своей гробнице и дышит.

Дело в том, что начиная по крайней мере с V в.н.э. от его дыхания в годовщину его успения из его гроба *восходила манна*.

Манна, выдыхаемая Иоанном, обладала чудодейственными свойствами. Она лечила лихорадки, успокаивала бурю, разрешала счастливо от бремени и, как следствие, была уникальной местной услугой и эксклюзивным священным брендом, привлекавшим в Эфес благочестивых паломников со всего христианского мира.

О ее истечении первым упомянул бл. Августин в V в. н.э.[35], а за ним Григорий Турский в VI в.[36]. В XII в. это чудо собственными глазами видел наш с вами соотечественник игумен Даниил. «И исходит прах святой из гроба того в день памяти его, и собирают верные люди прах тот святой на исцеление всякого недуга», — свидетельствовал он[37].

Самое подробное описание чуда, приносившего стабильный доход местной епархии, принадлежало каталанскому наемнику Мунтанеру, который в 1304 г. сообщал, что манна выбрасывалась, как из фонтанчика, из девяти дырочек, проделанных в надгробии спящего Иоанна. Это чудесное явление имело место с вечера 7 мая и до заката следующего дня:

«Этой манны так много, что, к тому времени, когда солнце садится и истечение прекращается, ее набирается целых три барселонских квартеры. И манна эта чудесно помогает во многих вещах; к примеру, если кто изопьет ее при первом приступе лихорадки, избавится от лихорадки навсегда. Опять же, дама на сносях, но не могущая родить, если изопьет манны с водой или вином, тотчас же разрешится от бремени. Или если на море буря, достаточно трижды бросить на воды щепотку манны во имя св. Троицы и Пресвятой Богородицы Девы Марии и благословенного св. Иоанна Евангелиста, и буря тотчас же прекратится. Тот, кто страдает от камней в желчном пузыре и изопьет манны во имя вышеназванных лиц, опять же поправится. И некоторую часть этой манны дают пилигримам, которые приходят в Эфес; но появляется она раз в год»[38].

Эфес

Вернемся, впрочем, из тринадцатого века нашей эры — в первый. Эфес, столица римской провинции Азия, был одним из самых древних и знаменитых городов греческой Ионии. Своим процветанием он был обязан удобному порту, в котором Марк Антоний собрал свои 800 кораблей перед битвой при Акциуме. Своим влиянием он был обязан храму Артемиды Эфесской, составлявшему одно из семи чудес света. Своей славой — своим уроженцам. Из Эфеса происходили философ Гераклит, знаменитые живописцы Зевксис и Парразий, из Эфеса происходил Зенодот, грамматик и ритор, первый смотритель Александрийской библиотеки.

Население города составляло от 170 до 225 тыс. человек, и Страбон называл Эфес первым по значению городом после Рима[39].

Город имел шесть акведуков, две агоры, крупнейший в Азии театр на 25 тыс. посадочных мест и третью по величине в античном мире библиотеку, вмещавшую 12 тыс. свитков, — впрочем, ее начали строить чуть позже интересующего нас времени, при Адриане.

С победой христианства Эфес потерял свое значение. Под властью империи ромеев он стал превращаться во второстепенный город; после арабского завоевания Эгейское море закрылось для торговли, порт стал не нужен, и устье реки, в которой он был расположен, быстро занесло илом. Сейчас руины Эфеса находятся в 5 км от береговой линии.

Уже в XI в. н.э. Эфес представлял собой крошечную деревушку. Его храмы были разобраны на камни и употреблены для постройки лачуг, статуи были размолоты в пыль для производства гипса, и единственной процветающей отраслью экономики в разоренном городе была торговля вышеупомянутой манной, истекающей из гробницы св. Иоанна. Выстроена гробница была при Юстиниане из обломков уничтоженных эллинских зданий и кусков храма Артемиды Эфесской[40].

Вот этот-то ранний Эфес, бурлящий мегаполис, языческий город, полный статуй, венков и процессий, паломников, пришедших поглазеть на храм, ремесленников, торгующих священными сувенирами, преступников, ищущих в нем убежище, временщиков, откупщиков и царей, спешащих положить на депозит в храме праведно и неправедно содранное с народа, и является главным местом действий «Деяний Иоанна» — совершенно правдивой биографии апостола Иоанна, написанной где-то в начале II в. н.э. в той же самой провинции Азия.

Если верить Иринею Лионскому, утверждавшему, что апостол умер во время Траяна, то получается, эти «Деяния» написаны очевидцем! И автор «Деяний», чтобы подчеркнуть это обстоятельство, периодически сбивается на местоимение «мы», совсем как автор «Деяний апостолов».

Эфесский претор Ликомид и его жена

К сожалению, дошедший до нас текст «Деяний» неполон. В 787 г. победившая церковь окончательно объявила их еретическими, и их истребляли, как могли[41]. Самая существенная часть «Деяний», которая содержит в себе личные воспоминания Иоанна о его контактах с Иисусом Христом и является мини-Евангелием, вообще дошла до нас по удивительной причине: монах, переписывавший ее в 1324 г., настолько плохо знал греческий, что он не понимал, что именно он переписывает[42].

Доступный нам текст «Деяний» начинается с того, что эфесский претор Ликомид, у которого серьезно заболела жена, приглашает для ее излечения апостола Иоанна. Голос с Неба (*Бат Кол*) повелевает Иоанну поспешить в Эфес, где его уже ждет предупрежденный тем же Голосом Ликомид.

«И когда рано утром они пустились в путь, и прошли уже около четырех миль, раздался Голос с Неба, который слышали мы все, и сказал: Иоанн, ты прославишь Господа в Эфесе» (Деян. Ин. 18:3)[43].

Очень похожая сцена есть в канонических «Деяниях апостолов». Там Голос с Неба тоже велит римскому сотнику Корнилию позвать к себе апостола Петра, а апостолу Петру — направить свои стопы к язычнику Корнилию.

Как мы увидим, автор «Деяний Иоанна» попросту передрал сцену у Луки. Но это, как ни странно, не исключает ее правдивости. Перед нами, вполне возможно, описание стандартного приема христианских *гоисов*. Отчаявшиеся родственники частенько приглашали этих странствующих целителей к постелям больных. Ответ: «Да-да, я знаю, Голос с Неба как раз повелел мне направить стопы к вам», — мог быть стандартным *modus operandi*, сразу повышавшим статус *гоиса* и даже шансы на успешное излечение.

Излечение проходит успешно. Апостол Иоанн произносит над мертвой магическую формулу. «Восстань во имя Иисуса Христа», — командует он (Деян. Ин. 22:9). Клеопатра встает из мертвых и теми же словами воскрешает своего мужа, который успел скончаться от тревоги за супругу.

После воскресения/обращения Клеопатра и Ликомид становятся добрыми христианами и, более того, — основателями христианской общины в Эфесе.

Благочестивое рвение Ликомида заходит так далеко, что он даже тайком приказывает художнику изготовить портрет апостола. Он увенчивает портрет венками, ставит его в домашней молельне и молится ему дополнительно после общих радений.

Странное поведение Ликомида не ускользает от внимания апостола, и он, навестив спальню ученика, к своему недоумению, застает в ней алтарь с горящими лампадками и свечами, а перед ним — увенчанную цветами икону с изображением какого-то старца. Изумленный Иоанн сурово спрашивает бывшего язычника, что это за бог изображен на этой иконе: «Ибо я вижу, что ты до сих пор живешь как язычник» (Деян. Ин. 27:8).

Смущенному Ликомиду приходится признать, что на иконке изображен сам Иоанн. Будучи уличен в почитании идола, он пытается подвести под это дело строгую теологическую основу.

«Мой единственный Бог, — заверяет претор, — это тот, кто воскресил из мертвых меня и мою жену, но, ежели, наряду с этим богом, людям, облагодетельствовавшим нас, *тоже подобает называться богами*, — то это тебя, отче, я изобразил на этом портрете» (Деян. Ин. 27:10).

Изумленному Иоанну приносят зеркало. Он долго сличает отражение и икону и наконец мягко упрекает ученика: он нарисовал мертвыми красками лишь мертвую форму Иоанна. Лучший художник, который может изобразить самую суть Иоанна, а не мертвую форму — это он сам, Ликомид. Лучшее, что Ликомид может сделать — уподобиться Иоанну и нарисовать свою душу красками веры, знания, доброты и простоты (Деян. Ин. 29:3).

Сценка эта чрезвычайно важна.

Ортодоксальная церковь — так же, как иудаизм и ислам — строжайше запрещала изображения вплоть до реформ Константина. Это было одно из самых радикальных расхождений христианства и остальных римских религий.

Язычники поклонялись статуям в храмах. Протоортодоксы руководствовались заповедью: «Не сотвори себе кумира».

Ориген категорически осуждал любые изображения[44]. «Всякое изображение, большое или малое, надобно называть идолом»[45], — столь же категорически утверждал Тертуллиан.

Всего за несколько лет до прихода Константина к власти тридцать шестой канон Эльвирского собора специфически запретил «помещать изображения в церквях, дабы они не стали предметом поклонения»[46], и еще в начале IV в. н.э. Евсевий Кесарийский подверг сокрушительному разносу сестру императора Константина, осмелившуюся попросить у него изображения Христа. Епископ сурово ответил, что эта просьба суть «идолопоклонство», и «подобные практики недопустимы для нас»[47].

С точки зрения ортодоксов, изображения употребляли только еретики, особенно гностики[48]. Ириней Лионский с ужасом сообщал о мерзкой секте карпократов: «они имеют изображения, некоторые из них раскрашенные»[49].

В конце IV в. н.э. неистовый ортодокс Епифаний из Саламиса оказался точно в том же положении, что и апостол Иоанн. Он посетил в Палестине некую церковь недалеко от Вефиля и, зайдя туда, с ужасом увидел в дверях вышитую завесу. «Она была украшена изображением Христа или одного из святых; я точно не помню»[50]. Епифаний тут же разорвал мерзость на части, заявив, что никакое изображение, сделанное человеком, не может украшать собой церкви Христовой.

Несложно заметить, что апостол Иоанн относится к изображениям куда мягче, чем Епифаний. Его ответ — это образец уклончивости. Он, конечно, не одобряет иконы. Но он не уничтожает ее, как неистовый Епифаний, не конфискует, как Евсевий конфисковал изображение апостола Павла, и, разумеется, не позволяет себе сказать, как Тертуллиан: «Кто идолопоклонник, тот убийца»[51].

И что еще поразительнее — на иконе, при свечах и лампадах, изображен отнюдь не Иисус. Не его проповедь, распятие или вознесение. На ней изображен живой Иоанн, которому, по мнению язычника, *подобает называться Богом.*

В эфесском театре

Как и все греческие города провинции Азия, город Эфес имел городское самоуправление. Римская империя до III в. н.э. не обременяла себя бюрократией. Все, какие возможно, функции государства она отдавала в лизинг. Именно по этой причине техническое и судебное управление Иудеей, как и при Хасмонеях, осуществлял Синедрион во главе с Первосвященником. Что же до греческих городов — то ими по-прежнему управляли выборные магистраты.

Самые богатые и знатные жители города соревновались, чтобы быть выбранными в городской совет. В ходе этого соревнования они украшали города храмами, агорами и общественными туалетами. Они устраивали шествия в честь богов, давали представления и пиры — словом, покупали голоса избирателей и в процессе сглаживали социальное неравенство, выступая как провайдеры городской инфраструктуры и служба социальной защиты для наименее обеспеченных слоев.

Именно таким городским магистратом был Ликомид. «Деяния Иоанна» называют его претором (πραίτωρ) (Деян. Ин. 19:1). Теоретически это означает, что он был членом городского суда и распоряжался деньгами, выделенными на общественные работы: это был, конечно, не такой важный человек, как царь, но все-таки можно сказать, что Иоанн обратил в христианство главу судебного и строительного департамента города Эфеса. Это была большая добыча.

Обращение претора Ликомида позволило Иоанну отколоть еще более впечатляющую штуку. Он повелел принести всех пожилых женщин города в городской театр (тот самый, на 25 тыс. посадочных мест, самый большой в Азии), обещая излечить их всех. Его обещания вызвали у остальных городских магистратов замешательство.

«Претор Андроник, который был главным в Эфесе в это время, заявил, что Иоанн обещает невозможное и невероятное: но если, сказал он, он может сделать эдакую вещь, пусть он придет в общественный театр, когда он открыт, нагой, и ничего не держа в руках, и пусть не изрекает он при этом того *волшебного имени*, которое, я слышал, он произносит» (Деян. Ин. 31:5–6).

По приказу Иоанна в театр были доставлены все пожилые женщины: лежачие и паршивые, хромые и мающиеся животами, парализованные и исходящие кашлем.

И что же?

Апостол Иоанн излечил их всех. Это было театральное представление, которое перебило по степени зрелищности то, что было дано в московском театре «Варьете» Воландом и его свитой.

В результате этого излечения супруга скептически настроенного претора Андроника, Друзиана, а потом и сам претор стали убежденными христианами. Они даже отказались от плотских сношений между собой.

Эфесский храм

Эфесский театр был, конечно, внушительным общественным сооружением. Но самым главным чудом Эфеса, привлекавшим паломников со всей империи, был знаменитый храм Артемиды Эфесской — тот самый, который за четыре века до Иоанна сжег, ища славы, Герострат. После пожара храм был отстроен пуще прежнего: величественное здание 137 м в длину, подпираемое 127 колоннами и украшенное статуями, вышедшими из-под резца великих скульпторов.

Павсаний утверждал, что размер храма «превосходит все здания смертных»[52]. Сидонский поэт Антипатр утверждал:

«Вне пределов Олимпа Солнце не видит нигде равной ему красоты»[53].

Помимо того, что храм привлекал паломников со всей Азии, он еще и работал в качестве банка, принимая на хранение деньги городов, государств и царей. Это превращало Эфес, как и Иерусалим, в один из финансовых центров римского мира и — в сочетании с правом храмового убежища — делало его настолько внушительной политической силой, что император Октавиан Август со своей обычной предусмотрительностью позаботился о реструктурировании культа. Он переселил часть жрецов из самого храма, находившегося за городской стеной, в новое здание городских магистратов, а в самом храме великодушно позволил жителям возвести Августеум, тем самым превратившись в супруга богини[54].

При Траяне романизация пошла еще дальше: около 104 г. н.э. римский всадник Вибий Салютарий учредил в честь богини очередное шествие. Публичные шествия такого рода были любимым развлечением горожан и любимым же инструментом пропаганды: в ходе вибиевого шествия жрецы и магистраты несли по городу 31 статую, включая статуи Римского Народа и Римского Сената.

Шествие имело место во время каждого ежемесячного собрания, во время Себастий, Сотерий и Великих Эфесий, во время гимнастических состязаний — то есть практически каждые две недели. Ликующая процессия входила в город через Магнесийские ворота, следовала к театру, выходила из Коресийских ворот и возвращалась в храм, где боги в их священных носилках сдавались эфебами с рук на руки «Мусайосу, священному рабу Артемиды»[55].

Впрочем, даже великолепие шествия, учрежденного Салютарием, бледнело по сравнению с главным эфесским шествием, приходившимся на весенний праздник дня рождения богини.

«Зрелище привлекло много народа, эфесцев и чужестранцев; здесь, по обычаю, родители выбирали женихов девушкам, а юношам — невест. Шествие выступало так: сначала шли жертвенные животные, люди с факелами, корзинами и благовониями, за ними кони, собаки и те, кто нес охотничью снасть, затем девушки; каждая была украшена словно для возлюбленного»[56].

Вот этот-то праздник Эфеса — его День независимости, его День взятия Бастилии, его День Победы — и выбрал апостол Иоанн, чтобы сразиться с Артемидой. Невежливо прервав процессию — собак, жрецов, распаленных юношей, принарядившихся девушек, носильщиков, эфебов, — он на глазах многотысячной толпы вызвал богиню на магический поединок, так же, как пророк Илия — жрецов Баала.

«Вы все говорите, что у вас есть богиня, Артемида. Взмолитесь же ей, чтобы я — один лишь я — умер. Или же я, если вы не сможете это сделать, — я — один лишь я — призову моего собственного Бога, чтобы я мог предать вас всех смерти по причине неверия (Деян. Ин. 39:8–9).

С этими словами Иоанн разрушил храм: алтарь в храме раскололся посередине, идолы рухнули и разбились, подношения сорвались со стен, и половина храма, обрушившись, убила на месте жреца, а толпа, как один человек, повалилась ниц и принялась просить Бога Иоанна смилостивиться над ними.

Потрясенные эфесцы все обратились в веру Иоанна и разрушили остаток храма, а Иоанн, которому Господь велел воздавать добром за зло, воскресил жреца (Деян. Ин. 47:7).

История о том, как апостол Иоанн одним заклинанием разрушил храм Артемиды Эфесской во время празднества в честь ее дня рождения, — это, несомненно, еще более впечатляющая история, чем история о том, как апостол Иоанн излечил всех больных города Эфеса прямо в театре.

К сожалению, если сожжение Геростратом храма Артемиды Эфесской произвело на античный мир неизгладимое впечатление, то повторение Иоанном этого подвига через четыреста лет осталось для современников совершенно незамеченным.

Эфесский храм все так же продолжал быть крупнейшим паломническим, финансовым и культурным центром Азии. Паломники все так же стекались толпой. Римский всадник Вибий Салютарий, как мы видели, совершенно не был осведомлен о факте разрушения храма, когда в 104 г. учреждал новое шествие в честь богини. Не были осведомлены о нем и цитированный нами младший современник Вибия Салютария беллетрист Ксенофонт, и Павсаний, утверждавший в 170-х гг., что здание храма превосходит своей величиной все прочие строения человеческих рук.

И мы можем не сомневаться, что если бы Тацит, ставший проконсулом Азии в 112 г., знал что-нибудь о разрушении Эфесского храма, — он бы не преминул упомянуть об этом в «Анналах».

Если бы Иоанн и в самом деле разрушил храм Артемиды Эфесской, то это было бы таким же широко известным событием, как взрыв Башен-близнецов!

Нет никакой возможности, чтобы это было правдой! Но тем не менее «Деяния Иоанна» утверждают, что храм был разрушен апостолом, и, более того, эти «Деяния» были написаны не в Средние века, не на Мадагаскаре, не в Антарктиде, а в 110—130-х гг., причем, скорее всего, в самой Азии, и вовсе не в качестве развлекательного романа: «Деяния Иоанна» были сакральным текстом. Для некоторых разновидностей христиан каждое его слово было продиктовано Господом.

Конечно, будучи приперты к стенке, многие из потребителей этого текста могли бы сказать, что это разрушение следует понимать в символическом смысле — что, дескать, Иоанн разрушил его в сердцах людей. Но все-таки для большинства из них разрушение храма Артемиды Иоанном для них был такой же несомненный факт, как воскресение Иисуса из мертвых.

Это был прекрасный способ отделить верующих от неверующих. Последователи Иоанна считали, что их учитель разрушил храм Артемиды. И это был подвиг, а не преступление. А если язычники или еретики это отрицали, или не понимали метафоры, или приписывали разрушение какому-то Герострату, — так это потому, что они были Лжецы. Не верить в разрушение храма Артемиды было такое же кощунство, как не верить в то, что Христос — жив. Кто не верил — тот был Лжецом.

И, как это часто бывает, Большая Ложь оказалась Большим Предвидением: великолепный храм Артемиды действительно был в конце концов разрушен, и его обломки были употреблены на строительство базилики Св. Иоанна с ее ежегодным истечением манны посреди разоренного, превращенного в призрак города.

«Деяния апостолов» и «Деяния Иоанна»

Итак, если верить «Деяниям Иоанна», христианскую общину в Эфесе основал апостол Иоанн.

Это сообщение выглядит несколько удивительно, ибо, согласно каноническим «Деяниям апостолов», христианскую общину в Эфесе основал апостол Павел, а никакой не Иоанн.

«Деяния апостолов» сообщают, что Павел приплыл в Эфес из Коринфа и проповедовал там в синагоге, а потом, когда его выгнали оттуда некие *злобствующие иудеи*, — в училище некоего Тиранна (Деян. 19:9).

Проповеди Павла, если верить «Деяниям апостолов», имели ошеломляющий успех, и еще больший успех принесли ему чудесные исцеления.

«Это продолжалось до двух лет, так что все жители Асии слышали проповедь о Господе Иисусе, как Иудеи, так и Еллины. Бог же творил немало чудес руками Павла, так что на больных возлагались платки и опоясания с тела его, и у них прекращались болезни, и злые духи выходили от них. Даже некоторые из скитающихся иудейских заклинателей стали употреблять над имеющими злых духов имя Господа Иисуса, говоря: заклинаем вас Иисусом, которого Павел проповедует. Это делали какие-то семь сынов иудейского первосвященника Скевы» (Деян. 19:10–14).

Итак, автор канонических «Деяний апостолов», который является учеником Павла, категорически утверждает, что общину в Эфесе основал именно Павел. Это его слава гремела по всей Азии, и это к его одежде прикасались больные, чтобы излечиться. Он был знаменит и влиятелен. Он творил чудеса. Друзьями его были «асийские начальники», то есть крупные городские магистраты (Деян. 19:31).

А если и были какие-то иудеи, *сыны первосвященника,* которые тоже заклинали больных именем Иисуса, то они потерпели страшную неудачу: заклинаемый ими бесноватый набросился на них, избил их и выгнал из дома со словами: «Иисуса знаю, и Павел мне известен, а вы кто?» (Деян. 19:15).

А автор «Деяний Иоанна» категорически утверждает другое: общину в Эфесе основал именно Иоанн, любимый ученик Иисуса, носивший, по утверждению его преемника Поликрата, *петалон* первосвященника.

Это он воскрешал мертвых именем Иисуса, которого боятся архоны и князь мира сего. Это к его одежде прикасались верующие, чтобы исцелиться. Они «припадали к его стопам и возлагали его руки себе на голову, и целовали их, и были исцелены прикосновением к одежде святого апостола» (Деян. Ин. 62:2).

Это его друзьями были городские власти: претор Ликомид, а потом Андроник, и «некий очень богатый человек Клеобий» из Милета (Деян. Ин. 18:1).

Иначе говоря, «Деяния Иоанна» категорически не согласны с историей происхождения христианской общины в Эфесе, так, как она описана в «Деяниях апостолов».

Городской театр и храм Артемиды Эфесской тоже играют в «Деяниях апостолов» огромную роль. Но они упоминаются в куда более минорном контексте.

Согласно «Деяниям апостолов» эфесский театр был главным местом действия «мятежа против Пути» (Деян. 19:23).

Некий серебряник Димитрий, зарабатывавший на жизнь изготовлением серебряных храмов Артемиды, испугался, что успехи апостола Павла оставят его без работы, и, как мы знаем из дальнейшей истории Эфеса, был совершенно прав. Он поднял против Павла таких же, как он, ремесленников. Они схватили спутников Павла Гая и Аристарха и «повлекли их в театр» (θέατρον) (Деян. 19:29).

Обезумевшая толпа два часа кричала: «Велика Артемида Эфесская». Павел, услышав о беспорядках, поспешил спрятаться. «Также и некоторые из Асийских начальников, будучи друзьями его, послав к нему, просили не показываться в театре» (Деян. 19:31).

В конце концов власти пригрозили разошедшемуся народу, выступив, по сути, на стороне Павла. Они заявили, что странствующие проповедники Христа ничего не сделали, «ни храма Артемидина не обокрали, ни богини вашей *не хулили*» (Деян. 19:37), и, пригрозив толпе ответственностью за мятеж, порекомендовали, если кто обижен, обращаться в суд.

«Если же Димитрий и другие с ним художники имеют жалобу на кого-нибудь, то есть судебные собрания и есть проконсулы: пусть жалуются друг на друга» (Деян. 19:38).

Итак, «Деяния апостолов» и «Деяния Иоанна» снова категорически противоречат друг другу. Сходятся они в одном: в 40-х или 50-х гг. в Эфесе случилась грандиозная разборка с христианами, причем прямо в городском театре.

Согласно «Деяниям апостолов» Павел, чья слава гремела по всей Азии, из театра удрал, почему-то не воспользовавшись удачным случаем показать силу Иисуса всем окружающим.

Согласно «Деяниям Иоанна» все было наоборот — апостол Иоанн, любимый ученик Иисуса, с *петалоном* первосвященника, ее именно и показал.

Как нам объяснить подобное противоречие?

Разумное предположение заключается в том, что в момент написания «Деяний Иоанна» в Эфесе было две разных христианских общины. Одна из них была основана апостолом Павлом. Другая — апостолом Иоанном. Обе общины находились в категорических разногласиях между собой.

Член общины последователей Иоанна прочел «Деяния апостолов», написанные несколько раньше, в 80-х гг. н.э., и возмутился: все было не так!

О том, кто был настоящим автором «Деяний апостолов» и какое отношение он мог иметь к Эфесу, мы поговорим много позже и в другой книге. А пока вернемся к нашему тексту.

Странствия Иоанна

Один из самых ранних христианских памятников, «Дидахе», утверждал, что апостол может оставаться на одном месте только три дня. Если он остается дольше — он лжеапостол. Это чрезвычайно практичное правило сильно усложняло поимку христианского проповедника и увеличивало окружающий его флер таинственности: в самом деле, заезжий *гоис* всегда мог рассказать, что он только что воскресил мертвого в другом городе.

Иоанн вполне следует этому правилу и постоянно странствует по Азии, посещая то Милет, то Пергам, то Лаодикею. Как-то в пути он воскрешает отца, убитого собственным сыном за то, что тот препятствовал его преступной страсти. Убийца раскаивается и становится верующим (слово «христианин» в «Деяниях Иоанна» не употребляется ни разу), и даже отсекает себе уд, что вызывает нарекания Иоанна. Иоанн объясняет, что негодную мысль сделать из себя евнуха вложил юноше в сердце тот же Сатана, который внушил ему убить отца, и объясняет, что корень греха находится не в физическом органе, которым грешат, а в греховных мыслях, движущих этим органом.

Вообще, все чудеса, совершенные Иоанном, подаются в «Деяниях» как победа над Сатаной. Даже изобилие больных женщин в Эфесе в «Деяниях» является делом рук Сатаны (Деян. Ин. 30:5).

Тут же, в том же путешествии, происходит удивительный инцидент, знаменующий власть Иоанна не только над жизнью и смертью, но и над всем животным миром: он и его спутники останавливаются в гостинице, кишащей клопами, и Иоанн, которого клопы особо донимают, приказывает им выйти вон и дожидаться у порога. Спутники его проводят ночь спокойно, а утром, выйдя, с изумлением видят клопов, построившихся у порога во фрунт: бедные клопики, не решаясь нарушить приказа апостола, ждут, пока он снимет заклятие (Деян. Ин. 60–61).

Конкурент

В один прекрасный момент, когда Иоанн проповедовал в Эфесе, у него объявился языческий конкурент. Мы не знаем, когда случилось это печальное происшествие, потому что этот эпизод сохранился отдельно только в латинском варианте «Деяний», но, в любом случае, в это время Иоанн был уже знаменит. Некий аскет и киник Стратокл обратил в свою философию двух молодых богачей, Аттика и Евгения. По его наущению эти два толстосума обратили все свое имущество в две огромные жемчужины — и раздавили их публично на глазах всего города.

Тут надо отметить, что так как в древности не умели гранить камни, то жемчужины с их идеально круглой формой считались самым дорогим видом камня и занимали в табели о рангах то место, которое сейчас отводится бриллиантам.

Апостол Иоанн, который обращал магистратов и побеждал жрецов, никак не мог пройти мимо вызова, брошенного философом. На глазах толпы он воссоздал из праха раздавленные жемчужины и объяснил Аттику и Евгению, что христианское учение гораздо лучше: согласно ему имущество надо не уничтожать, а отдать для раздачи бедным самому Иоанну.

После этого чуда оба молодых богача и языческий философ обратились в веру Иоанна. Имущество их было продано, деньги были розданы, и «большое множество верующих присоединились к апостолу»[57].

Увы, дьявол, «правитель тех, кто любит этот мир», на этом не успокоился. Как-то, придя в Пергам, два бывших богача, Аттик и Евгений, босоногие и в рубище, увидели собственных слуг в серебре и в шелках и в славе этого мира. «Сердце их было пронзено стрелой дьявола»[58]. Они сочли свой отказ от богатства поспешным и опрометчивым.

Тогда Иоанн решил преподать им предметный урок. Он велел принести хворост из леса и гальку с местного пляжа, и в один момент, не хуже Воланда на сцене театра «Варьете», обратил сучья в золотые слитки, а гальку — в драгоценные камни.

С презрением он вручил эти бренные безделушки своим бывшим ученикам.

«Тот, кто любит деньги, есть служитель Маммоны, а Маммона есть имя дьявола, который царит над плотскою выгодой, и хозяин тех, кто любят мир», — сказал Иоанн[59].

Трудно сказать, убедили ли бы эти слова молодых людей, смущенных самим Сатаной, но у Иоанна под рукой было и кое-что получше слова.

Дело в том, что в этот самый момент к апостолу Иоанну принесли мертвого юношу. Иоанн воскресил его, и воскресший немедленно рассказал изумленным Аттику и Евгению о том, что он собственными глазами после смерти видел, как ангелы рыдали, а Сатана радовался падению Аттика и Евгения.

При виде такого несомненного *свидетельства* Аттик и Евгений упали Иоанну в ноги, умоляя его превратить золото и драгоценности обратно в ветки и гальку.

Таким образом, триумф Иоанна над всеми аспектами античной цивилизации был полон. Он обратил язычников в их собственном языческом театре; он разрушил их храм; и он превзошел их философов.

Друзиана

Между тем Сатана продолжал строить козни Иоанну. Он овладел неким Каллимахом — юношей, внезапно воспылавшим страстью к христианке Друзиане. Каллимах искал день и ночь возможности встретиться с Друзианой, а когда она умерла, решил с отчаяния совокупиться с трупом, «будучи распален ужасной страстью и одержим многоликим Сатаной» (Деян. Ин. 70:1).

«Эта настойчивость, с которой Каллимах пытался овладеть умершей матроной, бесспорно, иллюстрирует идею о том, что плотский секс есть связь с трупом», — замечает Ричард Перво[60].

Одержимый плотской страстью Каллимах подкупил раба Фортуната, который провел его в гробницу. Однако, едва наш некрофил приступил к делу, на него обрушилось ужасное возмездие: откуда ни возьмись появившийся змей укусил раба и обвил нечестивца.

Мы можем себе представить нешуточное изумление апостола Иоанна, который явился вместе с верующими воскрешать Друзиану и застал в гробнице, кроме нее, два еще совершенно посторонних трупа, один из которых к тому же был обвит огромным змеем.

Даже и современный следователь встал бы в тупик, пытаясь разгадать, что именно произошло: ведь свидетелей произошедшему не было, а труп не допросишь. По счастью, у апостола Иоанна не было такого ограничения: он немедленно воскресил Каллимаха, и тот не только чистосердечно раскаялся в своей страсти к плотскому сексу, но и беспрекословно уверовал в Христа.

При виде спасения еще одной души Иоанну осталось только воздать хвалу Господу, а также воскресить еще и раба Фортуната. А так как в видении, ниспосланном Иоанну Господом, ничего о воскрешении этого злобного раба не было (ему было приказано воскресить одну Друзиану), то Иоанн истолковывает это в том смысле, чтобы поручить воскресение раба самой Друзиане.

Та немедленно подходит к телу раба и произносит заклинание:

«Иисус Христос, Бог эонов, Бог Истины, тот, кто даровал мне видеть чудеса и знамения, и дал мне часть в его имени; *ты, который вдохнул себя в меня в своих многих ликах*», — говорит она (Деян. Ин. 82:2–3).

Однако воскрешение не идет рабу на пользу. Он оказывается исключительно неблагодарным существом. Едва воскрешенный, он начинает браниться: «Вот до чего дошла власть этих ужасных людей! — восклицает он. — Не хочу я быть воскрешенным, лучше я помру, чем видеть их!» — и убегает (Деян. Ин. 83:3).

Наглый поступок этого подлеца, отказавшегося от воскресения и жизни вечной, не остается безнаказанным. Помолившись, Иоанн сообщает братьям и сестрам, что дух, обитающий внутри него, сообщил ему, что Фортунат вот-вот умрет от змеиного яда: и так, как Иоанн предсказал, оно и оказалось. Человек, который отказался обращаться, умер, и это было чудо. «Дьявол, — напутствовал его в последний путь Иоанн, — ты заполучил своего отпрыска» (Деян. Ин. 86:5).

Евангелие пляшущего Христа

Между тем воскрешенная Друзиана заявила довольно-таки важную вещь. Она заявила, что ее воскресил не Иоанн. Она заявила, что ее воскресил Христос.

Лично.

При этом он был многолик.

И один из его ликов был лик Иоанна.

«Господь явился мне в гробнице в облике Иоанна и в облике юноши» (Ин. 87:2), — заявляет Друзиана. Точно так же в «Деяниях Фомы» Христос явился царевичу и царевне в облике своего близнеца Фомы.

Это наблюдение Друзианы и дает Иоанну повод для теологического экскурса, которое, по сути, является небольшим Евангелием и центральной частью «Деяний».

В сжатом виде и от первого лица апостол Иоанн, как свидетель, рассказывает о своих совместных странствиях с Иисусом Христом. Его рассказ, по сути, является второй ступенью гностической инициации[61].

Согласно Иоанну Иисус был не человек, а Бог, принявший подобие человека.

Когда Господь призвал его для служения, то брату Иоанна Иакову показалось, что их зовет ребенок, а самому Иоанну — что их зовет взрослый мужчина в расцвете сил (Деян. Ин. 88:4–9). Когда они пристали к берегу, Иаков увидел цветущего юношу, а Иоанн — лысого старика с седой бородой (Деян. Ин. 89:1).

Глаза Иисуса никогда не моргали (Деян. Ин. 89:3). Иногда он был невысокий и невзрачный мужчина, а иногда достигал головою небес (Деян. Ин. 89:4). Когда голова Иоанна лежала на его груди, Иоанну иногда казалось, что эта грудь материальна, а иногда ему казалось, что ее вообще нет (Деян. Ин. 93:2). Иисус не оставлял следов (Деян. Ин. 93:6).

Когда фарисеи приглашали Иисуса на трапезу, то они давали Иисусу и его ученикам по здоровой ковриге хлеба. Иисус сам ничего не ел, а вместо этого делил свою порцию на небольшие доли между учениками. «Этот маленький кусочек всегда полностью насыщал каждого из нас, а те ковриги, что нам дали, оставались нетронутыми, изумляя тем наших хозяев» (Деян. Ин. 93:5).

Однажды Иисус взял Иоанна с собой на гору Фавор. Когда он стал молиться, то Иоанн увидел, что от него исходит свет, который нельзя описать человеческими словами.

Любопытствуя, Иоанн подошел поближе.

«И я увидел, что он никоим образом не был одет одеждой, но был наг, и был он не человек, ибо его стопы были белее снега, так что земля была освещена этими стопами, и его глава касалась небес, так что я перепугался и закричал, и он, обернувшись, снова оказался человеком небольшого роста» (Деян. Ин. 90:6–7).

Согласно синоптическим Евангелиям, Иисус на Тайной вечере научил своих учеников ритуалу причастия. Ритуал причастия был важнейшим для ранних христиан. Именно совместная трапеза создавала в них чувство единства, и именно эту совместную трапезу («сходятся вместе для принятия пищи, обычной и невинной») упоминал как одну из важнейших черт встретившихся ему христиан такой ранний языческий источник, как Плиний Младший.

Но в «Деяниях Иоанна» ничего не говорится о том, что Иисус на Тайной вечере научил апостолов причастию! Ровно наоборот. В них утверждается, что он научил их совсем другому ритуалу — экстатическому танцу.

Перед тем, как он был схвачен «беззаконными евреями, чьи законы были даны беззаконным змием» (Деян. Ин. 94:1), Иисус собрал своих учеников и построил их в круг. Он велел им взяться за руки, а сам, в центре круга, запел гимн. После каждой строчки гимна ученики отвечали ему: «Аминь».

«Я буду спасен, и я спасу. Аминь.

Я буду освобожден, и я освобожу. Аминь.

Я буду ранен, и я раню. Аминь.

Я буду рожден, и я рожу. Аминь.

Я буду съеден, и я съем. Аминь», — пели Христос и его ученики (Деян. Ин. 95:4–8).

«Огдоада поет хвалу вместе с нами. Аминь. Двенадцать пляшут в выси. Весь мир есть пляска в выси. Аминь» (Деян. Ин. 95:14–16).

«Я убегу, и я останусь, — говорит Христос в гимне, — у меня нет храма, и у меня есть храмы. Я лампа для того, кто видит меня. Я — зеркало для того, кто видит меня. Я — дверь для того, кто стучится в меня. Я — путь для идущего» (Деян. Ин. 95:22–27).

«Узри себя во мне, говорящем, а, узрев, храни молчание о моих тайнах» (Деян. Ин. 96:29–30). «Тем, чем я кажусь, я не являюсь... Познай страдание — и ты избежишь его» (Деян. Ин. 96:39–42).

И, разумеется, этот Бог, который был не тем, что он казался, вовсе не был распят.

В канонических Евангелиях сцены поимки, суда и казни Иисуса занимают огромное место. Молящийся Иисус в Гефсиманском саду; унизительный допрос у Каифы, суд Пилата, бичевание, издевательства римских солдат, напяливающих на Иисуса терновый венец и кричащих: «Радуйся, царь Иудейский!», крик толпы: «Распни его», брань других висящих рядом *разбойников*, и злорадный крик толпы: «Пусть спасет самого себя, если он Христос, избранный Божий» (Лк. 23:35).

Но в нашем мини-Евангелии, как и в других гностических Евангелиях, этой сцены просто нет. В нем утверждается, что в тот самый момент, когда Иисуса якобы распинали, он на самом деле беседовал с Иоанном на Елеонской горе. «Я не претерпел ничего из того, что они говорят» (Деян. Ин. 101:1), — заверил он Иоанна, и после этого Иоанн, смеясь и радуясь, спустился с горы.

«Я смеялся над всеми ними, когда они рассказывали мне то, что они рассказывали о нем, ибо я твердо знал: Господь сделал все это символически, и для того, чтобы обратить и спасти человечество» (Деян. Ин. 102:2–3).

Кто эти глупцы, которые утверждают, что Иисус был распят?

Это все, кто считают, что Иисус физически умер и физически воскрес.

Это, например, апостол Павел, который всегда настаивал на том, что смерть и воскресение Иисуса имели совершенно материальный характер. «Христос *умер* за грехи наши, по Писанию, и… погребен был, и… воскрес на третий день» (1 Кор. 15:3).

И это его главный враг, Иаков, физический брат Иисуса, которому, согласно «Евангелию от евреев», Иисус первому явился после своего воскресения[62].

Наше мини-Евангелие прямо полемизирует в этом месте, и в первую очередь, надо думать, именно с «Евангелием от евреев», в котором рассказывается, что Иисус, воскреснув физически, первым явился своему брату. Согласно «Деяниям Иоанна» Иисус явился первым своему любимому ученику Иоанну! Он сделал это еще в то время, когда ограниченный и недалекий Иаков думал, что Иисус висит на кресте!

На протяжении всей этой работы мы до сих пор постоянно подчеркивали непримиримую идейную и личную вражду между суровым иудейским фанатиком Иаковом, братом Иисуса, и безродным космополитом Павлом. И вот, оказывается, был теологический пункт, по которому оба этих архиврага совпадали. Они оба верили, что Иисус был телесным, живым существом, который тем не менее был земным воплощением Господа.

И этим их теология кардинально отличалась от теологии общины «Деяний Иоанна», для которой Иисус был вообще видимостью. Он не воскресал, потому что он не умирал. Его казнь была лишь обманом глаз. Те, кто верили, что Иисуса казнили, были глупые, ограниченные люди. Они были не в курсе. Они не имели *гнозиса*.

Тот факт, что в городе Эфесе интересы двух общин — общины последователей Иакова и общины последователей Павла — вдруг, в один прекрасный момент совпали в борьбе против общего идеологического врага, этот факт, как мы увидим, станет решающим для генезиса протоортодоксальной церкви.

Метастазис Иоанна

Заключительным эпизодом «Деяний Иоанна» является Метастазис, то есть местопреставление Иоанна. Этот популярный сюжет сохранился в добром десятке версий и на полудюжине языков: греческом, сирийском, коптском, армянском, эфиопском, древнерусском; и был, разумеется, дочиста отполирован ортодоксами.

Тем не менее одна деталь его, бесспорно, является подлинной. В отличие от абсолютного большинства других «Деяний», Успение Иоанна не сопряжено с мученичеством. Кончина Иоанна носит совершенно добровольный характер.

В один прекрасный момент Иоанн собирает своих учеников и, объявив им о своем желании покинуть этот мир, просит их выкопать ему могилу.

Перед тем, как лечь в нее, Иоанн говорит:

«Да обратится огонь вспять, да побеждена будет тьма, да лишится силы пропасть, да иссякнет печь, да потухнет Геенна. Пусть ангелы следуют, демоны боятся, да побеждены будут Власти, упадут Силы, и пусть те, кто стоят по правую руку, стоят твердо, а те, кто по левую — не останутся. Пусть демон будет обуздан, Сатана — изобличен… пусть дети его будут уничтожены и весь его корень проклят» (Деян. Ин. 114:1–14).

С этими словами, *запечатав* себя во всем, Иоанн ложится в могилу и воссоединяется с Богом. Ученики закапывают могилу, однако, раскопав ее на следующий день, не находят ничего, кроме сандалий. Как и Илия, Иоанн телесно вознесся на небо.

Анализ

Что обращает на себя внимание в «Деяниях Иоанна»?

Во-первых, апостол Иоанн, как и апостол Фома, совершенно не в курсе, что он проповедует униженным, несчастным и бедным. Объектом его вербовки являются исключительно состоятельные клиенты, и если Фома вербует в веру Христа царей и их полководцев, то Иоанн, с поправкой на демократическое устройство полисной жизни, вербует преторов и богачей — а особливо их скучающих жен.

Конечно, автор может выдавать желаемое за действительное, но нас в данном случае интересует именно желаемое; автор совершенно не испытывает дискомфорта, рассказывая, с какой настойчивостью Иоанн отбивает перспективных клиентов у киников.

Второе, что обращает на себя внимание, — обращение этих самых городских магистратов влечет за собой воздержание от секса, но не влечет за собой никаких других запретов: ни пищевых, ни ритуальных. Нигде в «Деяниях» не говорится, что ученики Иоанна переходят на овощи и воду, соблюдают кашрут или хотя бы воздерживаются от идоложертвенного. Более того, нигде не говорится, что эти городские магистраты отказываются от участия в жертвоприношениях!

Участие в идольских жертвоприношениях было абсолютным табу для зилотов и впоследствии — для протоортодоксальной церкви. Любые подлинные деяния мучеников II–IV вв., как центральный эпизод, всегда содержат именно эту, ключевую сцену: от мученика требуют принести жертву, а он отвечает, что скорее готов умереть во имя Христа.

Не то — община «Деяний Иоанна». В нее входят городские магистраты. В нее входит претор Ликомид. В нее входит претор Андроник. Одной из основных обязанностей городских магистратов в греческом полисе было именно принесение жертв. Это было их профессиональное занятие. И мы ничего не слышим, чтобы Ликомид и Андроник воздержались от жертвоприношений. Мы можем предположить, что «Деяния» деликатно обходят этот вопрос стороной именно потому, что члены написавшей их общины приносили жертвы.

Именно в этом и упрекали ортодоксы гностиков. «Они без разбора едят идоложертвенные яства, думая, что нимало не осквернятся ими, и на всякое праздничное увеселение язычников, бывающее в честь идолов, сходятся первые», — негодовал Ириней Лионский[63].

И, наконец, удивительной особенностью этих «Деяний» является тот факт, что Иоанн и его ученики не подвергаются никаким гонениям.

В «Деяниях апостолов» апостол Павел постоянно подвергается гонениям. Его преследователи — это евреи-зилоты. Они избивают его до полусмерти сначала в Листре (Деян. 14:19), а потом в Фессалониках (Деян. 17:5). Они нападают на него у храма (Деян. 21:36). Сорок каких-то мрачных террористов клянутся «не пить, не есть», пока не убьют его (Деян. 23:21), и тысяченачальник Лисий, взявший Павла под покровительство римлян, вынужден отправить его в Кесарию под беспримерной защитой двухсот воинов, семидесяти конников и двухсот стрелков (Деян. 23:23).

Более того, автор «Деяний апостолов» специально подчеркивает, что на Павла в Иерусалиме нападают именно «асийские иудеи» (Деян. 21:27), то есть те самые иудеи из Эфеса, Пергама и Смирны, которые, казалось бы, должны бы были быть возмущены Иоанном, обращающим эфесского претора Ликомида, не менее, чем Павлом, чаевничающим с проконсулом Кипра!

Однако в «Деяниях Иоанна» нет ни одного случая, чтобы евреи преследовали Иоанна, несмотря на то что Иоанн постоянно называет их «детьми Сатаны», точно так же, как обитатели Кумрана, которые считали евреев, не принадлежащих к их секте, «сынами Велиала».

Но, что еще удивительнее, — в «Деяниях Иоанна» нет ничего и о преследовании Иоанна властями!

Нигде в дошедшем до нас тексте «Деяний» не сказано, что миссионерская деятельность Иоанна сопровождалась какими-то препятствиями. Он перемещался между Милетом, Пергамом и Эфесом совершенно свободно, и единственной ему помехой были клопы в придорожной гостинице. Он прилюдно при всем народе отбивал учеников у киника. В Эфес его пригласил городской магистрат, и этот же магистрат устроил ему показательные выступления в театре.

Везде в этих «Деяниях» нападающей стороной является сам Иоанн, храбро бросающий вызов Сатане: он обещает предать смерти всех, кто поклоняется Артемиде, разрушает ее храм, отбивает учеников у киника, etc., — и, несмотря на т, что весь окружающий мир для Иоанна есть результат деятельности Сатаны, городские власти — или благодаря своим супругам, очарованным экзотическим целителем, или предпочитая не замечать проблему, которую сложно решить, — попросту не обращают на него внимания.

Ситуация эта — с отсутствием преследований — была настолько скандальной, что впоследствии христиане начали ее исправлять. Уже Тертуллиан спешит сообщить нам, что Иоанн был в Риме брошен Домицианом в котел с кипящим маслом, которое, однако, не причинило ему никакого вреда. Ученые строят разные сложные гипотезы о том, что страшные мучения Иоанна содержались в той части «Деяний», которая не дошла до нас.

На самом деле проще всего предположить, что никаких преследований в «Деяниях» не было.

После конца Иудейской войны единственным тестом, который мог выявить христиан, был их отказ принести жертву императору или богу. Закон требовал предавать «христиан» смерти за одно то, что человек является «христианином». Он требовал предавать смерти «за имя».

Но единственным способом определить, является ли человек христианином, являлась как раз его позиция по отношению к жертвам. Как только люди, заявившие Плинию

Младшему, что они перестали быть христианами, принесли жертвы, они были отпущены. Им было нечего предъявить.

Именно это отсутствие преследований возмущало ортодоксов. Юстин Мученик в своей «Апологии», обращенной к императору, негодовал на еретиков, «которые называли себя богами». «И они не только не были гонимы вами, но и удостоились почестей!» — жалуется Юстин[64].

Обстановка, в которой живет азийская община времен «Деяний Иоанна», живо напоминает нам ту, что описывается в современном им письме императора Адриана (117–138 гг. н.э.) проконсулу Азии Минуцию Фундану.

В этом письме император запрещает принимать к рассмотрению анонимные доносы против христиан. Он требует, чтобы доносчики защищали свои обвинения в суде. Это, собственно, и было основой римского уголовного права. Римляне, минимизировавшие государственный аппарат, не имели ни следователей, ни прокуроров, ни государственных обвинителей. Роль обвинителя в процессе всегда исполнял частный гражданин, *delator*, доносчик, который защищал свою точку зрения в состязательном процессе и, если его обвинение не подтверждалось, сам нес ответственность.

Такая система замечательно работала, если речь шла о краже курицы. Но легко заметить, что она плохо помогала против мафии или христианской общины. Такая община, располагающая значительными денежными и административными ресурсами, легко могла повернуть дело против самого доносчика, особенно если члены ее не испытывали ни малейших проблем с принесением жертв.

Общине, которая описывается в «Деяниях Иоанна», римлянам просто нечего было предъявить. Она могла ненавидеть весь окружающий мир; она могла называть его обиталищем Сатаны, она могла проповедовать воздержание от секса, но ежели она приносила жертвы, то никакой *delator* не смог бы защитить свой донос в суде, — и власти предпочитали не замечать проблемы, чтобы не быть вынужденными решать ее.

«Откровение Иоанна Богослова»

«Деяния Иоанна» был не единственный текст, связанный с апостолом Иоанном и написанный в римской провинции Азия. За несколько десятилетий до «Деяний» в той же самой Азии был написан куда более известный и даже вошедший в Новый Завет текст — «Откровение Иоанна Богослова». Текст этот приписывался лично апостолу Иоанну, сосланному на остров Патмос.

Мы уже подробно разбирали «Откровение» в предыдущей книге. «Откровение» — книга вовсе не такая мирная, как «Деяния Иоанна».

Главное содержание «Откровения» — это впечатляющее описание космической катастрофы, которая уничтожит весь языческий мир, а также евреев из числа тех, которые не верят в Христа. Все эти неверующие погибнут в мучениях. Они умрут от града, мора, засухи и звезды полыни.

Они умрут от пораженных источников вод, от рек, превращенных в кровь, от язв, от саранчи с золотыми венцами и от чудовищных коней со львиными головами и змеиными хвостами, на которых восседают всадники в серной, гиацинтовой и золотой броне.

Все эти беды насылает на мир отнюдь не Сатана. Их насылает Агнец — Христос. Поразят эти беды язычников — то есть всяческих преторов Ликомидов и Андроников. Спасутся от этой космической катастрофы только евреи, и то не все, а только «запечатанные»: по двенадцать тысяч человек из двенадцати колен Израилевых (Откр. 7:4). Именно это истребление всего человечества автор называет *праведностью,* а приверженцев Иисуса он называет *святыми*.

«И услышал я ангела вод, который говорил: *праведен* ты, Господи, который еси и был, и *свят*, потому что так судил. За то, что они пролили кровь *святых* и пророков, ты дал им пить кровь. Они достойны того» (Откр. 16:5).

Тех, кто верит в Христа, но не соблюдает иудейский закон, автор «Откровения» отмечает особо, как чудовищных еретиков. Он называет их лидера «пророком Валаамом», который вводит сынов Израилевых в соблазн и учит их есть идоложертвенное. (Откр. 2:14).

Их общину он именует «синагогой Сатаны». Приверженцы «синагоги Сатаны» «говорят о себе, что они иудеи, но не суть таковы, а Лгут» (Откр. 3:9). В этом страшном Лжеце и «пророке Валааме», основателе «синаноги Сатаны», легко угадывается апостол Павел. Это именно он называл своих учеников Новым Израилем, не соблюдал закона и разрешал есть мясо, принесенное в жертву идолам: «Все, что продается на торгу, ешьте без всякого исследования» (1 Кор. 10:25).

Грандиозная картина космического геноцида, нарисованная автором «Откровения», довольно быстро стала смущать церковь, и она попыталась приписать любимому паствой произведению довольно позднюю дату.

Ириней Лионский первый заявил, что «Откровение Иоанна Богослова» было написано в 80-х гг. н.э., после преследований Домициана — тех самых, во время которых огнестойкого Иоанна попытались вскипятить в котелке.

Это была очень удобная теория. Она очень кстати разносила во времени время написания «Откровения» и Иудейскую войну, а заодно объясняла неприязненное отношение автора «Откровения» к окружающему миру. В самом деле, если вас попытаются сварить в котле с кипящим маслом, вы ожидаемо будете недовольны.

Однако значительная часть современной библеистики дает «Откровению» иную датировку. Она датирует его 60-ми гг. н.э. — временем императора Нерона[65].

Главной и очевидной причиной такой датировки является тот факт, что автор «Откровения» прямо идентифицирует Антихриста, сына Сатаны, который «будет вести войну со *святыми*», с Нероном Кесарем, имя которого, написанное на иврите, и давало в пересчете на цифры число 666. Кроме этого автор «Откровения» не знает о разрушении Храма (Откр. 11:1), разрушенного после Иудейской войны.

Иначе говоря, «Откровение Иоанна Богослова» описывает ход Иудейской войны так, как она должна была произойти, по мнению ее зачинателей.

«Откровение» написано милленаристом-мистиком, который называет своих соратников *святыми* и *праведниками,* то есть пользуется той же терминологией, что в Кумране. Еретика (пророка Валаама, который учит есть идоложертвенное) этот автор называет кумранским термином Лжец. Автор «Откровения» считает, что спасутся только те, кто строго соблюдает закон Моисеев. Даже самые благочестивые библеисты вынуждены согласиться, что его автор — это «иудеохристианский пророк, который перешел от иудаизма к христианству в какой-то момент своей карьеры»[66]. Этот пророк жил в Азии и писал на скверном греческом, который был ему неродной.

По иронии судьбы «Откровение Иоанна Богослова» — это одна из немногих книг Нового Завета, которая действительно могла быть написана тем, кому она иногда приписывается — то есть настоящим, подлинным Иоанном, «любимым учеником» Иисуса.

Что же общего между мирными «Деяниями Иоанна», в которых языческие преторы наперебой становятся последователями Христа, и фанатическим, пышущим ненавистью «Откровением», в котором вышеуказанные преторы поражаются звездой полынью, градом, гиацинтовыми бронями, златоувенчанной саранчой?

Теология.

Главное, что бросается в глаза в «Откровении» — это необычайное могущество последователей Иисуса. «Откровение» начинается с обращения к семи главам христианских общин семи городов провинции Азия — Эфеса, Смирны, Пергама, Тиатиры, Сард, Филадельфии и Лаодикеи. Автор Откровения называет их не просто вождями, главами или лидерами. Он называет их *ангелами,* то есть посланниками Господа.

Эти *ангелы,* главы семи церквей, имеют фантастические магические способности. Это именно они трубят в волшебный *шофар* и насылают на язычников град и огонь, и это именно они выливают семь чаш гнева Божия на землю:

«Пошел первый ангел и вылил чашу гнева на землю: и сделались жестокие и отвратительные гнойные раны на людях, имеющих начертание зверя и поклоняющихся образу его» (Откр. 16:2).

«Откровение» называет верующих в Иисуса «царями и священниками» (Откр. 5:10), очевидно, потому, что они помазаны. *Помазание и крещение* и есть та магическая печать или мета, о которой говорят Иезекииль и Дамасский Документ и которая и дает верующим неуязвимость. Это помазание запечатывает верующего именем Бога: «И напишу на нем Имя Бога Моего» (Откр. 3:12).

Царство этих царей и священников для Иоанна, несомненно, имеет вполне земную природу. «Мы будем царствовать на земле» (Откр. 5:10). Эти люди физически воскреснут, как физически воскрес и сам Иисус. «Они *ожили* и царствовали со Христом тысячу лет» (Откр. 20:4).

Но это — вполне земное царство — имеет также и космическое измерение. Верующие в Христа получат не просто физическую власть и вечную жизнь. Они получат власть космическую. Они получат *престолы на небе* (Откр. 11:16). Иначе говоря — они, смертные, станут богами.

Именно это и есть самая суть, сердцевина, основа гностицизма: обещание сделать смертного — Богом. Это процедура, которую строжайше запрещает ортодоксальный иудаизм. Он запрещает человеку не только делаться богом, но даже и глядеть на него. Он запрещает человеку путешествовать на небо. Он запрещает человеку видеть Лицо Бога. И в ортодоксальном иудаизме престол на небе только один: это *меркава,* летающая колесница Яхве.

Но Иоанн видит «вокруг престола двадцать четыре престола». Он видит на них старцев «в белых одеждах и золотых венцах» (Откр. 4:4). «Побеждающему дам сесть со Мною на Престоле Моем» (Откр. 3:21), — обещает Иоанн Агнец. Перед нами — те самые кумранские «боги, подобные пылающим углям» (4Q403 I, ii, 6), и власти, стоящие у престола «царства святых Царя святости» (4Q405 23 ii). Перед нами — то самое кумранское представление о том, что человек может «стоять с войском святых и вступать в общение с общиной Сынов Неба. (IQH, 10).

И, точно так же, как в Кумране, весь этот фантастический мистицизм имеет у Иоанна отчетливо милитаристский характер.

Иисус Откровения — это не человек. Это Божество. Вторая Власть в Небе. Это существо, поражающее воображение. Это Агнец с Семью Рогами и Семью Очами. Это Жнец, который с облака бросает человечество-виноград в точило Гнева Божия. Это надмирная власть, с Очами, как Пламень Огненный, и острым мечом, исходящим из уст.

«Из уст же Его исходил острый меч, чтобы поражать им народы. Он пасет их жезлом железным; Он топчет точило вина ярости и гнева Бога Вседержителя. На одежде и на бедре его написано имя: Царь Царей и Господь Господствующих» (Откр. 19:15–16).

Сложно представить себе, чтобы это космическое существо по-настоящему умирало и воскресало. Взгляды Иоанна по поводу физического воскресения Агнца, без сомнения, сложны и не так однозначны, как в позднейшем гностицизме, но интересно, что Иоанн называет этого Агнца «как бы» (ως) закланным (Откр. 5:6): то есть он имел подобие закланного, но таковым не был.

Кто умирает и воскресает в «Откровении» — так это смертные, верующие в Иисуса.

Одиннадцатая глава «Откровения» содержит в себе редкий по силе рассказ о двух *мартосах*, «двух маслинах, двух светильниках». Под этими двумя мучениками имеются в виду два совершенно реальных исторических лица, о которых мы поговорим позднее, — а пока отметим, что эти «две маслины, два светильника», обладают невероятной магической силой, которой обычно и хвастались воинственные *гоисы* «четвертой секты».

«Они имеют власть затворить небо, чтобы не шел дождь на землю во дни пророчествования их, и имеют власть над водами, превращать их в кровь, и поражать землю всякою язвою, когда только захотят» (Откр. 11:6).

Они умеют убивать врага огнем из своих уст. «И если кто захочет их обидеть, то огонь выйдет из уст их и пожрет врагов их. Если кто захочет их обидеть, тому надлежит быть убиту» (Откр. 11:5).

Эти два светильника будут убиты Врагом и оставлены посреди Иерусалима, но через три дня они воскреснут и на глазах всего города вознесутся на небо (Откр. 11:11).

И точно так же, как и эти «два светильника», физически оживут все другие верующие в Иисуса.

«И увидел я престолы и сидящих на них, которым дано было судить, и *души* обезглавленных за свидетельство Иисуса и за слово Божие, которые не поклонились зверю, ни образу его, и не приняли на чело свое и на руку свою. Они ожили и царствовали со Христом тысячу лет» (Откр. 20:4).

Как же связаны между собой эти два текста— «Откровение Иоанна Богослова», обещающее *праведникам* и *святым*, соблюдающим закон, фантастическое могущество и *физическое воскресение* — и «Деяния Иоанна», обещающие это же самое могущество городским преторам, просвещенным богачам и даже обратившимся киникам — но физического воскресения уже не обещающие?

Мы легко можем предположить, что община «Деяний» является результатом эволюции общины «Откровения» и что эволюция эта особенно стремительно пошла после Иудейской войны.

До Иудейской войны сторонники Иоанна проповедовали только иудеям (как на арамейском, так и на греческом — мы не должны забывать, что в Азии многие иудеи арамейским просто уже не владели) и фанатически соблюдали закон. Именно соблюдение закона и превращало их в богочеловеков, нисходящих на землю с небесной скинии. После Иудейской войны они проповедовали и язычникам, тем более что иудеи после громкого краха предприятия ангелов, вероятно, не все были расположены слушать их.

До Иудейской войны они преследовали «синагогу Сатаны» и ее пророка Валаама. После нее они поняли все преимущества валаамового подхода.

До Иудейской войны община жила ожиданием немедленного *физического* триумфа, и хотя она знала о пребывании душ праведников на небе, это пребывание носило исключительно кратковременный характер. «Царство *мира* соделалось Царством Господа Нашего и Христа его и будет царствовать во веки веков», — обещала она (Откр. 11:15).

После войны вдруг оказалось, что Царство Господа находится не в мире, а вне его. *Спасать надо не мир — спасаться надо от мира.*

Но одна ключевая деталь осталась в теологии этой общины неизменной. Она по-прежнему обещала смертным научить их становиться богами. Она по-прежнему обещала им невиданную силу и власть. Она по-прежнему обещала им престолы на небе. Она по-прежнему обещала им возможность становиться Христами. «Ибо когда ты слышишь меня, ты, услышав, станешь как я, а я стану тем, кем я был» (Деян. Ин. 100:5)*.

Paul vs John

Как мы уже говорили, «Деяния Иоанна» явно написаны в пику «Деяниям апостолов». Автор «Деяний Иоанна» прочел текст нашего условного Луки (напомним, что Евангелие от

* Дальше следует чрезвычайно испорченный кусок текста, который, возможно, содержит фразу: «От меня ты тот, кто я есть». — *Прим. авт.*

Луки и «Деяния апостолов» написаны одним и тем же автором) и возмутился: все было не так!

Ученик Павла Лука говорит, что христианскую общину в Эфесе основал апостол Павел. «Нет, — возражает автор «Деяний Иоанна», — ее основал Иоанн».

Лука говорит, что в друзьях у Павла были «азиархи» (Ασιάρχης), то есть начальники города Эфеса и провинции Азии. «Нет, городские власти были учениками Иоанна!» — возражает автор «Деяний Иоанна».

Лука рассказывает, что люди излечивались от хворей, касаясь одежды Павла (Деян. 19:12). «Нет, — возражает автор «Деяний Иоанна», — люди излечивались, касаясь одежды Иоанна!» Лука рассказывает, что Павел обратил великое множество людей «не только в Эфесе, но почти во всей Асии» (Деян. 19:26). «Нет, — возражает автор «Деяний Иоанна», — Азию и Эфес обратил Иоанн».

Лука рассказывает про мятеж, который произошел против Павла, когда ремесленники, зарабатывавшие на жизнь изготовлением статуэток Артемиды Эфесской, возмутились против Павла и притащили его учеников в городской театр, где чуть не убили.

Рассказ Луки невольно представляет Павла в невыгодном свете. Оказывается, этот могущественный чародей, который излечивал одним наложением рук и был на короткой ноге со всеми городскими начальниками, вдруг, вместо того чтобы самолично явиться в театр и продемонстрировать свое целительское искусство на глазах всей толпы, — куда-то спрятался, и только покровительство «азиархов» спасло его шкуру.

Рассказ «Деяний Иоанна» — прямая полемика с Лукой. Если у Луки городской театр служит местом позора Павла, то у автора «Деяний Иоанна» городской театр служит местом апофеоза Иоанна. Он собирает в театр всех больных и излечивает их. И более того: он после этого обрушивает храм той самой Артемиды, от которой позорно спрятался Павел.

Трудно не заподозрить, что эпизод с обрушением храма Артемиды — это не столько полемика с язычниками, сколько камень в огород того, кто в «Откровении» Иоанна называется «пророком Валаамом» и основателем «синагоги Сатаны». Первоначальная причина конфликта между двумя эфесскими христианскими общинами осталась далеко в прошлом — иудейский закон они не соблюдают обе, но организационное соперничество продолжалось. Ложечки нашлись, но осадок остался.

Но и это еще не все. Потому что у Луки в «Деяниях апостолов» есть поразительная сценка с «семью сынами первосвященника Скевы».

Лука рассказывает нам — ни более, ни менее, — что после того, как учение Павла побило все кассовые сборы и имело сумасшедший успех, у него явились подражатели из иудеев. Какие-то «семь сынов иудейского первосвященника Скевы» тоже начали именем Иисуса изгонять бесноватых, но потерпели на этом поприще сокрушительное поражение. Изгоняемый бесноватый набросился на них и отделал их кулаками со словами: «Иисуса знаю, и Павел мне известен, а вы кто?» (Деян. 19:15).

Эти «семь сынов иудейского первосвященника Скевы» впоследствии приводили христианских библеистов в отчаяние. Этот текст объявлялся анекдотом, который не представляет «никакого религиозного или личного интереса»[67], «профанным анекдотом»[68], «профанным бурлеском»[69], «легендой и шуткой»[70] и «совершенно невразумительной историей»[71].

Действительно, с точки зрения ортодоксальной библеистики история выглядит совершенно абсурдно. Какой такой «иудейский первосвященник» Скева?

Официальная история не знает такого первосвященника. Что этот «первосвященник» делал в Эфесе? Откуда у него было целых семь сынов? И вообще, самое главное — учение Иисуса был маленький ручеек, никому не известный, который только потом разлился в могучую реку, — с какой стати «иудейскому первосвященнику», да еще и его семи сынам, пытаться изгонять бесов именем Иисуса?

Реальная историческая картина Иисуса, которого проповедовала могущественная «четвертая секта», позволяет нам легко ответить на этот вопрос.

Перед нами — очередной эпизод соперничества между общинами Павла и Иоанна в Эфесе. «Иудейский первосвященник», который в какой-то момент получил странное имя «Скева», — это не кто иной, как Иоанн со своим *петалоном*, на котором было начертано имя Бога. А его «семь сынов» — это, скорее всего, «семь ангелов», семь светильников, семь маслин, семь глав семи азиатских церквей: Эфеса, Пергама, Сард, Филадельфии, Лаодикеи, Смирны и Тиатиры.

«Откровение» утверждает, что эти «ангелы» обладают невероятным могуществом: это они выливают чаши гнева Божия на землю и приходят из небесной скинии на облаках. Они имеют звезду утреннюю и сидят на престолах на небе, и, более того, они владеют священным *именем*. Именно это *имя* и позволяет им совершать чудеса. «И напишу на нем Имя Бога Моего… и Имя Мое новое» (Откр. 3:12).

Лука, в пику «Откровению», рассказывает нам совсем другую историю. Эти клоуны, эти семь «ангелов», эти «семь сынов первосвященника», только претендовали на то, что у них есть *имя*. Но на самом деле они потерпели сокрушительное поражение. Они были избиты, раздеты и выкинуты из дома первым попавшимся бесом: «Иисуса знаю, и Павел мне известен, а вы кто?»

В «Откровении Иоанна Богослова» Иоанн сообщает, что община верующих в Эфесе расколота. В ней есть настоящий епископ, ангел, вождь, поставленный Иоанном, который много «трудился *для имени Моего*» (Откр. 2:3). И в ней есть Лжец. Этого Лжеца настоящий глава Эфесской общины на дух не переносит: «Ты не можешь сносить развратных, и ты испытал тех, которые называют себя апостолами, а они не таковы, и нашел, что Лжецы» (Откр. 2:2).

Ученик Павла Лука полемизирует с «Откровением». Никакой Павел не Лжец, — говорит он, а основатель христианской общины в Эфесе. А вот кто были Лжецы — так это «семь сынов первосвященника», которые пытались именем Иисуса изгнать бесов, но не смогли.

Теология

Итак, эфесская христианская община, основанная Иоанном, еще в начале II в. н.э. отличалась от общины, которую основал Павел.

Это обстоятельство снова противоречит идее «маленького ручейка». Мы можем считать преувеличением все, что угодно: рассказы «Деяний Иоанна» о повальных обращениях преторов; утверждение канонических «Деяний» о том, что проповеди Павла услышали «все жители Асии».

Но мы не можем считать преувеличением утверждение, что в городе Эфесе еще в 50-е гг. I в. н.э. было целых две общины, исповедовавших Христа, и они взаимно называли друг друга Лжецами и синагогою Сатаны, — и притом деятельность их была достаточно заметна для того, чтобы местные ремесленники устроили погром против по крайней мере одной из них.

К концу I в. теология этих общин кардинально отличалась друг от друга. Одна из них — община Павла — считала, что Иисус Христос принес себя в жертву за все человечество. Он физически умер и физически воскрес.

Другая полагала, что Иисус не умирал и не воскресал. В то время как непосвященные видели его мучающимся на кресте, он на Елеонской горе беседовал с Иоанном.

Он был Бог и не мог умереть. Он пришел не для того, чтобы искупить грех. Он пришел, чтобы дать людям знание. А его страдание заключалось не в том, что он пострадал на кресте, а в том, что он — Бог, вышний дух, спустился в этот мир тлена и плоти.

«Ты слышишь, что я страдал, но я не страдал; что я не страдал — но я страдал, я был пронзён, но я не был убит, повешен и не повешен, кровь текла из меня и не текла, и я не страдал от того, о чем они говорят, и страдал от того, о чем они не говорят» (Деян. Ин. 101:6–9).

Отличались эти общины и ритуалами. Эфесская община последователей Павла крестилась водой, а причащалась хлебом и «кровью Христовой». Этот способ причастия передал ей апостол Павел, а ему, в свою очередь, сообщил об этом лично Иисус (1 Кор. 11:23–25).

Но, согласно «Деяниям Иоанна», Иисус во время Тайной вечери никого не причащал! Вместо этого он провел совсем другой ритуал: Он собрал учеников и сплясал с ними пляску Плеромы.

Таким образом, община «Деяний Иоанна» не знала ритуала *причастия* в том виде, в котором его знает община Павла. Вместо этого она знала исступленную экстатическую пляску во имя Христа, так похожую на исступленную пляску царя Давида и на пляску участников восточных культов — Аттиса или Диониса.

Отличалась община «Деяний Иоанна» и от общины «Деяний Фомы». Она не знала ритуала *помазания,* являвшегося центральным для общины «Деяний Фомы», и ни в чем не стесняла себя в том, что касается еды и питья, — в отличие опять-таки от Фомы, который «не пил и не ел», то есть не пил вина и не ел мяса.

Итак, ритуалы общины, которая написала «Деяния Иоанна», резко отличались не только от ритуалов последователей Павла, но и от ритуалов «Деяний Фомы».

А теология?

Кое в чем она была схожа.

В обоих рассмотренных нами «Деяниях» Христос — это Бог, а богочеловеки — это Фома и Иоанн. У них есть человеческое тело, но их дух превзошел это тело и соединился с Плеромой; они познали Христа и стали его двойниками, и они способны делегировать наполняющее их *знание* другим людям, в том числе женщинам. Это — то самое мерзкое гендерное равноправие гностицизма, которое так возмущало ортодоксов: в гностических общинах женщины были священниками наравне с мужчинами. «Они осмеливаются учить, вступать в споры, изгонять бесов, обещать исцеление!»[72]

Однако две эти теологии не совсем идентичны.

Они расходятся по важному вопросу, а именно по вопросу физической составляющей Иисуса Христа.

«Деяния Иоанна» считают, что тела у Христа не было вовсе: Христос был надмирный дух, принявший облик человека. Напротив, «Деяния Фомы» полагают, что тело у Христа было, и это тело было не что иное, как тело Иуды Фомы! Надмирный дух не принял облик человека, а надел на себя физическое тело человека, как рубашку. Сначала он надел тело Иисуса, а потом — тело Иуды.

Обе теологии являются гностическими. Но это две различных разновидности гностицизма, гностицизм 2.0 и гностицизм 1.0, если угодно.

Итак, мы видим довольно странную картину.

Мы видим две общины последователей Иисуса, разделенные всем: расстоянием, языками, политическим положением. Иоанн проповедует в грекоговорящих городах римской провинции Азия. Иуда Фома — в сирийской Месопотамии.

Иоанн живет в Римской империи, где власти преследуют христианских *гоисов*. Иуда Фома — за ее пределами, в землях царей, которые терпимо относятся к *назореям* или даже поддерживают их. Обе общины — по крайней мере, к моменту написания «Деяний» — существенно расходятся в ритуалах. Фома ничего не знает об экстатических групповых плясках во имя Христа, Иоанн ничего не знает об ограничениях в еде.

Однако при этом обе общины исповедуют гностические разновидности христианства. Их Христос не рождался и не умирал. Он пришел на землю, чтобы подарить людям знание. Это было знание о том, как самим становиться Христами.

Если две разошедшиеся друг от друга биологические популяции имеют общие гены, то разумно предположить, что этот общий ген мог быть унаследован ими от единого, общего предка. Но как тогда совместить это с утверждением ортодоксов о том, что их вера была сначала, а «лжеименный гнозис» — потом?

Реальная биография

Итак, что мы можем сказать о реальном апостоле Иоанне — не мифической фигуре, переработанной и дополненной, встроенной впоследствии, как один из камней, в основание ортодоксальной церкви, а о реальном ученике Иисуса, из плоти и крови?

Довольно много.

Это был могущественный *гоис*, проповедовавший в синагогах римской провинции Азия.

Он носил *петалон* и претендовал на статус Первосвященника, как и глава всей назорейской общины Иаков Праведник. Мы не знаем, к сожалению, каковы были отношения между ним и Иаковом.

Он *запечатывал* людей и учил их становиться царями и священниками Богу нашему. Он фанатически соблюдал закон и утверждал, что на Страшном суде спасутся только сто сорок четыре тысячи *запечатанных. Запечатывание* было не просто крещение, но и магическая церемония, которая сообщала прошедшему ее неуязвимость. Она выполняла ту же функцию, что *мета* в «Дамасском документе».

Как и подобает апостолу, Иоанн подолгу не задерживался на одном месте, но перемещался из города в город, что было довольно-таки рациональной привычкой. Спешно сбежав из города от властей, *гоис* всегда мог потом рассказать, что ангел Господень перенес его за волосы в другой полис.

Как и все христианские *гоисы,* Иоанн сам верил в свое всемогущество. Это было самой сутью, самой сердцевиной его учения. Он был новым Христом. Он был Христом в облике Иоанна. Дух Святой сошел в него, как он сошел в Христа, и даровал ему творить чудеса. Он, Иоанн, мог передать эту возможность своим ученикам. Он мог сделать их царями, священниками и даже ангелами. Они могли выливать чаши гнева Божия на землю и поражать врага огнем из своих уст. И, самое главное, он мог *видеть* Бога.

Главным врагом исторического Иоанна был апостол Павел, которого Иоанн называл Лжецом и Валаамом. Его учеников он называл «Синагогою Сатаны». Ненависть азийских последователей Иоанна к Павлу была так сильна, что в «Деяниях апостолов» специально упоминается, что в Иерусалиме на Павла напали именно *«асийские евреи»*. Именно они окружили его, крича, что он «осквернил святое место сие» (Деян. 21:28).

Основным разногласием между Павлом и Иоанном был вопрос о соблюдении закона Моисеева. Павел утверждал, что закон соблюдать не надо: «Все, что продается на рынке, ешьте без всякого исследования». Для реального, исторического Иоанна Павел был «Валаам, который научил Валака ввести в соблазн сынов Израилевых, чтобы они ели идоложертвенное» (Откр. 2:14).

Павел учил, что Иисус пришел отменить закон. Он принес себя в жертву ради искупления первородного греха всего человечества.

Для любимого ученика и Первосвященника Иоанна это утверждение было анафема. Его Иисус пришел не *спасти* язычников, а *уничтожить* их и подарить новую землю и новое небо только тем, кто веруют в Иисуса.

Это были вполне материальные новое небо и новое земля, но Иисус, сотворивший их, разумеется, не был просто человеком, хотя бы и чудесно воскресшим. Он был Второй Властью в Небе: он записывал имена людей в книгу жизни, как позднее в иудаизме Метатрон (Откр. 21:27), престол Бога был «престол Бога и Агнца» (Откр. 22:1), и описание Иисуса в «Откровении» было описание Божества:

«И *увидел* я отверстое небо, и вот конь белый, и сидящий на нем называется Верный и Истинный, Который праведно судит и воинствует. Очи у Него как пламень огненный, и на голове Его много диадим. Он имел имя написанное, которого никто не знал, кроме Его Самого. Он был облечен в одежду, обагренную кровью. Имя Ему: «Слово Божие». И воинства небесные следовали за Ним на конях белых, облеченные в виссон белый и чистый. Из уст же Его исходит острый меч, чтобы им поражать народы. Он пасет их жезлом железным; Он топчет точило вина ярости и гнева Бога Вседержителя. На одежде и на бедре Его написано имя: «Царь царей и Господь господствующих»» (Откр. 19:11–16).

Любимый ученик Иоанн вряд ли дожил до 100-го и даже до 80-го года. Во всяком случае, епископ Иераполя Папий, писавший около 100 г. н.э., уже расспрашивал о словах Иоанна из вторых уст.

Он не писал «Евангелия от Иоанна», и Домициан не варил его в кипящем котле. Скорее всего, он умер еще до Иудейской войны, и именно поэтому смерть его была совершенно мирной. После войны основанная им в Эфесе община радикально переосмыслила его месседж. Она начала проповедовать не только евреям, но и язычникам. Однако она по-прежнему враждовала с общиной, основанной в Эфесе Павлом, и категорически отрицала тот факт, что Иисус Христос умер за грехи человечества. Она считала, что Христос вообще не умирал, а пришел затем, чтобы принести людям знание. Это было знание о том, как самим становиться Христами.

ГЛАВА 5
Как черт построил апостолу Филиппу церковь

Мы рассмотрели биографии двух учеников Иисуса: Иуды Близнеца и апостола Иоанна.

Разумеется, эти биографии были не так достоверны, как «Жизнеописания» Плутарха. Тем не менее мы могли заключить из них несколько вещей. Они скорее живописуют процветающее и бурно развивающееся учение, нежели «тонкий и незаметный ручеек». Это учение уже в 40-е гг. разделено на множество сект, различающихся по целому спектру вопросов и в том числе — по вопросу сотрудничества с властями. Это учение развивается не только внутри Римской империи, но и вне, причем, если судить по «Деяниям Фомы», именно за ее пределами оно существенно дольше сохраняет некие ранние особенности и, в частности, церемонию *помазания*, дающую прошедшему ее человеку магическую неуязвимость и даже возможность стать богом.

Мы также обнаружили, что элементы гностицизма присутствовали в самых разных сортах этих сект, то есть могли быть общей чертой, унаследованной от общего предка.

Это поразительное и тревожащее предположение. Ведь протоортодоксальная церковь впоследствии утверждала, что гностицизм суть жуткая ересь и отклонение от истинной веры. Истинная вера была сначала, а ересь — потом.

Но, может быть, это просто ошибка? В конце концов, мы рассмотрели всего две биографии, и обе они мало напоминают достоверные исторические источники. Может быть, мы сделали просто неверную выборку? Может быть, некоторое — и притом далеко неполное — сходство между последователями Иуды Фомы, проповедовавшего «за Евфратом», и последователями Иоанна, проповедовавшего в римской Азии, обусловлено последующим взаимоопылением еретиков, а вовсе не общим предком?

Рассмотрим третью биографию — апостола Филиппа.

Деяния Филиппа

Апостол Филипп известен современному христианину куда хуже Петра или Павла.

Конечно, в римской церкви Св. Апостолов мы можем насладиться висящей над алтарем огромной картиной Муратори, написанной в 1704 г. и изображающей апостолов Иакова и Филиппа, а капелла Строцци во флорентийской церкви Санта-Мария-Новелла замечательно расписана картинами из жизни Филиппа кисти Филиппо Липпи, но все-таки согласимся, что среднестатистической публике апостол Филипп известен куда меньше, чем, к примеру, любимый ученик Иоанн.

Это странно: ведь в Новом Завете Филиппу уделено довольно много места. Апостол Филипп упоминается во всех канонических перечнях апостолов (Мф. 10:3; Мк. 3:18; Лк. 6:14).

Иоанн добавляет новых подробностей: «Филипп был из Вифсаиды, из одного города с Андреем и Петром» (Ин. 1:44). Это Филипп привел к Иисусу Нафанаила, он же будущий апостол Варфоломей (Ин. 1:45).

Филипп, как и Андрей, имя греческое. Это важная подробность. Синоптические Евангелия рисуют учеников Иисуса как неграмотных рыбаков, которые если и знали греческий, то в пиджин-варианте.

Но имя «Филипп» указывает на происхождение как минимум из мелкой буржуазии: это сын каких-то горожан, живущих в эллинизированном местечке и не брезгающих назвать своего сына именем тетрарха Филиппа, во владения которого входила тогда Вифсаида. (Собственно, Филипп-то и даровал Вифсаиде права полиса в 30-х гг., заодно переименовав ее в Юлию, в честь Ливии, жены Октавиана Августа.)

«Евангелие от Иоанна» содержит еще одну важную сценку. Оно сообщает, что когда Иисус пришел в Иерусалим, то говорящие по-гречески евреи, пришедшие в город на Пасху, захотели встретиться с Иисусом и обратились с этой просьбой именно к Филиппу. «Господин! (Κύριε). Нам хочется видеть Иисуса» (Ин. 12:21). Филипп передает эту просьбу Андрею, а потом и самому Иисусу.

Филипп явно выполняет в этой ситуации роль министра иностранных дел, отвечающего за связи с грекоговорящими соотечественниками. Причина, по которой грекоговорящие иудеи не обращаются к Иисусу напрямую, связана, скорее всего, просто с тем, что они не говорят по-арамейски, в то время как Филипп владеет обоими языками.

Эта мелкая зарисовка — возможно, подлинная именно из-за своей незначительности — снова противоречит идее «маленького ручейка». Иисус явно был важной птицей, если евреи, пришедшие в Иерусалим из-за пределов Палестины и не знавшие арамейского, тем не менее хотели его видеть.

Строго говоря, имя «Филипп» прилагается в Новом Завете к двум несколько отличающимся персонажам. Один Филипп — это апостол с греческим именем из Юлии/Вифсаиды, очевидно, служащий толмачом при общении Иисуса с грекоговорящими. Другого Филиппа Лука изображает завхозом. В «Деяниях апостолов» он сообщает, что после того, как число последователей Иисуса чрезвычайно умножилось, апостолы выделили из своей среды семь *диаконов*, чтобы следить за хозяйством. Одним из этих диаконов и был Филипп (Деян. 6:5).

Из-за этого некоторые исследователи считают, что в ранней общине было два Филиппа — один апостол, другой диакон. Если относиться к тексту Луки как к боговдохновенному, тогда, конечно, да. Но мы уже имели случай заметить в предыдущей книге, что автор канонических «Деяний» занимается самым бессовестным агитпропом, и сцена избрания семи диаконов есть не что иное, как пропагандистский ход, призванный вычеркнуть из истории церкви ее единоличного главу — Иакова, брата Господня.

Мы можем заподозрить, что грекоговорящий Филипп в ранней общине был-таки один, а Лука разжаловал его из апостолов в диаконы по какой-то важной для него причине.

И действительно, дальше этот диакон Филипп ведет себя в «Деяниях апостолов» совершенно как апостол. Он приходит в «город Самарийский», совершает в нем чудеса и проповедует Христа (Деян. 8:5). По наводке ангела Божия он обращает в христианство высокопоставленного евнуха, приближенного эфиопской царицы Кандакии (Деян. 8:38), после чего исчезает прямо на глазах изумленного евнуха, будучи мгновенно телепортирован ангелом в Ашдод (Деян. 8:40). (Заботу ангела о крещении евнуха несложно понять: высокопоставленные евнухи, тем более из свиты цариц, на дороге не валяются.)

Но самое главное, что среди обращенных Филиппом оказывается не кто иной, как Симон Волхв, который, как мы уже говорили, есть второе агрегатное состояние апостола Павла. Он «уверовал и… крестившись, не отходил от Филиппа» (Деян. 8:13).

Таким образом, мы имеем в «Деяниях апостолов» две сцены обращения. В одной из них Христос обращает Павла. В другой Филипп обращает Симона Волхва. Нетрудно заметить, что перед нами одна и та же история, только рассказанная два раза. Один раз — со слов апостола Павла, который утверждал, что его обратил сам Христос. Другой раз — со слов врагов Симона Волхва, которые настаивали, что его крестил всего лишь Филипп.

Особую связь с Филиппом Павел сохраняет и потом. Во время своей последней и едва не ставшей для него роковой поездки в Иерусалим он, приплыв в Кесарию, останавливается в доме Филиппа. «А на другой день Павел и мы, бывшие с ним, выйдя, пришли в Кесарию и, войдя в дом Филиппа Евангелиста, одного из семи диаконов, остались у него» (Деян. 21:8).

Если это правда (а мотива врать в данном случае у Луки нет никакого), то получается, что не все апостолы Иисуса относились к Павлу так плохо, как Иаков с Петром. С грекоговорящим апостолом Филиппом у Павла/Симона не было никаких проблем — он даже останавливался у Филиппа перед своей поездкой на суд к Иакову.

А вот зато у Иакова и Петра были претензии не только к Павлу, но и, возможно, к Филиппу! Во всяком случае, Лука рассказывает о том, как апостолы, остававшиеся в Иерусалиме, услышав о проповеднической деятельности Филиппа, послали к нему Петра и Иоанна. По версии Луки, они сделали это, чтобы передать ему Дух Святой: «Ибо Он не сходил еще ни на одного из них, а только были они крещены во имя Господа Иисуса» (Деян. 8:16).

Иначе говоря, несмотря на совершаемые Филиппом чудеса, обращенного богатого евнуха, мгновенные перемещения в пространстве, etc., Иерусалимский ЦК партии счел необходимым отправить к Филиппу комиссара, чтобы исправить некоторые его идейные недочеты.

Люди, чьи тексты потом легли в основу ортодоксального христианства, сообщают нам о Филиппе еще более необычные вещи. Так, Лука повествует дальше, что у Филиппа «были четыре дочери, девицы пророчествующие» (Деян. 21:9).

На первый взгляд в этом утверждении нет ничего странного: ну дочери, ну пророчествуют, ну да, ранние христиане впадали на собраниях в экстаз и пророчествовали, — и что?

Но только на первый взгляд. Раннее христианство проповедовало полное плотское воздержание. Так и быть, апостол мог иметь, к примеру, одну дочь. Но четыре!.. Наличие четырех дочерей подразумевало, что апостол плодился, как кролик. Сообщение о четырех дочерях, которые устраивают в доме пророческий гвалт, это на самом деле изумительно тонкий троллинг Филиппа.

Климент Александрийский идет еще дальше: он утверждает, что апостол выдал одну из этих дочерей замуж[1] и что он не был мучеником[2]. Это уже не троллинг, а обвинительное заключение. В раннем христианстве мученичество было необходимой чертой профессиональной квалификации апостола. Уличить апостола в том, что он не был мученик — все равно, что обвинить нобелевского лауреата в подделке университетского диплома.

Утверждение Климента было тем более странным, что, по всем отзывам, Филипп таки мучеником был, а его могила находилась в столице Фригии, Иераполисе.

Почему же Климент позволил себе такой неприличный выпад против апостола самого Христа? Дело в том, что Фригия была центром движения ненавистных Клименту еретиков-монтанистов, которые как раз ссылались на апостольский авторитет Филиппа и его пророчествующих дочерей. Две главные пророчицы монтанистов, Присцилла и Максимилла, сами были женского пола.

Иначе говоря, репутация Филиппа в глазах ортодоксов была подмочена. На него, как на апостолического предшественника, слишком часто ссылались всякие еретики.

Но насколько сильно она была подмочена, стало ясно только после находки в Наг-Хаммади, где среди прочих текстов нашлось гностическое «Евангелие от Филиппа» с высказываниями типа «Ты увидел Христа — ты стал Христом».

Тем не менее Филипп был популярный апостол. И, как и у всякого популярного апостола, у него была своя биография. Она называлась «Деяния Филиппа».

«Деяния Филиппа» не вошли в список канонических книг римской церкви, но были известны во множестве списков и вариантов. В X в. эти «Деяния» переработал православный монах Симеон Метафраст, то есть Переписчик. Симеон выполнял в победившей церкви те же обязанности, что Министерство Правды в «1984» Оруэлла: он адаптировал еретические книги в соответствии с новыми идеологическими реалиями. Труд Метафраста, в свою очередь, попал в «Золотую Легенду» Якоба Ворагина, по мотивам которой и писал свои картины Филиппо Липпи.

В результате к XX в. полный текст «Деяний Филиппа» был утрачен. От них остались лишь разрозненные эпизоды и благочестивые пересказы.

Однако в 1974 г. французские исследователи Франсуа Бовон и Бертран Бувье нашли в библиотеке афонского монастыря Ксенофонтос доселе неизвестный список «Деяний Филиппа».

Он тоже был неполон — какой-то средневековый благочестивый читатель выдрал из нее в негодовании изрядную часть листов.

Однако этот список давал нам, наконец, некоторое представление о биографии апостола Филиппа, так, как ее представляла себе часть христиан.

С этой биографии мы и начнем[3].

Акт первый, или Половник ждет

Деяния Филиппа в *Xenofontos 32* начинаются с того, что апостол творит чудо: он воскрешает сына некоей язычницы. После этого язычница и ее сын становятся его последователями, *праведниками* и *святыми*.

Причина их обращения очень проста. Дело в том, что сын язычницы побывал по ту сторону смерти и собственными глазами увидел участь тех, кто не является последователем Иисуса.

Участь эта ужасна.

Тех, кто утверждает, что Иисус — обманщик, огненными граблями сгребают в костер (Деян. Фил. 1:5). Тех, кто преследует епископов и священников, пытает ангел с пылающим мечом (Деян. Фил. 1:6).

Умерший язычник с содроганием видит юношу, который лежит на раскаленных углях. Внутренности, вытекающие из юноши, обращаются в пожирающих его же огненных змей. Этот негодяй был виноват в том, что смеялся над девственницей, и проклятие этой девственницы настигло за гробом не только его, но и всех его родственников (Деян. Фил. 1:7).

Те, кто клеветали на *праведных*, на том свете кидают друг в друга огнем (Деян. Фил. 1:8). А вот и лысый старик: над ним стоит ангел с половником и капает из этого половника раскаленный огонь на голову грешника, виноватого в неумеренном потреблении вина. Этот грешник напивался, как скот, а напившись, «клеветал на епископов, священников, *евнухов* и девственниц» (Деян. Фил. 1:10).

У ворот Ада юноша встречает пса Кербера, с удовольствием уплетающего печенку живых грешников. Они виноваты в том, что «святотатствовали против священников-мужчин, *священников-женщин, евнухов,* диаконов, *диаконисс* и девственниц, ложно обвиняя их в разврате и прелюбодеянии» (Деян. Фил. 1:12).

И, наконец, уже в самом конце своего путешествия юноша видит изощренную пытку: двое грешников, связанных поспинно друг с другом, жарятся на сковородке, а рядом кипит котел с раскаленным свинцом, и ангел заливает из этого котла свинец им в глотки, так, что негодяи поджариваются сразу и изнутри, и снаружи. Эти люди «делали много зла на земле. Они преследовали невинных и плохо обращались с ними, и презирали их, *считая себя праведниками»* (Деян. Фил. 1:16).

Нетрудно заметить, что наш воскрешенный юноша — это *свидетель*. Рассказ его живо обнажает нам первоначальное значение слова *мартирас/шахид*. Воскрешенный есть свидетель, очевидец в буквальном смысле слова. Он собственными глазами видел Божий Престол и страшные *физические* мучения тех, кто не верит в Христа.

В грандиозной картине, нарисованной нашим свидетелем, обращают на себя внимание две вещи.

Все пытки, которые видит юноша, *уготованы только для тех, кто злословит представителей правильной веры.* Среди пытуемых, которых видит наш *мартирас,* нет ни одного насильника, лжеца, вора или убийцы. На том свете, еще даже больше, чем в «Апокалипсисе Петра», мучают исключительно тех, кто плохо относился к мирной религии Христа, заповедовавшего прощать врагам и любить ближнего.

Во-вторых, христианская община, к которой принадлежит автор «Деяний», сильно отличается от привычной нам. В ней есть не только дьяконы, но и дьяконисcы, и не только девственницы, но и скопцы. А среди пытаемых в аду обнаруживаются еретики, которые считают себя *праведниками,* но при этом клевещут на настоящих праведников, на диаконисс и скопцов. В этом нелестном портрете мы легко узнаем представителей римской ортодоксальной церкви с их рассказами о том, что еретики причащаются семенем и менструальной кровью, едят младенцев и занимаются свальным грехом.

Обратив язычницу и его сына на путь Божий, Филипп приходит в Афины. Там он поступает так же, как Иоанн в Эфесе. Он в промышленных масштабах творит чудеса и категорически требует от местных язычников перестать служить дьяволу, то есть отречься от старых богов. Рассудив, что проверка утверждений Филиппа находится за границами их профессиональной компетентности, философы Эллады обращаются к специалисту, то есть к еврейскому первосвященнику Анании.

Первосвященник Анания — вполне реальный исторический персонаж и, более того, глава целой династии первосвященников, знаменитых своим решительным противостоянием милленаристам. Родоначальник этой династии, первый Анания (в Евангелиях он фигурирует как «Анна»), был «серым кардиналом» Синедриона при казни Иисуса Христа и, возможно, тестем номинального главы Синедриона Каиафы. Его сын, тоже Анания и тоже первосвященник, был тем самым человеком, который послал на казнь Иакова Праведника, брата Иисуса. Трудно сказать, насколько хорошо автор «Деяний Филиппа» помнил о роли рода Анании в преследованиях милленаристов (вообще, с хронологией и историей в этих «Деяниях» не очень), но вряд ли выбор имени был случаен.

Этому-то Анании, которого, как известно, хлебом не корми — дай сбросить с высоты храма Праведника, и приходит из Афин запрос: так и так, пришел человек по имени Филипп, лечит хромых, возвращает зрение слепым, воскрешает мертвых и проповедует некоего царя эонов Христа: что делать?

«Неужели этот *обманщик* добрался до Афин и *прельщает* там философов?» — изумляется Анания. Вместе с пятьюстами солдатами он отправляется в Афины, чтобы забрать Филиппа на суд царя Археля[4]. «Ты колдун и волхв, — говорит он, — я знаю тебя, ибо твой Господь, обманщик, назвал тебя Сыном Грома» (Деян. Фил. 2:9)[5].

Анания пытается схватить Филиппа, но тут же выясняется, что апостол Филипп в совершенстве владеет приемами не только целительской, но и оборонительной магии: Анания слепнет.

Филипп произносит заклинание, и в город Афины с неба в белых одеждах нисходит Христос. Лицо Христа пылает ярче

3. Восток Римской империи IV, н.э.

семи солнц. При появлении Христа афинские идолы — мерзкие скульптуры нечестивого Праксителя и Фидия, отвратительные истуканы, изготовленные Поликлетом и Лисиппом, падают и разбиваются в прах.

Демоны, обитающие в статуях, с визгом разбегаются, и один из них, как это часто приключается с демонами, этими врагами рода человеческого, убивает случившегося у него на пути афинянина.

При виде такой несомненной демонстрации истинности христианского учения о царе эонов афиняне падают перед Филиппом на колени и кричат: «Пощади нас, человек божий!» А пятьсот солдат, приведенных на площадь, чтобы схватить Филиппа, обращаются против своего начальства и просят Филиппа позволить им разорвать Ананию на клочки.

Однако Иисус запретил апостолам отвечать злом на зло.

Поэтому Филипп не только не позволяет новым верующим расправиться с мерзким первосвященником, но и отвечает добром на зло — он возвращает ему зрение.

Однако это благодеяние пропадает втуне. Вместо того, чтобы поблагодарить своего спасителя, неблагодарный Анания кричит: «Ты колдун!» (Деян. Фил. 2:18).

Филипп, естественно, не может оставить этого доброго человека при его заблуждении и позволить ему погубить свою душу.

Он произносит заклинание: «Забартан, сабатабат, брамаух!» Земля раскрывается и поглощает упорствующего первосвященника по колени.

Здесь мы можем заметить в нашем тексте одну любопытную вещь. Сначала нам сообщают, что в результате заклинания, произнесенного Филиппом, в Афины спустился Христос. Именно от этого Христа рассыпались идолы, и лицо Христа сияло ярче тысячи солнц.

Иными словами, наш текст описывает ни более ни менее как второе пришествие. И мы могли бы ожидать, что вслед за появлением Иисуса Христа вся инициатива действия перейдет к нему, а апостолу Филиппу останется лишь лущить семечки да поплевывать.

Однако ничего подобного не происходит. Христос снисходит в Афины и, видимо, скрестив руки, стоит в стороне, в то время как апостол Филипп, заботясь о спасении души иудейского первосвященника, вбивает его заклинаниями в землю.

Из этого легко заключить, что в оригинальном варианте текста Христос спускался с небес в Филиппа. Этот-то исполнившийся Христа Филипп, чье лицо сияло, как тысяча солнц, и попросил первосвященника признать Христа. Но Анания в ответ на это только твердил, как дятел: «Иисус — *гоис*!»

Тогда проповедник религии любви и мира Филипп скомандовал земле: «Поглоти его до пупка» (Деян. Фил. 2:19). Земля раскрылась и поглотила Ананию до пупка. «Покайся и спаси свою душу», — умоляет Филипп. «Я не буду побежден волхвованием!» — отвечает первосвященник.

Желая непременно-таки спасти своего врага, Филипп произносит новое заклинание, и земля проглатывает первосвященника по самую шею. Правую пятку Анании лижут языки ада, левую охватывает ледяной холод, и бесы, собравшиеся под землей, с радостным воем тянут его вниз, — и в эту-то минуту на площадь прибегает знатный афинянин, чей сын был убит тем самым демоном, который сбежал из статуи, повергнутой Иисусом. С собой он тащит труп сына.

«Если я оживлю его, уверуешь ли ты?» — спрашивает Филипп Ананию, давая ему последний шанс.

«Нет, не уверую! — гремит погруженный по шею Анания. — Ты оживишь его колдовством».

Этот ответ переполняют чашу терпения апостола мира и добра. «Кататема!» — гремит Филипп. То есть иди в бездну! Первосвященника поглощает бездна, Филипп воскрешает убитого афинянина, и при виде этих несомненных чудес жители Афин принимают печать крещения.

«И Филипп оставался два года в Афинах и основал церковь и рукоположил епископа и пресвитера, и отправился проповедовать в Парфию» (Деян. Фил. 2:24).

Обычаи общины Филиппа: вегетарианки в никабах

Как мы уже говорили, любое популярное у христиан сочинение характеризовалось обилием сиквелов. Приключения апостолов, как популярный сериал, тянулись много сезонов. Любимые сюжеты повторялись еще и еще. Приключения Филиппа представляют собой именно такой, растянутый на множество сезонов сериал.

Апостол Филипп посещает в них то Афины, то Ашдод, то Карфаген, то Парфию.

Филипп учит о необходимости раздать богатства, и его община является исключительно вегетарианской. Она не ест мяса и не пьет вина (Деян. Фил. 5:26). Он также учит умерщвлению плоти и абсолютному безбрачию. «Умерщвление плоти есть подарок душе» (Деян. Фил. 3:17). «Не делай зла и расстанься с женой» — так кратко суммирует Филипп свое учение (Деян. Фил. 5:8).

Филипп *запечатывает* (в смысле крестит) людей, и они «возносятся вверх к своей собственной сущности» (Деян. Фил. 3:18). Мы «сограждане высот и родичи света», — говорит Филипп (Деян. Фил. 4:3). Как и всякий *святой,* которому доступно истинное знание о природе человека и бога, Филипп умеет творить чудеса.

Когда Филипп плывет морем в Ашдод, он успокаивает заклинанием бурю, и изумленные рыбаки видят, как рыбы морских глубин и чудовища поклоняются сияющему над волнами кресту. Разумеется, все эти добрые люди тут же делаются христианами.

В Ашдоде Филипп излечивает Харитину, дочь вельможи. Она надевает мужскую одежду и начинает следовать за апостолом (Деян. Фил. 3:6).

В иудейском городе Никатера Филипп обращает в свою веру его главного олигарха Ирея. Ирей передает все свои богатства Филиппу и отказывается от секса с женой. «Сними с себя златотканые одежды и надень одежды бессмертия», — объясняет ей Ирей (Деян. Фил. 5:14).

Жена и дочь Ирея принимают веру Филиппа. Они снимают с себя вышеупомянутые одежды и надевают никаб, который полностью закутывает их, оставляя видными только глаза. «И их одеяния были пристойными, и никакая часть их тела не была на виду, не считая глаз» (Деян. Фил. 5:23).

Это преображение женщин позволяет им увидеть настоящую суть Филиппа. Филипп преображается в их присутствии, как Христос на горе Фавор. Он сияет ослепительным светом, и новообращенные даже не могут подойти к нему (Деян. Фил. 5:22).

Апостол Филипп признает пророков и строит в городе Никатере *синагогу* во имя Христа (Деян. Фил. 7:2).

Город Офиорима

Последний — и самый интересный — сезон сериала об апостоле Филиппе связан с путешествием Филиппа в город Офиориму, то есть — Город змей.

Каждый обитатель этого страшного города носит на своих плечах змею, которая кусает любого встреченного ей чужеземца. Такой странный выбор домашних животных (непременно змея на плечах) напоминает нам о персидском воплощении Аримана — Захаке. В эпосе Фирдоуси «Шахнаме» страшный правитель Захак тоже имеет на своих плечах по две змеи, питающиеся человеческими мозгами.

Вход в Офиориму стерегут два огромных дракона. Они пожирают всех, кто пытается принести в этот город месседж мира и добра. В условия квеста, данного Филиппу, входит уничтожение этих змей — аватаров и отпрысков Сатаны.

Тут надо сказать, что могила св. Филиппа находилась в столице Фригии Иераполисе, и так как Иераполис был центром культа Атаргатис/Кибелы, изображавшейся иногда со змеями в руках, Офиориму начали ассоциировать именно с Иераполисом.

Однако нетрудно также заметить, что Офиорима — это больше, чем просто город. Это — весь материальный мир. Мир — это страшный город, ворота которого стерегут драконы и жители которого носят на своих плечах отвратительных змей, готовых жалить любого посланца добра и мира. Против этих змей у Иисуса есть важное средство: «Если они поднимут свои головы, осените их знаком Монады» (Деян. Фил. 8:7).

Так как город Офиорима — нелегкий объект, то для надежности Иисус посылает Филиппа не в одиночку. Он снаряжает туда целую штурмовую группу апостолов. Вместе с Филиппом он отправляет апостола Варфоломея и, что гораздо важнее, *апостола Мариамну*.

Ортодоксальное христианство не признавало женщин-апостолов.

Не то что община, которую представляет Филипп. Мариамна в этом тексте предстает как женский двойник Филиппа, Слава Божия, земное воплощение гностической Софии. Она крестит женщин, пока он крестит мужчин. Она одевается в мужскую одежду.

Более того, Иисус, напутствуя Мариамну на трудный поход, ставит ее выше Филиппа. Он говорит, что Филипп гневлив и что Мариамна должна служить ему уздечкой.

«Женский способ мышления вошел в Филиппа, но мужской и мужественный способ мышления вошел в тебя», — говорит Иисус (Деян. Фил. 8:3).

Эта высокая роль женщины типична для гностиков. Женщина для них — исключительно амбивалентное существо. Это и греховный сосуд, который подвергает искушению плоть, и символ верховной благодати, отблеск и земное воплощение Софии. У гностиков все высшие эоны имеют свои женские половины, которые находятся с ними в *сизигии*, то есть платоническом брачном союзе. Ильдабаоф-Сатана не имеет этой женской противофазы, и именно поэтому он ущербен и ограничен.

Этот же высокий статус женщины отражался в гностических Евангелиях. Все ортодоксальные Евангелия написаны от лица мужчин. У гностиков было Евангелие от Марии Магдалины, которое начиналось с того, что апостол Петр просил Марию Магдалину рассказать братьям о Спасителе то, что знала она одна:

«Сестра, мы знаем, что Спаситель любил тебя больше, чем остальных женщин. Скажи нам слова Спасителя, которые ты помнишь — которые ты знаешь, а мы не знаем и не слышали их»[6].

То же самое высокое представление о Марии Магдалине сохраняет «Евангелие от Филиппа». Более того, оно утверждает, что Мария Магдалина была *парой* Христа.

«Пара Христа — это Мариам Магдалина. [Господь] любил Мариам больше, чем [всех остальных] учеников, [и он] часто целовал ее в [уста][7].

Как несложно заметить, Мариамна, которую Христос после смерти дает в спутницы Филиппу и которую он нарекает его сестрой, — это та самая Мариамна/Мариам/Мария, которую Иисус любил больше других учеников и часто целовал в уста. Учитывая двусмысленность и запутанность гностических брачных метафор (которые, собственно, и давали ортодоксам повод для злобных перетолкований), Филипп в такой версии приходится Иисусу то ли шурином, то ли, если подозревать самое худшее, — новым супругом овдовевшей после смерти Иисуса Мариамны.

По пути в Город змей с апостолами случается необыкновенное происшествие: к ним прибегает говорящий леопард.

Этот леопард только что украл из стада козленка. Он уже совсем было хотел его съесть, как вдруг козленок заговорил человечьим голосом. Козленок упрекнул его в том, что, вот, мол, мимо скоро будут проходить апостолы Христа, а он, леопард, по-прежнему ест кровавое мясо.

Пораженный леопард отпустил козленка и поспешил навстречу апостолам. «Где козленок?» — сурово спрашивает Филипп. «Вон, под деревом». Филипп исцеляет козленка, и тот, вместе с леопардом, становится его спутником. Отныне оба животных питаются тем же, что и Филипп: то есть водой и хлебом.

Перед нами типичная гностическая метафора о преодолении человеком своей животной природы. Апостол Филипп просветил какого-то козла, который был скот-скотом, и сделал его человеком. Заодно она напоминает нам о пророчестве Исайи, согласно которому по пришествии Мессии «барс будет лежать вместе с козленком» (Исайя. 11:6).

Следующее приключение этого теологического квеста оказывается менее приятным: апостолы встречаются с Сыном Сатаны. Начинается землетрясение, свистит ветер, и из груды камней, наваленных друг на друга, вылезает дракон в сопровождении сорока девяти гигантских змей, которые бессчетное количество эонов губили в этом месте путников.

Положение апостолов ввиду такого тактического перевеса сил кажется безнадежным, но у них имеется оружие массового поражения — молитва. Филипп произносит имя Христа, и великий дракон не только оказывается бессилен причинить ему какой-либо вред, но и рассказывает всю свою биографию.

Он со своими спутниками — это те самые пятьдесят змей, которых в Египте пожрал жезл Моисея. Он — тот, кто совратил Еву, науськал Каина на убийство Адама и совратил ангелов красотой человеческих дочерей, от какого союза и пошли Стражи (Деян. Фил. 11:3).

Этот же самый Сын Сатаны, если читатели помнят, уже встречался апостолу Фоме: и апостол раздраконил его на мелкие кусочки. Мы вправе были бы ожидать, что Филипп тоже убьет Сына Сатаны.

Но в нашем тексте дело принимает удивительный оборот. Сын Сатаны просит его пощадить, мотивируя это тем, что он со своими коллегами, помимо всего прочего, служил Соломону и построил по его приказу Храм в Иерусалиме. Так же, как и Соломону, он готов служить Филиппу.

Сын Сатаны предлагает Филиппу построить в шесть дней церковь Христову (иногда «церковь» в этом греческом тексте называется «синагога», а иногда «экклесия»), и Филипп бестрепетно соглашается на этот странный эксперимент.

Царь Соломон, владыка духов

История о царе Соломоне, который построил Храм с помощью покорных ему духов, обычно ассоциируется с исламом: ее рассказывает Коран (34, 13), и именно в арабских сказках она стала изумительно популярной.

История эта на первый взгляд не имеет никаких древних корней. В самом деле, Библия подробно описывает строительство Соломоном храма и нигде не упоминает о помогавших ему духах.

Подробный рассказ о том, как царь Соломон (или, как правильней в оригинале, Шломо) строил храм, содержится в Третьей книге Царств, которая вместе с тремя другими книгами Царств, книгой Иисуса Навина и книгой Судей составляет так называемую «Девтерономическую историю».

Эта группа книг называется так потому, что все эти шесть книг написаны одним и тем же человеком, или, в крайнем случае, группой единомышленников. Ричард Эллиот Фридман даже считал, что мы знаем имя этого человека и что это не кто иной, как пророк Иеремия[8].

Несмотря на то, что впоследствии Фридман несколько поменял свою точку зрения и стал говорить об Иеремии как о вдохновителе текста, первоначальная гипотеза Фридмана, на мой взгляд, обладает наибольшей привлекательностью по той простой причине, что связные литературно-исторические тексты, обладающие колоссальной степенью лексической и теологической когерентности, редко пишутся безликими коллективами. Книги, как и историю, творят личности, а не массы.

Так или иначе, мы можем быть уверены, что Девтерономист жил в VII—VI вв. до н.э. и был одним из самых радикальных монотеистов, чьи тексты вошли в состав Библии. Более того, он был одним из создателей и идеологов иудейского монотеизма.

И вот — ни о каких духах при царе Шломо этот ранний автор, живший всего через триста лет после своего героя, не упоминает. Вместо этого Девтерономист подробно перечисляет соседних, вполне мирских владык, которые одаряли царя Соломона просто потому, что были восхищены его мудростью.

Так, он сообщает, что Хирам, царь Тирский, послал ему сто двадцать талантов золота и кедр и кипарис (3 Цар. 9:11–14). Царица Савская в восхищении от мудрости Соломона подарила ему «сто двадцать талантов золота и великое множество благовоний и драгоценные камни» (3 Цар. 10:10). И все цари на земле «подносили ему, каждый от себя, в дар: сосуды серебряные и сосуды золотые, и одежды, и оружие, и благовония, коней и мулов, каждый год» (3 Цар. 10:25).

Кроме этого золотого дождя, просыпавшегося на Соломона благодаря его *мудрости*, царь, если верить Девтерономисту, был исключительно удачен в экономических предприятиях.

Вместе с царем Хирамом он снарядил корабль из Ецион-Гавера на Красном море, и этот корабль привез ему из Офира 420 талантов золота (3 Цар. 9:29). В три года раз приходил фарсисский корабль, «привозивший золото и серебро, и слоновую кость, и павлинов» (3 Цар. 10:22). А всего в золоте, которое приходило царю Соломону в каждый год, весу было шестьсот шестьдесят шесть талантов, а «серебро во дни соломоновы считалось ни за что» (3 Цар. 10:21).

Таким образом, канонический текст Библии рисует нам исключительно реалистичный портрет удачливого царя, стяжавшего огромные богатства без всяких сверхъестественных способностей.

Однако апокрифические иудейские источники рисуют нам иную картину. Так, текст под названием «Завещание Соломона» рассказывает радикально другую версию происхождения богатства Соломона. Никаких царей, цариц и торговых кораблей из Ецион-Гавера в нем нет. Согласно «Завещанию Соломона» фантастическое богатство Соломона имело и фантастическое же происхождение.

Царь Соломон ни более ни менее как получил от архангела Михаила кольцо, дававшее ему силу над духами подземными и небесными. Эти-то духи и построили ему Храм. А чтобы властвовать над ними, Соломону нужна была *печать*.

«Завещание Соломона» в своем нынешнем виде оформилось довольно поздно: во II—III вв. н.э. Однако многие его части, и особенно 18-я глава, датируются куда раньше: Тодд Клутц датирует их I—II вв. до н.э.[9].

Эта 18-я глава представляет собой что-то вроде древнего магического учебника — определителя болезней.

Современному врачу, чтобы вылечить болезнь, надо: а) знать ее название, б) знать название лекарства, которое против нее помогает.

Примерно по той же схеме работает процесс излечения и в 18-й главе «Завещания Соломона», с той только разницей, что в ней исцелителю для излечения надо знать: а) имя стихийного духа, который вызвал болезнь, и б) имя ангела, который помогает против этого духа.

Всего этих стихийных злых духов 36. В 18-й главе Соломон допрашивает каждого из них, чтобы выяснить, за какую болезнь тот отвечает. «Апокрифон Иоанна», как мы помним, содержит точно такой же список частей тела и духов. Похожий список есть и в кумранской «Книге Стражей».

Вообще, в Кумране найдено несколько текстов по заклинанию демонов (11Q11 и 4Q560), в которых заклинатели действуют по точно той же процедуре, что и Соломон, и апостол Филипп. Они заставляют стихийного духа назвать свое имя и после этого подчиняют его себе с помощью имени ангела[10]. По той же процедуре, если помнит читатель, в «Деяниях апостолов» действовали семь скитающихся между городами «сынов первосвященника Скевы», — с той только разницей, что их попытка прогнать злого духа именем Иисуса кончилась оглушительной неудачей.

В греческом тексте «Завещания Соломона» эти духи называют себя «стохейями» и «космократорами». Точно так же именует этих стихийных духов автор писем к Колоссянам (Кол. 2:8) и к Эфесянам (Эф. 6:12). Более того, автор этих писем предупреждает свою паству о том, чтобы те *не прельщались* теми, кто обещает им власть над стихийными духами, а вместо этого верили в Христа, в котором обитает вся Плерома, и Начальства, и Власти (Кол. 2:9–10)*.

Это — явно камешек в огород тех, кто, как апостол Филипп, именно что обещал своим последователям власть над стихийными духами.

О власти Соломона над стихийными духами сообщает нам в I в. н.э. Псевдо-Филон[11]. Ту же историю рассказывает нам и Иосиф Флавий: Господь дал Соломону власть над злыми духами, и он, Иосиф, однажды видел собственными глазами, как некий иудейский заклинатель Елеазар, пользуясь знаниями, оставшимися со времен Соломона, изгнал из бесноватого беса на глазах высокой римской аудитории, включавшей в себя не кого иного, как императора Веспасиана и его сыновей. «Соломон оставил после себя заклинания

* В Новом Завете оба письма приписываются апостолу Павлу. Критически настроенная библеистика сомневается в авторстве Павла. Скорее всего, оба письма написаны его последователями и учениками.

для излечения от всяких болезней и волшебные формулы, с помощью которых можно связывать демонов», — сообщает Иосиф[12].

Итак, у нас есть две версии происхождения активов царя Соломона.

Согласно монотеистическому тексту, написанному не позднее VI в. до н.э., богатства Соломона были подарены ему соседними царями, восхищенными его мудростью. Согласно ряду иудейских апокрифов, написанных не раньше II в. до н.э., то есть минимум на четыре столетия позже, эти богатства принесли Соломону покорные ему духи.

Казалось бы, логично предположить, что вторая версия возникла намного позже первой. Соломон был богат, несметно богат; у него были корабли, слоновая кость, павлины и золото, и серебро во дни жизни его считалось ни за что. Это несметное богатство реалистически отразил в своем монотеистическом тексте Девтерономист, но после этого народная фантазия, не довольствуясь сухими экономическими объяснениями вроде монополии на торговлю через Красное море, придумала духов, перстень, печать, etc.

Проблема, однако, заключается в том, что археология не подтверждает истории о невероятном богатстве царя Соломона. Описанное в Третьей книге Царств строительство Хацора, Гезера и Мегиддо на самом деле было осуществлено другим царем и намного позже[13]. Раскопки возле Храмовой горы в Иерусалиме не обнаружили никаких следов знаменитого Соломонова храма или его дворцового комплекса[14]. Царство Соломона в реальности было бедным, слабым и малонаселенным, а Иерусалим даже в его время оставался большой горной деревней[15].

Зато Соломон, точно так же, как и многие другие реальные правители Древнего Востока, — например, Гильгамеш, правитель Урука, или Атрахасис, правитель Шуруппака, — в памяти народа вырос до совершенно грандиозных размеров.

Иначе говоря, дело могло обстоять ровно наоборот.

Народная фантазия (и даже, возможно, правительственная пропаганда) с очень раннего времени считала царя Шломо бен Давида Сыном Бога и Властелином над Духами. Она приписывала этим духам строительство храма и необыкновенное богатство царя.

Автор Девтерономической истории, идеолог и создатель иудейского монотеизма, был категорически против этой легенды. Она не устраивала его так же, как его не устраивало почитание Небесного Воинства и Ашеры.

Он умудрился написать историю царя Давида, не упомянув ни о едином чуде. Для Девтерономиста чудеса были анафема, ил, в обратном переводе на иврит — *херем*. А история о царе, хотя бы и из рода Давидова, который умел повелевать духами, — тройной херем.

История о Соломоне, который властвовал над духами, вполне может быть одной из тех древних легенд, которые сохранялись в народной еврейской среде и вновь воскресли в верованиях иудейских милленаристов на рубеже тысячелетий.

В конце концов, мы вряд ли можем считать версию Девтерономиста более реалистической только потому, что она не упоминает о власти над духами. Логика мифа, который утверждает, что духи служили Соломону из-за того, что у него была *мудрость (хокма),* по крайней мере, понятна. А с чего это из-за *мудрости* Соломона ему служили земные цари и царицы? История о могущественных царях со всех концов земли, которые ни с того ни с сего дарят мелкому царьку заштатного Иудейского царства неисчислимые богатства, ничуть не менее фантастична, чем история о духах.

Девтерономист очень подробно описывает экономическую активность Соломона и корабли из Ецион-Гавера — но в том-то и дело, что это описание слишком подозрительно подробно. Библия, как, впрочем, и все античные тексты, совершенно не интересуется макроэкономикой. Во всей остальной Библии не встретишь подробного рассказа о каких-либо экономических предприятиях. Текст Девтерономиста подозрительно смахивает на рационализацию. Очень возможно, что он знает о конкурирующей форме яхвизма — форме, в которой царь Соломон, Сын Бога, восседал на престоле Господнем, был аватаром Господа, умел благодаря своей *хокме* повелевать духами и был несметно богат.

И он пытается дать этой народной легенде рациональное экономическое толкование. Да, Соломону приносили золото. Но это были царицы и цари, а никакие не духи. Тот, кто говорит, что это были духи — он никакой не монотеист, а отвратительный язычник, который считает, что богов в мире много и что люди могут видеть бога и являться богами.

Офиорима

Вернемся, впрочем, к апостолу Филиппу и его спутникам, которые после удачной сделки, заключенной с дьяволом, прибывают в Офиориму/Иераполис, тот самый, городские ворота которого сторожат драконы. Филипп устремляет свой взор на драконов, они видят свет Монады в его очах, свешивают головы и умирают (Деян. Фил. 13:3).

Апостолы принимаются за свое обычное дело: лечат больных и воскрешают покойников. Чтобы возвратить зрение некоему Стахису, который раньше в своей слепоте преследовал христиан, Филипп вкладывает палец в уста Мариамны и мажет ими глаза Стахиса (Деян. Фил. 14:7).

Магический характер этого действия станет нам понятней, если мы вспомним, что Спаситель любил Мариамну больше других женщин и часто целовал ее в уста. Вложив палец в уста Мариамны, Филипп симпатическим образом прикасается к слюне Спасителя.

Апостол Филипп раздает городским беднякам зерно, вино и оливковое масло из трех больших амфор, которые мистическим образом никогда не кончаются. Филипп крестит мужчин, а Мариамна — женщин, и наибольший фурор у жителей города вызывают проповедующие козленок и леопард.

Как можно заметить из «Деяний Филиппа», Филипп редко проповедует одним беднякам. Ровно наоборот: в Ашдоде он обращает дочь вельможи, а в Никатере он обращает самого богатого ее жителя.

Поэтому неудивительно, что и в змеином городке Филипп обращает свое внимание прежде всего на семью ее правителя, имеющего говорящее имя Тиран.

Сам этот правитель, разумеется, не признает Христа. Но у него есть супруга, которая является не кем иным, как *близнецом* Мариамны (Деян. Фил. 15:9). Обе они еврейки, и обе говорят на одном языке. Супруга правителя — чужачка в городе Офиориме, а главная особенность этого города, как мы помним, заключалась в том, что на плечах его обитателей, как и на плечах персидского Захака, сидели змеи, которые жалили чужаков и этим отбивали у них память.

В результате этих страшных укусов супруга правителя забыла своего отца и дорогу, которая ведет к дому ее матери, — в точности, как это сделал герой «Гимна Жемчужины» из «Деяний Фомы».

Мариамна вновь показывает заблудшей душе, запамятовавшей свое происхождение в этом вещном мире, путь к ее настоящему дому, и супруга правителя обретает. «Солнце праведности, Христос, снизошел на тебя, чтобы просветить тебя», — говорит Мариамна (Деян. Фил. 15:9).

Как мы помним, разновидность христианства, которую проповедует Филипп, предусматривала полное воздержание от секса и передачу имущества общине. Поэтому нетрудно понять, что страшный правитель Тиран со змеями на плечах был весьма недоволен тем, что жена отказала ему в сексуальных утехах.

Тиран грубо врывается в опочивальню супруги в тот самый момент, когда она молится, и намеревается совершить харассмент. Однако, едва он пытается наложить на жену руки, луч света ослепляет его.

Эта неудача не обескураживает насильника. Напротив, она указывает ему на корень всех его проблем. «Схватите этих обманщиков и *гоисов!*» — командует Тиран со змеями на плечах (Деян. Фил. 15:14).

Филиппа бросают в тюрьму со всеми его спутниками, включая козленка и леопарда. Ему прокалывают лодыжки и вешают его на дереве головой вниз, у стены храма, но он не чувствует боли. Тиран также требует схватить Мариамну, «ибо она путешествует вместе с этими *гоисами* и, без сомнения, развратничает с ними» (Деян. Фил. 15:19).

Солдаты схватывают Мариамну и совлекают с нее ее мужскую одежду, рассчитывая, несомненно, хорошо позабавиться с бабой. Однако попытка выходит им боком. Лишенная одежды Мариамна обретает свой настоящий вид. Она Преображается: облако огня окутывает ее, солдаты с визгом разбегаются.

Хотя апостол Филипп, подвешенный вниз головой за лодыжки, и не чувствует боли, оскорбление, нанесенное Мариамне, сильно задевает его. «Не призвать ли нам огонь с неба, брат Варфоломей, и не истребить ли их?» — вопрошает Филипп своего спутника.

Апостол Варфоломей категорически против. Он напоминает Филиппу, что Господь запретил воздавать злом за зло. Пытается удержать Филиппа и Мариамну.

Более того, на месте казни появляется еще одно действующее лицо — апостол Иоанн. Он тоже требует от Филиппа воздержаться от непоправимых поступков.

Однако гневливый Филипп уже ослеплен причиненными ему неприятностями. Он произносит проклятие и обращается к Отцу Иисуса, к Яхве Цеваот, Господу Войск, перед которым дрожат начала и Власти и перед которым склоняются даже огненосные херувимы.

«Прикажи Гадесу разверзнуть свою пасть и великой бездне поглотить этих безбожных людей, которые решили не дать места Слову Истины в этом городе», — приказывает Филипп.

Бездна немедленно выполняет приказание Филиппа. Правитель города со змеями на плечах, храм, в котором поклонялись Змею, все его жрецы и семь тысяч человек проваливаются прямиком в ад. Нетронутыми, как и в «Откровении Иоанна Богослова», остаются только те, кто был *запечатан печатью* Христа, то есть крещен апостолами Филиппом и Мариамной.

Небеса разверзаются, и в город с небес спускается сам Спаситель. Он в бешенстве — если применительно к Христу позволительно такое слово. Он сурово отчитывает апостола за учиненное душегубство. Филипп, висящий вниз головой на дереве, упорствует на своем:

«Ты знаешь, Господи, что я во имя тебя пришел в этот город. И, так как люди эти не приняли твоего Света, по этой причине я проклял их и низверг живьем в Гадес!» (Деян. Фил. 15:30).

Но Спаситель остается непреклонен. Он накладывает на Филиппа суровое покаяние: за то, что тот презрел заповеди Христа и низверг в бездну целый город, отвечая злом за зло, Филипп в течение сорока дней после смерти не будет допущен в Рай. Через сорок дней, он, конечно, сядет на обещанный золотой престол, но эти сорок дней ему придется оставаться снаружи.

Спаситель чертит в воздухе знак пылающего креста. Крест превращается в лестницу. Спаситель кричит в бездну, предлагая всем желающим выйти обратно по лестнице, которая есть крест. Все, кроме правителя со змеями на плечах, радостно спешат воспользоваться предложением.

Как легко понять, люди, выбравшиеся из бездны по сверкающему кресту, тут же все поголовно делаются верующими. Они хотят снять с дерева подвешенного за лодыжки Филиппа. *Однако тот запрещает им это делать.* Ему хочется поскорее расстаться с бренной плотью и облечься в многоцветные одежды ангела, и, как и апостол Фома, он не может пройти мимо представившейся ему оказии. Даже тот факт, что ему придется ждать сорок дней, не останавливает его.

«Не прикасайтесь ко мне, дети мои!» — просит распятый ногами вверх Филипп и цитирует слова Господа: «Пока ты не сделаешь то, что внизу, тем, что вверху, а то, что слева, тем, что справа, ты не войдешь в мое царство» (Деян. Фил. 15:34). «Преобразуй тело мое в Славу Ангела», — молится Филипп (Деян. Фил. 15:38).

Желание его совершается. Филипп испускает дух. «Филипп апостол увенчан венцом бессмертия», — гремит Голос с Неба (Деян. Фил. 15:40). А по истечении сорока дней Христос в образе Филиппа является Варфоломею и Мариамне.

Как мы уже говорили, в последующей христианской традиции Город змей, в котором казнили Филиппа, четко ассоциировался с Иераполисом. В Иераполисе показывали могилу Филиппа, к Филиппу возводили свою веру зародившиеся во Фригии монтанисты, в Иераполисе действительно почитали Кибелу со змеями и пр.

Но легко видеть, что Город змей Офиорима — это не просто Иераполис и не просто метафора материального мира.

Это — загадка.

Что это за город, в котором несчастные одурманенные жители поклонялись Сатане?

Город, посреди которого стоял Храм Сатаны?

Город, который из-за преследований Христа (ибо Филипп есть новое воплощение Христа) провалился под землю? Что это за город, в котором сошлось такое множество апостолов, и притом эти апостолы еще спорили друг с другом, как большевики и меньшевики накануне Октябрьского переворота: карать жителей города или не карать?

Что это за город, после гибели которого спаслись только те, кто был *отмечен печатью*, а остальным, попавшим в геенну за то, что они отвергли Христа, была предоставлена возможность по сверкающей лестнице выйти оттуда?

Разумеется, этот город — сам Иерусалим. В Храме, где поклоняются змею, мы легко различаем Храм, выстроенный Иродом[16]. В геенне — римский плен. А в споре апостола Филиппа и апостола Иоанна — вполне исторический спор между разновидностями зилотов: резать соотечественников, которые упорствуют в своем служении Велиалу, или не резать?

Итого

«Деяния Филиппа», как легко можно видеть, написаны представителем общины, далекой от ортодоксии. В этой общине есть не только девственницы, но и евнухи. Не только диаконы, но и диакониссы. Ортодоксов автор «Деяний Филиппа» не любит и со смаком описывает, как в аду этих мерзких клеветников поджаривают на изрядных сковородах.

Ритуалы в этой общине тоже далеки от ортодоксии. Община принимает только воду и хлеб, так же, как и община Иуды Фомы, и поет вариант того самого гимна, под который плясали на Тайной вечере, согласно «Деяниям Иоанна». Однако община Филиппа отличается от общины «Деяний Иоанна»: та не признавала евнухов, а эта их возвеличивает. В этом возвеличении роли евнухов, посвященных Богу, нетрудно заподозрить отблеск местной фригийской языческой традиции. В Иераполисе почитали богиню Кибелу, и ее жрецы, подобно ее возлюбленному Аттису, отсекали себе уд.

В этой общине высока роль женщин: апостол Мариамна в ней есть женский двойник Филиппа, и, чтобы вылечить человека, Филипп кладет палец в рот Мариамны, который целовал Христос. Эта высокая роль женщин опять-таки вполне естественна для города, где почитали Великую Мать.

Впрочем, феминисткам не стоит спешить радоваться: представление о высокой роли женщин в этой общине сочетается с ужасающим, параноидальным, доведенным до абсурда аскетизмом. В условиях этого аскетизма мужчины, чтобы избавиться от соблазна, отрезают себе члены, а женщины ходят в глухом черном никабе, оставляя одну только прорезь для глаз (Деян. Фил. 5:23).

Разделение «Мариамна крестила женщин, а Филипп — мужчин» связано не только с высокой ролью женщины, но и с абсолютной половой сегрегацией. Диакониссы и апостолы среди женщин в этой общине существуют по той же причине, по которой в исламских странах существуют чисто женские университеты.

Вообще сходство с некоторыми предписаниями ислама в этом тексте, написанном не позже IV в. н.э., — разительное. Глухой женский никаб во избежание соблазна — это только один пример. Другой пример — это абсолютный запрет на вино. Третий — это легенда о джиннах, которые построили Соломону храм, малопопулярная на Западе, но имевшая широкое хождение в исламе.

Но самое для нас важное — это, конечно, строгая гностическая идеология текста. Она не просто прицеплена к сюжету: она составляет его основу. Точно так же, как все действия героев в текстах социалистического реализма строго отражали господствующую идеологию, точно так же действия Филиппа строго отражают и точно соответствуют главным правилам гностицизма.

Весь мир вокруг — это козни Сатаны. Жители этого мира носят змей на плечах, и у входа в Город/мир драконы пожирают чужаков. Эти драконы — это те же самые дети Велиала, которые в «Вознесении Исайи» живут над землею и оказываются не в силах распознать спускающегося в нее с седьмого неба Спасителя. Так же как Спаситель приходит на землю, счастливо минуя козни Сатаны, так же и Филипп со своими спутниками вступает в Город.

Филипп — это двойник Христа, так же, как и Фома. После смерти Христос является *в виде Филиппа* Варфоломею и Мариамне. Филипп получил божественное знание и стал единосущен Христу. В Афинах во время его поединка с Ананией в него сходит Христос. Он Преображается и сверкает ослепительным светом, так, что верующие даже не могут приблизиться к нему (Деян. Фил. 5:22). Он передает это умение преображаться своим ученикам. Он побеждает самого Сатану. Он неуязвим и непобедим. Ангелы показали ему все устройство мироздания, как Еноху: «Ты видел, Филипп, все устройство творения вверху и внизу: свет и тьму, воду и огонь, добро и зло» (Деян. Фил. 8:10), — говорит ему Иисус.

Христос «Деяний Филиппа» никогда не умирал и не воскресал. Он прибыл в мир не затем, чтобы искупить первородный грех. Он прибыл, чтобы принести людям знание и научить их быть единосущными Христу. Это знание заключается в познании собственной божественной сущности человека. Мы «сограждане высот и родичи света», — говорит Филипп (Деян. Фил. 4:3). Он *запечатывает* людей, и они «возносятся вверх к своей собственной сущности» (Деян. Фил. 3:18).

Филипп сравнивает человека с орлом, в образе которого ему явился Христос, — ибо тот, когда «рождает своих птенцов, возносит их на высоту, и они на своем языке взывают к отцу: «Отец, куда ты берешь нас? И он говорит: «Дети, ваша сущность на небесах и вы не имеете ничего общего с тем, что внизу. Не бойтесь лететь в вышину, ибо есть тот, кто несет вас. Не глядите на то, что внизу, потому что там в засаде находится Враг» (Деян. Фил. 3:16).

Однако — в отличие от «Апокрифона Иоанна» — этот Враг отнюдь не тождественен еврейскому Яхве. Наоборот, Яхве и есть Всевышний. Апостол Филипп то и дело повторяет, что он еврей. Он признает пророков. Даже церковь, построенная Филиппом, иногда называется «синагогой» (Деян. Фил. 7:2).

А жена правителя Офиоримы, несчастная чужестранка, то и дело кусаемая змеями, оказывается еврейкой и даже близнецом Мариамны. Похоже, что под несчастной чужестранкой, кусаемой то и дело бесами-змеями, разумеется весь гонимый в этом мире еврейский народ.

Апостол Филипп и епископ Аверкий

В марте 1892 года в Ватикане состоялась торжественная церемония: турецкий султан Абдул-Хамид II передал папе часть надгробной стелы Аверкия, епископа фригийского Иераполиса. Вторая часть стелы, найденная усердным исследователем всей римской Малой Азии сэром Вильямом Митчеллом Рамси, уже находилась в Ватикане.

В надгробной надписи епископ Аверкий отчитывался единоверцам и потомству в своих успехах. Он сообщал, что он посетил Рим и видел там Царя и Царицу (базилиссу) в золотых одеждах и золотых сандалиях, а также людей, на которых была сверкающая печать.

Кроме того, Аверкий утверждал, что он в компании Павла (т.е. его книг) пересек всю Сирию, переправился через Евфрат и доехал даже до Нисибиса. Повсюду по дороге он встречал братьев. Его вера вела его повсюду. Она давала ему причастие в виде вина и хлеба и кормила рыбой, пойманной девственницей.

Эпитафию Аверкия, сочиненную им еще при жизни неплохим греческим гекзаметром, можно перевести близко к тексту так:

…Имя мое есть Аверкий, пастырь святой мне вожатый,
Стадо пасущий свое и на горах и равниной,
Очи его видят все, все созерцают они,
Он научил меня Слову и Достоверным Писаньям.
В Рим он направил меня там созерцать Базилевса
И Базилиссу в златых одеяньях и в злате сандалий,
Видел я там и людей с печатью, блистающей светом,
Видел я Сирию всю, и города, и Нисибис,
И пересек я Ефрат, и со мною всегда был мой спутник,
Павел со мной в колеснице, и вера меня опекала,
И из колодца клала чистую рыбу пред мною,
Девственницею святою поймана рыба была.
Вера питала меня и моих сотоварищей рыбой,
Вместе с прекрасным вином, смешанным с хлебом всегда[17].

Надгробная надпись Аверкия дошла до нас в трех вариантах. Обломки оригинала были найдены, как мы уже говорили, сэром Вильямом Рамси в развалинах публичных бань городка Иераполиса, располагавшегося в Малой Фригии, которая к IV в. н.э. была выделена в провинцию Фригия Салютарис.

Кроме того, сэр Рамси там же, неподалеку от Иераполиса, в основании местной мечети нашел стелу некоего христианина Александра, умершего в 216 г. Надпись на стеле представляла собой сокращенный вариант надписи Аверкия, видимо, произведшей на Александра большое впечатление. Из этого можно заключить, что Аверкий умер раньше Александра, — мы не знаем точно, насколько именно.

И, наконец, в полном своем виде текст стелы дошел до нас в составе биографии Аверкия из Иераполиса, написанной не ранее IV в. н.э. на основании более древних источников и еще раз отполированной до полной ортодоксальности нашим старым добрым знакомым Симеоном Метафрастом, — тем же, который переписал «Деяния Филиппа».

С тайной целью окончательно запутать читателя мы должны ему напомнить, что название «Иераполис» по-гречески обозначает просто «Священный город», и поэтому Иераполисов в империи было примерно столько же, сколько Александрий, то есть пруд пруди. Только во Фригии их было два. «Жизнь Аверкия» был написана в Иераполисе на Меандре, в котором жил и работал апостол Филипп, а вот надгробные надписи Аверкия и Александра были найдены в другом, но тоже фригийском Иераполисе, располагавшемся в 200 км от первого. Так же как в Средневековье самые разные города обзаводились несколькими черепами одного и того же святого, так и два фригийских Иераполиса не могли отказаться от соблазна завести себе каждому по Аверкию.

Утверждение Аверкия о том, что он посетил Рим и видел там Базилиссу в Золотых Сандалиях, послужило предметом многочисленных интерпретаций.

Первая из них случилась, вероятно, еще в IV в. н.э., когда автор уже упомянутой «Жизни Аверкия» сочинил на основании этого утверждения целый приключенческий роман о том, как дьявол, изгнанный епископом Аверкием из местного жителя, отправился в Рим и вселился там не в кого-нибудь, а в дочь императора Марка Аврелия Люциллу. Бедному императору и его супруге специально пришлось выписывать к себе Аверкия из Иераполиса, чтобы исцелить дочку, а дьяволу, изгнанному им на этот раз уже из императорской дочери, Аверкий, совсем как Филипп и царь Соломон, поручил исполнить полезную работу: взять языческий алтарь с римского ипподрома и перенести его в Иераполис, где из него Аверкий и сделал свой надгробный памятник. Похоже, что легенда о святых, которые своими заклинаниями умеют заставлять дьявола приносить пользу обществу, была довольно распространена во Фригии.

Таким образом, ортодоксальный автор IV в. н.э. счастливо разрешал вопрос о «Базилиссе в Золотых Сандалиях», виденной Аверкием в Риме. Это была не кто иная, как императрица Фаустина. Христианский епископ был на короткой ноге с супругой Марка Аврелия, потому что вылечил ее дочку.

В XVII в. знаменитый янсенист Луи-Себастьен ле Нен де Тиллемон на основании этой же самой «Базилиссы» провозгласил и надпись, и «Жизнь» Аверкия грубой подделкой[18]. Тиллемона шокировал тот факт, что христианский епископ в этой надписи предстает в виде зеваки. В самом деле, приехав в Рим, он не нашел ничего лучшего, чем глазеть на модные тряпки императрицы и печати римских сенаторов!

Когда Рамси раскопал надгробный камень Аверкия и оказалось, что надпись является не просто подлинной, а еще и одной из самых первых известных нам христианских надписей, маятник качнулся в другую сторону. Папа с почтением водрузил надгробный камень в музее, а надпись получила от де Росси гордое название «царицы христианских эпитафий».

Католические библеисты немедленно истолковали «Базилиссу в Золотых Сандалиях» как римскую церковь, неоспоримое первенство которой епископ Аверкий тем самым признавал. «Всякая Церквь есть Царица для христианина, и всякая Царица облачена в Золото для восточного человека», — заявил Дюшесне[19].

Протестанты в ответ выдвинули альтернативную теорию: фригиец Аверкий вообще не был христианином, а был приверженцем мистического культа и почитал Великую Мать Кибелу. Ее-то, вместе с Аттисом, он и видел в Риме.

Ближе всего к истине подошел Адольф фон Гарнак, который предположил, что Аверкий хотя и был христианином, но, к сожалению, был еретиком, а именно — приверженцем языческих гностических сект, в которых почитание Христа было смешано с языческими мистериями[20].

Как мы уже сказали, биография Аверкия, как и «Доктрина Аддая», была написана не раньше IV в. н.э. и отполирована до ортодоксального блеска Симеоном Метафрастом в X в. н.э. Тем не менее некоторые черты предыдуших редакций сохранились в ней, как и в «Доктрине Аддая».

Мы не будем сейчас перечислять все эти детали, а отметим одну, главную. В «Жизни» Аверкий не просто посещает Нисибис и города за Евфратом. Он выполняет там важную миссию — а именно, борется со страшной ересью маркионитов. В этой нелегкой борьбе у него есть союзники — целая делегация христиан, явившаяся туда еще раньше его. Во главе этой делегации стоит «знатный и блестящий муж, обладающий многими богатствами». Зовут мужа *Барксесан*. В этом богатом и знатном Барксесане мы легко узнаем нашего старого знакомого, эдесского гностика Бардесана[21].

Таким образом, загадка «Базилиссы в Золотых Сандалиях и Золотых Одеждах», которую св. Аверкий видел в Риме, получает вполне удовлетворительное объяснение. Епископ Аверкий, так же как и апостол Филипп, хорошо знал о женской составляющей божества (Деян. Фил. 14:4). Это не

Аверкий так почтительно выражался о римской церкви. Это римская церковь — и гораздо раньше XIX в. — попыталась присвоить себе титулы Великой Матери.

Настоящий Аверкий, вполне реальный исторический персонаж, вероятно, находился под существенным влиянием Павла, что было вполне естественно. Фригия входила в состав Римской империи и была грекоязычной территорией, Павел бывал во Фригии (Деян. 16:6) и дружил с апостолом Филиппом. Он написал несохранившееся письмо к жителям Лаодикеи, находившейся в 10 км от Иераполиса, а его ученик написал вошедшее в состав Нового Завета письмо к жителям города Колоссы, в 17 км от Лаодикеи.

Но не меньшее влияние Фригия — с ее культом Великой Матери Кибелы — испытывала со стороны Эдессы, с ее культом Великой Матери Атаргатис. Как и его младший современник Бардесан, фригиец Аверкий почитал Великую Мать. Как и Бардесан, он боролся против маркионитов, которые считали бога Ветхого Завета Ильдабаофом, да и Софию не очень-то почитали, потому что в их понимании она была матерью не Христа, а Ильдабаофа.

В таком синкретизме нет ничего удивительного, если вспомнить, что во время жизни Аверкия главными врагами римской церкви были последователи Маркиона, Валентина и Монтана, то есть поздних «еретиков», живших во II в. н.э. Она еще не боролась по-настоящему за влияние на Востоке и достаточно нейтрально относилась к тамошним верованиям. Римский христианин Секст Юлий Африкан, посетивший в начале III в. н.э. Эдессу, с восторгом описывал Бардесана. Африкан еще не знал, что предмет его восхищения будет объявлен еретиком.

«Деяния Филиппа» представляют собой интереснейшую параллель к жизни Аверкия. Как мы видим, и тот и другой умеют заставлять дьявола делать полезную работу. И тот и другой почитают Настоящую Великую Мать. И тот и другой пользуются словом «печать» (σφραγίδα), которая так запутала бедного янсениста Тиллемона, что он принял эту блистающую печать за «кольцо», а ее носителей — за римских всадников и сенаторов.

Первооткрыватель (почти) полного текста «Деяний Филиппа» Франсуа Бовон датирует окончательный их текст IV в. н.э., но при этом оговаривается, что многие его мотивы и части существовали гораздо раньше. Согласимся: в «Деяниях Филиппа» важна не столько датировка самого текста, сколько то, что он демонстрирует непрерывную традицию автохтонного фригийского христианства, занимающего в какой-то мере промежуточное положение между христианством Рима и христианством Эдессы.

Фригийский епископ Аверкий чувствует себя среди единоверцев и в Риме, и в Нисибисе еще в то время, когда представители будущей ортодоксии не забредали так далеко на восток. Для него единомышленниками являются и Павел, и Бардесан.

Но каким же образом епископ, почитавший «Базилиссу в Золотых Сандалиях», почитал также и Павла?

ГЛАВА 6
Необыкновенные приключения апостола Феклы

В современном христианстве огромную роль играет культ Богоматери. Она глядит на нас с русских икон и с картин мастеров Возрождения; с витражей готических соборов и с купола Айя-Софии. Однако в раннем христианстве ничего подобного не было. Земная мать Иисуса в большинстве его направлений значила куда меньше.

Зато важнейшую роль в нем играл культ спутницы Павла, Феклы. Фекле были посвящены культовые места и монастыри. Неподалеку от Тарса находилось святилище св. Феклы, окруженное бесчисленными пещерами отшельников и отшельниц. Св. Фекла явилась римскому императору Зенону, который построил ей церковь в Селевкии. Некоторые легенды утверждали, что Фекла не умерла, что было только естественно для персонажа, чье имя Фекла (Феоклея) переводилось с греческого, как Слава Божия. В некоторых текстах, например в «Деяниях Евгении», «Деяния Феклы» называются «святым писанием», то есть стоят наравне с Евангелиями[1].

Эта популярность Феклы может показаться совершенно удивительной, потому что в «Деяниях апостолов» — единственной книге, вошедшей в канон и посвященной событиям, происходившим после смерти Иисуса, никакой спутницы у апостола Павла категорически нет.

При этом Павел не просто является главным героем «Деяний апостолов». Их автор был тот же человек, который написал «Евангелие от Луки», и этот наш условный Лука был учеником Павла. А сам текст, несмотря на свое пышное нынешнее название, является, по сути, апологией Павла. Павел — его главный герой, и автор текста часто пишет от первого лица. Это так называемый «документ “Мы”». Автор «Деяний» этим подчеркивает, что он хорошо знает Павла и пишет то, что видел своими глазами.

Канонические «Деяния апостолов» на первый взгляд выгодно отличаются от предыдуших рассмотренных нами текстов. Чудеса в них не являются системообразующей частью сюжета. Конечно, Павел в них тоже исцеляет больных и изгоняет бесов, а ангел переносит в них апостола Филиппа в Ашдод, но в принципе текст «Деяний апостолов» весьма реалистичен.

Мы видели это совсем недавно на примере города Эфеса. Автор «Деяний апостолов» честно рассказывает, как его любимый учитель, несмотря на все свои исцеления, был вынужден прятаться от разъяренной толпы, оравшей в театре «велика Артемида Эфесская». При этом Павла спасло от толпы отнюдь не умение поражать врагов слепотой, а банальное покровительство городских магистратов.

Напомним, что именно автор «Деяний» рассказывает о своем учителе. Он сообщает, что, в отличие от других апостолов, Павел лично не был знаком с Иисусом.

Более того, он первоначально преследовал его учеников! Он даже участвовал в побиении камнями некоего диакона Стефана, что в переводе с греческого значит «венец». Стефан был убит в ходе беспорядков, разразившихся прямо на ступенях Храма, и после этих беспорядков последователи Иисуса были вынуждены бежать из Иерусалима.

Павел, «дыша угрозами и убийством на учеников Господа», отправился за ними в Дамаск, и на пути в Дамаск с ним заговорил Христос. «Он упал на землю и услышал голос, говорящий ему: Савл, Савл! Что ты гонишь меня» (Деян. 9:4).

Интересно, что сам Павел описывал свое обращение несколько по-другому. Он сообщал, что он «восхищен был до третьего неба… и слышал неизреченные слова, которых человеку нельзя пересказать» (2 Кор. 12:2–4).

Рассказ Павла имел явственно гностический привкус. Павел ни более ни менее утверждал, что он лично *вознесся на небо*. Напротив, рассказ Луки, согласно которому Павел всего лишь *услышал голос,* соблюдал все самые строгие каноны иудейского монотеизма. Именно иудейская ортодоксия запрещала видеть Бога и разрешала только слышать его голос.

Вскоре после своего обращения Павел, согласно «Деяниям», объявился в Иерусалиме, потом в Кесарии, а потом в Антиохии. Из Антиохии Павел отправился в Селевкию, а оттуда отплыл на Кипр. После Кипра он проповедовал в Антиохии, Писидии, Иконии и Листрах. Учреждая церкви и просвещая людей, Павел побывал в Финикии, Сирии, Самарии и Киликии, в Македонии и Греции, в Галатии и Фригии, в Азии и Ахайе, и, наконец, в Риме.

Везде на этом пути Павел проповедовал, что Иисус Христос умер на кресте, чтобы искупить грех всего человечества, и что его последователи не должны соблюдать кашрут и обрезываться. «Все, что продается на торгу, ешьте без всякого исследования», — заверял он своих последователей (1 Кор. 10:25).

С этим своим месседжем Павел, как мы уже говорили, постоянно подвергался преследованиям со стороны злобных иудеев. Они выгнали его из Антиохии Писидии (Деян. 13:45), чуть не забили до смерти в Листре (Деян. 14:19). В Фессалониках иудеи чуть не взяли штурмом дом, где он скрывался (Деян. 17:5).

Когда Павел впервые после долгого перерыва явился в Иерусалим, толпа набросилась на него прямо у входа в храм. А когда римляне отбили Павла у толпы, сорок каких-то фанатиков «наложили на себя анафему (т.е. херем, священное заклятие) ни есть, ни пить, доколе не убьют Павла» (Деян. 23:12).

Чтобы спасти Павла, римскому тысяченачальнику пришлось принять поистине экстраординарные меры и отправить его в Кесарию к прокурору Феликсу под охраной, состоявшей из двухсот пеших, семидесяти конных и двухсот стрелков.

В оригинале автор «Деяний» часто называет иудеев, нападавших на Павла, *ревнителями,* то есть *зилотами,* — так же, как Иосиф Флавий называл партию антиримских повстанцев. Так, он сообщает, что иудеи, выгнавшие Павла из Антиохии Писидии, были исполнены *ревностью (ζῆλος)* (Деян. 13:45) и что фессалоникийские иудеи *возревновали (ζηλόω)* против Павла (Деян. 17:5).

Ревность была также непосредственной причиной попытки линчевания Павла в Иерусалиме. Во всяком случае, накануне этого линчевания Павел явился к некоему Иакову, и тот заявил ему: «Видишь, брат, сколько тысяч уверовавших Иудеев, и все они *зилоты (ζηλωτής)*» (Деян. 21:20).

Удивительно, но в письмах самого апостола Павла нет никаких жалоб на преследующих его иудеев.

Вместо этого в его письмах постоянно встречаются жалобы на «псевдоапостолов» (2 Кор. 11:13) и «лжебратий» (Гал. 2:4), которые будоражат обращенных им людей, «переворачивают благовествование Христово» (Гал. 1:7) и *ревнуют* (ζηλοῦσιν) (Гал. 1:17) учеников Павла. Вместо того чтобы наплевать на иудейский закон, они призывают его ревностно соблюдать.

При этом письма Павла не оставляют для нас сомнения в личностях этих мерзких еретиков: это не кто иной, как Иаков, брат Господень, и апостол Петр, который, встретившись с ним в Антиохии, некоторое время колебался в своем отношении к Павлу и, «до прибытия некоторых от Иакова, ел вместе с язычниками; а когда те пришли, стал таиться и устраняться, опасаясь обрезанных» (Гал. 2:12).

Более того: Павел был вынужден признаться, что «лжебратия» значили в секте гораздо больше его самого. Они были «высшими апостолами» (2 Кор. 11:5) и «знаменитейшими» (Гал. 2: 1).

Как мы уже говорили раньше, все это вместе заставляет полагать, что «иудеи», которые покушались убить Павла по многим городам Римской империи, были не кто иные, как *зилоты*. И что таинственный Иаков, к которому Павел поспешил явиться сразу после своего прихода в Иерусалим, был не кто иной, как Иаков Праведник, брат Иисуса, глава всей общины последователей Иисуса.

Главной причиною разногласий Павла и Иакова, брата Господня, был не просто абстрактный спор об иудейском законе. Настоящие последователи Иисуса, то есть зилоты, праведники, святые, *ноцрим*, фанатически соблюдали иудейский закон и полагали, что его второе пришествие будет днем триумфа Израиля над всеми его врагами. Это будет день, когда *праведники* будут поражать врага огнем из своих уст и когда *святые* будут резать язычникам шею в составе смешанных с ангелами воинских соединений. Павел, с их точки зрения, был новый Валаам, а его ученики были «синагогою Сатаны».

«Учение Павла возмущало глубочайшие убеждения иудействующих христиан. Попытка представить трагическую смерть их Владыки, Мессии Израиля, в руках ненавистных римлян в качестве божественного акта спасения язычников от гибели, которой они все заслуживали, была, с их точки зрения, равносильна богохульству», — замечает Самуэль Брендон[2].

Неприятности Павла были решительно другого характера, нежели неприятности других апостолов, тех самых «знаменитейших» и «лжебратий».

4. Карта перемещений Павла между Антиохией Писидией, Иконием и Листрой

5. Примерный путь из Иерусалима в Антиохию и в Эдессу

Тех преследовали власти: в Пергаме они «умертвили верного свидетеля моего Антипу» (Откр. 2:13), а в Иерусалиме царь Ирод «убил Иакова, брата Иоаннова, мечом» (Деян. 12:2).

Напротив, Павла римские власти постоянно охраняли, а преследовали его фанатики.

В сорока иудеях, заклявшихся не есть и не пить (т.е. не есть мяса и не пить вина), пока они не убьют Павла прямо посреди судебного заседания, трудно заподозрить представителей официальных властей. Клятва не есть мяса и не пить вина — это как раз типичная клятва членов «четвертой секты», которые как раз в это время вели кампанию террора в Иерусалиме. Собственно, именно эта же формулировка употребляется в отношении апостола Фомы: он «не ест и не пьет» (Деян. Фом. 9:96:6).

Неприятие месседжа Павла было так велико, что немецкий протестантский библеист и основатель Тюбингенской школы Кристиан Фердинанд Баур еще в XIX в. н.э. предположил, что мы знаем апостола Павла под двумя разными именами.

Один аватар Павла — это, собственно, и есть апостол Павел, «апостол к язычникам», а другой аватар — это Симон Волхв, колдун и волшебник, претендовавший, как мы помним, к ужасу Юстина Мученика, на то, чтобы самому быть Христом и богом.

Таким образом, тот факт, что «Деяния апостолов» действительно написаны очевидцем и имеют вполне реалистичный характер, отнюдь не делает их достоверным документом. Ровно наоборот — это пропагандистский документ, подчиненный ровно одной цели: максимально дистанцировать Павла от страшного Симона Волхва и заявить, что Иисус проповедовал то же, что Павел.

И этот документ, автор которого часто пишет от первого лица и называет себя спутником Павла, нигде ни словом, ни строчкой, ни буквой не говорит о присутствии в жизни Павла какой-то женщины, тем более женщины с претенциозным именем, переводящимся с греческого, как Слава Божия.

Почему?

Давайте посмотрим повнимательней.

Апостол Павел в Писидии

Согласно каноническим «Деяниям» Павел в самом начале своей подвижнической деятельности прибыл в город Антиохию. Оттуда он отплыл на Кипр, а оттуда приплыл в Пергию, в Памфилии, и направился в глубь Малой Азии.

Сейчас большая часть городов, по которым путешествовал Павел, не существует, а территории, на которых они располагались, надежно отрезаны от Европы веками религиозных распрей между различными видами монотеистов. Греческий язык в них навсегда забыт, небо усеяно вышками минаретов, и многие управляются значительно хуже, чем две тысячи лет назад, при римских проконсулах и выборных городских магистратах.

Но две тысячи лет назад все эти города составляли самую процветающую, самую богатую и самую образованную — грекоговорящую — часть Римской империи, соединенную между собой великолепными римскими дорогами и тысячеполосным шоссе под названием Средиземное море, — шоссе, по которому в империи перевозилось все — от кирпича до христианских идей. Тот объем средиземноморских морских перевозок, который существовал в зените Римской империи, был достигнут вновь только в XIX в. н.э.

Согласно «Деяниям апостолов» Павел, высадившись с корабля в Перге, отправился оттуда в Антиохию Писидию, столицу римской провинции Писидия. (Не путать с Антиохией — столицей Сирии.) Путешествовал он по монументальной дороге, которая называлась Via Sebasta.

Остатки этого впечатляющего стратегического шоссе, созданного, чтобы изолировать территории горных племен и соединить между собой новые колонии, поражают воображение и сейчас.

Из Перги Via Sebasta вела в Антиохию Писидию, а оттуда — в Листру, а ответвление от нее вело в Иконий. Из-за гнева *исполнившихся ревности* иудеев Павлу пришлось бежать из Антиохии Писидии в Иконий, а потом — в Листру.

Там-то и произошло несчастье: те самые ревностные иудеи, которые ополчились на Павла в Антиохии, не поленились прийти за ним в Листру, «побили Павла камнями и вытащили за город, почитая его умершим» (Деян. 14:19).

Именно в это-то время и происходят «Деяния Павла и Феклы», которые, помимо воли его автора, помогают нам угадать причину, по которой Павел подвергся такому жестокому обращению.

«Деяния Феклы» начинаются с прибытия Павла в Иконий. К этому времени в регионе у него уже имелось немало заочных последователей, и один из них, по имени Онесифор, вышел встречать Павла на развилку, ведущую в город.

«И он пошел навстречу и встал на перекрестке *большой дороги*, которая вела к городу Листре, и там остановился и ждал его. И он смотрел на тех, кто проходил мимо, держа в памяти описание, которое дал ему Тит. И вот он увидел идущего Павла. Это был человек невысокого роста, с курчавыми волосами, тонкими и кривыми ногами, голубыми глазами и сросшимися бровями, и он был полон благодати и жалости Господней, и *иногда он имел подобие человека, а иногда — ангела*» (Деян. Фек. 3)[3].

В лучшем из греческих вариантов «Деяний» Павел описывается так: «низкий, лысый, кривоногий, пышущий здоровьем, со сросшимися бровями и длинноватым носом, и преисполненный благодати. Иногда он выглядел как смертный, а иногда лицо его светилось как ангела»[4].

Что?! — скажете в этом месте вы.

Павел был низенький лысый человечек с венчиком курчавых волос вокруг плеши, с кривыми ногами, сросшимися бровями и длинным носом?! Это не может быть! Это — карикатурное описание жида! Это Шейлок, а не св. Павел!

И в самом деле — сколько бы вы ни рассматривали картин художников Ренессанса, изображающих апостола к язычникам, вы вряд ли увидите хоть на одной из них Павла в таком неподобающем облике.

О чем свидетельствует это описание?

О раннем происхождении текста. Вряд ли какой-нибудь поздний христианский борзописец додумался бы до описания апостола с *тонкими и кривыми* ногами. Перед нами — голос человека, который видел реального Павла.

Кроме этого Онесифор ждет Павла на перекрестке дороги, которая вела из Антиохии Писидии в Листру. Уже упоминавшийся нами сэр Вильям Митчелл Рамси, которые в течение 50 лет изучал Малую Азию и первым раскопал Антиохию Писидию, заключил из этого еще в конце XIX в., что мы имеем дело с очень древним текстом: согласно Рамси во времена Павла дорога в Иконий отходила от основной Via Sebasta между Антиохией и Листрой именно так, как это описано в наиболее ранних текстах «Деяний», в то время как уже во II в. н.э. Иконий и Листра были соединены напрямую[5].

Эти две детали дают право полагать, что прототип «Деяний» был написан действительно очень рано. Разумеется, историческая достоверность деталей еще не гарантирует исторической достоверности изложенных в тексте событий, — точно так же, как исторически достоверное описание Москвы 1930-х гг. в «Мастере и Маргарите» еще не доказывает, что Москву в это время посетил Сатана.

Итак, Павел прибывает в Иконий и начинает проповедовать Христа.

Эту проповедь слышит молодая и знатная красавица Фекла, обрученная со знатным и влиятельным Фамирисом. Три дня и три ночи сидит она у окна, не спит и не ест, а только слушает Павла, пока ее мать и жених не поднимают тревогу.

В их город пришел *гоис*, волхв и обманщик, и поразительное поведение молодой и красивой девицы ее языческая семья тут же списывает на самую черную магию.

Взбешенный Фамирис бросается наводить о Павле справки и быстро получает неожиданную подмогу в лице неких Димаса и Гермогена.

Несмотря на то что Димас и Гермоген пришли в Иконий вместе с Павлом и претендуют на то, чтобы тоже быть «слугами Благословенного» и «праведниками», они исполнены *ревности* по отношению к Павлу и только и ищут, как его погубить (Деян. Фек. 14).

Фамирис предоставляет им для этого драгоценную возможность. Отменно пообедав за его счет (мы еще вернемся к этой трогательной детали), Димас и Гермоген охотно сообщают Фамирису, что Павел «обманом отрывает юношей от жен и девушек от мужей». Заодно они обещают научить Фамириса «воскресению, которое он проповедует» и которое заключается в том, что «мы воскресаем, когда получаем знание об истинном Боге» (Деян. Фек. 14)[6].

Сообщение Димаса и Гермогена решает дело. Павла схватывают и бросают в темницу. Однако Фекла является и в темницу, подкупив стражников золотым зеркальцем. Там ее и находит шокированный Фамирис: молодая девушка сидит прямо в камере Павла, «прикованная к нему привязанностью» (Деян. Фек. 19).

Бедный Фамирис, обезумев от ревности и не в силах отличить духовного интима от интима физического, вместе с разъяренной толпой тащит Павла в суд, в то время как Фекла остается в темнице и в отчаянии начинает кататься по полу, к которому еще недавно был прикован Павел.

Такое поведение подтверждает худшие подозрения Фамириса. «Долой волхва», — орет толпа. Павла, отлупив кнутом, выпроваживают из города, а Феклу приговаривают к сожжению на костре. Судя по поведению жениха и матери девушки, единодушно настаивающих на казни, они полагают, что общение их дочери в тюрьме с заезжим волхвом не ограничивалось совместным созерцанием бога.

Торжествующая толпа тащит Феклу на стадион. Бедная девушка оглядывается в поисках хоть какой-то поддержки и вдруг видит «Господа Иисуса Христа, сидящего *рядом с ней в облике Павла*» (Деян. Фек. 21). «И вот, пока она не сводила с него глаз, Господь поднялся с места и вознесся на небеса» (Деян. Фек. 21).

Напомню, что имя Фекла (Феоклея) значит по-гречески Слава Божия, и, ясен пень, что сжечь Славу Божию было так же невозможно, как распять Божее Спасение. Едва Феклу привязывают к столбу, как случается чудо: град и дождь тушат костер, и невредимая Фекла воссоединяется с Павлом. Фекла просит Павла крестить ее, но получает уклончивый ответ: Павел боится, что экзальтированная девица выкинет какую-нибудь новую штуку.

Вместе Павел и Фекла отправляются из Икония в Антиохию Писидию, где их ждет новая порция неприятностей, как и полагается в греческом романе, — жанре, на который «Деяния Павла и Феклы» явно ориентируются.

Местный богач Александр, опять-таки, как это полагается по канонам греческого романа, загорается похотью при виде ее красоты и сулит Павлу большие деньги за сопровождающую его красавицу. Очевидно, он принимает Феклу за наложницу и рабыню. Павел в ответ ведет себя несколько странно: он заявляет, что не знает Феклы и что она ему не принадлежит.

Получив такой сомнительный ответ, Александр распускает руки и сует их, куда не надо. Слава Божия в ответ расцарапывает ему харю и сбивает с его головы золотой венок с фигуркою цезаря, после чего, по требованию Александра, Феклу отдают на съедение зверям. Ей не помогает даже заступничество местной влиятельной дамы по имени Трифена, которая берет ее на поруки и поселяет в ожидании казни у себя.

Царица Антония Трифена — это вполне реальный исторический персонаж. Она была вдовой римского клиента и фракийского царя Котиса III и младшей сестрой двух римских марионеток: царя Армении Зенона и царя Понта Полемона. Трифена приходилась дальней родственницей императорам дома Юлиев. О ней упоминает Тацит, а историк Страбон приходился другом ее матери.

Она не оставила большого следа в истории, но в причерноморском Кизике сохранились надписи на возведенных ею постройках, а во Фракии, царицей которой она была, чеканились монеты с ее именем. С 38 г. н.э. она жила на положении частного лица в городе Кизике, который она еще раньше перестроила за свой счет.

Трифена была полностью интегрирована в римский императорский двор: ее дети воспитывались при дворе Антонии Младшей. В 38 г. н.э. Калигула назначил ее жрицей культа Юлии Друзиллы, а в 42 г. н.э. Клавдий назначил ее жрицей культа Ливии Друзиллы. Вероятно, что официальными культами дело не ограничивалось: во всяком случае, некая Трифена, «трудящаяся о Господе», упоминается и в посланиях апостола Павла (Рим. 16:12).

В лице Трифены мы снова наблюдаем классический тип влиятельной и богатой вдовы, бывшей лучшим объектом для христианской пропаганды. Нам, разумеется, трудно сказать, насколько дальняя родственница императора была очарована заезжим христианским *гоисом,* но само упоминание малоизвестной понтийской царицы, как мы увидим, позволит нам сделать предположение об ареале зарождения текста.

Итак, по приказу судьи и несмотря на Трифену, Феклу бросили зверям.

Сначала против Феклы выпустили львицу. Но свирепая львица улеглась у ее ног. Тогда против Феклы выпустили леопарда. Но львица разорвала леопарда. За леопардом последовал мишка: львица разорвала и его. Наконец выпустили льва: львица схватилась с самцом, и они загрызли друг друга. Половая солидарность с Феклой оказалась для львицы выше солидарности видовой.

После гибели львицы против Феклы выпустили новых зверей, и надежды остаться в живых у нее не осталось. Между тем она была еще не крещена из-за странного отказа Павла и, стало быть, обречена на посмертные муки. В отчаянии Фекла огляделась и заметила за собой пруд, полный хищных мурен, предназначенных все для того же кровавого развлечения публики. «Во имя Иисуса Христа, смотрите, я крещу себя в последний день», — громко воскликнула Фекла и бросилась в пруд.

С неба сверкнул огонь. Мурены всплыли кверху брюхами, и огненное облако окутало автокрещеную Феклу, чтобы скрыть ее наготу.

К этому времени даже самые толстокожие зрители могли бы заметить, что на стадионе происходит нечто необыкновенное. И в самом деле, женская часть аудитории, сочувствуя страданиям Феклы, принялась кричать: «Позор, позор», и забрасывать девушку пряностями и благовонными травами. Однако сексистски настроенные самцы требовали продолжения банкета.

Феклу привязали между двух огромных быков, а потом ткнули им в яйца раскаленным железом (трудно, кажется, придумать более сексистски нагруженную сцену). Огонь с железа, однако, перебрался на веревки, стягивавшие Феклу. Они распались, и Фекла упала на арену невредимая. Царица Трифена, присутствовавшая при казни, вскрикнула и упала без чувств: ей показалось, что Фекла мертва.

Только тут бездушного преследователя Александра наконец проняло. Львица, огненное облако, всплывшие кверху брюхом мурены — все это было ему нипочем. Но обморока Трифены он испугался страшно, поскольку она была родственница Августа, и Александр забоялся разбирательства по факту ее смерти.

По его приказу судья оправдал Феклу, и «женщины, сидевшие в театре, подняли громкий крик и громкими голосами начали славить Бога, и сказали: «Велик Бог Феклы» (Деян. Фекл. 38).

Царица Трифена очнулась и забрала Феклу к себе домой, и Фекла провела в нем восемь дней, обучая царицу заповедям Божиим. Иначе говоря, Фекла действовала как апостол. После этого Фекла, облачившись в мужскую одежду, отправилась по Писидии проповедовать слово Божие, а царица Трифена послала с ней золото и богатые одежды «для служения вдовам» (Деян. Фекл. 41).

«Деяния Павла»

У «Деяний Павла и Феклы» заковыристая судьба. Где-то начиная с конца II в. до н.э. они существовали не сами по себе, а как часть эпического полотна под названием «Деяния Павла».

«Деяния Павла» были составлены в 160–190-х гг. н.э. и имели ортодоксальный по тем временам характер. Более того: само их создание было, весьма возможно, реакцией римской церкви, начавшей тогда как раз активно формироваться в противостоянии с гностицизмом, на отсутствие завлекательного теологического триллера, главным действующим героем которого был бы ее опорный апостол.

Проблема тут была вот в чем: «Деяния апостолов» были канонической книгой в римской церкви с очень раннего времени, и в качестве таковой они фигурировали в самом первом из дошедших до нас канонических списков, так называемом «Списке Муратори», составленном около 170-х гг. н.э. Но, конечно, лихостью сюжета они похвастаться не могли.

Другие апостолы — Иоанн, Андрей, Фома, Петр, Филипп — воскрешали батальонами и врачевали театрами. На этом фоне достижения Павла в канонических «Деяниях» не внушали: он не обрушил ни одного храма, не воскресил ни одного мертвяка и, что самое сомнительное, даже не обзавелся мученической кончиной: «Деяния апостолов» кончались тем, что Павел жил в Риме, «проповедуя Царство Божия и уча о Господе Иисусе Христе со всяким дерзновением невозбранно» (Деян. 28:31).

Причина такой концовки — как мы уже говорили в предыдущей книге, — скорее всего, была в том, что она соответствовала действительности. У нас нет никаких оснований полагать, что реальный исторический Павел, союзник, если не агент римлян, заклятый враг *зилотов* и их вождя Иакова, брата Иисуса, человек, которого ревностные иудеи пытались убить несколько раз, — сначала в Фессалониках, потом в Листре, которого только римские солдаты отбили в Иерусалиме от толпы, которого под беспримерным конвоем в двести пеших и семьдесят конных, как ценного кадра, отправили из Иерусалима в Кесарию из-за клятвы сорока сикариев, поклявшихся не пить и не есть, пока они не убьют отступника, — у нас нет никаких оснований полагать, что этому историческому Павлу что-то грозило от римлян. И его ученик «Лука» с удовольствием рекламировал это обстоятельство.

Но, конечно, то, что в 80-е гг. было предметом гордости Луки, к 160-м гг. превратилось в скандал. Апостол без мученичества был что чайник без донышка. Протоортодоксальная римская церковь нуждалась в мученической кончине Павла, и ей было срочно нужно, чтобы совершаемые им чудеса были классом не ниже, чем те, что откалывали его гностические соперники.

Дополнительным отягчающим обстоятельством было то, что среди гностиков, против которых тогда приходилось сражаться церкви, был выходец из Понта по имени Маркион. Сын богатейшего судовладельца и глава местной христианской общины, Маркион прибыл в Рим в 130-х гг. и даже пытался купить себе место епископа Рима. После того как он пролетел на выборах, идеологическая борьба против коварных маркионитов приобрела особую политическую важность, а между тем Маркион утверждал, что его учение было учением самого Павла!

Этим еретическим утверждениям следовало дать срочный и решительный отпор.

«Деяния Павла», судя по всему, и были таким отпором — всем гностическим «Деяниям» вообще и Маркиону в частности. В них Павел совершал чудеса не хуже Иоанновых: он воскрешал мертвых направо и налево, крестил говорящего льва и даже разрушал, после поста и молитвы, храм Аполлона в Сидоне, тем самым сравняв счет с апостолом Иоанном.

Имелось в конце «Деяний Павла» и самое настоящее мученичество: Павел в них бросил вызов Нерону, был казнен и воскрес, причем не в качестве какого-то бесплотного духа, которыми так увлекались гностики, а в самом настоящем бессмертном теле: и в таком виде прочитал Нерону нотацию в присутствии всех его придворных, философов и генералов[7].

В течение долгого времени «Деяния Павла» вполне соответствовали ортодоксии. На них ссылались, как на Св. Писание, Ориген[8] и Коммодиан[9], а популярный вплоть до Средних веков *Cena Cipriani* упоминал имя Феклы девять раз — на раз больше, чем самого Христа![10]

Однако, как это часто бывает с книгами, написанными ортодоксами для того, чтобы сражаться против ереси, «Деяния Павла» сами были признаны еретическими. То, что было ортодоксией во II в. н.э., стало самой злой ересью к V в. «Деяния Павла» были провозглашены еретической книгой, используемой богохульными манихеями и присциллианами, и исчезли из оборота на полторы тысячи лет, до той поры, пока в 1896 г. гейдельбергский профессор Карл Шмидт не начал восстанавливать их по практически рассыпавшемуся в труху коптскому манускрипту.

Анализ

Итак, «Деяния Павла», в которые, как эпизод, вошли «Деяния Феклы», были написаны в 160—190 гг., возможно, в Риме, и в полемике с гностиками.

Тем поразительнее был откровенно гностический характер инкорпорированного ими текста.

В «Деяниях Павла и Феклы» не только Иисус умеет изменять облик, но и сам Павел, кривоногий человечек среднего роста, иногда имеет «подобие человека, а иногда — ангела» (Деян. Фек. 3). А Фекла в тот самый момент, когда ее возводят на костер, видит перед собой Иисуса Христа в облике Павла.

Изменения облика и тождество с Иисусом Христом — это именно тот маркер, который отличает гностические тексты. Более того, Павел в нем демонстрирует все те свойства, которые недоброжелатели приписывали Симону Волхву: он-де менял по желанию свой облик и утверждал, что он есть новый Христос.

Не менее интересна и проповедь Павла. Он проповедует: «Благословенные чистые сердцем, ибо Бога *узрят*. Благословенны хранящие непорочность, ибо станут *Храмом Господним*. Благословенны те, кто Бога чтят, ибо *станут Господними ангелами*. Благословенны те, кто приняли мудрость Христа, ибо *их назовут Сынами Всевышнего*» (Деян. Фек. 5).

Несомненно, Павловы наставления весьма напоминают Нагорную проповедь (или, наоборот, Нагорная проповедь повторяет Павла). Но, что еще интереснее, большая их часть имеет характер откровенно гностических обещаний. Те, кто следуют его учению, обещает Павел, смогут видеть Бога и сами стать богами. Они будут господними ангелами и Сынами Всевышнего, как и сам Иисус. Их тела станут Храмом Господним — то есть телесным вместилищем надмирного Христа.

Еще одна примечательная деталь истории Феклы, живо роднящая ее с настоящим павловским учением, но противоречащая последующей позиции ортодоксальной церкви, — это высокая роль, отведенная женщине. Фекла — это не просто мученица и святая. Она — *апостол.* Она крестит сама себя, бросившись в пруд с муренами, и она заявляет Павлу, что Бог дал ей право крестить.

Это точно та роль, которую женщины играют в посланиях Павла, в которых он иногда ставит имена своих учениц женского пола прежде имен их мужей и одну из них, Юнию, прямо именует апостолом (Рим. 16:7). Это точно та же роль, которую женщины играют у гностиков. Они по жребию становятся епископами и священниками, «они учат, они вступают в споры, они изгоняют бесов, они лечат!»[11]

Однако это роль, которую совершенно не признает ортодоксальная церковь.

«Деяния Павла и Феклы» имеют настолько явственный и простодушный феминистский душок, что можно предположить, что это один из немногих христианских текстов, написанных женщиной. Во всяком случае, женская солидарность проявляется в этом тексте очень явно. Все самки в этом тексте постоянно становятся на сторону Феклы, а все самцы участвуют в заговоре против нее. Даже львица, защищающая Феклу от напущенных на нее зверей, — и та женского рода!

Этот феминистский подтекст истории Феклы так бил в глаза, что уже упомянутый нами патологический женоненавистник Тертуллиан объявил «Деяния Феклы» фальшивкой. По словам Тертуллиана, их подделал некий малоазиатский пресвитер. Апостол Иоанн вывел его на чистую воду, и пресвитер признался, что сочинил фальшивку «из любви к Павлу»[12]. Если верить Тертуллиану, получается, что «Деяния Павла» были написаны еще при жизни апостола Иоанна! (Что, впрочем, конечно, не так.)

Но самое важное в другом.

Как мы уже говорили, из канонических «Деяний» следует, что апостол Павел проповедовал один. Если у него когда-то и были сотоварищи, то это были спутники, но не спутницы: Варнава, Сила, Лука, Тимофей, с которыми Павел проходил по всей империи, утверждая церкви.

Напротив, из того, что мы знаем о мерзком еретике Симоне Волхве, следует, что он практиковал *порнейю,* то есть недозволенные половые связи. Он повсюду таскал за собой какую-то девку, и, мало того, — он еще и богохульствовал, объявив эту свою сожительницу и сообщницу не кем иным, как Мудростью Божией, сошедшей на землю в женском теле.

Ипполит Римский сообщает нам, что женщина, которую таскал с собой Симон Волхв, звалась Еленой. Она была рабыня. Симон Волхв нашел ее в Тире, где увидел стоящей на крыше дома, и, так как он был мошенник и шарлатан, он сразу же для легитимизации внезапно вспыхнувшей страсти объявил товарищам, что прибыл в Тир специально на поиски этой женщины, чтобы спасти ее от рабства.

«И, выкупив ее, он имел привычку всюду возить ее с собой, утверждая, что женщина эта — заблудшая овца, а он сам — Сила превыше всех вещей. И грязный этот человек, влюбившись в эту презренную женщину по имени Елена, купил ее себе в рабыни и наслаждался ею. Он тем не менее стыдился своих учеников и потому состряпал эту сказку»[13].

Согласно «Псевдоклиментинам» дело обстояло еще радикальней. Женщину, с которой путешествовал Симон Волхв, звали Луна, и до того, как стать содержанкой Симона, она состояла в секте некоего Досифея, который возглавил общину последователей Иоанна Крестителя после смерти последнего.

Симон Волхв влюбился в Луну и, чтобы добиться ее, решил занять место Досифея. Досифей и Симон подрались, и палка, которой Досифей намеревался побить много возомнившего о себе ученика, вдруг, как дым, прошла через тело

Симона. «Да уж не Христос ли ты?» — воскликнул изумленный Досифей и, получив ответ, что, точно, Христос, с почтением уступил прельстителю и обманщику свое место.

Вскоре Досифей зачах и отчего-то умер, а Симон Волхв возглавил его секту и стал сожительствовать с Луной. С ее помощью он творил всякие чудеса. Например, однажды он посадил эту Луну в башню, и «великое множество собралось, чтобы поглядеть на нее, и они стояли вокруг башни со всех сторон; и все эти люди видели, как она наклонилась вперед и выглянула сразу изо всех окон этой башни»[14].

Это возвышенное положение любовницы Симона в секте объяснялось тем, что сам себя он называл Христом, а свою сожительницу — Мудростью Божией. Он утверждал, что «он есть некая сила выше Бога Создателя, в то время как Луна, которая с ним, явилась свыше, с неба, и что она не кто иная, как Мудрость, матерь всех вещей»[15].

Нетрудно заметить, что приключения Павла и Феклы один-в-один напоминают приключения Симона Волхва и его содержанки. То обстоятельство, что Павел называет свою спутницу Божией Славой, а Симон Волхв именует свою спутницу Божией Мудростью, только увеличивает сходство.

Обе женщины являются *сизигиями* апостола. Обе являются женской ипостастью Всевышнего. Обе творят чудеса.

Фекла и Елена — это один и тот же персонаж, только описанный с разных точек зрения.

И Павел, и Симон притязают быть новой ипостасью Христа — «Вы приняли меня как ангела Божия, как Иисуса Христа» (Гал. 4:14).

И Павел, и Симон Волхв возят с собой женщину. Павел называет свою спутницу Славой Божией, а Симон Волхв называет свою спутницу Мудростью Божией.

Приверженцы Павла утверждают, что эта женщина — знатная и богатая девушка, последовавшая за Павлом исключительно из духовных соображений. Противники Павла утверждают, что это рабыня, купленная им ради удовлетворения похоти, и также с той же целью, с которой фокусник обзаводится соблазнительной ассистенткой.

В любом случае и та, и другая женщина — не еврейки. Для сторонников Павла такой союз является символом приобщения язычников к Христу, наглядным доказательством того, что во Христе нет «ни эллина, ни иудея». Для противников Симона Волхва такой союз является самым страшным грехом, который может совершить иудей; а Симон Волхв является «новым Валаамом», призывающим Израиль к «порнейе», то есть к недозволенным половым связям (Откр. 2:14).

Итак, «Деяния апостолов», текст вполне реалистический и частично написанный от первого лица, ни слова не говорит о наличии у Павла женской *сизигии*. Напротив, «Деяния Павла и Феклы» текст куда более фантастический и даже намеренно смахивающий на греческий роман, утверждает, что такая спутница у него была.

Что же говорит нам об этом обо всем сам наш главный герой — апостол Павел? Была у него *сизигия* или не была?

В 1-м послании Коринфянам Павел горячо защищает свое теоретическое право иметь платоническую спутницу жизни, которую он называет «сестрой-женой». «Или не имеем власти иметь спутницею сестру-жену, как и прочие Апостолы, и братья Господни, и Кифа?» (1 Кор. 9:5).

А в письме к Филиппийцам он прямо обращается, помимо прочих женщин-учениц, к своей *сизигии*, которую он просит помочь им в их апостольском служении.

«Умоляю Еводию, умоляю Синтихию мыслить то же о Господе, — пишет Павел, — да и тебя прошу, истинная *сизигия* (σύζυγε), помогай им, подвизавшимся в благовествовании вместе со мною» (Фил. 4:3).

Эти слова Павла так смутили последующих христиан, что в Синодальном переводе «истинная сизигия», то есть «истинная супруга», переводится как «искренний сотрудник», — совершенно поразительный пример того, как далеко позднейшая ортодоксия отстоит от ранних последователей Павла.

О том, что у Павла таки была жена, хорошо знал Климент Александрийский, который писал, что в этом письме Павел обращается к своей супруге, «которую он не брал с собой только ради легкости перемещения» (Строматы, 3, 53,1).

Поразительно, но «Деяния апостолов» — текст, казалось бы, куда менее фантазийный, чем «Деяния Павла и Феклы», оказывается в вопросе *сизигии* Павла куда менее точным.

Вернемся теперь к каноническим «Деяниям». Согласно им Павел вскоре после своего обращения прибыл в Антиохию, столицу римской провинции Сирия, где в это время были и другие верующие. Автор «Деяний» старательно избегает вопроса об отношениях Павла и других апостолов, бывших в Антиохии. По умолчанию невнимательный читатель может решить, что эти отношения были прекрасны.

Сам Павел в своих письмах более откровенен. Он пишет, что в Антиохии у него случился конфликт с апостолом Петром по поводу соблюдения иудейского закона: и это был ровно тот самый конфликт, о котором мы уже упоминали.

«Когда же Петр пришел в Антиохию, то я лично противостоял ему, потому что он подвергался нареканию. Ибо до прибытия некоторых от Иакова ел вместе с язычниками; а когда те пришли, стал таиться и устраняться, опасаясь обрезанных» (Гал. 2:11–12).

«Псевдоклиментины» рисуют нам еще более впечатляющую картину. Согласно им Антиохия была ни более ни менее как место магического поединка между проклятым Симоном Волхвом и противостоявшим ему апостолом Петром, и как раз в разгар этого поединка в Антиохию прибыл императорский вестник с указом, объявлявшим вне закона всех *гоисов*. В прошлой книге мы предположили, что речь идет о сенатусконсульте 36 г., который объявлял преступлением саму веру в Иисуса. Очень вероятно, что это и был тот закон, по которому верующие в Антиохии «впервые *были провозглашены* христианами» (Деян. 11:26).

Согласно «Псевдоклиментинам» проклятый Симон Волхв, несмотря на все свои колдовские умения, потерпел поражение в поединке с апостолом самого Господа и вынужден был бежать из Антиохии на утлой лодочке.

Автор канонических «Деяний» тоже признает, что Павел отплыл из Антиохии, только утверждает, что причиной отплытия Павла из Антиохии был Дух Святой. Павел отплыл в Селевкию, а оттуда на Кипр (Деян. 13:4).

Там, на Кипре, у Павла состоялась встреча с неким волхвом, лжепророком и иудеем по имени Вариисус, которого апостол и вывел на чистую воду в присутствии проконсула Кипра Сергия Павла, «мужа разумного» (Деян. 13:7). Павел, ни больше ни меньше, как поразил этого «Клеветника» (διάβολος) и «Врага Праведности» слепотой (Деян. 13:10).

Тут надобно сказать, что Вариисус — это бар Иисус, то есть «сын Иисуса». Иначе говоря, Павел повстречал на Кипре некоего иудея, который именовал себя сыном Иисуса и донес на него проконсулу. И дело это происходило, возможно, сразу после сенатусконсульта, направленного против христианских *гоисов*. Мы можем не сомневаться, что проконсул с глубоким удовлетворением прочел донос Павла и с еще большим удовлетворением убедился, что часть новоявленных «христиан» вполне склонна сотрудничать с властями.

Вот после этой-то истории с сыном Иисуса Павел и отплыл с Кипра в Пергу, а потом отправился по Via Sebasta в глубь материка, в Антиохию Писидию.

Там-то у него и начались неприятности с исполненными *ревности* (ζῆλος) евреями (Деян. 13:45). В Антиохии Писидии они «воздвигли гонение на Павла и Варнаву и изгнали их из своих пределов» (Деян. 13:50). В Иконии, где Павел снова проповедовал в синагоге, иудеи хотели побить Павла камнями (Деян. 14:5). А когда Павел перешел из Икония в Листру, то за ним из Антиохии и Иконии пришли иудеи, «побили Павла камнями и вытащили за город, почитая его умершим» (Деян. 14: 19).

Из канонически «Деяний» не совсем понятно, кто были эти иудеи и почему они так прицепились к Павлу, что не поленились отправиться за ним из Антиохии Писидии в Листру. Мы можем невзначай подумать, что это были рядовые обыватели — горшечники, ремесленники, ткачи, булочники и пр. Хотя, конечно, у обычных булочников обычно нет желания и возможности пройти ножками более двухсот километров по горным дорогам, только чтобы побить до смерти заезжего проповедника.

В «Деяниях Феклы» мотивы иудеев, разругавшихся с Павлом, описаны гораздо яснее. Эти иудеи — *ревнители* и *праведники.* Они приходят в город вместе с Павлом, и, когда его ученик Онесифор отказывается пригласить их в дом, они *ревнуют.*

«Димас и Гермоген *возревновали…* и Димас сказал: «Или мы не тоже посланцы Благословенного Бога, что ты не приветствовал нас?» (Деян. Фек. 4).

На это Онесифору ничего не остается, как пригласить и их: «Я не вижу в вас следов *праведности,* но если вы таковы, приходите в мой дом и подкрепитесь», — говорит он (Деян. Фек. 4).

Именно Димас и Гермоген науськивают на Павла могущественного язычника Фамириса. Они не только обвиняют Павла в колдовстве — они еще и предлагают Фамирису научить его настоящему воскресению, которое происходит от познания Бога. Более того, они это делают после «великолепного пира с изобилием вина, необыкновенной роскошью и прекрасным столом» — совершенно сознательный и рассчитанный плевок автора «Деяний» в сторону *праведников,* которые упрекают Павла, что он ест за одним столом с язычниками, но и сами не прочь подкрепиться за языческий счет.

Нетрудно представить себе, какой эффект на суровых зилотов произвело появление рядом с Павлом, именовавшим себя новым воплощенным Христом, прекрасной язычницы, которую он именовал воплощенной Славою Божией. Собственно, этот эффект и запечатлен в «Псевдоклиментинах» в рассказе о мошеннике Симона Волхве и женщине, которую он всюду возил с собой под именем Мудрости Божией.

Из внимательного чтения «Деяний апостолов» можно заметить, что взаимоотношения Павла с остальными членами секты серьезно испортились в Антиохии и окончательно рухнули в Писидии. «Деяния Феклы», возможно, указывают нам на главный источник этого окончательного разрыва. Именно в Писидии, если верить им, Павел обретает прекрасную спутницу.

Именно в Писидии от него отпадают шокированные ученики Димас и Гермоген, имена которых, как имена предателей, упоминаются во 2 Тимофея. Именно в Писидии *ревностные* иудеи побивают Павла камнями, и именно по итогам обретения прекрасной Феклы, Славы Божией, Павел получает презрительную кличку «Валаам», то есть пророк, который учит есть идоложертвенное и заниматься *порнеей* — недозволенными для сына Израиля половыми связями с язычницами.

И снова Антония Трифена

Как мы уже сказали, «Деяния Павла» был протоортодоксальный текст, оформившийся не раньше 160—190-х гг. н.э., когда кафолическая церковь уже существовала и боролась, по крайней мере, с некоторыми видами гностицизма. Но некоторые эпизоды этих «Деяний», и прежде всего история Феклы, имеют в своей основе откровенно гностический сюжет.

Павел был новым Христом. Христос являлся перед Феклой в облике Павла. Женщинам было разрешено проповедовать и крестить. А сама фигура Феклы, Славы Божией, спутницы Павла, слишком явно напоминала нам фигуру Мудрости Божией, спутницы Симона Волхва.

Как же такой откровенно гностический сюжет попал в «Деяния Павла», написанные в конце II в. в лоне римской церкви в рамках борьбы с гностицизмом?

Ответ на этот вопрос, возможно, и дает нам фигура царицы Трифены: той самой, которая изображается как покровительница Феклы.

Как мы уже говорили, одним из главных конкурентов будущих ортодоксов начиная с 130-х гг. были маркиониты. Причем речь шла о соперничестве даже не идеологическом, а куда более серьезном — административном.

Глава понтийских христиан Маркион пытался в 130-х гг. сделаться епископом Рима и, после того как потерпел поражение, создал свою собственную церковь, то есть альтернативную административную структуру со своими епископами, дьяконами и доходами.

Мы даже можем заподозрить, что борьба с гностицизмом в Риме в 130-х гг. началась именно вследствие борьбы с Маркионом. Это была не идеологическая борьба. Это была политическая и административная борьба, проходившая в идеологическом измерении. Точно так же, как Сталин в 1930-х гг. боролся не с «правым» и «левым» уклоном, а со своими политическими соперниками Троцким и Бухариным, точно так же папы Гигин и Анаклет, административно восторжествовав над Маркионом, были заинтересованы в том, чтобы разгромить его идеологически.

Маркион был богатый человек: его отец был не только глава синопской христианской общины, но и самый богатый судовладелец Синопа. Это вряд ли могло произойти без попустительства властей: и здесь нам на память снова приходит вся та же царица Антония Трифена, дочь правителя Босфора, Понта, Киликии и Каппадокии и марионеточная римская царица Фракии. В 38 г. н.э. Трифена по вежливому приглашению императора Калигулы отреклась от трона и поселилась на правах частного лица в Кизике. Несмотря на это, влияние ее в Понте продолжало быть значительным, а дочь ее и сын стали, соответственно, правителями Фракии и Малой Армении.

В «Деяниях Феклы» Антония Трифена изображена как последовательница и покровительница апостола Феклы. Это не единственное, что связывает ее с христианством.

Как мы знаем из «Деяний апостолов», одним из собеседников Павла был не кто иной, как царь Иудеи Агриппа II. Он весьма дружески беседовал с Павлом и даже подшучивал над ним: «Ты немного не убеждаешь меня сделаться христианином» (Деян. 26:28).

Фактической соправительницей (и, как поговаривали, сожительницей Агриппы) была в это время его сестра Береника, которая спустя несколько лет вышла замуж за брата Антонии Трифены понтийского царя Полемона. Конечно, верующей иудейке в это время было нелегко выйти замуж за необрезанного чужака. Но у Береники был перед глазами хороший пример ее сестры, Друзиллы, которая как раз в это время вышла замуж за необрезанного прокуратора Иудеи Антония Феликса.

По странному совпадению, Иосиф Флавий сообщает, что Друзиллу уговорил выйти замуж за Феликса некий иудей Симон. А «Деяния апостолов» подтверждают эти сведения Иосифа Флавия, сообщая, что Феликс и Друзилла приходили к Павлу, чтобы побеседовать с ним о вере (Деян. 24:24).

Таким образом, все эти весьма высокопоставленные персонажи — иудейка Друзилла и ее римский супруг Феликс, ее сестра Береника, ее понтийский супруг Полемон и его сестра Антония Трифена — были довольно тесно связаны между собой, и в центре этих связей действительно вполне мог находиться могущественный проповедник Симон Волхв/апостол Павел, который разрешал *порнейю*, то есть сексуальные связи с необрезанными, и даже сам практиковал их.

Очень трудно вообразить, чтобы в 160-х гг. н.э. римский или эфесский автор был осведомлен о существовании царицы Трифены, оставившей след в основном на монетах и в виде дарственных надписей в далеком для них Кизике.

Другое дело — сама провинция Вифиния и Понт, перешедшая в прямое ведение римлян в 62 г. Понятно, что в ней фигуры Трифены и ее сына имели огромное значение.

И, более того, само процветание понтийской общины последователей Павла (напоминаю, процветание это было таково, что к началу II в. в провинции, по утверждению Плиния Младшего, опустели храмы, и люди не приносили жертвы богам) легко объяснить покровительством, которое оказывали новому суеверию Трифена и Полемон. Религиозному сектанту очень трудно стать крупнейшим судовладельцем города без ведома его царя.

Чем был оригинал «Деяний Феклы»?

С большой вероятностью это был текст, написанный женщиной в 90—120-х гг. в римской провинции Вифиния и Понт. Этот текст сохранял воспоминания как о покровительстве, которое понтийская династия оказывала ученикам Павла, так и о преследованиях, которые обрушились на них в 115—117 гг. н.э., когда наместником провинции стал много раз упомянутый нами Плиний Младший.

Этот текст сохранял достоверные воспоминания об апостоле Павле и рисовал его как низенького кривоногого человека с большим носом. Этот текст носил откровенно гностический характер. Он называл Павла новым воплощением Христа, а его спутницу именовал Славой Божией.

Этот текст также сохранял ранний ареал употребления слова «христианин». Как и в Новом Завете, и в письмах Плиния Младшего, это слово в «Деяниях Феклы» используется исключительно как пейоративное: оно влагается в уста врагов Павла или властей. «Донеси, что он христианин!» — советует Гермоген Фамирису. «Обличи его перед наместником Кастеллием на том основании, что он пытается прельстить народ чуждой доктриной христиан» (Деян. Фек. 14; Деян. Фек. 16).

В 160–190-х гг. н.э. ортодоксальный пересказчик экспроприировал этот текст, чтобы включить его в документ, призванный закрепить собственность на апостола Павла за римской церковью. Однако при этом те моменты этого текста, которые впоследствии будут признаны гностическими и еретическими, еще не признавались таковыми римской церковью.

Таким образом, мы приходим к парадоксальной ситуации. «Деяния Фомы», «Деяния Иоанна», «Деяния Филиппа», «Деяния Павла и Феклы» отражают разные, очень далеко разошедшиеся виды христианства.

Одни из этих видов признают евнухов и женщин-апостолов, другие — нет. Одни знают церемонию двойного *запечатывания* водой и елеем, а другие знают только запечатывание водой. Одни утверждают, что Иисус на Тайной вечере причастил своих учеников вином, другие — что он причастил их водой, а третьи — что он сплясал с ними танец Плеромы. Одни считают Яхве творцом мира, другие считают его недалеким и ограниченным демиургом. Но все они имеют в себе гностические черты.

Более того, эти гностические черты одинаково свойственны «Откровению Иоанна Богослова», которое называет последователей Павла «синагогою Сатаны», и «Деяниям Павла и Феклы», в которых Павел изображается новым воплощением Христа, способным менять облик и сопровождаемым Славой Божией!

Если один и тот же ген свойственен двум далеко разошедшимся видам, то разумно предположить, что этот ген имелся у их общего предка.

Но как же тогда это согласуется с утверждением ортодоксов, что сначала была их, правильная, вера, а потом гностики ее извратили?

ГЛАВА 7
Гностики и зилоты

Когда появились самые первые гностики?

Для канонической церкви ответ на этот вопрос не представлял никакого затруднения. Ересь гностицизма была тупиковым ответвлением от ствола истинной веры, а родоначальником этого заблуждения был не кто иной, как Симон Волхв. Сначала была правильная вера, а потом еретики ее извратили.

Юстин Мученик в середине II в. вспоминал, как он лично встречал последователей антиохийца Менандра, который, в свою очередь, был учеником Симона Волхва. Этот Менандр утверждал, что он сам является Господом, и обещал ученикам физическое бессмертие. А основоположник классического гностицизма Валентин, если верить Клименту Александрийскому, якобы был учеником некоего Феуды, который, в свою очередь, был учеником апостола Павла[1].

О том, что в учении подлинного Павла могла быть весомая гностическая составляющая, мы говорили уже и будем еще говорить. Однако если бы гностицизм был еще одной трансформацией учения Павла, мы могли бы ожидать, что гностические Евангелия будут написаны прежде всего от имени Павла, или Савла, или Симона.

Однако гностические тексты, написанные от имени Павла, составляют ничтожную долю других гностических текстов.

Более того — многие из них сохраняют более аутентичные, чем ученики Павла, сведения о положении дел в секте после смерти Иисуса и хорошо помнят, в отличие от Луки, что главой церкви после смерти Иисуса стал его брат Иаков.

После обнаружения первых настоящих гностических текстов ученые ударились в другую крайность: гностицизм-де вообще не имел никакого отношения к христианству. В нем видели влияние буддизма, зороастризма и неоплатонизма.

Это было дохристианское движение, которое восходит к древнейшим вавилонским и персидским образцам[2], переделанному зороастризму[3], платонизму с его разделением царства Идей и мира Вещей, дуалистической религии персов и буддизму, учащему, что жизнь есть страдание[4].

Влияние буддистов и персов в позднем гностицизме, безусловно, есть — ведь последователи Иисуса и вправду проповедовали до самого Инда, и до того же Инда тогда простирался грекоговорящий мир. В это время в Александрии можно было встретить не только практикующего буддиста, но и (если очень повезет) китайского купца. В I–IV вв. н.э. Ближний Восток был религиозным парником и ковчегом со всякой верой по паре.

Но если влияние буддизма, платонизма и зороастризма было таким уж большим, то почему Будда и Зороастр вошли в гностический пантеон многоразовых Спасителей только в III в. н.э., в ходе реформ Мани, а Платон и вовсе стал почитаться в числе пророков только друзами в XI в.? Если гностицизм был основан Платоном, Зороастром и Буддой, почему они не вошли в список его основателей с самого начала?

Почему в раннем гностицизме в качестве многоразовых Спасителей почти всегда фигурируют либо Иисус, либо персонажи Ветхого Завета — Сиф, Шем, Енох, Ной и Мельхиседек (как правило, являющиеся предыдущими воплощениями Иисуса), либо его апостолы?

Несмотря на все усилия историков, археологов и филологов, нам пока неизвестно ни одного гностического текста, который явно предшествует рождению христианства[5].

Можно, наконец, предположить и еще один вариант: гностицизм был продуктом внутренней эволюции иудаизма. Но если это так, то как же получилось, что о соответствующей иудейской секте не упоминает Иосиф Флавий?

Ответ заключается в том, что он о ней упоминает. А именно — когда говорит об «ессеях».

Ессеи, согласно Иосифу Флавию, «твердо веруют, что, хотя тело тленно и материя невечна, душа же всегда остается бессмертной; что, происходя из тончайшего эфира и вовлеченная какой-то природной пленительной силой в тело, душа находится в нем как бы в заключении, но как только телесные узы спадают, она, как освобожденная от долгого рабства, весело уносится в вышину»[6].

Это удивительное с точки зрения ортодоксального иудаизма верование.

Ортодоксальный иудаизм эпохи Второго Храма ничего не говорил о душе. Во всей Торе вы не найдете ни строчки, которая говорила бы, хоть с какой-то определенностью, не только о бессмертии человеческой души, но и вообще о ее существовании.

В Торе человек не мог видеть бога, человек не мог быть воплощением бога, человек не мог подниматься на небеса: и это было не случайностью, а наоборот, системообразующим принципом монотеизма. Между Богом и человеком лежала непреодолимая полоса препятствий, с колючей проволокой, со светом прожекторов, с постоянными теологическими патрулями и датчиками движения, которые бдительно отслеживали нарушителей. Между Богом и человеком не было никого: в Жреческом кодексе не было даже ангелов, вещих снов и говорящих животных. Идею души, *которая является частью бога,* ортодокс времен Ездры почел бы за чудовищное язычество и прельщение Израиля.

Даже ранние фарисеи о душе ничего не говорили: то, что обещает восставшим против Антиоха Эпифана повстанцам «Книга Даниила» — это вечная жизнь и *воскресение тела.* Те же верования характеризовали и римскую церковь, по крайней мере во II–III вв. н.э. Наш добрый старый знакомец Юстин Мученик, как мы помним, специально подчеркивал, что души не могут быть бессмертными. Взглядом бдительного теолога Юстин уловил, что бессмертная душа, как ни крути, *является богом.* «Души смертны и подвергаются наказанию», — утверждал Юстин[7]. Безначален и неразрушим только Бог, а что воскресает — так это плоть.

И вот, согласно Иосифу Флавию, ессеи веровали не в физическое воскресение тела, а в то, что после смерти «душа, освобожденная от долгого рабства, весело уносится в вышину». Сравните с гностиками, которые «учат о том, что душа имеет происхождение божественное и низвергается в этот мир в наказание»[8].

Однако мирные ессеи (если они вообще когда-либо существовали иначе, как на страницах Иосифа Флавия) были не единственные, кто обладал таким возвышенным и таким неортодоксальным представлением о человеческой душе, как о части бога.

То же самое убеждение, согласно Флавию, характеризовало кровавых сикариев.

В седьмой главе «Иудейской войны» рассказывается об обороне сикариями Масады — неприступной крепости Ирода на берегу Мертвого моря, в которой хранились запасы для долговременной осады и оружие для десяти тысяч человек. Диверсионная операция сикариев по захвату этого арсенала, собственно, и была началом войны, точно так же, как захват арсенала в Сепфорисе стал отправной точкой восстания Иуды после смерти Ирода в 4 г. до н.э. Сходство между обоими операциями только усиливалось тем, что Иуда Галилеянин, предок захватившего Масаду Мессии Менахема, и Иуда, сын атамана Езекии, поднявший восстание в 4 г. до н.э., был, вероятно, одним и тем же лицом.

Менахем вскоре после захвата Масады отправился в Иерусалим, провозгласил себя там царем и был убит, но его родственник, Елеазар бен Яир, продолжал командовать неприступной крепостью, ожидая пришествия Царствия Божия и время от времени разоряя окружающие городки. Жители этих городов были отнюдь не язычники, а другие евреи, которых обитатели Масады считали детьми Велиала уже за то, что они веровали в их же собственного бога по-другому.

«Нет никакой разницы, — говорили сикарии, — между ними и чужеземцами, так как они постыдно предали свободу, за которую так много было войн, и сами облюбовали римское рабство»[9].

Это была удобная философия, позволявшая не только грабить безоружных крестьян вместо вооруженных римлян, но и возводившая этот грабеж в богоугодное дело.

Когда римляне осадили Масаду, то все сикарии, находившиеся в крепости, совершили массовое самоубийство, точно так же, как участники секты Джима Джонса в Джонстауне в 1978 г. Они убили своих женщин и детей, а потом перебили друг друга.

Но это был не просто акт отчаяния. Перед массовым самоубийством Елеазар бен Яир обратился к сектантам с прочувствованной революционной речью, которая, конечно, выдумана Иосифом, но опирается на идеи, хорошо ему знакомые.

Содержание этой речи было совершенно парадоксально. Все, что мы знаем об иудейском милленаризме той поры, заставляет нас полагать, что Царство Божие в нем — как и в «Откровении Иоанна Богослова», и даже в «Евангелии от Марка» — имело совершенно материальный характер.

Оно было Новым Небом и Новой Землей. Оно было Древом Жизни, посаженным у Престола Господа, Великого Царя, который сойдет, чтобы посетить землю со своей милостью.

При его наступлении горы скакали, как овцы, небо сворачивалось, как свиток, и Мессия приходил с войском ангелов на облаках. Даже в Иерусалиме, в самый последний момент штурма Храма, жертвы были особенно велики, ибо обезумевшая толпа с женщинами и детьми искала спасения в горящем здании из-за слова некоего лжепророка, который именно в день штурма возвестил городу, что «Бог велит вам взойти к храму, где вы узрите знамение вашего Спасения»[10]. Из этого заметно, что толпа ждала Спасения, или, в обратном переводе, Иешу, — даже в самый последний момент, и это Спасение/Иеша были вполне осязаемы и материальны.

И вот теперь, когда восстание было разгромлено, а осажденным в Масаде фанатикам грозила мучительная смерть, их лидер вдруг сообщил своим подчиненным, что Царство Божие — не от мира сего.

«От самого раннего пробуждения сознания в нас нам внушалось унаследованным от отцов божественным законом — а наши предки подкрепляли это и мыслью, и делом, — что не смерть, а жизнь несчастье для людей. Ибо смерть дарует душам свободу и открывает им вход в *родное чистое место*, где их не могут постигнуть никакие страдания», — заявил им Елеазар[11].

Но это практически слово в слово то, что говорят перед казнью апостол Иуда Фома и апостол Филипп! Они именно что хотят освободиться от бренной плоти, чтобы поскорее попасть в Рай на небо!

Никаких аналогов подобным заявлениям в ортодоксальном иудаизме нет и не может быть. Вы можете прочесть всю Тору, и нигде не найдете, что смерть «дарует душам свободу». «Закон», о котором говорит террорист Елеазар, — это вовсе не сама Тора, а именно что учение «четвертой секты».

Сикарий Елеазар бен Яир называет душу «родственной богу». «До тех пор, пока они (души) находятся в оковах бренного тела и заражены его пороками, они, в сущности говоря, мертвы, так как божественное с тленным не совсем гармонирует, — продолжает Елеазар, — но когда она (душа), освободившись от притягивающего его к земле и навязанного ей бремени, достигает своей родной обители, только тогда она обретает блаженную мощь и ничем не стесняемую силу»[12].

На первый взгляд это совершенно парадоксальный оборот дела! Все, что мы знаем о «четвертой секте», свидетельствует, что она именно что надеялась на триумф Царства Божия на земле и деятельно внедряла оное огнем и мечом. Но только на первый взгляд.

На самом деле такой поворот дела очень логичен. Речь Елеазара бен Яира напоминает басню про «зелен виноград». Когда восстание только начиналось, в политической программе секты значились физическое бессмертие, венцы и престолы. Когда программа оказалась невыполненной по независящим от ее авторов обстоятельствам, авторы заявили, что венцы, престолы и бессмертие ждут их последователей на небе.

Иначе говоря, мы можем предположить, что иудейский гностицизм возник как разновидность учения зилотов.

И в самом деле — между гностическими текстами и текстами Кумрана насчитывается много поразительных параллелей. В чем-то их больше, чем параллелей между гностиками и ортодоксами.

София и Ашера

Одной из самых бросающихся в глаза черт гностицизма является женская составляющая божества.

У гностиков все высшие эоны имеют свои женские половины, которые находятся с ними в *сизигии,* то есть в платоническом брачном союзе. Ущербность и ограниченность Ильдабаофа, бога материального мира, связана именно с тем, что он такой половины не имеет.

Сокровеннейшим таинством гностицизма был Брачный Чертог, церемония, в которой верующий и соединялся платонически со своей Духовностью, тем самым превращаясь в Нового Христа.

Это таинство, как мы видели, вовсе не было ограничено грекоязычными вариантами гностицизма. Ровно наоборот. Представление о Святой Рухе — матери Христа могло появиться только в арамейском, но не в греческом языке, и прекрасная «Слава Божия», сопровождавшая Павла в его странствованиях, была аналогом иудейской Шехины.

Это представление о женской составляющей божества, естественно, вело и к более высокой, по сравнению с ортодоксами, роли женщин. Многие сообщества гностиков не знали фиксированной бюрократии. Священнические обязанности они распределяли перед каждым собранием по жребию. Жребий падал то на мужчин, то на женщин.

Именно такое положение дел мы видим, к примеру, в «Деяниях Иоанна», в которых апостол Иоанн постоянно передает свое право *воскрешать* женщинам: Друзиане и Клеопатре. Именно такое положение дел мы видим в «Деяниях Фомы», в которых Фома *помазывает* сына царя Визана, но приказывает своей ученице Мигдонии *помазать* женщин (Деян. Фом. 13:157:15). То же самое мы видим в «Деяниях Филиппа» с их апостолом Мариамной, в «Деяниях Павла и Феклы», и в «Письме к Филиппийцам», в котором апостол Павел просит свою «истинную сизигию» помогать двум другим женщинам, Синтихии и Еводии, в «благовествовании», то есть апостольской деятельности (Фил. 4:2–3).

Священников-мужчин и священников-женщин имела также загадочная сирийская секта мессалиан, в полном согласии с «Евангелием от Фомы», мистические изречения которого обещали вознесение над вопросами плоти. «Иисус сказал… когда вы сделаете мужское и женское единым, так что мужское не будет мужским и женское не будет женским… тогда вы войдете в царство» (Фм. 22).

Именно такое положение дел и возмущало ортодоксов: «Они [женщины] учат, они вступают в споры, они изгоняют бесов, они лечат!»[13]

Наличие в гностицизме женского божества, на первый взгляд резко отличает его от классического иудаизма. Яхве — божество сугубо мужское и не состоящее в браке. Никакой женской составляющей у него нет.

Однако ранний домонотеистический яхвизм очень хорошо знал богиню Ашеру, близкую родственницу угаритской Атират, супруги верховного бога Эля и матери семидесяти богов, одним из которых, вероятно, был Яхве, племенной бог Израиля[14]. Таким образом, несколько заостряя мысль, мы можем сказать, что раннему иудаизму культ *Богородицы* был известен прекрасно.

В Иерусалиме культ Ашеры-Богородицы был распространен по крайней мере до 700 г. до н.э.: археологи нашли несколько сотен ее статуэток в двух пещерах-святилищах, расположенных всего в 300 м от Первого Храма[15]. Эти фигурки находятся практически при каждых археологических раскопках VIII–VI вв. до н.э. в Иудее[16].

Изображения и надписи из Кунтиллет Аджруд упоминают о «Яхве и его ашере»[17]. Надпись VIII в. до н.э. на гробнице некоего Урии в Хирбет-эль-Коме гласит: «Благословен Урияху Яхве; от его врагов он был спасен его Ашерой»[18].

Ашера почиталась не только в виде статуй, но и прежде всего в виде рощ или деревьев. Нередко она изображалась в виде дерева с тремя стилизованными ярусами ветвей (т.е. в виде меноры). Изображение Ашеры в виде меноры часто встречается на сирийских античных гробницах; его же можно видеть на культовой подставке из Таанаха[19]. Еще одним популярным символом Ашеры был голубь.

Слово «Ашера/ашера» встречается в Библии больше сорока раз. Однако читатель Синодального перевода никогда не догадается об этом. Почти всегда в переводе вместо слова «Ашера» бдительно стоит или «Астарта», или «дерево», или «роща».

Так, в Синодальном переводе Второзакония читаем: «Не сади себе рощи из каких-либо дерев при жертвеннике Бога своего, который ты сделаешь себе, и не ставь себе столба, что ненавидит Господь Бог твой» (Втор. 16:21–22). В оригинале читаем: «Не сади себе Ашеру деревом при жертвеннике Бога твоего».

«И устроили дубраву, и поклонялись всему воинству небесному», — читаем мы в Синодальном переводе 4 Царств (4 Цар. 17:16). «И сделали Ашеру, и поклонялись всему воинству небесному», — утверждает оригинал.

Поклонение священному дереву было одной из главных особенностей культа Яхве, как его знали патриархи.

Сразу после того, как Авраам приходит в Ханаан, Господь лично является к нему возле дуба (элон) Море, возле Сихема (Быт. 12:6). Именно там Господь отдает Аврааму Ханнан, и именно там Авраам ставит жертвенник (Быт. 12:7). Под этим же самым «дубом, который близ Сихема», закапывает Иаков чужих богов, которых ему отдают его домашние (Быт. 35:4).

Под тем же самым «дубом подле святилища Господня» в Сихеме устанавливает Иисус Навин в землю слова закона (Навин. 24:26). Там же, под дубом близ Сихема, был поставлен царем Авимелех (Суд. 9:6).

Сихем был не единственным местом, где при алтаре Яхве росло священное дерево. В Хевроне жертвенник Авраама стоял возле дуба Мамре (Быт. 13:18)*. Дуб Плача в Вефиле

---

* Здесь следует сделать одно примечание. Дерево, под которым Аврааму является Господь в Быт. 18:1, называется в современном мазоретском тексте «элонэ Мамре», т.е. стоит во множественном числе. При этом название этого дерева, «элон», можно истолковать и как «дуб», и как «теревинф». Септуагинта — то есть самый древний перевод Торы, сделанный еще в III в. до н.э., утверждает, что Господь явился Аврааму у Мамрийского дуба (ед. ч.). В некоторых современных переводах фигурирует теревинф. А в «Таргуме Онкелос» — стандартном переводе-толковании Торы на арамейский I в. н.э. — вообще утверждается, что Господь явился Аврааму «на равнине Мамре». Эта самая «равнина» попала из «Таргума Онкелос» даже в Вульгату, латинский перевод Библии, выполненный бл. Иеронимом в конце IV в. н.э. Все эти равнины, теревинфы, тамариски, дубравы, кормилицы, разночтения в имени, породе и числе от главы к главе и прочие мелочи — это след неустанной борьбы монотеистов против священного дерева, являвшегося символом и местом обитания Ашеры.

ассоциировался с некоей особой женского пола, которую прошедшая через монотеистическое горнило Тора называет кормилицей Ревекки (Быт. 35:8).

Еще одну Ашеру Авраам посадил в Беершеве. Вследствие монотеистической цензуры Ашера превратилась в эшель, то есть тамариск, и теперь мазоретский текст «Книги Бытия» гласит: «И насадил Авраам при Беершеве *эшель* и призвал там имя Господа, Бога вечного» (Быт. 21:33).

И, наконец, именно Ашере построил храм царь Соломон в Иерусалиме, в рамках своей обширной строительной программы по превращению затрапезного иевусейского городка в новый религиозный центр нации. Храм Ашере был расположен на Елеонской горе напротив храма Яхве (4 Цар. 23:13).

С началом монотеистических реформ в VIII–VI вв. до н.э. культ Ашеры был провозглашен язычеством и отклонением от культа Яхве, и поклонение под деревьями, описанное в древнейших частях Торы, было проклято и запрещено.

Пророк Иеремия проклинал еврейский народ за то, что тот молился «под *всяким ветвистым деревом*» (Иер. 2:20). Пророк Иезекииль сурово обещал, что пораженные Господом идолопоклонники из числа евреев будут лежать «*под всяким зеленеющим деревом и под всяким ветвистым дубом*, на том месте, где они приносили благовонные курения всем идолам своим» (Иезек. 6:13). А автор Девтерономической истории (т.е., с большой вероятностью, все тот же Иеремия) объяснял поклонение Ашере, которое практиковал Соломон, влиянием чужеземных жен (3 Цар. 11:5).

Иначе говоря, монотеисты объявили язычеством и иностранным влиянием все, что почитали Авраам, Иаков и Иисус Навин.

Ашера/ашера была вырублена по всей земле во время первой иудейской монотеистической реформы, предпринятой царем Езекией в VIII в. до н.э. (4 Цар. 18:4). Тогда же, видимо, был уничтожен ее алтарь в святилище в Араде[20].

Реформа Езекии не была доведена до конца, и его сын Манассия вернул Ашеру в Храм (4 Цар. 21:7).

Снова она была вынесена из Храма при внуке Манассии, Иосии. Этот человек вступил на царство в 640 г. н.э. и устроил в Иудее настоящую Культурную Революцию. Он уничтожил коней солнца, стоявших у входа в храм, он сжег жрецов высот на их алтарях, и он «вынес Ашеру из дома Господня за Иерусалим к потоку Кедрону, и сжег ее у потока Кедрона, и истер ее в прах, и бросил прах ее на кладбище общенародно, и разрушил *дома кедешим*, которые были при храме Господнем, где женщины ткали ткани для рощи» (4 Цар. 23:6–7)*.

Однако реформа Иосии тоже продолжалась недолго. Царь был убит в сражении с египтянами в возрасте 39 лет, и после него на престоле Иудейского царства один за другим сменились четыре царя, мало сочувствовавших монотеистам. Через двадцать лет после смерти Иосии, в 587 г. до н.э., Иерусалим был взят вавилонянами, и Первый Храм был разрушен.

Как ни странно, именно падение Иудейского царства, боль, кровь, геноцид и плен, ставшие трагедией для народа, и оказались спасительными для партии монотеистов. Монотеисты были врагами последнего иудейского царя и, как следствие, активными политическими союзниками вавилонян. В результате именно представителя партии монотеистов вавилоняне назначили наместником над разоренной ими территорией.

Таким образом, сразу после разрушения Второго Храма в Иудее, завоеванной вавилонянами, существовали две теологические партии. Одна была монотеисты — союзники

---

* Кто именно были *«кедешим»,* не совсем понятно. Синодальный перевод переводит это как «дома блудилищные», то есть как места для священной храмовой проституции. Некоторые библеисты настаивают, что имеются в виду проститутки мужского пола. Есть также подозрение, что имелись в виду просто места жительства посвященных Яхве, но не являвшихся жрецами людей, которых Девтерономист в припадке полемики обозвал содомитами. Один из ученых даже зашел так далеко, что назвал их «весталками».

вавилонян. Другая — приверженцы дореформенной иудейской религии, которые, разумеется, поклонялись Яхве, как Господу Израиля, но при этом не отрицали существования других богов.

Разрушение Храма объяснялось этими партиями по-разному, и Библия донесла до нас часть тогдашних ожесточенных дебатов.

Монотеисты объясняли падение Первого Храма гневом Яхве на то, что последние четверо иудейских царей отклонились от истинной веры. Однако их враги объясняли его *гневом оскорбленной монотеистами Ашеры*.

Эти кощунствующие негодяи сбежали от вавилонян (и монотеистов) в Египет, и там они заявили пророку Иеремии буквально следующее:

«Мы непременно будем кадить Царице Неба и возливать ей возлияния, как делали мы, и отцы наши, и цари, и начальники, в городах Иудеи и на улицах Иерусалима, потому что тогда мы были сыты и счастливы и беды не видели, а с того времени, как перестали мы кадить Царице Неба и возливать ей возлияния, терпим во всем недостаток и гибнем от меча и голода» (Иер. 44:17–18).

Сообщение Библии о том, что в Египте обосновались какие-то нехорошие евреи, кадившие женскому божеству, подтверждается археологически. Дело в том, что часть этих евреев была отправлена нести гарнизонную службу на границу с Нубией. Там, на границе, в Элефантине, на острове посреди Нила стоял храм Яхве. Он был выстроен, вероятно, еще при царе Манасии и просуществовал до середины IV в. до н.э. В Храме, кроме Яхве, почитали его супругу Анат-Яху, а на противоположном берегу Нила стоял храм, посвященный Ашере[21].

За Элефантиной, на территории современной Эфиопии, проживает народ кемант. Численность его в 1994 г. составила 172 тыс. человек. Кемант исповедуют религию, отчасти похожую на древний дореформенный яхвизм. Они соблюдают субботу и кашрут, практикуют животные жертвоприношения и подчиняются первосвященнику.

Одну из характерных черт их богослужения составляют сохранившиеся обряды поклонения священной роще. Дерево, возле которого они совершают жертвоприношение, украшено разноцветными полосками ткани. Мы легко можем узнать в этих полосках те самые «одежды для рощи» (4 Цар. 23:7), которые ткали женщины до реформ Иосии.

Ашера, мать/супруга Яхве, была совершенно истреблена из официальной религии Израиля, однако она продолжала существовать в народной культуре, точно так же, как в Средневековье народная культура долго-долго сохраняла языческие поверия и обряды.

Талмуд прекрасно знает об Ашере и уделяет ей немало времени. Трактат Авода Зара знает три вида Ашеры: это дерево, которое посажено для поклонения, дерево, под которое положен идол, и, что самое интересное, дерево, которое специально обстрижено для поклонения. Сучьям его придана особая форма.

Талмуд сурово предупреждает, что под тенью ашеры даже нельзя проходить, за исключением ситуации, когда Ашера растет у общественной дороги. Под ее тенью нельзя сажать овощей. Если кто-то по неосмотрительности сжег в очаге кусок щепки, который происходил от Ашеры, этот очаг должен быть уничтожен, а если какая-то несчастная женщина сделала из дерева Ашеры челнок, вся сотканная ею ткань должна быть уничтожена. Если эта ткань смешалась с другими тканями, уничтожают все ткани[22].

Само изобилие и изобретательность табу, связанных с Ашерой в Талмуде, не оставляют сомнений в том, что рабби хорошо знали, с чем имеют дело. Проблема ашеры продолжала быть распространенной и весьма актуальной, и она так и не была никогда решена целиком.

Ашера, несмотря на все запреты, все-таки сохранилась в еврейской культуре, и еще как! Ибо менора, семисвечник, есть не что иное, как стилизованное изображение все той же Ашеры.

Однако менора была не единственной трансформацией Ашеры.

В Торе — непосредственно в Книге Бытия и дальше — частенько фигурирует словечко «Руах», то есть Дух. Оно упоминается в самых первых строках Бытия:

«Земля же была безвидна и пуста, и Дух Божий носился над водою» (Быт. 1:2).

Это словечко также фигурирует в качестве некоей составляющей Бога, которая и делает человека одушевленным существом.

«Не навечно будет Дух мой с человеком» (Быт. 6:3), — говорит Господь, ограничивая жизнь человека 120 годами. «Погибло все, что имело в ноздрях дыхание Духа живого» (Быт. 7:22), — сообщает Яхвист о потопе.

Как мы уже говорили, слово «Руах» в иврите — женского рода. Для грамматического благозвучия мы будем переводить его на русский словом «Духовность».

Иначе говоря, в Торе написано, что «Руах Божия носилась над водами», что Господь ограничил пребывание своей Руах в человеке 120 годами и что при потопе погибло все, в чем была Руах.

Таким образом, даже для ортодоксов Руах оставалась теологически допустимой ипостасью Господа, наличие которой было зафиксировано не подлежащими обсуждению священными текстами. Очень скоро эта женская ипостась стала фигурировать во вполне ортодоксальных текстах под именем Мудрость Божия (*Хокма*), а потом — как (Присутственнось Божия). В *Шехина*.

По-гречески Мудрость и есть — София.

Так же, как и Ашера, Мудрость Божия ассоциировалась с деревом. Так, в книге Притчей Мудрость прямо называется «деревом жизни для тех, которые приобретают ее» (Притчи. 3:18).

Именно Древо Жизни, согласно Псевдо-Филону, Господь показал Моисею. «И он показал ему Древо Жизни, от которого он отрезал ветвь и бросил ее в воды Мерры, и воды Мерры стали сладкими»[23]. Именно Древо Жизни в кумранской традиции Господь посадит для *праведников* возле своего престола после того, как сойдет на землю (Енох. 5:29–30).

В Кумране, несмотря на весь его монотеизм, Мудрость Божия занимала огромное место.

«Бог любит Мудрость, — говорится в «Дамасском документе», — и Совет он учредил перед Собой. Осторожность и Знание служат ему»[24]. «Да осветит Он твое сердце дающей жизнь Мудростью и да дарует тебе Вечное Знание», — говорится в «Серех ха-Яхад» (IQS II, 2–4).

«Все эти вещи ты сотворил твоей Мудростью», — гласит один из благодарственных гимнов кумранитов (1QH,3). «Твоей Мудростью все вещи существуют в вечности» (1QH, 6). «В тайне твоей Мудрости ты открыл мне Знание» (1QH, 23). Во всех этих текстах Мудрость выступает как женская ипостась Всевышнего, дарующая Знание и даже творящая мир.

Главным носителем этой Мудрости и этого Знания (гнозиса по-гречески) в кумранских текстах выступает Енох — седьмой сын Адама, живьем вознесшийся на небо, увидевший там Бога и преобразившийся после этого в ангела. «И будет дана Мудрость всем избранным» — так описывает один из кумранских текстов про Еноха последствия Страшного суда (Енох. 5:8/1:21). В другом тексте Енох видит в Раю «Древо Мудрости, чьи плоды едят святые и получают от этого Мудрость Великую» (Енох. 32:3/5:58).

Однако самый интересный текст о Мудрости мы находим в тексте под названием «Притчи Еноха», которого в Кумране нет и который опять-таки представляет собой «видение Мудрости, которое видел Енох» (Енох. 37:1/6:1), и «слова Мудрости, которые я взялся пересказать всем живущим на земле» (Енох. 37:2/6:2).

В этом тексте сообщается, что Первый Храм был уничтожен огнем после того, как из него была изгнана Мудрость Божия. После этого Мудрость Божия поднялась на небеса; отныне она доступна только для *праведников*. «Мудрость не нашла на земле места, где бы ей жить, и потому жилище ее стало на небесах» (Енох. 42:1/7:39).

Нетрудно заметить, что в «Притчах Еноха» разрушение Первого Храма объяснено так же, как его объясняли *противники Иеремии*. Противники Иеремии утверждали, что храм был разрушен после того, как из него была изгнана Царица Неба, а Притчи Еноха утверждают, что храм был разрушен после того, как из него была изгнана Мудрость Божия[25].

Примерно в то же самое время, когда были написаны «Притчи Еноха», в Египте на греческом языке была написана еще одна книга, которая так и известна, как «Книга Софии», или, в русском переводе, как «Книга Премудрости Соломоновой».

Мудрость/София в этой книге сидит у престола Божия (Прем. 9:4). Это она была с Господом, когда он творил мир (Прем. 9:9). Это она спасла Ноя от потопа (Прем. 10:4), точно так же, как это сделала Первомысль в «Апокрифоне Иоанна». Она спасла Иосифа и вывела евреев из Египта (Прем. 10:15).

Она «есть отблеск вечного света и чистое зеркало действия Божия и образ благости Его» (Прем. 7:26). «Она возвышает *свое* благородство тем, что имеет сожитие (симбиоз) с Богом, и Владыка всех возлюбил ее. Она таинница ума Божия и избирательница дел Его» (Прем. 8: 3–4).

Нетрудно заметить, что иудаизм «Книги Софии» носит сильно нетрадиционный характер. София, которая сожительствует с возлюбившим ее Богом, до неприличия напоминает нам о надписях из Кунтиллет Аджруда о «Яхве и его Ашере».

И это впечатление нетрадиционности усиливается тем, что автор, от лица которого написан текст, сообщает, что он «хотел сделать ее себе женой и был влюблен в ее красоту»

(Прем. 8:2). Ведь наш автор сам сообщает, что София была сожительницей и возлюбленной самого Яхве! Что же он хочет сказать? Что он ни больше ни меньше как хочет отбить у Господа его даму сердца?

Разгадка странных отношений, связывающих Софию, Яхве и автора книги, довольно проста. Последующие ортодоксы приписывали авторство книги Соломону. Но из текста книги всего лишь следует, что она написана от лица *сына Давидова*.

То, что этот сын — Соломон, нигде в книге непосредственно не сказано. Зато этот сын Давидов является носителем совершенно тех же идей, что кумраниты, зилоты и ранние христиане.

Он знает, что мученики во славу Божию получают бессмертие. Он называет этих мучеников Сынами Божиими и *святыми* (Прем. 5: 5). Мудрость для него — это и есть та ипостась Божия, которая снисходит на человека и делает его бессмертным и даже богом. Благодаря мудрости святые «входят в содружество с Богом» (Прем. 7:14). «Чрез нее я достигну бессмертия», — сообщает автор книги, сын Давидов (Прем.8:13).

В «Книге Софии» нет ни одного абзаца, который не получил бы одобрение гностиков.

Кумранский «Гимн Самопрославления», написанный от имени Мессии секты, сообщает, что этот Мессия был подвергнут позору и унижен, но теперь находится на небесах выше ангелов. Его обиталище теперь — Великий Совет.

Ту же самую историю рассказывает нам сын Давидов, автор «Книги Софии». Он рассказывает о некоем праведнике, который был оскорбляем, но теперь он «причислен к Сынам Божиим, и жребий его — со святыми» (Прем. 5:6).

Сын Давидов обещает скорое возвращение этого праведника.

«Тогда Праведник с великим дерзновением станет пред лицем тех, которые оскорбляли его и презирали подвиги его;

они же, увидев, смутятся великим страхом и изумятся неожиданности спасения его и, раскаиваясь и воздыхая от стеснения духа, будут говорить сами в себе: «Это тот самый, который был у нас некогда в посмеянии и притчею поругания. Безумные, мы почитали жизнь его сумасшествием и кончину его бесчестною!» (Прем. 5:1–5).

«Книга Софии» — это расширенный вариант «Гимна Самопрославления». Это инструкция о том, как попасть в Совет Богов. Для этого надо, чтобы на тебя снизошла Мудрость/София.

Сходство гностических построений с древней ханаанской религией совершенно несомненно. Но, как легко может возразить читатель, Руах, Хокма и Шехина, редуцированные аватары, теологические обломки Ашеры, превращенные в манифестации и атрибуты Всевышнего, все-таки очень сильно отличаются от полноценной гностической Матери — в том виде, в котором она существует в «Гимне жемчужины» или «Апокрифоне Иоанна». Первое является монотеизмом. Второе, строго говоря — уже нет.

Где же совершился переход от строгого монотеизма кумранитов (ибо они были, несомненно, строжайшими монотеистами) — к более чем подозрительным с этой точки зрения построениям гностиков?

Ответ на этот вопрос легко найти, если вспомнить, что важнейшим ареалом, в котором происходила эволюция иудейских милленаристов, были арамейскоговорящие земли вдоль Евфрата и что во всех этих землях Ашера продолжала существовать, причем именно в своей характерной семитской форме, в качестве одного из членов Триады, состоящей из Бога-Отца, Бога-Сына и Богини-Матери — Атаргатис, Таннит, Аллат, Астарты, Dea Syria.

Атаргатис почитали в сирийском Иераполисе и в Эдессе, в Кирбет-Таннуре и в Харране, в Кафр-Небо, Пальмире, Дура-Европос и Дамаске. Спустя тысячелетия она изображалась почти так же, как и на культовой подставке из Таанаха, датируемой X в. до н.э.; восседающая на льве или стоящая между двумя львами, со священными рыбами, посвященными ей, со своею священной птицей — голубем. Религия сирийского Иераполиса в части почитания Атаргатис была «удивительно схожа с ханаанской религией, существовавшей за 1500 лет до этого»[26].

В теологии уроженца Эдессы Бардесана, учившегося таинствам при храме Атаргатис в соседнем Иераполисе, Великая Мать играла огромную роль. Рыба — символ Христа — была одновременно главным культовым животным Атаргатис. В Иераполисе и Эдессе были священные пруды, которые кишели неприкосновенными, посвященными богине карпами, с плавниками, украшенными драгоценностями. Голубка — христианский символ Святой Руах — была одновременно символом и Ашеры, и Атаргатис.

Повторимся: речь ни в коем случае не идет о том, что теология Бардесана или других апостолов Христа, живших за пределами империи, была более аутентичной, нежели теология римской церкви. Эта теология вошла «в симбиоз с религиозными формами, которые уже существовали в данном месте»[27].

Влияние западносемитских культов Великой Матери на развитие гностической Руах и Хокмы трудно переоценить — и эти культы, в свою очередь, восходили к общесемитской Атират/Ашере, матери семидесяти детей, бывших семьюдесятью богами народов.

«Гностическая София, — замечает Маргарет Баркер, — это все, что осталось от богини Израиля»[28].

Совет Богов и Небесное Воинство

Рассмотрим вторую бросающуюся в глаза особенность гностицизма — а именно, необыкновенное количество богов. Как мы уже говорили, язвительный Тертуллиан сравнивал вселенную гностиков с доходным домом, где каждый этаж сдается всяческим Гармозелям и Алетейям, эонам и царствам.

Ничего похожего в ортодоксальном иудаизме нет. В нем Бог один; в Жреческом Документе нет даже ангелов.

Это космическое одиночество Бога резко отличает иудейский монотеизм от других ближневосточных религий, для которых была характерна фундаментальная мифологическая концепция Совета Богов — он же Совет Святых и Великий Совет. Эта концепция восходила еще к шумерским городам-государствам, управляемым не царями, а советами старейшин.

Точно так же, как городом управлял совет людей, миром управлял Совет Богов во главе с верховным Богом, имя которого писалось клинописью одинаково, но в шумерском языке произносилось как «Ан», а в семитских языках произносилось как «Эль». В угаритских текстах именно Эль со своей супругой Атират и порождали семьдесят сыновей, которые являлись одновременно членами Совета Богов и персональными богами того или иного народа.

Совет Богов является любимым местом действия во многих мифах Древнего Ближнего Востока.

Именно Совет Богов созывает молодой Баал, победив чудовище Ямма и построив себе дворец. Баал устраивает большое пиршество и приглашает к себе в дом семьдесят сыновей Ашеры. Пиршество это описано в угаритском «Цикле Баала» с деталями, которые заставят побледнеть от зависти Рабле:

Баал готовит дом,
Баал готовит дворец,
Он забивает большой и малый скот,
Он режет быков и жирных овнов,
Годовалых телят,
Овец и ягнят.
Он приглашает своих братьев в свой дом,
Своих родичей в свой дворец,
Он приглашает Семьдесят Сыновей Ашеры.

Богам он дает молочных овнов,
Богиням он дает овец,
Богам он дает быков,
Богиням он дает коров,
Богам он дает престолы,
Богиням он дает кресла,
Богам он дает кувшины с вином,
Богиням дает сосуды
Боги ели и пили,
Поданы были сосущие молоко,
С соленым ножом,
С кусоком жира.
Они пили вино из кубка,
Из золотой чаши, кровь дерев[29].

Никакого такого обжорства, более подобающего Гаргантюа, нежели Всевышнему, Тора не знает. У Яхве нет ни братьев, ни сыновей, ни двоюродных племянников, ни шуринов. Книга Бытия, описывая сотворение мира, ни разу не упоминает о сотворении даже ангелов. Бог — один.

«Если сын шлюхи скажет тебе — «Богов — два», ответь ему, как говорил Господь: «Я один на море и один на Синае»[30].

Мы не можем себе представить в Торе сцены, в которой Яхве обжирается за длинным столом со своими братьями, запихивая в рот промасленными пальцами куски жирного курдюка, жадно глотая из золотых кубков текущее по белой бороде винцо.

Проблема заключается в том, что Псалмы, которые часто были написаны куда раньше, чем партия монотеистов пришла к власти, очень хорошо знают Совет Богов, он же Совет Святых и собрание Сынов Божиих.

Точно так же, как Баал и Мардук, Яхве выполняет в этом Совете Богов функции нового царя: «Бог встал в *Совете Богов*; среди богов произнес суд» (Пс. 82:1)[*]. Сыны Божии точно так же воздают ему хвалу: «Воздайте Господу, сыны Бо-

[*] Синодальный перевод — 82:1.

жии, воздайте Господу славу и честь» (Пс. 29:1)[31]. Оба этих псалма описывают Яхве как нового главу Совета Богов. Точно так же в Угарите описывали Баала, в Вавилоне — Мардука, а в Уруке — верховного бога Ану[32].

Две наиболее древние части Торы, Яхвист и Элохист, несомненно считают, что евреи могут поклоняться только Яхве, — точно так же, как, скажем, американские солдаты могут слушаться только президента США. Но это не значит, что американские солдаты не верят в существование других президентов — они просто не должны слушаться их приказов.

Примерно так же, вероятно, в оригинале были настроены Яхвист и Элохист. Для них Яхве был персональным богом еврейского народа и новым главой Совета Богов — но это вовсе не означало, что у других народов нет их персональных богов, которые иногда действовали вместе с Яхве. К примеру, Яхве, собираясь разрушить Вавилонскую башню, говорит: «Сойдем-ка вниз и смешаем-ка их языки» (Быт. 11:7). А перед тем, как изгнать Адама из Рая, Яхве заявляет: «Вот, Адам стал *как один из нас*» (Быт. 3:22). Это предательское «мы» — типичная форма, в которой выражается глава Совета Богов[33].

Даже ультрамонотеистический Жреческий Кодекс в своем рассказе о сотворении мира в шесть дней сохранил предательскую оговорку. Ангелов в нем нет; рассказа о сотворении их — тоже. И тем не менее Бог в нем говорит: «*Сотворим* человека по образу *Нашему* по подобию *Нашему*» (Быт. 1:26).

Представление о *Совете Богов* в домонотеистическом яхвизме было смешано с представлением о еще одной важной группе сверхъестественных существ — а именно, с представлением о *небесном воинстве*.

Первоначальный Яхве был богом грозы, как и все персональные боги ханаанских народов. Он приходил с небесным воинством в блеске молний на облаках.

Это небесное воинство видел, в частности, пророк Михей: «Я видел Господа, сидящего на престоле Своем, и *все воинство небесное* стояло при Нем, по правую и по левую руку

Его» (3 Цар. 22:19). Видел его и пророк Елисей: «И молился Елисей, и говорил: Господи! открой ему глаза, чтоб он увидел. И открыл Господь глаза слуге, и он увидел, и вот, вся гора наполнена *конями и колесницами огненными* кругом Елисея» (4 Цар. 6:17).

Это воинство воспевало Псалмы: «Колесниц Божиих тьмы, тысячи тысяч; среди их Господь на Синае, во святилище» (Пс. 68:17)[34]. «Благословите Господа, все воинство его» (Пс. 103:21)[35], «Хвалите Господа с небес, хвалите Его в вышних. Хвалите Его, все Ангелы Его, хвалите Его, все воинства Его. Хвалите Его, солнце и луна, хвалите Его, все звезды света» (Пс. 148:1–4).

Именно эти *звезды*, члены этого воинства, сражались с Сисарою (Суд. 5:20). Вероятно, что Солнце послушалось Иисуса Навина и остановилось над долиною Гаваонскою именно потому, что оно было членом этого воинства (Нав. 10:12).

О сотворении этого воинства в самом начале мира опять-таки проговаривается даже Жреческий Документ: «Так были сотворены небо и земля *и все воинство их*» (Быт. 2:1). Это *Небесное Воинство* было настолько важной характеристикой Яхве, что полный титул его был Яхве Цеваот, то есть Господь Воинств (откуда неправильно переведенное «Господь Саваоф»).

И члены Небесного Воинства, и члены Совета Богов были *святые, «кедошим»*. Это словечко было одним из важнейших для них названий.

«Кто между сынами богов уподобится Господу? Страшен Бог в великом Совете *Святых*» (Пс. 89:7–8)[36], — гласит Псалом 89. А древний гимн, вошедший впоследствии в состав Второзакония и известный теперь как «Песнь Моисея», называет *святыми* именно членов Небесного Воинства.

«Господь пришел от Синая, открылся им от Сеира, воссиял от горы Фарана и шел со *тьмами святых*» (Вт. 33:2).

Небесное воинство, так же как Ашера, было строжайше запрещено монотеистическими реформаторами. «Второзаконие» — программный документ монотеистических реформ, осуществлявшихся царем Иосией, потребовал казнить любого еврея, который «пойдет и станет служить иным богам, и поклонится им, или солнцу, или луне, *или всему воинству небесному*» (Втор. 17:3).

С точки зрения автора «Второзакония» получалось, что смертной казни заслуживали не только пророки Елисей и Михей, но и сам Моисей!

В результате реформ Иосии жрецы, которые «кадили Ваалу, солнцу, и луне, и созвездиям, и всему *воинству небесному*» (4 Цар. 23:5), были запрещены, а некоторых даже сожгли на их алтарях.

Однако *Небесное Воинство* и *Совет Богов,* он же *Великий Совет* и *Совет Святых,* продолжали существовать в недрах народа, точно так же, как в Средние века в монотеистической Европе прежние языческие боги продолжали существовать под видом чертей и святых.

К I в. н.э., когда незыблемая ортодоксия, свойственная редактору Торы, стала колебаться и распадаться на множество конкурирующих течений, ангелы снова перешли на легальное положение. В частности, они упоминались в книге Даниила и назывались в ней, кстати, «стражами» (Дан. 4:14) и «святыми» (Дан. 8:13).

Но по-настоящему *Совет Богов* собрался снова в кумранских текстах[37]. В некоторых из них, например, в «Гимнах Субботнего Жертвоприношения», дело дошло до того, что Бог стал называться «Бог Богов, правитель всех вышних правителей, и Царь Царей всех вечных советов» (4Q403). Практически, в переводе на греческий — это гностический бог эонов.

«Гимны Субботнего Жертвоприношения» представляют собой литургию, которую поют ангелы и люди, и по своей композиции они удивительно напоминают гностические гимны.

Они сообщают нам об «общине всех богов (элим) знания» и «общине всех богов бога» (4Q400 fr. I i). Мы слышим в них о «семи вечных советах» (4Q400 1 i 9–10), «храмах Царя» (4Q400 1 i 13) и о «святилищах святости» (4Q400 1 i 7), — обратите внимание на множественное число.

«Бог Богов» в этих гимнах находится «среди всех богов знания» (4Q404). Эти боги знания, они же Семь Верховных Властей, заняты тем, что поют ему хвалу.

Третья Власть поет Богу вышних богов гимн прославления семь раз семью чудесными восхвалениями. Четвертая Власть поет Богу великих деяний гимн восхваления семь раз семью словами удивительной похвалы. Пятая Власть поет Царю Славы благодарственный гимн, и т.д.

Все эти Третьи, Четвертые, Пятые и проч. Власти, которые сами находятся в Совете Святых, даже называются так же, как у гностиков: «власти» (по-гречески — архоны). Правда, в гностицизме архоны — это плохие ангелы, а Власти кумранских гимнов — это хорошие ангелы, эоны.

Точно так же, как и гностические эоны — Барбело, Нетленность, Жизнь, Предвидение, Вечная Жизнь, Истина, — эти Власти удивительно безлики. Они не гневаются, не интригуют, не убивают, не насильничают, не едят и не пьют: с ними не связано никаких мифов.

Но самое интересное в «Гимнах Субботнего Жертвоприношения» — это не просто их содержание, но и место, в котором они были найдены. Часть отрывков из этих гимнов была найдена в Кумране. Но вот еще один отрывок был найден в Масаде — крепости, захваченной беспощадными сикариями.

Люди, которые пели эти возвышенные гностические гимны, были те самые головорезы, вырезавшие окрестные еврейские поселения потому, что они верили не так, как надо. Это они участвовали в божественной литургии вместе с членами Совета Богов на правах святых.

Террористы с непросохшими от крови мечами, с дубинками, на которых еще оставались мозги детей и женщин из Эйн-Гади, пели:

«Он очистит чистых, дабы воздать всем, чей путь крив» (4Q400 fr. I i). «Как наша святость сравнится с их святостью» (4Q401, fr. 14, 7–8), — пели они. Это они пели от имени Пятой, Шестой и Седьмой Власти семь гимнов праведности. Это они пели о том, что Бог «благословит всех богов, близких к настоящему знанию, семью словами праведности» (4Q403 1, i). И под этими богами — святыми, получившими Мудрость и благословленными праведностью, — они разумели себя.

Мы уже приводили чуть выше возвышенную речь вождя сикариев, Елеазара бен Яира, который перед массовым самоубийством сторонников произнес возвышенную речь о душе — родственице Бога и о том, что она получает настоящую свободу только тогда, когда прощается с материальным миром. Эта речь, написанная Иосифом Флавием от лица Елеазара в соответствии с тогдашними литературными правилами, могла бы показаться выдумкой и преувеличением. В самом деле, не с магнитофоном же ее записывали.

Но «Гимны Субботнего Жертвоприношения», независимо от Иосифа и в дополнение к нему, подтверждают: точно так же, как и апостолы в гностических «Деяниях», Елеазар бен Яир действительно мог рекламировать смерть как желанный способ освободиться от мира и стать членами «общины всех богов Бога».

Сатана и происхождение зла

В Торе у Господа Бога нет никакого Космического Противника. Это резко отличает космогонию Библии от космогонии остального Древнего Востока.

Во всех остальных космогониях Древнего Востока Бог Грозы, сын Всевышнего, сотворяет мир, уничтожая водяное чудовище, олицетворение хаоса. В Вавилоне Мардук творит мир, уничтожая чудовище Тиамат. В угаритском цикле Баала Баал, наездник облаков, творит мир, уничтожая водяное чудовище Ямма, Бога Моря (Ямм), Господа Реки (Нахар).

Баал также уничтожает чудовище по имени Лотан. «Ты поразил Лотана, змея изгибающегося, положил конец змею кривому», — говорится в цикле Баала[38].

Но Яхве не уничтожает своих соперников. У него их просто нет. Книга Бытия начинается с того, что без всякого конфликта со хтоническими чудовищами Бог, носящийся над бездной и водой, создает мир одним словом.

«Земля же была безвидна и пуста, и тьма над бездною, и Дух Божий носился над водою. И сказал Бог: да будет свет. И стал свет. И увидел Бог свет, что он хорош, и отделил Бог свет от тьмы. И назвал Бог свет днем, а тьму ночью. И был вечер, и было утро: день один. И сказал Бог: да будет твердь посреди воды, и да отделяет она воду от воды. И стало так. И создал Бог твердь, и отделил воду, которая под твердью, от воды, которая над твердью. И стало так» (Быт. 1:2–7).

Трудно придумать что-то более возвышенное, космическое и далекое от кровавых подвигов Баала или Мардука, который пронзил кишки Тиамат, разрезал ее утробу, размозжил череп и перерезал артерии[39]. В отличие от других богов древности Яхве не побеждает соперников: он их не имеет. Собственно, это и делает иудаизм — монотеизмом.

Конечно, все это было бы хорошо. Однако, — как мы уже писали в предыдущей книге, — в других местах Библии Яхве, точно так же, как вавилонский Мардук и угаритский Баал Хадад, тоже предстает истребителем чудовищ[40].

«Ты расторг силою Твоею Ямма (море), Ты сокрушил голову Танним воды; Ты сокрушил голову Левиафана, отдал его в пищу людям пустыни» (Пс. 74:13–14)[41].

«Ты сразил Раава, могучей своей рукой ты поразил врагов» (Пс. 89:10)[*].

«Восстань, восстань, облекись крепостью, мышца Господня! Восстань, как в дни древние, в роды давние! Не ты ли сразила Раава, поразила Танним?» (Исайя. 51:9).

---

[*] Синодальный перевод — 88:10.

Все эти тексты именно что отсылают нас к истории о борьбе Яхве с чудовищами. Пророки с удовольствием сравнивают с этими чудовищами политических противников Израиля: к примеру, у Исайи Египет называется «Раав» (Исайя. 30:7), а у Иезекиля — «Танним» (Иезек. 32:2).

«Говори и скажи: так говорит Господь Бог: вот, Я — на тебя, фараон, царь Египетский, Танним, который, лежа среди рек своих, говоришь: “Моя река, и я создал ее для себя”» (Иезек. 29:3).

Даже пророк Исайя хорошо знает о битве Господа с его космическим противником. Правда, он утверждает, что она совершится в будущем. Эта битва и будет Страшный суд, великое поражение врагов Израиля: «В тот день поразит Господь мечом Своим тяжелым, и большим и крепким, Левиафана, змея извивающегося, и Левиафана, змея кривого, и убьет Дракона (Танним) морского» (Исайя. 27:1).

На первый взгляд дело кажется невероятным. Каким образом пророки знают о поединке Господа с Танним, Раавом и Яммом, если об этом ничего не говорит даже Книга Бытия?

Дело легко разрешается, если вместо Синодального перевода заглянуть в оригинальный текст. Дело в том, что море на иврите будет *ямм*, а родственная ему *вода*, над которой в начале Книги Бытия кружит Дух Божий — это *маим*. *Танним*, водяной дракон, которого упоминают Иезекииль и Иеремия, — это близкий языковой родственник вавилонской Тиамат и той самой *техом* (бездны), которая опять-таки фигурирует в первых строках Бытия[42]. А семиглавый змей Левиатан/Лотан не просто упоминается в угаритских текстах в качестве противника Баала, но и описывается той же самой ритуальной формулой, как у Исайи, включая угаритское словечко «кривой» (каллатон), которого нет ни в одном другом тексте Ветхого Завета[43].

Иначе говоря, история о Творце, который отделил верхние воды от нижних, подозрительно напоминает подвиг Баала, поразившего чудовище по имени Море, и Мардука, который разделил бездну-Тиамат напополам, «как устричную раковину, и из верхней половины создал небосвод»[44]. Безличное *маим,* которым пользуется автор Жреческого Документа, — это явная попытка деперсонализировать чудовище Ямма, превратить его из Космического Монстра в космические воды. При этом Ямм, как противник Яхве, остается нетронутым в других местах, в том числе и в Псалмах.

Отсутствие Космического Противника ставит перед монотеистическим Редактором Торы нешуточную проблему — а именно, как объяснить происхождение зла.

Из Торы следует, что зло появилось в мире из-за поступка Адама и Евы, съевших плод с древа познания добра и зла, а на это нехорошее дело их, в свою очередь, подбил змей.

В отличие от Лотана, змея изгибающегося, этот змей не был сверхъестественным существом. Ровно наоборот. Это была обыкновенная зверушка, создание Господне. Змей был «хитрее всех зверей полевых, которых создал Господь Бог» (Быт. 3:1).

За свои козни эта зверушка понесла примерную кару. «И сказал Господь Бог змею: за то, что ты сделал это, проклят ты пред всеми скотами и пред всеми зверями полевыми; ты будешь ходить на чреве твоем, и будешь есть прах во все дни жизни твоей» (Быт. 3:14).

Таким образом, в появлении в мире смерти и зла был виноват сам человек. Если бы Адам и Ева не съели плода, они бы жили вечно.

С похожей проблемой Библия сталкивается, когда речь идет о Всемирном потопе. В ходе этого потопа Бог ни больше ни меньше как уничтожил все человечество.

«И лишилась жизни всякая плоть на земле, и птицы, и звери, и все гады, ползающие по земле, и весь человек. Все, что имело дыхание духа жизни в ноздрях своих на суше, умерло. Истребилась вся плоть на земле: от человека и до зверей, до гадов и птиц небесных — все истребилось с земли» (Быт. 7:21–23).

Описание это не оставляет никакого сомнения в том, что речь идет о совершенно ужасном геноциде и тотальной экологической катастрофе. Уничтожены были все: от младенцев, сосущих материнскую грудь, до пушистых котят. Спасся только Ной и те, кого он взял в свой ковчег. Ни один военный преступник в человеческой истории не добивался подобного результата. И тем не менее Библия считает Бога, устроившего этот тотальный геноцид, всеблагим и всемогущим, — хотя любой судья в Гаагском международном суде впаял бы такому Богу пожизненное.

Разгадка подобного жестокосердия Яхве заключается в том, что легенда о Всемирном потопе — одна из немногих, заимствованных в Библии у окружающих народов. Во всех этих легендах неизменно действуют *два бога.* Один — жестокий и кровавый и хочет уничтожить человечество, а другой — милостивый, спасает его. К примеру, в аккадском эпосе об Атрахасисе (XVIII в. до н.э.) уничтожить человечество хочет бог Энлиль, а спасает его бог Энки.

Так как редактор Торы признавал только одного бога, ему пришлось соединить обе эти функции в одном лице, и в результате получилась неувязочка. Его Бог стал совершенно чудовищным тираном, и мы не удивимся, что в «Апокрифоне Иоанна» миф о Всемирном потопе изложен точно так, как в эпосе об Атрахасисе. Это миф о двух богах: недалеком и ограниченном Демиурге, боге евреев, который хочет уничтожить человечество, и Всевышнем, который спасает его.

Аналогичная проблема стояла перед редактором Торы, когда он описывал впечатляющую серию магических поединков между Моисеем и фараоном.

В ходе этих магических поединков Моисей превращает воды Нила в кровь, насылает на землю Египетскую жаб и мух; тьму и град, саранчу и чудовищные болезни. Однако, несмотря на впечатляющее мастерство Моисея, каждый раз после очередного чуда фараон отказывается отпустить евреев.

Из-за чего фараон проявляет такое ослиное упрямство? Мы могли бы заподозрить, что у него есть какой-то бог, который является противником бога евреев: этот-то бог и помогает египтянам.

Но монотеист, редактировавший окончательный текст Торы где-то в середине V в. до н.э., не мог этого допустить. Поэтому он выдвигает более чем неожиданное объяснение. Он утверждает, что Яхве, Господь Бог, стоял не только за чудесами, которые творил Моисей, но и за несговорчивостью фараона*.

Сначала он насылал на египтян мошек, лягушек, язву и град, а потом ожесточал сердце фараона, чтобы тот не отпустил евреев. «Но Господь ожесточил сердце фараона, и он не послушал их» (Исх. 9:12).

Редактор снова готов выставить Господа Бога каким-то чудовищным садистом, который играет с египтянами, как кошка с мышкой, — но не допустит даже намека на существование Космического Противника.

Точно так же Библия объясняет все несчастья, которые выпадают на долю евреев, и даже разрушение Иерусалимского храма. Все эти печальные вещи связаны с тем, что люди, в развращенности сердца своего, прогневали Господа. Поэтому он наслал на них потоп, язву, голод, засуху; смешал языки, отнял вечную жизнь, выгнал из Рая, и вообще из мести за нехорошее поведение напускает на них врагов, которые вспарывают животы женщинам и бьют головы младенцев о камни. И при этом Библия объявляет этого мстительного, мелочного, инфантильного и капризного Бога, чьи преступления против человечества потянут на

---

* Строго говоря, это объяснение выдвигает Жреческий Документ. Весь ныне существующий рассказ о десяти казнях египетских — это искусная нарезка двух текстов, один из которых, более ранний, принадлежит Элохисту и воспевает Моисея, а другой, более поздний, принадежит Жреческому Документу и воспевает Аарона. Редактор Торы чередует их так, чтобы уничтожить даже малейшие подозрения в наличии второго бога, действующего на стороне фараона.

сто Нюрнбергских процессов, — Трансцендентным и Всеблагим.

У гностиков, как мы уже видели по многочисленным гностическим «Деяниям», дело обстоит радикально иначе. В существовании зла у них виноват Сатана, Космический Противник Всевышнего.

Это Сатана соблазнил Адама и Еву. Это Сатана помогал волшебникам фараона. Это Сатана подбил евреев сделать золотого тельца. Это Сатана наслал на землю Всемирный потоп, а настоящий Всевышний как раз спас от него людей.

У гностиков Велиал всемогущ. Он стоит за любым испытанием, выпадающим на долю верующего.

В «Деяниях Филиппа» неверие матери, у которой умер сын, есть результат действий «Врага, который уничтожает души» (Деян. Фил. 1:2). В «Деяниях Андрея» консул Эгет преследует апостола потому, что он «сын Змея»[45]. В «Деяниях Иоанна» вся окружающая действительность, включая изобилие больных женщин в Эфесе, — это результат действий Сатаны. Даже действия новообращенного верующего, который в припадке излишнего благочестия отрезал себе детородный член, тоже есть результат козней Сатаны (Деян. Ин. 54:2). Сначала Сатана совращал его грехом, а потом — излишнею ревностью.

В Торе любая неприятность, приключившаяся с человечеством, — от потопа до геноцида, объясняется *гневом всеблагого Бога*. У гностиков все то же самое объясняется *кознями Сатаны*, князя или бога вещного мира.

А что же кумранские тексты?

Они *разделяют гностическую позицию*. Дамасский документ прямо сообщает, что это именно Велиал вдохновлял египетских волхвов, противостоящих Моисею[46]. То же самое говорится в Книге Юбилеев, альтернативном и дополненном варианте Книги Бытия, найденной в Кумране и популярной у ранних христиан: это Мастема помогал египетским волхвам противостоять Моисею (Юб. 48:9).

Согласно «Серех ха-Яхад» весь современный кумранитам мир за пределами их общины — это «владение Велиала» (1QS,1). Левиты общины неустанно предают проклятиям всех «людей из доли Велиала» (1QS2). «Да не сохраню я Велиала в сердце моем», — гласит гимн кумранитов (1QS,4). Согласно «Дамасскому документу» отпавший от бога Израиль является владением Велиала. Велиал ловит Израиль в три сети: «Первая есть прелюбодеяние, вторая — нечестие и третья — осквернение Храма. Тот, который избег этой, будет уловлен той, и тот, который избег той, будет уловлен этой»[47].

Как мы видим, кумраниты, несмотря на весь свой монотеизм, с точки зрения иудейской ортодоксии являются страшнейшими еретиками. Они возвращают в мироздание ту самую фигуру Противника Бога, которую так нещадно истребляли авторы Жреческого Кодекса и редактор Торы. И более того, они утверждают, что все евреи, которые не входят в эту общину, являются детьми этого Противника, сынами Велиала!

Отношение кумранитов к евреям, не входившим в общину, идентично отношению к евреям в некоторых гностических текстах, например в «Деяниях Филиппа».

В «Деяниях Филиппа» иудейский первосвященник — враг. Он одержим Мастемой. Однако при этом Филипп является евреем, Иисусу возводят синагогу, а обращенная апостолами жена правителя Города змей является символом иудейского народа, наконец вернувшегося к настоящему Богу.

Велиал в Кумране не просто является властителем мира. Он является прежде всего объектом войны, которую ведут с ним праведники и святые. Именно в конце этой войны Мессия, Священный Царь, исполнит «возмездие суда Божия» над «Велиалом и его присными» (IIQMelch II, 9, 13).

Эта история о победе Мессии над Велиалом — не что иное, как основополагающий миф Древнего Востока об уничтожении богом (Мардуком, Баалом) Водяного Чудовища и Бездны. И одновременно — это способ описания совершенно реального конфликта. Это история войн повстанцев, возглавляемых Мессией из дома Давидова, против Ирода и римлян.

«Кумранский дуализм, — замечает Курт Рудольф, — находится на пути к гностическому дуализму»[48].

Мистицизм

Однако, пожалуй, самая главная черта, общая и для гностиков, и для кумранитов, — это всепроникающий мистицизм, то есть форма религии, основанная на идее слияния человека с Богом.

Центральный, первоначальный, основной тезис гностицизма — это тезис о возможности для человека стать Богом путем сокровенного знания. «Ты увидел Христа — ты стал Христом» (Евангелие от Филиппа. 44). «Тот, кто напился из моих уст, станет как я. А я стану им» (Фм. 112).

Этот тезис радикально отличается от сознания ничтожности перед Богом, свойственного и ортодоксальному иудаизму, и ортодоксальному христианству.

Зато он очень похож на кумранский мистицизм. Главные, излюбленные тексты Кумрана — это тексты о мистическом лицезрении Бога, преобразующем не только Мессию, но и рядового сектанта в *святого* и члена *Совета Богов*.

Избранные в Кумране вступают в «совет чистых богов (элим) и всех, кто владеет вечным знанием» (4Q286 Fr.7ai). Они созданы затем, «чтобы стоять с войском *святых* и вступать в общение с собранием сынов неба» (1QH 3.21–22). Кумранские тексты прямо говорят о «людях Совета Богов» (1QSb, IV).

Более того, сама кумранская община называется «яхад», то есть буквально «вместе». Это не просто «вместе». Это «люди вместе с богами». Это люди, которые участвуют в ангельской литургии на правах *элим* (богов), и эти люди вовсе не случайно называют себя *святыми* — то есть тем же словом, которое употребляется в древнем яхвизме для описания членов Совета Богов, соратников Яхве, который «шел со тьмами святых» (Втор. 33:2).

Коллективное пение кумранитов было актом коллективного вознесения, точно так же, как и в общине Иоанна. Кумраниты вообще все делали коллективно. Кроме коллективных Вознесений у них существовали коллективные Пятиминутки Ненависти, во время которых они коллективно проклинали Велиала, и коллективные публичные Покаяния, удивительно напоминавшие те, которые устраивал Мао Цзэдун среди коммунистов в Яннани.

«Мы Твой народ, и Ты вознес нас чудесно на крыльях орлов и принес нас к Себе» (4Q504 Fr. 6). Перед нами — та же самая метафора, которую впоследствии использует апостол Филипп.

«Кумранская община разделяет с ангелами их особое знание Бога», — замечает Петер Шафер[49].

Лицезрение Бога и превращение в ангелов

Эта кумранско-гностическая идея *вознесения* к Богу тесно связана с другой идеей — *лицезрения* Бога. В ортодоксальном иудаизме смертный не мог видеть лица Бога и не умереть: Жреческий Кодекс весьма категоричен на этот счет.

«Лица Моего не можно тебе увидеть, потому что человек не может увидеть Меня и остаться в живых», — говорит Бог Моисею (Исх. 33:20).

Когда Моисей все-таки настаивает на том, чтобы посмотреть на Бога, Бог идет ему навстречу: «Стань на этой скале; когда же будет проходить слава Моя, Я поставлю тебя в расселине скалы и покрою тебя рукою Моею, доколе не пройду; и когда сниму руку Мою, ты увидишь Меня сзади, а лице Мое не будет видимо» (Исх. 33:21–23). Так Моисей и делает: он становится в расселину скалы, и Слава (кавод) Господа проходит перед ним. Но даже этого краткого эпизода контакта с Богом хватает, чтобы лицо Моисея стало излучать свет, так что при беседе с народом ему приходилось закрывать его покрывалом (Исх. 34:35).

Однако Жреческий Документ — это еще не вся сумма древних еврейских верований. Другие тексты, входящие в Тору, сохранили для нас другие традиции древнего яхвизма: традиции, которые называли весь еврейский народ *царством священников и народом святым* (Исх. 19:6).

В этих традициях Бога видел не только Моисей, но и все вожди израильского народа. Более того, они не просто видели Бога, но и пили и ели вместе с ним, как пили и ели в цикле Баала члены Совета Богов. «Они видели бога, и ели и пили» (Исх. 27:11).

Именно носителями этой древней яхвистской традиции, контрабандой пробравшимися в Девтерономическую историю, были пророк Елисей, лично видевший колесницы небесного войска, и его учитель, пророк Илия, взошедший в одной из таких колесниц живьем на небо. Эти пророки обладали властью творить чудеса: они насылали засуху и вызывали дождь, воскрешали мертвых, излечивали от проказы в реке Иордан и поражали своих врагов по воле Божией.

Именно носителем этой древней яхвистской традиции был Хоний Рисовальщик Кругов, потомок Моисея, который жил в I в. до н.э. и умел вызывать своими кругами дождь. Согласно Талмуду даже глава Синедриона однажды назвал Хония *сыном Бога.* Хоний *усоп* после разрушения Первого Храма и восстал ото сна/смерти после постройки Второго.

Те же магические способности были свойственны и первым последователям Иисуса: «Они имеют власть затворить небо, чтобы не шел дождь на землю во дни пророчествования их, и имеют власть над водами, превращать их в кровь» (Откр. 11:6).

Монотеистическая реформа VII–V вв. до н.э. в значительной степени была направлена именно против этой шаманской традиции — традиции, позволявшей смертному видеть Яхве и даже быть его воплощением. Эта традиция была почти совершенно уничтожена в ортодоксальном иудаизме, однако она сохранялась и развивалась в других местах, в том числе в Египте, вдалеке от саддукеев Второго Храма.

Так, Филон Александрийский утверждает, что Моисей был Преображен и стал Богом после того, как он увидел и познал Бога: «Он был назван Богом и Царем всего народа. И он, как говорят, вошел в тьму, где был Бог, то есть в бесформенное и невидимое и безвещное прасуществование существующих вещей, *постигнув* вещи невидимые смертному существу»[50].

Представление о том, что увидевший Бога не только не умирает, а, наоборот, становится богом/ангелом, вовсе не было личным мнением Филона. Это было мнением, если не общепринятым, то, по крайней мере, очень распространенным среди александрийских иудеев. Во всяком случае, именно такое положение дел было отражено в написанной на потребу широкой публике светской пьесе Езекииля Драматурга, — единственного дошедшего до нас иудейского драматурга, писавшего на греческом языке пьесы по образцу Софокла и Еврипида.

В пьесе Езекииля «Исход» момент Преображения Моисея в Бога является кульминацией всей истории: Моисей поднимается на гору Синай, и Бог уступает ему свой престол:

И на вершине я горы узрел
Великий трон, достигший небосвода,
И мужа с благороднейшим лицом,
Увенчанного царскою короной; и десницей
Он поманил меня; и я предстал пред троном.
Он мне вручил свой скипетр и венец
И попросил меня занять престол,
С которого поднялся. Я воззрел
На мира круг широкий, и под ним
на землю, и на небосвод над нею.
Затем у ног моих тьмы звезд
Паденье начали, и я их сосчитал…[51]

Это превращение, происходящее *в египетской традиции* с Моисеем, помогает понять нам причины одного из самых устойчивых раннегностических тропов: а именно, истории о том, что человек, поднявшийся на небо и увидевший Господа, совлекает с себя смертные одежды (т.е. тело), облекается в одежды бессмертия (т.е. становится ангелом) и начинает сиять.

Этот мотив мы видим, к примеру, в «Вознесении Исайи». По мере того, как Исайя возносится вверх с неба на небо, его лицо Преображается и начинает сиять[52]. В «Апокалипсисе Петра» сияют лица Илии и Моисея, которых на горе Фавор видит Петр.

Точно так же описан этот процесс превращения в «Притчах Еноха» и 2 Еноха — в двух текстах, один из которых дошел до нас на эфиопском, а другой — на древнерусском. Оригиналы обоих, вероятно, были написаны в Египте около I в. н.э.

В обеих этих книгах смертный Енох предстает перед Господом, и лицезрение Господа превращает его в ангела.

«И Господь устами своими воззвал ко мне: «Дерзай, Енох, не бойся! Встань и стань перед лицом моим во веки». И поднял меня Михаил, великий архангел Господень, и привел меня пред лицо Господа. И испытал Господь слуг своих, сказав им: «Да вступит Енох, чтобы стоять перед лицом моим во веки». Славные же поклонились [Господу] и сказали: «Да вступит» (2 Енох 22: 5–7)[53].

Перед нами — тот самый «венец славы и одеяние величия в бесконечном свете» (IQS IV, 7–8), который обещает кумранитам «Устав Общины». Это тот самый «венец святости и многоцветные одежды» (4Q 11611–5 fr.10), который в Кумране обещан Мессии, а в «Гимне Жемчужины» из «Деяний Фомы» — каждому, кто станет духовным двойником Мессии и освободится от уз жизни.

Это устойчивый зилотско-гностический троп. Смертные, вознесенные на небо, совлекают с себя земные одежды (т.е. плоть) и надевают на себя одежды ангелов (т.е. астральное тело).

Именно в этом смысле стоит понимать изречение Иисуса в «Евангелии от Фомы»: «Его ученики спросили: когда ты будешь явлен нам и когда мы узрим тебя? Иисус ответил: когда вы совлечете с себя одежды, не стыдясь, и снимете одежду, и положите ее под ноги, как маленькие дети, и растопчете их, тогда вы увидите Сына Живаго, и не будете бояться».

Это новое астральное тело, полученное вместо «снятых одежд», сияет, как сияло лицо Моисея после встречи с Богом — и так же сияют приверженцы Иисуса во время молитвы, то есть тогда, когда они видят и сливаются с Богом.

В «Деяниях Петра» комната, где молятся верующие, сияет «неизреченным, невидимым светом, который никто не может описать»[54]. Тем же светом сияет тюрьма, в которой молится паства Фомы[55]. В «Деяниях Филиппа» Преображается Филипп. Преображается и Мариамна, когда ее пытается схватить стража. Ее тело окутывает огненное облако, и она становится как «стеклянный сосуд, полный дыма и огня». Для гностиков именно в таком «огненном облаке» обитали эоны.

Заметим, что во всех вышеописанных случаях речь идет не о преображении Христа. Речь идет о преображении тех, кто совершенно точно был рожден человеком.

Кумранский Мессия

Итак, членам секты был свойственен самый возвышенный мистицизм. Они умели подниматься на небо и быть частью Небесного Воинства. Их противником был сам Велиал.

Кем же тогда был их Мессия?

Если рядовые члены секты умели стать ангелами, то кто же тогда был у них в генералах?

Кумранские тексты дают вполне однозначный ответ на этот вопрос.

С одной стороны, кумранский Мессия, или, точнее, целый ряд Мессий, сменившихся во главе секты, — был человеком. Он был царем из рода Давидова, посланным во исполнение пророчества. Он был лев, который не ляжет, пока не пожрет добычу, которую ничто не спасет (1QSb).

«Книга войны сынов света против сынов тьмы», написанная, с большой вероятностью, во время восстания против Ирода в 37 г. до н.э., рисовала очередного Мессию в качестве живого и действующего главы общины, который должен был лично поразить царя *киттим* своей рукой.

«И Глава Общины, Ветвь Давидова, убьет его ударами и ранами» (4Q285. Fr. 7).

Перед нами — живой, очевидный человек, ветвь Давидова, отрасль Иессеева. В одной из кумранских книг сохранились даже приметы одного из таких Мессий.

«И на голове его на волосах родимое пятно красноватого цвета. И в форме боба [родинка на лице?], и маленькие родимые пятна на его бедре… Мудрость его достигнет всех людей, и он будет знать секрет живого. И все его замыслы против него обратятся в ничто, и правление его над всем живым будет великим» (4Q534).

Перед нами — описание вполне конкретного человека. Бородавка размером с боб прямо на физиономии плохо вяжется с абстрактным ликом. Ни на одной иконе вы не найдете на ангелах бородавки. И уж если сочинитель текста про Мессию вынужден сообщить нам в качестве приметы про его бородавку, мы можем полагать, что он описывал совершенно конкретное и, более того — многократно виденное им лицо.

Однако, с другой стороны, этот Мессия с бородавкой в форме боба являлся воплощением Господа. Он был «Святый и Великий, Господь Славы, вечный царь», который «сойдет, чтобы посетить землю с милостью» (Енох. 5:28).

Именно это же самое и говорит нам о «четвертой секте» Иосиф Флавий. Он сообщает, что «четвертая секта» не признавала над собой другого *гегемона* (т.е. вождя), кроме Господа. И тут же добавляет, что в 6 г. н.э. *гегемоном* был Иуда из Гамалы.

«Вождем (ἡγεμών) четвертой философской школы стал галилеянин Иуда. Приверженцы этой секты во всем прочем вполне примыкают к учению фарисеев. Зато у них замечается ничем не сдерживаемая любовь к свободе. Единственным вождем (ἡγεμών) и владыкою своим они считают Господа Бога», — пишет Иосиф[56].

Если не знать кумранских текстов, в этом заявлении Флавия можно увидеть противоречие: как это Иуда мог быть вождем секты, которая не признавала иного вождя, кроме Господа?

Кумранские тексты позволяют нам легко ответить на вопрос: для сектантов каждый их текущий руководитель, Мессия из дома Давидова, и был Господом. Именно поэтому у него были копыта из бронзы и рога из железа, и, несмотря на бородавку, он «приносил смерть безбожникам дыханием уст своих» (1QSb, V).

Чтобы понять смысл кумранской теологии, надо понимать, что при своем возникновении она решала *принципиально другие задачи, чем последующая христианская теология*. Ей не надо было объяснять смерть Мессии, его воскресение и тому подобные вещи.

Перед ней стояла совсем другая задача. Ей надо было объяснить, каким образом вот этот конкретный человек, очередной руководитель секты, из плоти и крови, ветвь Давидова, отрасль Иессеева, с бородавкой на физии и родимым пятном у волос, одновременно является воплощенным Господом. На каком основании он обладает абсолютной властью над членами общины и каким образом перед его престолом после победы вырастет Древо Жизни.

Для решения этой задачи подходит одна-единственная теология. На научном наречии она называется *адопционизмом*.

Состоит она в утверждении, что Господь, или его Руах, спустились в некоего конкретного человека, — в ветвь Давидову, отрасль Иессееву. Тем самым этот человек стал аватаром Господа. Его воплощением на земле.

Господь выбрал для своего воплощения потомка Давида, потому что именно потомки Давида обладают какими-то особыми качествами, позволяющими им быть преемниками для господней силы.

Не все люди могут быть аватарами Господа. Точно так же, как жидкий азот нельзя налить просто в чайник, а нужно держать в особом сосуде Дьюара, точно так же и Господь с неба не может сойти в кого попало. Он может сойти только в ветвь Давидову, отрасль Иессееву. Потомок дома Давидова — это такой дьюаров сосуд для Руах.

По сути, эта теология, вероятно, мало отличалась от того царского культа, который был принят в Иудее до монотеистических реформ и в рамках которого каждый очередной царь именно что и являлся очередным сыном и воплощением Господа.

Важность этой теологии, или, точнее, христологии, ибо речь идет о сочетании физического и божественного в персоне Помазанника, Мессии, Христа, заключалась в том, что это была прижизненная теология.

Она была проста, как пряник. Она не была предназначена для сложных построений, понадобившихся после позорной казни одного из Мессий.

По сути, это была не теология даже. Это была сектантская пропаганда. Образцы «теологии» такого рода мы встречаем во всех человеческих культурах от Мексики до Китая. В обожествлении живого вождя, дуче, фюрера, Неколебимого Утеса, Сына Земли и Неба нет ничего удивительного. Это — один из человеческих архетипов.

В современной библеистике принято разделение на «высокую» и «низкую» христологию. Под «низкой» христологией имеется в виду представление о том, что Иисус родился человеком, но вследствие собственных достижений поднялся на небо, достигнув статуса божества. Под «высокой» — представление о том, что Иисус с самого начала был Всемирным Духом. Обычно предполагается, что первая христология появилась раньше.

Но, как мы видим, в Кумране ничего подобного не было. Кумран знал сразу обе христологии — и высокую, и низкую. «Низкая» христология была для членов общины. Это они, обычные люди, могли восходить на небо и становиться *элим*.

Это было почетное и, вероятно, зарезервированное лишь для высших иерархов отличие, но все-таки путешествия на небо были в Кумране хоть и важным, но вполне подъемным делом, — вроде современного путешествия на Северный полюс. И именно вследствие того, что члены общины могли подниматься на небо, ее Мессия должен был быть чем-то большим. Он был вместилище Надмирного Духа. Он был дьюаров сосуд для Господа.

Как путешествующий шейх может остановиться не во всяком номере, а только в президентском номере семизвездочной гостиницы, так и Господь, сходя на землю, подбирал себе очередного сына Давидова для проживания.

Именно этой христологии Иисуса — дьюарова сосуда Иисуса — семизвездочной гостиницы — *и придерживалась впоследствии большая часть иудействующих христиан*.

Эбиониты, — жаловался Ипполит Римский, — считали Иисуса человеком и именно поэтому считали, что каждый может стать, как и Иисус, Христом именно потому, что Иисус был человеком[57].

Назореи, — писал Иероним, — полагали, что «вся полнота Божественности пожелала телесно обитать» в Иисусе[58]. Сампсеи, ранее называемые оссеями, верили, что Христос при желании «снимает с себя тело Адама и снова надевает его»[59]. Псевдоклиментиновы Гомилии говорят о предсуществующем Спасителе, который «менял свои формы и имена с начала мира и появлялся в мире вновь и вновь»[60].

Христологии Иисуса-вместилища придерживались также некоторые ранние гностики, в частности Керинт и Карпократ[61]. Они утверждали, что Христос-дух сошел в человека Иисуса в виде голубя. Именно после этого Иисус-человек начал совершать чудеса. На кресте Христос оставил человека-Иисуса, отчего тот и вскричал: «Боже! Боже мой! Отчего ты меня оставил?» «Христос же, будучи духовен, оставался чужд страданий»[62]. Тело Христа было «плотское вместилище для Логоса», — писал гностик Теодот[63].

Эта теология была свойственна и некоторым протоортодоксам. Тело Христа было «сосуд Его Духа», — читаем мы в послании Варнавы[64]. «Волею Господа святой предсуществовавший Дух, сотворивший все творение, стал обретаться во плоти, которую Он пожелал», — гласил «Пастух» Гермаса[65]. Христос «облачился в человека», — утверждал Климент Александрийский[66].

И, скорее всего, именно этой христологии придерживался, вероятно, автор нашего самого раннего «Евангелия от Марка», которое начиналось с того момента, когда святой Дух нисходил в Иисуса, и кончалось моментом, когда Дух оставлял его на кресте.

Это была первая и прижизненная христология. Более того, эта христология предшествовала Мессии по имени Иисус, потому что кумранская община начала существовать до него, и во главе ее сменилось порядочное количество Мессий.

Мы можем называть эту христологию христологией дьюарова сосуда. Патриция Крон предлагает термин «отель-христология». В том смысле, что Христос заселился в Иисуса, как в гостиницу, и выписался по прошествии некоторого времени.

Эта христология потерпела ужасающий удар, когда в решающий момент Надмирный Дух, обитавший в своем аватаре, не смог поразить врагов огнем из своих уст, и дьюаров сосуд был схвачен детьми Велиала и распят. «А мы надеялись было, что он есть Тот, Который должен избавить Израиля» (Лк. 24:21).

После этого осиротевшая община разделилась, и для понимания происходившего важно понять одно: это разделение происходило не по теологической, а по организационной части.

Точно так же, как в Советском Союзе в 20-х гг. дело было не в «правом» и «левом» уклоне, а в борьбе Сталина с Троцким и Бухариным за власть в партии, в «четвертой секте» в 30–60-х гг. дело было не в том, как именно соотносились в Иисусе из дома Давидова Бог и человек, а в борьбе за лидерство в секте.

Иаков Праведник, физический брат Иисуса, настаивал, как мы увидим из «Евангелия от евреев», на физическом воскресении. Он продолжал исповедовать старую христологию сосуда Дьюара. Иисус из дома Давидова был единственный, кто подходил на земле на роль вместилища Надмирного Духа. Этот Надмирный Дух в решающий момент почему-то отлучился из своего обиталища — вышел прогуляться, отвлекся, чихнул, — и надо бы случиться такому, что в этот-то самый момент дети Велиала Иисуса и распяли.

Эта теология была единственно возможной для Иакова, брата Господня. Он настаивал на том, что его брат был единственным подходящим сосудом для Господа по той простой причине, что он был его родственником, и претензии Иакова на лидерство строились на физическом родстве с Иисусом.

Более того, мы не должны забывать, что Иаков Праведник был с детства посвящен Богу. Он был *назореем* в ортодоксальном смысле слова. Он не стригся, не ел мяса, не пил вина. Так же, как впоследствии римский папа, он не имел семьи и детей. Тот факт, что Иаков, брат Иисуса, не мог быть продолжателем династии, а мог быть только местоблюстителем при брате, был, вероятно, одним из ключевых факторов в формировании культа именно Иисуса.

Христология дьюарова сосуда осталась основной христологией иудействующих христиан.

Однако у Иакова очень быстро появились соперники, такие как Иуда Фома или апостол Павел, он же Симон Волхв. Если Христос был Надмирный Дух, сошедший в Иисуса, заявили они, то почему он должен был ограничиваться только Иисусом? Он вполне мог сойти и в Иуду, и в Павла.

Нимало не отрицая физического воскресения Иисуса, они претендовали на то, чтобы быть новыми Христами. А Павел не только был «Христом в образе Павла», но и таскал с собой Славу Божию в виде девицы Феклы.

Более того, эти новые Христы претендовали на то, что вместилищем Святого Духа станет каждый, кто станет их последователем! «Благословенны тела святых, ибо они были сделаны достойными стать храмами Бога, чтобы Христос обитал в них», — поучал своих учеников Иуда Фома[67]. Такая демократическая революция и передача Святого Духа во всеобщее пользование вряд ли устраивали Иакова. Очень вероятно, что в Дамасском документе именно носители этой идеологии и называются Лжецами.

Вскоре у оппозиции Иакову появился еще один хитрый теологический ход: Иисус Христос, заявила она, не имел никакого отношения к дому Давидову. Он был сын Бога, а не сын Давида, — в буквальном смысле этого слова. А Мария, супруга его номинального отца Иосифа, была девственницей.

Тезис о непорочном зачатии, впоследствии ставший одним из главных догматов протоортодоксальной церкви, первоначально был направлен напрямую против притязаний Иакова Праведника на руководство сектой. Из него получалось, что Иаков не имел никакого отношения к Иисусу. Они были даже не родственники!

Одновременно появилась новая напасть.

Еще одна разновидность Лжецов заявила, что дьюарова сосуда вовсе не было. Надмирный Дух вовсе не нуждался в джинсах и рубашке. Он просто принял облик человека Иисуса, и в тот момент, когда глупый и недалекий Иаков ломал руки, оплакивая казнь своего брата на Голгофе, этот призрак просвещал апостола Иоанна (а также Варфоломея). Мы не можем сказать, придерживался этой версии сам Иоанн или только его ученики, но, во всяком случае, она была очередной диверсионной выходкой против организации, возглавляемой Иаковом Праведником.

Итак, у нас для ортодоксов две новости: хорошая и плохая. Хорошая новость заключается в том, что гностическая теология виртуального Христа, Христа — Всемирного Духа, который только принял облик человека, была, несомненно, поздней. Она появилась в пику Иакову и после распятия Иисуса.

Плохая новость заключается в том, что другая гностическая теология — теология Иисуса-Дьюара, Иисуса-сосуда, в которого был налит Всемирный Господь, — была ранней. «Христология вместилища была очень старой формой Христологии, возможно, самой старой из засвидетельствованных»[68].

Она не просто предшествовала Иоанну, Симону Волхву, Иуде Фоме — она предшествовала казни Иисуса. Она предшествовала его появлению на свет! Это была теология, которую исповедовал сам Иисус. Это была официальная теология Кумрана и официальная теология «четвертой секты». Непорочное зачатие — один из главных догматов современной христианской церкви — было для Кумрана архиересью.

Итак, у гностиков и кумранитов было удивительно много общего. И те, и другие почитали Мудрость Господа, и те, и другие знали Совет Богов. И те, и другие были уверены в собственной способности совершать чудеса; они знали, что с их Мессией случилось несчастье, но он не умер, а оказался в Совете Богов выше ангелов. Они считали его Сыном Всевышнего и воплощением Яхве. Они считали, что люди могут Преображаться, представ перед Всевышним, и это Преображение делало их ангелами, которые могут вновь и вновь снисходить на землю. И те, и другие были уверены, что над всей землей, кроме их общины, властвует Велиал. Они видели себя борцами с этим Велиалом, которому, между прочим, подвластны и не входящие в общину евреи. Многие гностики соблюдали иудейский закон.

Однако главная идея позднего гностицизма и зилотов диаметрально различна. Зилоты проповедовали спасение мира — гностики проповедуют спасение от мира. У кумранитов Яхве приходил на землю — у гностиков человек поднимается в небеса.

Кроме того, кумраниты ничего не имели против насилия. Наоборот: насилие над всеми детьми Велиала было священным актом. Убийство и грабеж неверных и было тем главным моментом мистического единения с войском ангелов, который воспевает Свиток войны.

У гностиков же — наоборот. Несмотря на их неимоверную волшебную силу, им строго запрещено применять ее против врагов, и когда бедный апостол Филипп низвергает в ад целый город, Спаситель строго ставит ему на вид и даже отлучает на сорок дней от Рая!

Как же произошла такая удивительная инверсия?

Марвин Харрис

В 1974 г. известный американский антрополог Марвин Харрис выпустил книгу «Cows, Pigs, Wars, and Witches: The Riddles of Culture». Как раз за пять лет до этого вышла фундаментальная книга Самуила Брендона «Иисус и зилоты», на которую мы тут часто ссылались, и Харрис, без сомнения, находился под ее сильным влиянием.

Однако он был не библеист, а антрополог. Кроме этого Харрис был атеист и вообще марксист, что в данном случае не сказывалось на качестве его работ, зато лишало его обычных для библейских критиков тормозов.

Поэтому Харрис сравнил скрытую в веках историю эволюции культа Иисуса с историей эволюции куда менее судьбоносного для человечества, но зато хорошо наблюдаемого культа — а именно, свойственного многим обитателям Новой Гвинеи культа карго.

Пророки культа карго, напомню, учили, что все прекрасные вещи, которыми владеют белые, на самом деле посланы духами предков туземцев. Кроме того, они учили, что им известен «секрет карго» и что они, пророки, скоро одарят своих соплеменников швейными машинками, радиоприемниками и даже целыми пароходами, которые буквально будут сыпаться с неба.

Возникает вопрос: как получилось, что такое странное поверье продержалось в Меланезии и Папуа — Новой Гвинее на протяжении более ста лет? Ведь оно, очевидно, противоречило наблюдаемым фактам.

Ответ заключается в том, что мем, который называется «культ карго», проявил необычайную способность к эволюции. Чем головокружительнее менялась действительность, тем головокружительнее менялся и мем.

К примеру, Маданг на севере Новой Гвинеи был первоначально колонизован немцами. Немцы обращались с туземцами довольно жестоко, и поэтому приход австралийцев после конца Первой мировой войны был воспринят поклонниками культа карго как долгожданное избавление от проклятых захватчиков.

Туземцы даже начали в больших количествах ходить в церковь, потому что были уверены, что там им расскажут секрет карго, ниспосланный им Христом. Туземцы полагали, что Господь, сотворив Адама и Еву, поселил их в Раю, полном карго, то есть консервов, риса, стальных инструментов и спичек. Христос вернул этот Рай белым, а теперь собирался вернуть его и туземцам.

Когда, несмотря на два десятка лет усердных молитв, карго так и не появилось, вера туземцев начала меняться. Пошли слухи, что белые захватили Христа в плен и держат его в тюрьме в Сиднее: ведь Иисус Христос хотел дать карго туземцам, но белые и евреи сговорились оставить карго у себя.

Поэтому, когда началась Вторая мировая война, то туземцы сразу поняли, что она ведется для того, чтобы духи предков доставили им карго.

Эти духи предков явятся в образе японцев, и чтобы приготовиться к этому торжественному событию, надо бросить работу, зарезать всех свиней и кур и начать строить склады под прибывающий с предками карго.

В 1944 г. японцев изгнали, и австралийцы, пришедшие на их место, старались привлечь туземцев на свою сторону обещаниями «промышленного развития» и «мирного сосуществования». Нужно ли объяснять, что добрые туземцы приняли все эти прекрасные обещания за обещание раскрыть секрет карго?

При этом никак нельзя сказать, что австралийцы водили туземцев за нос. Вовсе наоборот, они очень хотели разъяснить, как обстоят дела на самом деле, и даже через несколько лет после конца войны пригласили одного из самых влиятельных пророков, по имени Яли, в турне по Австралии.

Там они показывали ему авиа- и судоремонтные заводы, пивоварни и прочее, желая объяснить, что именно с помощью этих вещей производят карго. Но Яли был не дурак и отлично видел, что далеко не все люди, которые ездят в больших машинах и живут в больших домах, работают на фабриках и в пивоварнях.

По счастью, глупые белые, кроме авиазаводов и судоремонтных мастерских, сводили Яли также в музей в Квинсленде. Там, в музее, Яли увидел новогвинейские церемониальные маски, те самые, которые миссионеры называли «сатанинскими» и запрещали туземцам их носить. И вот оказалось, что миссионеры увезли эти маски и поместили в храм в Квинсленде.

Они поместили их на алтари, за стекла, и Яли видел большие группы молящихся, которые стекались в музей со всех концов Австралии, чтобы поклониться маскам предков. Ясен пень, проклятые белые обманули: они молились духам предков, и те посылали им карго, а самих новогвинейцев они заставили молиться какому-то Христу.

Из вышесказанного видно, что культы карго вовсе не игнорировали действительность. Наоборот, они всемерно учитывали ее. Каждый раз, когда в действительности что-то происходило, это происходившее можно было превосходно объяснить с точки зрения культа карго.

Раз возникнув, мем о карго был способен к поразительной эволюции. Он был способен отказаться от практически любой своей фактической составляющей: он мог почитать в качестве духов предков сначала белых, потом японцев, потом опять белых, ждать карго сначала от Христа, а потом опять от масок предков. Его развитие не подчинялось законам логики, но зато оно подчинялось законам психологии, и мем демонстрировал крайнюю устойчивость по ряду параметров.

Как бы он ни эволюционировал, он всегда обслуживал психологические потребности двух ключевых групп людей. Во-первых, жрецов культа карго, которые благодаря этому мему сохраняли свою высокую социальную позицию и статус, и, во-вторых, рядовых поклонников культа, которые благодаря ему получали психологический комфорт и надежду на светлое будущее.

Морфология сакрального триллера

В первой части этой книги мы рассмотрели четыре сакральных триллера: «Деяния Фомы», «Деяния Иоанна», «Деяния Филиппа» и «Деяния Павла и Феклы». Мы пытались на основании этих тенденциозных и идеологизированных рассказов воссоздать биографии этих апостолов — как реальные, так и выдуманные.

На самом деле таких триллеров гораздо больше. До нас дошло шесть апокрифических «Деяний», написанных более-менее рано, в промежутке от II до IV в. н.э., — Фомы, Иоанна, Петра, Андрея, Филиппа и Павла.

Все эти «Деяния» имеют гностический характер. Все они совершенно однотипны, как волшебные сказки. У всех у них одинаковая морфология. Эту морфологию можно проанализировать, как это сделал относительно волшебной сказки Владимир Пропп.

Во всех этих «Деяниях» апостолы совершают чудеса. Эти чудеса для удобства можно разделить на несколько больших групп.

Чудеса

Апостолы властны над материальным миром: стихиями, предметами и едой.

Апостол Андрей успокаивает бурю[69]. Апостол Иоанн превращает морскую гальку в драгоценные камни[70]. Апостол Филипп раздает бедным из трех огромных кувшинов зерно, вино и оливковое масло, и все эти продукты в кувшинах не кончаются[71].

Апостолы также имеют власть над животными. Апостол Фома заставляет говорить диких ослов[72], Филипп — ягненка и леопарда[73], Петр — пса[74], апостол Иоанн имеет впечатляющую власть над клопами[75].

Все апостолы воскрешают и исцеляют людей.

Апостол Андрей исцеляет жену Антифана[76], сына Априана и дочь Николая[77]. Он воскрешает мальчика-раба Деметрия из Амасеи, которого Деметрий «любил несравненной любовью»[78]. Фома воскрешает юношу, убитого драконом[79]. Апостол Иоанн исцеляет в Эфесе целый стадион[80]. Иоанна в общем зачете побеждает апостол Андрей, воскресивший зараз 40 человек — всю команду утопленного корабля[81].

Апостолы убивают бесов и разрушают их нечестивые логова.

Апостол Иоанн разрушает храм Артемиды Эфесской. Апостол Филипп разрушает храмы в Афинах.

Апостол Андрей прогоняет семь демонов, живших вдоль дороги в Никее[82]. Апостол Фома побеждает Сына Сатаны — того самого, который совратил Еву, сподвиг на братоубийство Каина, побудил ангелов совокупляться с дочерьми человеческими и вошел в Иуду, чтобы тот предал Христа[83]. «Деяния Филиппа», впрочем, утверждают, что Сына Сатаны победил Филипп, причем не убил его, а приказал выстроить христианский храм[84].

Но даже эти подвиги меркнут перед подвигом апостола Варфоломея, который в «Вопросах Варфоломея» попирает пятой самого Велиара.

Этот Велиар довольно-таки впечатляющее создание — он имеет в длину 1900 локтей и в ширину — 700, и его держат 6064 ангела на огненных цепях. Несмотря на это, апостол по приказу Иисуса не только наступает Велиару на шею, но и заставляет его назвать свое тайное имя и рассказать все тайны мира[85].

Все апостолы совершенно неуязвимы. При попытке схватить их противники лишаются зрения, у них отсыхают руки, они проваливаются под землю, etc.

Домициан велит сварить Иоанна в кипящем масле, но оно не причиняет ему никакого вреда[86]. Мечи напавших на апостола Андрея падают на землю после того, как тот начертил в воздухе крест[87]. Апостол Филипп поражает слепотой и параличом все пять сотен стражников, которые явились его арестовывать[88].

Негодный слуга на пиру бьет по щеке апостола Фому. Апостол Фома, разумеется, тут же подставляет вторую щеку, однако мягко прорицает, что рука, ударившая его, будет скоро в зубах псов. Не проходит и получаса, как негодяя, ударившего апостола, задирает тигр, и собаки, оторвав руку трупа, вбегают с ней в пиршественную залу к изумлению всех присутстстующих[89].

Эти чудеса являются не украшением, не завитушкой, которая отвлекает от сути сюжета. Они являются самой сутью повествования: учение апостолов истинное, потому что они умеют совершать чудеса. Они играют в «Деяниях» ту же роль, что опыт — в науке. Именно благодаря этим чудесам апостолы вербуют сторонников.

У некоего Гратина из Синопа была лихорадка, у его жены — водянка, а в его сыне поселился демон. Гратин послал за апостолом Андреем, который вылечил все их болезни. Гратин и его семья тут же уверовали и были крещены[90].

Харитина, дочь видного гражданина Ашдода, страдала от чирея на глазу. Апостол Филипп ее вылечил, и она стала его ученицей. Она надела мужскую одежду и последовала за ним[91].

Апостол Фома воскресил юношу, убитого Сатаной. Юноша стал его учеником (Деян. Фом. 3:33).

Апостол Иоанн воскресил эфесского претора Ликомида и его жену Клеопатру: Ликомид и Клеопатра стали его верными последователями[92].

Апостол Иоанн в магическом поединке с жрецом Артемиды в театре на глазах публики выпил яд, который не причинил ему никакого вреда. Яд испробовали на преступниках, и они погибли. Иоанн воскресил их. Пораженный жрец и все зрители приняли христианство[93].

Эти чудеса были центральным доказательством правоты христианства и главным элементом сюжета. Учение Христа было истинным, поскольку оно позволяло творить чудеса. «Я пришел учить вас не словами, а совершением чудес», — говорит апостол Филипп афинянам[94].

Апостолы как новые Христы

Способность апостолов творить чудеса связана с тем, что познали Христа и стали Христами. Они есть Христы — в буквальном смысле слова.

Ученица Иоанна Друзиана видит Господа в облике апостола Иоанна[95]. Ученица Павла Фекла видит «Господа Иисуса Христа, сидящего рядом с ней, в облике Павла[96]. Ученики апостола Фомы видят перед собой «Христа в облике Фомы»[97]. Ученица апостола Андрея видит «Господа в обличье Андрея»[98]. Варфоломей и Мариамна видят перед собой Христа в виде апостола Филиппа[99].

Они умеют Преображаться, как Христос.

Лицо апостола Андрея сияет, как лицо ангела[100]. Апостол Филипп Преображается и сияет так, что к нему невозможно приблизиться[101]. Когда апостола Мариамну пытаются схватить, ее окружает «облако огня», и солдаты разбегаются[102]. В другом варианте «Деяний Филиппа» сообщается, что Мариамна стала как «стеклянный сосуд, полный дыма и огня».

Что еще важнее, эту свою способность быть Христами и Совершать Чудеса апостолы передают ученикам.

В Фессалониках толпа хотела сжечь апостола Андрея за то, что его учеником стал богатый молодой человек Экзоос. По приказу Андрея Экзоос взял бутылочку воды и произнес заклинание: «Господь Иисус Христос, которому подвластны все стихии, который увлажняет сухое и сушит мокрое, охлаждает горячее и раздувает потушенное, потуши этот огонь». Огонь потух[103].

Жительница Эфеса Клеопатра, воскрешенная апостолом Иоанном, тут же воскресила своего мужа, претора Ликомида[104].

В «Деяниях Андрея» на берег выносит сорок трупов, жертв кораблекрушения. Андрей воскрешает первый труп, и, когда тот становится христианином, поручает ему воскресить следующего. Так, по цепочке, воскресают все 40 человек[105].

Точно так же апостолы передают ученикам свою способность к Преображению. У еврея Анании, обращенного Филиппом, лицо светится, как у ангела[106]. Апостол Фома, сидящий в темнице, призывает в молитве Христа, и внезапно в темнице становится светло как днем[107]. Апостол Петр молится, и внезапно трапезная наполняется «ярким светом, подобным рассвету, таким, какой обычно видят только в облаках». Этот свет входит в глаза его учеников и позволяет им физически видеть Христа в его тройном облике мальчика, юноши и старца[108]. Когда проконсул Города змей попытался схватить свою жену-христианку, то свет, снисходящий на нее во время молитвы, ослепляет ее мужа[109].

Воскрешение мертвых также открывает перед авторами некоторые сюжетные возможности, которыми трудно пренебречь. Ведь воскрешенный своими глазами лично видел все, о чем рассказывают Писания. Он является *свидетелем/шахидом/мартусом* в прямом и буквальном смысле этого слова.

Однажды двое богатых молодых людей разочаровались в учении апостола Иоанна. Они захотели забрать свое богатство и уйти из общины. По счастью, в этот момент Иоанн чрезвычайно кстати воскресил мертвого. Оказалось, что воскрешенный собственными глазами видел ликование чертей по поводу такого неосмотрительного решения богачей. Пораженные богачи остались в общине[110].

Проконсул Лесбий преследовал *следующих Пути*. К нему доставили апостола Андрея, и когда Андрея ввели к проконсулу, оказалось, что тот умер. Апостол Андрей воскресил его, и после этого проконсул признался, что преследовать *следующих Пути* ему велел Сатана[111]. Как легко понять, такое откровение римского магистрата оказало самое благоприятное воздействие на обращение окружающих.

Апостол Филипп воскресил сына вдовы. Воскреснув, тот тут же засвидетельствовал, что он собственными глазами видел, что в аду жутко пытают всех, кто не согласен с учением апостола Филиппа.

Но самая драматическая история случилась с апостолом Фомой. Индийский царь Гундафор поручил ему построить дворец, и Фома вместо строительства раздал все деньги бедным. Узнав о растрате, Гундафор был предсказуемо недоволен. По счастью, у него был брат по имени Гад. Тот в это время умер и тут же воскрес. Воскреснув, Гад рассказал удивительную новость: оказывается, апостол Фома и в самом деле построил царю Гундафору роскошнейший дворец на небесах, и он, Гад, видел это собственными глазами. Понятно, что после такого свидетельства всякие обвинения в растрате были сняты, и апостол Фома и дальше оказывается уполномоченным строить небесный дворец[112].

Преследования гоисов

Во всех этих «Деяниях» чудеса — это не литературные украшения сюжета. Это — движущий стержень сюжета, основная функция апостолов. Воскресение мертвых и есть способ обращения в веру Христову.

Апостолы совершают чудес куда больше Иисуса: Иоанн исцеляет целыми стадионами, Андрей — кораблями!

Однако, несмотря на все эти чудеса, дело с продвижением веры Христовой не всегда обстоит гладко. Чем больше апостолы совершают чудес, тем ожесточеннее борется против них Сатана.

Каждый раз после публичного совершения чудес упорные и невежественные люди, одержимые Сатаной, вместо того чтобы уверовать в Христа, начинают предъявлять апостолам претензии.

Эти претензии бывают трех родов. Во-первых, власти городов, в которых апостолы уничтожают храмы Сатаны, почему-то не всегда оказываются довольны. Они приказывают схватить апостолов.

Во-вторых, всегда почему-то находятся люди, которые, несмотря на очевидные доказательства представленных им чудес, продолжают упорно называть апостолов «колдунами», то есть гоисами.

И, в-третьих, не всегда оказываются довольны родственники новообращенных христиан, особенно мужчины, жены которых отказались от секса.

Аристократка Мигдония, уверовав во Христа, отказала в телесной близости своему мужу Каришу. Тот в бешенстве жалуется на колдуна царю[113].

Апостол Андрей излечил жену проконсула Эгета Максимиллу. Та, уверовав, отказалась от секса. Взбешенный проконсул заключает *совратителя* Андрея в тюрьму[114].

Апостол Филипп излечил супругу проконсула Иераполиса, Никанору. Уверовав во Христа, она перестала спать с мужем. Как легко можно уже догадаться, раздосадованный супруг велел арестовать Филиппа со всеми его спутниками, включая говорящих агнца и леопарда. «Я вижу, что ты пала жертвой чар этих *гоисов*!» — воскликнул проконсул[115].

Вообще, как только человек становится христианином, это сразу создает на его пути новые сложности. Все окружающие, несмотря на то что он исповедует религию мира и добра, немедленно начинают возводить на него самые дикие поклепы. Христиане, в ответ на эти поклепы, нисколько не озлобляются и продолжают любить своих врагов.

Апостол Андрей обратил в христианство юношу Сострата. Язычница, мать Сострата, узнав об этом обращении, не нашла ничего лучшего, как поспешить к властям и объявить сына в том, что тот хотел ее изнасиловать.

Шокированный этим страшным обвинением проконсул приказал зашить юношу в мешок со змеями и утопить в реке. Тогда Андрей начал молиться. От его молитвы случилось землетрясение, а мать-ехидна, оклеветавшая сына-христианина, сдохла тут же на месте. Проконсул и потрясенные зрители тут же приняли крещение, а всех, кто был ранен во время землетрясения, Андрей исцелил[116].

Человеческая неблагодарность вообще является одним из главных движущих мотивов «Деяний». Сколько ни творит апостол неоспоримых чудес, каждый раз находятся недовольный магистрат, вздорные родственники или языческая толпа, которые никак не хотят уверовать. Они называют апостола «обманщиком» и «колдуном» и пытаются убить снова и снова, а в процессе он спасает их снова и снова. В конце концов они либо становятся верующими, либо умирают.

Вообще, у человека, по какой-то причине связавшегося с мирными проповедниками любви и добра, творящими чудеса, выбора нет.

Либо он уверует, либо умрет.

Апостол Андрей в Фессалониках обратил в христианство богатого юношу по имени Экзоос. Вместо того чтобы обрадоваться Обращению сына, его родители подожгли дом, в котором находились Андрей и их сын. Несмотря на то что сын заклинанием потушил огонь, эта демонстрация истинности учения их не остановила.

«Он стал *гоисом!*» — заявили родители[117]. Они прокляли его и лишили наследства. Дело было поправлено только чудом: через пятьдесят дней нечестивые язычники внезапно умерли, и деньги их перешли юноше Экзоосу, который, естественно, тут же передал их Андрею для раздачи бедным.

Апостол Филипп приказал ангелу доставить корабль с ним за сутки от Кесарии до Карфагена. Еврей по имени Анания услышал это и начал богохульствовать. Он заявил, что Христос, которого призывает Филипп, стал пылью в Иерусалиме, «а ты совращаешь людей его именем». Тотчас ангел Господь за богохульство подвесил еврея ногами вниз на верхушке мачты. Еврей Анания обратился в веру Христову, и ангел его простил[118].

Проконсул Македонии Вариан узнал, что в Фессалониках появился колдун, который требует разрушить все храмы и называет их обиталищем дьявола. Проконсул тут же выслал конницу и пехоту арестовать Андрея. Большинство солдат не решилось тронуть Андрея, и только один из них, будучи одержим дьяволом, набросился на него. Тут же он упал мертвым. Так как Иисус велел платить добром за зло, Андрей воскресил его.

Вместо того чтобы проникнуться происходящим, проконсул Вариан пришел в ярость. «Не верьте волхву», — заявил он народу[119]. Андрея по приказанию проконсула бросили зверям и натравили на него дикого быка. Бык вместо

Андрея растерзал солдат. Тогда по приказанию проконсула на Андрея натравили леопарда. Вместо того чтобы убить Андрея, леопард убил сына проконсула. Апостол, которому Иисус велел платить добром за зло, воскресил и сына[120].

Апостолы Андрей и Матфей прибывают к ужасным мирмидонянам, питающимся человечиной. Несмотря на всю убедительность месседжа апостолов добра и любви, мирмидоняне отказываются изменить своим привычкам. Апостолу Андрею ничего не остается, как окружить город мирмидонян огненной стеной и затопить его водой[121].

Вообще, язычники, по отношению к которым апостолы проявляют такую снисходительность, оказываются, как правило, людьми неблагодарными и упорными. Несмотря на фантастическое всепрощение апостолов, они преследуют их снова и снова. Каждый раз апостолы спасают, воскрешают и лечат своих врагов. И каждый раз спасенные и воскресшие проявляют дикую неблагодарность.

Мы уже видели, как отвратительно ведет себя проконсул Вариан, которого Андрей спасает снова и снова. Не лучше ведет себя и воскрешенный Друзианою Фортунат: «Ну и власть себе забрали эти умники! Не хочу я воскресать, лучше я умру, чем буду видеть их!» — восклицает он[122]. Напрочь отказывается от воскресения первосвященник Анания. А когда проконсул Ахайи Лесбий слышит, что в город пожаловал человек, воскрешающий мертвых и излечивающий больных, то он, вместо того чтобы обрадоваться такой бесплатной медицинской помощи, немедленно восклицает: «Он *гоис* и обманщик!»[123]

Итак, апостолы умеют творить чудеса. Они повелевают леопардами, ослами, драконами и клопами. Они исцеляют больных и воскрешают мертвых. Они успокаивают бури. Они умеют становиться невидимыми[124]. При попытке схватить их люди теряют руки, мечи, зрение, etc. Пытки не доставляют им никакого неудобства.

Все это, естественно, вызывает вопрос: как при таком могуществе, неуязвимости, умении повелевать стихиями — их казнят?

Ответ «Деяний» на этот вопрос неизменно прост: их казнят, потому что они сами того так хотят. Материальный мир создан Сатаной, и казнь — это способ освободиться от его власти. Повисеть на кресте — это предел мечтаний любого апостола. «Унижение плоти есть подарок душе»[125].

«Деяния Андрея» содержат впечатляющую многосерийную картину его мученичества, не оставляющую сомнений в том, что у Андрея была масса способов откосить от креста, ежели бы это было его задачей.

Неприятности Андрея начинаются, как легко догадаться, с того, что он распропагандировал всю семью проконсула Эгета, включая его брата Стратокла и его жену Максимиллу, которая была куда более родовита, нежели даже сам Эгет.

Эгет бросает проклятого колдуна в тюрьму, где его навещают Стратокл и Максимилла. Их, покрытых завесой невидимости, отводит туда *Господь в обличье Андрея*. Это маленькое чудо показывает, что Андрей с легкостью мог бы покинуть узилище, как о том умоляют его ученики. Вместо этого Андрей объясняет, что быть казненным — и есть его сокровенное желание.

«Если вы познаете все, что внутри вас, — познаете, что вы нематериальны, святы, свет, родственный Нерожденному, разумны, небесны, прозрачны, чисты, вне плоти, вне мира, вне Сил, вне Властей, — говорит Андрей, — вы просто счастливы будете покинуть этот мир»[126].

К сожалению, его ученики оказываются плохими слушателями, и когда Андрея ведут на казнь, Стратокл отбивает его.

У Андрея снова есть возможность спастись — но апостол упрекает приглуповатого Стратокла за его неуместное усердие и лично приказывает трясущимся от страха палачам привязать себя к кресту. Он не чувствует боли и проповедует, вися на кресте, трое суток.

Эти проповеди оказывают самое благотворное действие на народ, собравшийся поглазеть на казнь, и тот требует от консула освободить *праведника*.

Эгет, испугавшийся революции, решает снять этого странного колдуна с креста. Тут-то Андрей и совершает последнее, решительное чудо. «Не попусти, Господь, чтобы твой Андрей, который был привязан к твоему кресту, был отвязан снова, не отдавай меня с твоей тайны бесчестному дьяволу!» — обращается он с молитвой к кресту[127].

С этими словами он отдает Богу душу, а проконсула настигает давно заслуженное возмездие: он кончает с собой, прыгнув в пропасть, и все его земное добро достается его брату, доброму христианину.

Все остальные апостолы тоже только и мечтают о том, чтобы умереть. Апостол Иоанн добровольно ложится в могилу, чтобы избегнуть уз этого мира. Добровольно идет на казнь апостол Фома, могущественный близнец Христа. «Ныне свершается мое освобождение», — восклицает радостный Петр во время распятия[128].

Немного подводит Спасителя только апостол Филипп, который одним заклинанием во время распятия отправляет весь многотысячный город Офиориму в Ад. Но после этого он исправляется. Когда вызволенные из Ада жители пытаются снять его с креста, апостол категорически отказывается.

Реалистичность

На первый взгляд все эти «Деяния» являются сказками. Однако на самом деле, если приглядеться, они вполне реалистично описывают мир ранних христиан, — не менее реалистично, чем произведения социалистического реализма, рассказывавшие о неустанной борьбе мирных коммунистов с вредителями, подсыпающими толченое стекло колхозным курам.

Чудеса и исцеления совершенно точно изображаются в них как главный инструмент вербовки верующих.

Несмотря на всю фантастичность самих сцен: воскрешенных мертвецов, излеченных паралитиков, послушных клопов и т.д., перед нами — исключительно жизненная коллизия.

Средняя продолжительность жизни в античности составляла 35 лет. Простой аппендицит был смертелен. Александр Македонский умер от лихорадки, излечимой любым антибиотиком. Страх болезни и смерти — внезапной болезни и неизбежной смерти — был одним из постоянных, неотступных, сопровожающих каждую минуту жизни страхов.

В *гоисов*, проповедовавших Христа, веровали потому, что они позиционировали себя как Спасители и Целители, которые умеют лечить больных, воскрешать мертвых и обещают вечную жизнь.

Так же, вполне реалистично, выглядят сцены победы над Сатаной. Надо только иметь в виду, что победой над Сатаной было обращение любого язычника, а также любой экзорцизм, любое исцеление и даже любое осквернение языческого алтаря — любимый вид спорта христиан. Достаточно было разбить алтарь или изгнать беса — и ты уже победил Сатану.

Так же — исключительно реалистично — «Деяния» описывают реакцию облагодетельствованных язычников на тщетные попытки миролюбивых христиан спасти их грешные души. Родители новообращенных христиан негодуют. Мужья обращаются в суд. Царь Миздай, проконсул Вариан, проконсул Эгет и любые другие персонажи, столкнувшись с христианами, неизменно называют их «колдунами», *гоисами*. Первосвященник Анания, даже погрузившись по шею в землю, продолжает упорствовать и хулить имя Иисуса Христа. «Выдай обманщика, выдай волхва!»[129] — это обыкновенный крик, который поднимает толпа, когда в город приходит *святой*. «Пошли за Сифором и тем колдуном, который прячется в его доме, и казни его», — требует царь Миздай[130].

Кроме того, как мы уже замечали, апостолы явно ничего не знают о том, что они распространяют христианство только среди униженных и оскорбленных. Они проповедуют бедность, но это не значит, что они проповедуют бедным.

Апостол Петр проповедует римскому сенатору Марцеллу. Апостол Иоанн обращает претора Ликомида, претора Андроника и богачей Аттика и Евгения. Апостол Андрей обращает в христианство богачей Экзооса, Медиаса и Николая и даже двух проконсулов. Апостол Фома обращает царевичей и цариц. Апостол Павел обращает в христианство вдову понтийского царя Антонию Трифену. Апостол Филипп — богача Ирея.

Разумеется, многие из этих «обращений» выдают желаемое за действительное, но сами по себе эти наивные тексты описывают *modus operandi* христианских проповедников куда точнее, чем позднейшие велеречивые проповеди.

Богатый ученик, а особенно ученица, были предпочтительней бедного ученика уже размером имущества, которое они готовы были предоставить в распоряжение своего нового духовного отца. Любая секта всегда стремится заполучить в свои ряды прежде всего влиятельных и богатых сторонников, и христиане, специализировавшиеся на богатых женщнинах, рабах и евнухах, не представляли собой исключения.

Мы можем даже предположить, что нешуточные преследования, которые разъяренные мужья или родители обрушивают на голову *гоиса,* обратившего их жену/сына/дочь, связаны не столько с воздержанием последних от секса, сколько со строжайшим требованием ранних христиан передавать в распоряжение секты все движимое и недвижимое имущество обращенного. Мы легко можем понять причину их недовольства, не прибегая к гипотезе о вселившемся в родственников Сатане. Жалобы разъяренной семьи были, как мы увидим в других книгах, действительно одной из главных причин преследований христианских *гоисов*.

Во многих вышеперечисленных «Деяниях» имеется еще одна любопытная особенность. Для них, как и для всех гностических текстов, характерен резкий дуализм. Сатана в них является Богом материального мира, а евреи являются детьми Сатаны. «Их законы даны беззаконным Змием»[131]. Однако Сатана далеко не всегда отождествляется с Богом Ветхого Завета.

Очень часто дело обстоит ровно наоборот — евреи являются детьми Сатаны, потому что они отступили от своего настоящего Бога. Филипп и Фома подчеркивают в своей беседе с Иисусом, что они евреи. Фома и Филипп цитируют пророков[132], Апостолы проповедуют в синагогах[133] и строят синагоги[134], а Сын Сатаны со своими спутниками, которых побеждают Филипп и Фома, оказываются не кто иные, как те самые пятьдесят египетских змей, которых пожрал посох Моисея.

Все эти тексты отражают разные литургические практики. Одни общины причащаются вином, другие — только водой. Филипп и его ученики — строгие веганы, не признающие даже хлеба[135]. Общины Филиппа и Иоанна вместо причастия «пляшут во Христе» и поют при этом один и тот же гностический гимн, который впервые появляется в «Деяниях Иоанна». Однако это не значит, что перед нами одна и та же община. Община Филиппа одобряет самооскопление, община Иоанна категорически осуждает скопцов.

Многим из этих текстов — но не «Деяниям Петра» — свойственна очень высокая роль женщин. В «Деяниях Иоанна» Иоанн передает свою способность воскрешать своим ученицам Друзиане и Клеопатре. В «Деяниях Филиппа» Мариам играет роль двойника Филиппа. Она надевает мужскую одежду и следует за Филиппом. Апостолом является Фекла в «Деяниях Павла и Феклы». Она надевает мужскую одежду и следует за Павлом. Обе они следуют заповеди из «Евангелия от Фомы»: «Всякая женщина, которая станет мужчиной, войдет в царствие Небесное» (Фм, 118). В древности именно мужчина — но никак не женщина — считался совершенным человеком. Превращение в мужчину — это путь к совершенству.

Но, что самое важное, эти «Деяния» с почти фотографической точностью дают нам ответ на вопрос о причинах, по которым Царство Божие на земле, обещанное в ранних кумранских свитках, сменилось Царствием Небесным, обещанным в гностических трактатах.

Гностицизм — это совершенно закономерный результат эволюции веры в Иисуса после многократных крахов вооруженных восстаний.

Обитатели Кумрана обещали своим последователям золотые троны, неуязвимость в бою, мирские блага и потрясающее, поразительное всемогущество. После регулярных разгромов у паствы начал возникать вопрос: как при таком всемогуществе у апостолов получаются такие плачевные результаты? Единственный ответ, дававший возможность сохранить власть над паствой, заключался в том, что все обещанное могущество незримо и ожидает верующих в другом мире.

В «Книге Стражей» и в «Книге войны Сынов Света против Сынов Тьмы» под Царствием Божием подразумевается вполне материальный переворот. В ходе его Господь должен был сойти на землю *физически*. Праведники должны были воскреснуть *физически*. Древо Жизни должно было быть пересажено к горе Сион *физически*.

Ириней Лионский еще в конце II в. чрезвычайно серьезно рассказывал о том, что после второго пришествия на каждом виноградном кусте будет по десять тысяч лоз, на каждой лозе 10 тыс. веток, на каждой ветке 10 тыс. прутьев, на каждом пруте по 10 тыс. кистей, на каждой кисти по 10 тыс. ягодин и в каждой ягодине по 25 метрет вина. Не верил сему, согласно Иринею, только Иуда-предатель. «Если же кто попытается принять за аллегорию такого рода обетования, — сурово предупреждает Ириней Лионский, — то они не окажутся во всем согласными сами с собой»[136].

Однако, по мере того как Царствие Божие все запаздывало и запаздывало, адепты «четвертой секты» нуждались в объяснении: где обещанные престолы?

И они его получили. Их золотые престолы — на небесах. Учеников Христа распинают, потому что они сами того хотят. А огнем с небес они не поражают своих врагов только оттого, что Иисус Христос не велел поражать врагов огнем. Он велел принимать смерть и подставлять вторую щеку.

В истоках гностицизма лежит очень простая сумма ответов на очень простые вопросы, задаваемые паствой. Эта сумма сконструирована так, чтобы представить бессилие и смерть людей, которые позиционируют себя как могущественные *гоисы*, как результат их собственного желания.

Вы обещали нам драгоценности и золото, — говорит паства, — вы обещали, что щиты *святых* будут украшены чистым золотом — где же украшения?

«Да вот они», — отвечали авторы «Деяний». Когда двое богачей, отдавших имущество общине, возроптали, апостол Иоанн набрал гальки на морском берегу и превратил ее в драгоценности. Каждый *святой* в любой момент может обзавестись золотом и жемчугами, но этим он погубит свою душу. Только поэтому у него нет золота и жемчугов.

Апостолы бедны? Это потому, что богатство в этом мире ведет в геенну в следующем. Апостолы не сжигают своих противников огнем с неба? Это потому, что Иисус велел отвечать добром на зло.

Адептам «четвертой секты» было необходимо объяснить, почему, несмотря на фантастическое всемогущество, невидимость, способность выдыхать огонь из уст etc, тотальную неуязвимость — апостолов распинают одного за другим, и ответ был найден единственно возможный: их распинают, потому что эти всемогущие колдуны хотят, чтобы их распяли. Они хотят поскорее попасть в царство Иисуса, которое не от мира сего.

«Не смерть, а жизнь — несчастье для людей. Ибо смерть дарует душам свободу и открывает им вход в родное светлое место, где их не могут постигнуть никакие страдания», — говорил своим сикариям Елеазар бен Яир перед массовым самоубийством в Масаде[137].

«Пока Господь желал, чтобы я был во плоти, я не возражал, но теперь, когда он желает призвать меня, я радуюсь», — говорит апостол Петр перед распятием[138].

«Не потерпи, Господь, чтобы твой Андрей, будучи привязан к кресту, был с него снят», — восклицает при попытке его освободить апостол Андрей[139].

«Всякая душа, обитающая в теле, забывает о небесных вещах… Не грустите, но возрадуйтесь, ибо я оставляю позади мой телесный дом, мое тело и избавляюсь от сатанинского искушения», — говорит на кресте апостол Филипп[140].

Нетрудно заметить, что это все совершенно аналогичные высказывания. И двоюродный брат Мессии Менахема Елеазар бен Яир, и апостол Филипп, и духовный близнец Иисуса Фома все утверждают одно и то же: зелен виноград. Раз Царства Божия на земле не удалось добыть, значит, не больно-то и хотелось. Раз не получилось освободить мир, значит, нужно освобождаться от мира.

Точно такую же функцию носило и предписание любить своих врагов. Все гностические «Деяния» апостолов, как красной нитью, пронизаны этим мотивом: распинаемый и пытаемый апостол не уничтожает своих врагов огнем из своих уст только потому, что Христос приказал их любить. «Если бы Его Бог не был добр, вас бы всех убило», — говорит ученик Филиппа Ирей[141].

Гностическая составляющая стала развиваться именно как ответ на постоянные неудачи милленаристов. Людям надо было объяснить, где находятся мученики, у которых пока еще не случилось физического воскресения, и объяснение было такое, что пока они ждут этого воскресения на небесах.

Резня и самый возвышенный мистицизм были напрямую связаны друг с другом, и более того, они часто связаны до сих пор: именно с тех пор религиозные фанатики, убивающие окружающих, — вроде средневековых ассасинов или террористов, устроивших 11 сентября, неизменно надеются на награду на небесах.

Как я уже сказала, развитый гностицизм отличался исключительной сложностью конструкций и возвышенностью ритуалов. Это было такое христианское барокко. В отличие от других разновидностей христиан, гностики привыкли относиться к видениям и фантазиям как к исключительно важному источнику знания, и в их системах количества хрустальных сфер, огненных дворцов и светоносных эонов умножались так же легко, как на экране в Голливуде умножаются подвиги Джеймса Бонда.

Однако, если иудейские зилоты и гностицизм являются двумя звеньями одной непрерывной цепочки, если Мудрость, изгнанная у Еноха из Храма, стала гностической Софией, порождающей эоны, — значит, мы должны предполагать существование между этими двумя крайностями некой промежуточной группы текстов, написанных позже 70-х гг. — времени уничтожения Кумрана — и раньше 130-х — времени обособления гностиков от протоортодоксов.

И, действительно, такие тексты есть.

Более того, в отличие от «Притчей Еноха» и «Апокрифона Иоанна» они хорошо известны абсолютному большинству читателей.

Называются эти тексты — Новый Завет.

ГЛАВА 8
Гностики и Новый Завет

«Евангелие от Иоанна»

Взгляды автора «Евангелия от Иоанна» на Иисуса Христа точь-в-точь совпадают со взглядами гностика Керинта, который, как и Иоанн, жил в Эфесе[1] и который, по мнению римского пресвитера Гая, жившего в III веке, это Евангелие и написал[2].

Иисус у Иоанна — это типичное Второе Начало, Вторая Власть в Небе, Мемра, Логос, *девтерос теос*, посредник между Богом и вещным миром. «В начале было Слово, и Слово было у Бога, и Слово было Бог» (Ин. 1:1).

Иисус у Иоанна обещает своим ученикам невероятное знание: «Отныне будете видеть небо отверстым и Ангелов Божиих восходящих и нисходящих к Сыну Человеческому» (Ин. 1:53).

Он прямо называет себя обладателем гнозиса и обещает гнозис своим ученикам. «Отче праведный! и мир Тебя не *познал*; а Я *познал* (ἔγνων) Тебя, и сии *познали*, что Ты послал Меня» (Ин. 17:25). Перед нами — тот самый *гнозис*, который потом Ириней Лионский заклеймит как «лжеименный». «И я дал им *знать* имя Твое, и буду давать им *знать* (γνωρίσω)», — говорит Иисус. (Ин. 17:26).

Иисус у Иоанна обещает своим ученикам, что они будут творить чудеса, и даже превосходящие его по размаху: «Верующий в Меня, дела, которые творю Я, и он сотворит, и больше сих сотворит» (Ин. 14:12). Это — именно то положение дел, которое мы застаем в гностических «Деяниях», в которых ученики Иисуса оптом воскрешают мертвых и излечивают целыми стадионами.

Евангелие от Иоанна обещает, что те, кто примут Сына Божия, сами станут Сынами Божьими: «А тем, которые приняли его, верующим в имя его, дал власть быть детьми Божиими, которые ни от крови, ни от хотения плоти, ни от хотения мужа, но от Бога родились» (Ин. 1:12–13).

Гностический характер этих обещаний виден невооруженным глазом: верующие будут видеть разверстые небеса; они будут творить чудеса даже больше Христа; они сами станут сынами Божиими.

Ортодоксальный Иисус пришел в мир, чтобы принести себя в жертву за грехи человечества. Но не то Иисус Иоанна. Он пришел, чтобы дать людям *гнозис*. «Я на то родился и на то пришел в мир, чтобы свидетельствовать о истине; всякий, кто от истины, слушает гласа Моего» (Ин. 18:37), — объясняет Иисус свою цель Пилату, на что Пилат задает знаменитый вопрос: «Что есть Истина»? (Ин. 18:38). «Евангелие от Иоанна» опускает ответ Иисуса — но зато этот ответ дает Апокрифон Иоанна. Истина — это Алетейя, одна из Пяти, составляющих Царство Отца, вместе с Барбело, Предвидением, Нетленностью и Вечною Жизнью.

Вот только некоторые из высказываний иоанновского Иисуса: «Я победил мир» (Ин. 16:33). «Они не от мира, как и Я не от мира» (Ин. 17:16). «Пребудьте во Мне, и Я в вас» (Ин. 15:4) (сравните с гностическим: «Ты познал Христа — ты стал Христом»). «Я есмь лоза, а вы — ветви» (Ин. 15:5).

«Если пребудете во Мне и слова Мои в вас пребудут, то, чего ни пожелаете, просите, и будет вам» (Ин. 15:7).

«Чтобы все они одно были, как ты, Отец, во мне, и Я в Тебе, чтобы и они в нас были» (Ин. 17:21). «И славу, которую ты дал мне, Я дал им: чтобы они были одно, как мы одно, Я в них и Ты во мне, да будут совершенны воедино» (Ин. 17:22–23).

«Отче! которых Ты дал Мне, хочу, чтобы там, где Я, и они были со Мною, да видят славу Мою, которую Ты дал Мне, потому что возлюбил Меня прежде основания мира» (Ин. 17:24). «И я дал им знать имя Твое, и буду давать им знать, дабы любовь, которой ты возлюбил меня, в них была, как и Я в них» (Ин. 17:26).

Эти высказывания просто непонятны вне гностического контекста. «Евангелие от Иоанна» — это в чистом виде раннее гностическое Евангелие. Базилид, Валентин, Птолемей, Теодот, Гераклеон относились к нему исключительно положительно. Для гностиков «Евангелие Иоанна» и «Апокрифон Иоанна» составляли диптих. Евангелие было для новичков, апокрифон для продвинутых пользователей. Это так бросается в глаза, что экзистенциально настроенный Рудольф Бультманн даже объявил, что одной из главных составных частей «Евангелия от Иоанна» был некий гностический пратекст, адаптированный Иоанном для своих нужд[3].

Однако у этого совершенно гностического по терминологии Евангелия есть важная особенность. Эта особенность — не что иное, как уже упомянутая нами история с апостолом Фомой, который отказывался верить, что Иисус воскрес физически.

«Если не увижу на руках Его ран от гвоздей, и не вложу перста моего в раны от гвоздей, и не вложу руки моей в ребра Его, не поверю», — заявил Фома (Ин. 20:25).

Неверие Фомы, как известно, было посрамлено. Он вложил свои руки в разверстые раны Христа. После этого Иисус явился Петру, который ловил рыбу, и рыбы, пойманные Петром, тоже были совершенно материальны. Их оказалось в точности сто пятьдесят три, «и при таком множестве не порвалась сеть» (Ин. 21:12).

Иначе говоря, Иоанн совмещает чрезвычайно гностические утверждения типа «Пребудьте во мне, а я в вас», etc. — с обещанием чисто физического воскресения и чисто вещного изобилия при триумфе Иисуса, вплоть до способности послать много рыб. «Иисус сказал: я есмь воскресение и жизнь, верующий в меня если и умрет, оживет» (Ин. 11:21). «Так как Ты дал Ему власть над всякою плотью, да всему, что Ты дал Ему, даст Он жизнь вечную» (Ин. 17:2).

Это — ровно тот взгляд, которого и придерживался гностик Керинт[4].

Керинт (или его единомышленник), верящий в тысячелетнее царствование Христа во плоти, полемизирует с более радикальными гностиками и употребляет для этого типичный для рабби и христиан пропагандистский прием. Он заставляет своего противника действиями подтвердить свою неправоту: он заставляет апостола Фому, то есть «близнеца», который не верит в физическое воскресение Христа, вложить свои персты в его раны. И уже сам факт этой полемики, разумеется, означает, что ко времени написания «Евангелия от Иоанна» идея о Христе — бесплотном духе уже существовала.

Quelle

Еще более интересен кейс Евангелий от Матфея и Луки.

Ученые давно заметили, что из четырех канонических Евангелий — Марка, Матфея, Луки и Иоанна — первые три довольно схожи между собой. Поэтому Марк, Матфей и Лука получили название синоптических Евангелий. Они рассказывают одни и те же события и иногда одними и теми же словами.

Причину этих совпадений угадать несложно: Матфей и Лука созданы после Марка и представляют собой его расширенную версию. Матфей и Лука списывали у Марка, иногда дословно. Однако у Матфея и Луки есть еще несколько общих мест, которых у Марка нет и которые тоже явно восходят к какому-то общему первоисточнику. Источник этот с легкой руки немецких библеистов XIX в. стали называть Quelle (источник), или просто Q.

Гипотеза о существовании Q была выдвинута еще в начале XIX в., однако она долгое время казалась невероятной потому, что Матфей и Лука заимствовали у Q только изречения.

Ученым трудно было представить себе такое странное Евангелие, которое состоит из одних изречений Иисуса, как Коран. Однако с обнаружением «Евангелия от Фомы» стало ясно, что такой тип Евангелия вполне мог существовать, и, более того, за ним стояла определенная философия.

Эту философию не интересовал жизненный путь Иисуса, а интересовали только его высказывания.

Если Q, предшествовавший Евангелиям Матфея и Луки, носил гностический характер, то следует ожидать, что и изречения, заимствованные из него, будут носить такой же характер. И, действительно, эти изречения именно таковы.

«Проси́те, и дано будет вам; ищите, и найдете; стучите, и отворят вам, ибо всякий просящий получает, и ищущий находит, и стучащему отворят» (Мф. 7:7; Лк. 11:9–10), — говорит Иисус слова, которые прямо перекликаются с началом «Евангелия от Фомы».

«Никто не может служить двум господам (κυρίοις) ибо или одного будет ненавидеть, а другого любить; или одному станет усердствовать, а о другом нерадеть. Не можете служить Богу и Маммоне» (Мф. 6:24; Лк. 16:13), — говорит Иисус.

В этой последней цитате особенно поразительна резко дуалистическая картина мира. Ведь Маммона — это не просто деньги, но и одно из имен Велиала из свитков Мертвого моря. Синодальный перевод переводит эту фразу Иисуса, как «не можете служить двум господа́м». Но с таким же успехом она переводится, как «не можете служить двум го́сподам».

Еще одно заимствование из Q — это Нагорная проповедь, которая, собственно, и задает человечеству новую систему ценностей, основанную на любви и смирении вместо насилия и гордыни.

«Блаженны нищие духом, ибо их есть Царство Небесное. Блаженны плачущие, ибо они утешатся. Блаженны кроткие, ибо они наследуют землю. Блаженны алчущие и жаждущие праведности, ибо они насытятся. Блаженны милостивые, ибо они помилованы будут. Блаженны чистые сердцем, ибо они Бога узрят. Блаженны миротворцы, ибо они будут наречены *Сынами Божиими*. Блаженны преследуемые за *праведность*, ибо их есть Царство Небесное» (Мф. 5:3–10), — это или переложение, или заимствование из Q.

Нагорная проповедь воспринималась ортодоксальными христианами просто как поэтическое обращение к людям, обладающим самыми разными качествами: кротким, чистым сердцем, нищим духом и т.д.

Однако все эти прилагательные могут служить именами собственными. «Преследуемые за праведность (δεδιωγμένοι ἕνεκεν δικαιοσύνης) и есть праведники, *цадиким*. Нищие (эбионим) — другое излюбленное самоназвание обитателей Кумрана. «Чистые» (καθαροι) — это еще одно название гностической секты, дожившей в Италии и Франции до XII—XIV вв. и истребленной в жесточайших крестовых походах.

«Люби́те врагов ваших, благословляйте проклинающих вас, благотворите ненавидящим вас и молитесь за обижающих вас и гонящих вас» (Лк. 6:27; Мф. 5:44) — это тоже заимствования из Q. Как мы уже говорили, тезис «Любите врагов ваших» был совершенно ключевым для мировоззрения гностиков. Только он позволял объяснить, почему всемогущие колдуны, видящие небо разверстыми и являющиеся Сынами Божиими, не испепеляют врагов своих огнем с неба. Они не делают этого, потому что им заповедано их любить.

В Нагорной проповеди Иисус говорит, что те, кто любит врагов своих, «сделаются Сынами Отца вашего Небесного» (Мф. 5:45). В контексте ортодоксального христианства эта фраза воспринимается как метафора, но в гностической системе, где каждый, кто познает Бога, сам становится Сыном Бога, она имеет одновременно и более мистическое, и более буквальное значение.

«Молись отцу твоему, который втайне» (Мф. 6:6), — продолжает Иисус. Почему Яхве должен быть втайне? Ничего тайного в иудейской вере не было. Тайным был именно Всевышний. Эта странная фраза Матфея, может быть, может нам объяснить, почему последователи гностика Карпократа использовали только Евангелие от Матфея[5].

Из Q заимствована еще одна важная гностическая тема: Сатана, искушающий Христа всеми царствами мира (Мф. 4:1–11; Лк. 4:1–13). Как и в случае с неверующим Фомой, мы снова видим в этом эпизоде отсвет полемики. Сатана прельщает Иисуса властью над материальным миром, то есть ровно тем, что кумранские тексты обещали своему Мессии. «Порази народы силой мышцы своей и опустоши землю своим жезлом… Да сделает Он рога тебе из железа и копыта — из бронзы; Ярись, как молодой бык, и топчи народы, как грязь улиц», — обещали они ему (1QSb, V). То, что было главным обещанием ранних милленаристов, Q объявляет искушением Сатаны.

Еще одно важное заимствование из Q содержит в себе отсылку к идее многоразового Спасителя: «Сколько раз хотел Я собрать детей твоих, — обращается Иисус к Иерусалиму, — как птица собирает птенцов своих под крылья, и вы не захотели! Се, оставляется дом ваш пуст» (Мф. 23:37–39; Лк. 13:34–35). Утверждение Иисуса о том, что он лично пытался спасать Израиль много раз, не имеет смысла в рамках исторического Иисуса. Зато оно превосходно гармонирует с Псевдоклиментиновыми Гомилиями, в которых нам сообщают о многоразовом Спасителе, который менял свои формы и имена с начала мира и появлялся в мире вновь и вновь[6].

Наконец, еще одно заимствование из гностического Q — это знаменитая фраза «Царство Божие внутри нас» (Лк. 17:21; Фм. 3). Она, правда, не встречается у Матфея — возможно, для него она была слишком радикальна, но зато она составляет самую суть «Евангелия от Фомы». Современный христианин и даже агностик воспринимают эту фразу как красивую метафору. Однако в своем первоисточнике, как мы уже говорили, эта фраза есть самое концентрированное изложение гностицизма.

Царство Божие, для гностиков, находится за пределами этого мира, в невообразимой дали — это Огдоада, Плерома, неизреченная и неописуемая Монада. Единственная искра Царства Божия в тленном, созданном демиургом мире — это Душа-Эпинойя, осколок божественного света, который София вдохнула в демиурга, а демиург, по ошибке — в Адама. «Сын Человеческий внутри нас — следуйте за ним», — говорит апостолам Мария Магдалина в гностическом «Евангелии от Марии Магдалины». «Постучись в себя, как в дверь, и иди по себе, как по прямой дороге», — говорится в гностическом «Евангелии от Сильвана»[7].

Царство Божие внутри нас. Кто познает эту искру в себе, тот уподобится Богу и сам станет Христом: невозможно короче выразить всю философию и практику гностицизма.

Но самое интересное заимствование из Q вот какое: «От дней же Иоанна Крестителя доныне Царство Небесное силою берется (βιάζεται), и борцы (βιασται) хватают его» (Мф. 11:12–13). Эта фраза совершенно точно имела арамейский оригинал. Он был приведен в «Евангелии от евреев», и на одном из ранних экземпляров Матфея неизвестный читатель где-то между 370 и 500 гг. поставил ссылку: «У Евреев: берется силой (или грабится)»[8].

Идея того, что Царство Небесное *берется силой* (Мессией-быком с железными рогами и бронзовыми копытами, умеющим убивать неверных огнем из своих уст), очень быстро подверглась христианской цензуре, и у Луки мы читаем: «Закон и пророки до Иоанна; с сего времени Царствие Божие благовествуется (ευαγγελίζεται) и всякий усилием входит (βιάζεται) в него» (Лк. 16:16).

Как легко заметить, между Царством Божиим, которое благовествуется, и Царством Божиим, которое берется силою, есть большая разница. Разница эта размером ровно в распятие. Римлянам было наплевать на тех, кто *благовествовал* Царствие Божие. Но тех, кто пытался взять его силою, они распинали на кресте.

Интересно, что самый точный вариант цитаты, вероятно, сохранился в тексте Юстина Мученика, написанном около 160 г. н.э. В нем мы читаем: «Закон и пророки до Иоанна Крестителя. С этого времени Царство Небесное силою берется, и прилагающие силу хватают его»[9].

Перед нами, вероятно, — не только оригинал высказывания Q, но и совершенно точная формулировка всей идеи «четвертой секты». Закон господствовал до времени Иоанна Крестителя. После этого началось время войны Сынов Света против Сынов Тьмы. Это время, когда Царствие Божие берется силой, «Ибо Бог поставил тебя, как Жезл Власти… [и все цари] народов будут служить тебе. Он укрепит тебя Своим святым Именем и ты будешь как [лев; и не ляжешь, пока не пожрешь] добычу, которую ничто не спасет» (1QSb, V).

Апостол Павел

Однако самым важным корпусом протогностических текстов, вошедших в Новый Завет, является не «Евангелие от Иоанна», не заимствования из Q и даже не «Откровение Иоанна Богослова», на протогностический характер которого мы тоже уже обращали внимание. Им являются самые ранние и, безусловно, подлинные тексты Нового Завета, а именно — семь подлинных посланий апостола Павла.

Еще в начале XX в., до находок в Наг-Хаммади Ричард Райтзенштайн назвал Павла не просто первым, а самым великим гностиком[10].

Одна из самых бросающихся в глаза особенностей посланий апостола Павла — это полное отсутствие ссылок на исторического Иисуса. Земная жизнь Иисуса подчеркнуто не интересовала Павла, так же как она не интересовала гностиков.

Как и гностики, Павел никогда не ссылался на исторического Иисуса. Он всегда ссылался на свои личные посмертные беседы с ним на третьем небе. «Апокрифон Иоанна», который начинается с посмертной встречи Христа с учеником, выставляет в совершенно новом свете известное происшествие, случившееся с Павлом по дороге в Дамаск.

Если *цадиким* настаивали на соблюдении церковной иерархии, то Павел проповедовал свободу во Христе. На его собраниях не слушались старших: на его собраниях впадали в экстаз и проповедовали «языками ангельскими и человеческими» (1 Кор. 13:1).

Апостол Павел не просто познал Христа: он стал ему тождественен, как Фома-близнец: «Вы приняли меня как ангела Божия, как Иисуса Христа» (Гал. 4:14), — пишет он. «Я сораспялся Христу, и уже не я живу, но живет во мне Христос» (Гал. 2:19–20). «Подвизаюсь силою (ενέργεια) его, действующей (ενεργέω) во мне могущественно» (Кол. 1:29)[11].

Все его ученики тоже при крещении становились Сынами Божиими. Все они надевали Христа: «Все вы Сыны Божии по вере во Христа Иисуса, все вы, во Христа крестившиеся, во Христа облеклись» (Гал. 3:27). «Облекитесь в господа нашего Иисуса Христа» (Рим. 13:14).

Павел называл Сатану «Богом века сего» (2 Кор. 4:3) и рассказывал о себе типично гностическую историю о вознесении на небо. «Знаю человека во Христе, который назад тому четырнадцать лет (в теле ли — не знаю, вне ли тела — не знаю: Бог знает) восхищен был до третьего неба… в Рай и слышал *неизреченные слова, которых смертному не позволено повторить*» (2 Кор. 2:2–5).

Это вознесение на небо, случившееся, очевидно, по дороге в Дамаск, и был тот апостольский мандат, которым каждый раз козырял Павел.

Павел совершенно не рассказывает подробностей не только жизни, но и казни Иисуса Христа. Зато эта казнь имеет для него всемирно-эсхатологический характер. Она была воплощение Божественного плана, благодаря которому архонты нынешнего эона (αρχόντων τοῦ αιωνος τούτου) в невежестве своем и к своей погибели распяли предсуществующего «Господа Славы» (1 Кор. 2:8).

Эта эзотерическая оценка Иисуса и его смерти есть центральный пункт проповедуемого Павлом Евангелия, и, как и у гностиков, это знание постигнуто им напрямую в общении с Богом, без всяких посредников[12].

В послании к Колоссянам Павел (или его ученик) излагает свою доктрину так: Христос «есть образ Бога невидимого, рожденный прежде всякой твари; ибо Им создано всё, что на небесах и что на земле, видимое и невидимое: Престолы ли, Господства ли, Начальства ли, Власти ли — все Им и для Него создано… ибо благоугодно было *Отцу*, чтобы в Нем обитала всякая Плерома» (Кол. 1:15–19).

Перед нами — краткое изложение космогонии гностицизма. Христос — есть образ Бога Невидимого, в котором обитает Плерома (πλήρωμα), и им созданы Престолы (θρόνοι), Господства (κυριότητες), Начала (αρχαι) и Власти (εξουσίαι).

Павел пользуется типично гностической лексикой. Как и позднейшие гностики, он употребляет слова «нус» и «пневма» для обозначения Божественной субстанции, наполняющей человека в результате сошедшего на него Духа.

Как и гностики, он использует глаголы μορφόω (изображать) и μεταμορφόομαι (преображать), и использует он их строго по тому же назначению — для обозначения центральной для гностицизма процедуры мистического слияния человека и Христа.

«Дети мои, для которых я снова в му́ках рождения, доколе не изобразится (μορφωθη) в вас Христос!» (Гал. 4:19). «Не сообразуйтесь с веком сим, но Преображайтесь (μεταμορφοῦσθε) обновлением ума вашего, чтобы вам познавать, что̀ есть воля Божия» (Рим. 12:2).

В послании к Колоссянам Павел прямо называет своих учеников гностиками и пневматиками. Его адресаты растут «в познании Бога (επιγνώσει τοῦ θεοῦ)» (Кол. 1:10) и обладают «пониманием духовным (πνευματικῇ)» (Кол. 1:9). Они снимают с себя старого человека и облекаются в «нового, который обновляется в познании по образу Создавшего его (Кол. 3:10).

Но еще интересней Первое послание к Коринфянам, которые были не столь продвинуты, как обновившиеся в познании Колоссяне, и к которым Павел пришел только для чтения подготовительного курса вышней мудрости: «Я рассудил быть у вас незнающим ничего, кроме Иисуса Христа, и притом распятого, и был я у вас в немощи и в страхе и в великом трепете» (1 Кор. 2:2–3).

В этом послании Павел делает еще более важное различие, ключевое для гностиков, между людьми «душевными» (психиками) и «духовными» (пневматиками). Психики — это подготовительная ступень верующих в Христа. Согласно более позднему гностицизму они спасутся, если будут совершать праведные дела. Пневматики — это избранные, которые постигли духовную суть Бога, — именно они попадут после конца мира в Плерому.

«Душевный (ψυχικος) человек не принимает того, что́ от Духа Божия, потому что он почитает это безумием; и не может разуметь, потому что о сем *надобно* судить духовно, Но духовный (πνευματικος) судит о всем, а о нем судить никто не может» (1 Кор. 2:14–15).

Апостол Павел использует гностическую терминологию. Он различает психиков и пневматиков и именует Сатану «Богом эона сего». Он объявляет себя тождественным Христу и обещает пробудить Христа в душах своих учеников — но самое интересное при этом то, что вся эта гностическая терминология и эсхатология существует уже до Павла! — то есть до 50-х, если не 40-х гг. I в. Павел просто использует ее для своих целей: более того, иногда с гностиками у него случаются серьезные разногласия.

Едва утвердив христианство в Коринфской общине, Павел столкнулся там с новой и опасной ересью: некоторые из новообращенных утверждают, что воскресения во плоти не существует.

Павел тут же спешит этому возразить: как это! «Ка́к некоторые из вас говорят, что нет воскресения мертвых?» (1 Кор. 15:13). «Если нет воскресения мертвых, то и Христос не воскрес; а если Христос не воскрес, то и проповедь наша тщетна, тщетна и вера ваша» (1 Кор. 15:14).

Человек, который отрицает воскресение из мертвых, в данном случае известен. Этот некий Аполлос, который пришел из Александрии и «учил о Господе правильно, зная только крещение Иоанново» (Деян. 18:25), а теперь вот подвел Павла с такой неожиданной стороны.

Разногласия Аполлоса и Павла не имеют ничего общего с разногласиями Павла и верующих в Иисуса зилотов. Воскресение мертвых было центральным пунктом программы, не только зилотов, но и фарисеев, чье учение восходило к предшествующему поколению милленаристов и книге Даниила.

Именно к этому общераспространенному обещанию и апеллирует апостол Павел. «Я фарисей, сын фарисея, — оправдывается он перед Синедрионом. — За чаяние воскресения мертвых меня судят» (Деян. 23:6). Иронизируя над «столпами» и «знаменитейшими», то есть над Петром и Иаковом, Павел полностью, однако, согласен с ними по части физического воскресения мертвых.

Аполлос отрицает один из центральных пунктов учения Павла, но совсем не тот, чем эмиссары Иакова. Он считает, что физического воскресения вообще нет! После смерти верующих, согласно Аполлосу, ждет не воскресение плоти, а наоборот — освобождение от ее уз.

Но если в ситуации со «лжеапостолами», которые «завидуют нашей свободе во Христе», Павел хочет размежеваться, то здесь он решительно призывает к единению. Он порицает тех, кто начинает считаться между собой «Я павлов», а «Я аполлосов», и, более того, делает визитеру из Александрии важную теологическую уступку: воскресение, конечно, будет телесным, но правда и то, что воскрешенное тело будет не то, что нынешнее, земное.

«Сеется тело душевное, восстает тело духовное» (1 Кор. 15:44). «Плоть и кровь не могут наследовать Царствия Божия, и тление не наследует нетления. Говорю вам тайну: не все мы умрем, но все изменимся» (1 Кор. 15:50–51).

Как один и тот же учитель математики на одном уровне объясняет, что извлекать корень из отрицательного числа нельзя, а на другом курсе использует такие корни для построения теории комплексных чисел, так и Павел готов объяснить произошедшее недоразумение разницами между уровнем подготовки психиков и пневматиков.

Первые знают только Иисуса Христа, «и притом распятого», и только вторым доступна высшая математика бытия, которую Павел, так же, как и кумраниты, называет Мудростью (Софией): «Софию же мы проповедуем между совершенными, но Софию не эона сего и не архонтов века сего» (1 Кор. 2:6).

Является ли Павел гностиком, и тем более самым первым и самым великим гностиком, как это утверждал Ратзенштайн?

Это зависит от того определения, которое мы даем гностицизму. Если главной чертой гностицизма мы считаем утверждение, что человек способен стать Богом, то, безусловно, да. Павел даже в письмах своих позиционирует себя как новый Христос — обвинение, которое, собственно, потом и предъявляла церковь Симону Волхву.

Однако если главной чертой гностицизма считать замену тезиса о физическом воскресении мертвых на тезис о блаженстве души на небесах — то, безусловно, нет. Павел считает, что Иисус умер и воскрес физически, смертью своей победив смерть, и что точно так же физически воскреснут последователи Иисуса, которых он, как и кумраниты, называет «святыми». В этом пункте он, безусловно, совпадает со своим заклятым врагом Иаковом Праведником, братом Господним.

Это можно считать хорошей новостью для церкви: Павел не совсем гностик. Он недогностик. Он псевдогностик. Он является, по его собственному признанию, «всем для всех». Психикам он обещает спасение с помощью добрых дел, а более продвинутым пользователям — с помощью гнозиса.

Плохая новость заключается в том, что ко времени Павла/Симона Волхва, то есть ко времени написания самых ранних текстов Нового Завета, идея того, что смертных ждет не воскрешение плоти, а освобождение от ее уз, уже существует. Павел с ней спорит.

Павловский отказ от соблюдения закона и гностический отказ от идеи физического воскрешения — это две разные мутации. Они случились независимо друг от друга. И вторая мутация случилась еще раньше первой.

ГЛАВА 9
Эльхасаиты, терапевты и мандеи

Пророк Мани и эльхасаиты

Во второй половине III в. н.э. в восточных частях Римской империи, а также в соседней Персии, а потом в Индии и Китае начала быстро распространяться новая вера — учение пророка Мани.

В VI—VII вв. н.э. манихейство было самой широко распространенной мировой религией. Его исповедовали в Европе, Африке и Азии, Персии и Индии; оно стало государственной религией уйгуров. По Великому шелковому пути оно дошло до Китая, где династия Тан одно время объявила ему войну. Манихейство перешло на подпольное положение и, как и всякая преследуемая религия, эволюционировало в несколько сект, включая манихейскую секту Минцзяо, ждущую возвращения Князя Света, Мин-вана. Очень сильно повлияли они и на секту Белого Лотоса, ждавшую возвращения в мир Будды Майтрейи (Митры). Именно эти секты подняли в 1351 г. восстание против монголов. Они полагали, что миром правят Силы Тьмы, а с их победой победит Князь Света.

Церковный историк Сократ Схоластик излагает происхождение ереси манихеев так: «Один скифский сарацин имел у себя женою пленницу из Верхних Фив. Ради нее поселившись в Египте и получив египетское образование, он начал вводить в христианство мнения Эмпедокла и Пифагора, именно утверждал, что есть два начала: доброе и злое».

Учеником этого сарацина был не кто иной, как Будда, прежде называвшийся Теревинфом.

«Будда переехал в Вавилонию, населенную персами, и стал рассказывать о себе много удивительного, говоря, что родился от девы и воспитан в горах. Он написал четыре книги и одну из них назвал книгою о таинствах, другую — евангелием, третью — сокровищем, а четвертую — главами»[1].

После этого Будда принялся колдовать и, пострадав от вызванного им духа, погиб. Одна из его богатых поклонниц купила себе раба по имени Куврик и, воспитав его, завещала ему состояние и книги, написанные Буддой. Этот-то Куврик, переехав в Персию, «переменил свое имя и стал называться Манесом, а книги Будды людям, которые были обманываемы им, выдавал за свои»[2].

В течение семнадцати столетий рассказ Сократа Схоластика о колдуне Будде и рабе Куврике, укравшем его книги, был главным источником наших знаний о манихействе, однако в начале XX в. европейские ученые, одну за другой, стали находить подлинные манихейские книги — в Турфане, в Алжире, в Китае, где до сих пор в Фузцяни стоит последний в истории человечества манихейский храм.

В 1929 г. в Египте возле Нармутиса было найдено сразу несколько манихейских кодексов. В 1969 г. Кельнский университет купил кодекс, известный впоследствии как Кельнский Манихейский Кодекс. В 1991 г. новые тексты были найдены в египетском оазисе Дакле.

После этого выяснилось, что Сократ Схоластик был прав в одном: самым интересным в истории пророка Мани было его происхождение.

Отец Мани, Паттик — то ли сириец, то ли перс, живший около Ктесифона, всю жизнь поклонялся местным идолам (т.е., заметим, не был огнепоклонником), пока не присоединился накануне рождения сына к обитавшей в Месопотамии секте, которая называлась *эльхасаиты*[3].

Самой примечательной чертой эльхасаитов были постоянные омовения. Так же, как Иоанн Креститель и учитель Иосифа Флавия, пророк по имени Банус, они считали, что крещение водой смывает грехи. В Манихейском Кельнском Кодексе эта секта так и названа — «баптисты», то есть крестители.

Эльхасаиты крестились водой не один раз, а постоянно, и даже крестили овощи, которые они ели. Они не ели мяса, не ели хлеба и не пили вина. Очень вероятно, что это был обет, который секта была обязана соблюдать до второго пришествия и восстановления Храма.

Эльхасаиты строжайше соблюдали субботу и кашрут, панически относились к собственным экскрементам, верили в единого иудейского Бога, в Иисуса и его второе пришествие, а также считали Иисуса одной из инкарнаций вечно возвращающегося Спасителя.

Иначе говоря, мы узнаем в эльхасаитах наших старых добрых знакомых, разновидность *праведников, святых и ноцрим*, то есть аутентичных иудейских последователей Иисуса.

Общины Фомы и Филиппа тоже не ели мяса и не пили вина; община «Вознесения Исайи» — это община пророков, которые не едят животной пищи, носят власяницы, обитают в пустыне и умеют возноситься на небеса[4]. А вера во Предвечного Духа, который спустился в тело Иисуса из рода Давидова, была, как мы уже говорили, не просто самой ранней теологией, а прижизненной пропагандой.

Повторим: одно из самых фундаментальных заблуждений в истории веры в Иисуса состоит в принимаемом по умолчанию утверждении, что вера в Иисуса распространялась только по территории Римской империи. На самом деле дело обстоит ровно наоборот. На территории Римской империи после казней и восстаний вера в Иисуса быстро мутировала в мирное постпавловское христианство.

Однако участники потерпевших поражение восстаний совершенно необязательно должны были оставаться на территории империи. За ее границами, за пределами Палестины и Египта существовали обширные территории, куда не ступала нога *киттим*, и именно туда бежали многие члены «четвертой секты», тем более что на этих территориях говорили на арамейском. К началу II в. эльхасаиты жили и в Трансиордании, и в Персии, и в Аравии, где, несмотря на жесткость своих предписаний, привлекали изрядное количество прозелитов.

Вернулись они и в империю: в середине III в. Ориген с горечью отметил их успехи в Палестине. Эльхасаитских общин было много в районе Мертвого моря и на Голанах, где в 80-х гг. XX в. археологи нашли заброшенное поселение и балки, украшенные крестами и менорами, — видимо, это было здание иудео-христианской синагоги[5]. В конце IV в. Эпифаний из Саламиса сетовал, что многие христианские общины на Иордане являются эльхасаитскими, но самое раннее свидетельство об эльхасаитах принадлежит неутомимому борцу с ересями Ипполиту Римскому.

Согласно Ипполиту секта называлась так по имени своего учителя Эльхасая, автора книги, продиктованной ему Сыном Божиим высотой в 96 миль; каждый след его составлял 14 миль. Сына Божьего сопровождала женщина по имени Святой Дух[6]. В этом Сыне Божием мы легко узнаем классического гностического Христа, который часто бывал высокого роста, в сопровождении своей матери Святой Духовности.

Что же до еретика Эльхасая, который якобы основал эту секту, то такого человека, разумеется, просто не было. «Эль-хасай» — это испорченное арамейское «Скрытый Бог». Эльхасаиты ждали возвращения Скрытого Бога, как позднее шииты будут ждать возвращения Скрытого Имама.

Таким образом, эльхасаиты были типичными иудейскими гностиками, сочетавшими иудейские ритуальные ограничения с мистическими толкованиями Христа. Они были ровно то же самое, что в Талмуде называлось *миним* — то есть приверженцы ереси Двух Небесных Начал. Не все *миним* были эльхасаиты, но все эльхасаиты были *миним*. Под названием «мугташила» секта существовала в Месопотамии по крайней мере до X в. н.э.

В своей крайней ритуализированности, отвращении к телесным выделениям и «нечистой» пище эльхасаиты удивительно напоминали кумранитов, а реформа, предложенная в 240-х гг. двадцатичетырехлетним Мани, удивительно напоминала реформу Павла, поклонником которого Мани и являлся.

Как и Павел, Мани заявил, что нечистота происходит не от пищи, а от мыслей. Как и Павел, Мани потребовал преобразовать ритуальные запреты в моральные максимы. Он, пользуясь высоким штилем, интернализировал экстерналии и заявил, что «чистота, о которой говорит Писание, — это чистота, которая происходит от понимания того, как отделить свет от тьмы, смерть от жизни, чистую воду от замутненной»[7].

Для Мани, как и для Павла, главная ценность Иисуса была та, что он показал несостоятельность иудейства, основанного на законе.

При этом Мани — и это важно — позиционировал себя не как основателя новой религии, а как единственно правильного продолжателя дела Христа. «Священник Мани претендует на то, что он знает истину относительно Христа, что он его последователь и что никто, кроме него и его последователей, не соблюдает закона Христа и его предписаний, и что Евангелие, которое есть у Мани, это Евангелие Христа», — возмущался около IV–V вв. н.э. иудействующий последователь Иисуса из Мосула, возможно, потомок тех самых эльхасаитов, от которых отклонился Мани[8].

Одной из важнейших особенностей эльхасаитской общины была ее иерархическая организация и жесткая дисциплина, унаследованная от кумранитов, и Мани, представший перед ее судом, был немедленно обвинен, как и Павел, в нарушении закона, неповиновении заповедям Спасителя, а также отказе заниматься обязательным сельскохозяйственным трудом[9]. Слово, которым эльхасаитский синод клеймит Мани, в Кельнском Манихейском Кодексе звучит по-гречески как «десидамонос», то есть буквально «одержимый демоном».

Иначе говоря, Мани назвали Лжецом.

Карой Лжецу должна была стать смерть, но так как отец Мани занимал в секте достаточно высокое положение, дело кончилось изгнанием.

Билингв Павел, одинаково свободно владевший и греческим, и арамейским, отправился проповедовать Иисуса по Римской империи. Билингв Мани, одинаково свободно владевший арамейским и персидским, отправился проповедовать в другую сторону: первое его путешествие лежал в Индию. В Индии Мани обратил в свою религию буддийского царя Турана. Увидев, как Мани летает в воздухе, царь возгласил: «Ты Будда!»

Трудно сказать, летал ли Мани и обратился ли царь, но совершенно наверняка, что от путешествия в Индию выиграло само манихейство, обогатившееся буддизмом. Шапур, новый гегемон сасанидской Персии, после личной аудиенции дал Мани свободу проповедовать в Персии.

Христианство — то есть «четвертая секта», эллинизированная говорившими по-гречески проповедниками, вобрало в себя греческий стоицизм и неоплатонизм. Манихейство — то есть «четвертая секта», иранизированная Мани, вобрало в себя восточные религии, прежде всего буддизм, с которым Мани познакомился в Индии, и зороастризм с его непримиримым дуализмом.

При этом основные составляющие учения Мани по-прежнему были арамейского происхождения. Мани утверждал, что ему явилась та самая Святая Руах, которую «Евангелие от евреев» называет матерью Христа. Эту Святую Духовность Мани, как и апостол Фома, именовал Близнецом. Как и кумраниты, Мани знал легенду о Стражах и утверждал, что его последователи, освободившись от смертного одеяния, то есть от плоти, облекаются в одеяния ангелов и становятся у престола Отца Величия.

Мани объявил себя Утешителем, то есть Менахемом, приход которого обещал Иисус (обратим внимание на то, что предсказание Иисуса об Утешителе было широко известно иудейским гностикам), Печатью Пророков (обратим внимание на любимое иудейскими гностиками слово «печать»), и «апостолом Иисуса Христа волею Господа и Отца Истины», объединившем в своем лице учения Будды, Зороастра и Иисуса[10].

Очень интересен был и набор пророков, последователем которых объявил себя Мани, помимо, разумеется, Будды, Зороастра, Иисуса и Павла. Это были Адам, его сын Сиф, его внук Енос, Енох и Шем — излюбленные герои *цадиким* и гностиков, имевшие сложные отношения со смертью и обыкновенно вознесенные живыми на небо. Впоследствии эти пророки широко были представлены в исламе.

Один из первых мультикультуралистов мира, Мани, как и Иисус у Матфея, полагал, что спасение человека в День Суда, манихея или нет, зависит не от его веры, а от его поступков по отношению к униженным, страдающим и оскорбленным. «Я был наг, и вы одели меня, я был болен, и вы заботились обо мне, я был в узах, и вы освободили меня», — говорит Мани в написанном им на фарси «Шабурагане», дословно цитируя Иисуса (Мф. 25:31–46)[11].

Мани проповедовал почти сорок лет. Он вернулся в Персию в 240-х гг., как раз тогда, когда только что появившаяся на свет сасанидская империя переживала расцвет своего могущества. Ардашир I, основатель династии, только что умер, его сменил его молодой сын Шапур. Мани добился аудиенции у Шапура и получил его благословение. Он сопровождал Шапура в его победоносной кампании, во время которой у стен Эдессы был взят в плен император Валериан. (Эдесса при этом осталась за Римом.)

Во время царствования Шапура манихейство пользовалось государственной поддержкой и стремительно распространялась по землям Персии.

Со смертью Шапура I дело пошло хуже. Его преемники начали преследовать манихеев. В 274 г., на пятьдесят восьмом году жизни, Мани был арестован и заключен в крепость, так же как Иоанн Креститель, и умер через месяц допросов и пыток.

«Посланец света отбросил воинственное одеяние плоти и занял свое место в корабле света, где он получил божественное одеяние, венец света и чудесный венок» — так сообщает об этом событии текст под названием «История смерти Мани»[12]. Он помолился Ормузду, вознесся к богам света и достиг нирваны.

Теология манихеев

Так же, как и кумранская община, община манихеев делила членов на несколько разрядов. Высшим разрядом были избранные. Они назывались *праведники*[13]. Избранные были *запечатаны* тремя печатями. «Печать рта» запрещала браниться, пить вино и есть мясо. «Печать рук» запрещала заниматься какой-либо хозяйственной деятельностью, «печать груди» запрещала половые сношения. Полного посвящения могли достигать и женщины. После Страшного суда и сошествия Иисуса на землю праведники должны были превратиться в ангелов[14].

Очень возможно, что Шапур I покровительствовал новой религии по той же причине, по которой римские власти скрепя сердце покровительствовали Павлу. Назорейские, эльхасаитские и эбионитские общины на территории Персии были попросту слишком влиятельны, чтобы не принимать их во внимание. Универсализм Мани помогал нейтрализовать их.

Мир, согласно Мани, был создан следующим образом.

Сначала существовал невидимый, непознаваемый и трансцендентный Бог, которого грекоговорящие гностики называли Монада, а Мани — «Отец Величия». Он существовал в своих пяти царствах Ума, Знания, Разума, Мысли и Воли. Его сизигией и платонической супругой была Матерь Живых.

Строгий аскет Мани не допускает и намека на связь между Отцом и Матерью. Они порождают мир духовным способом: Отец произносит слово и тем рождает Первоадама, то есть Первочеловека.

Этот Первоадам ни в коем случае не является смертным — это Божественное существо, созданное в начале начал с целью сражаться с тьмой. Первое сражение, однако, оказалось неудачным: Тьма победила и пожрала Первого Адама. Она поглотила Свет, и от этого смешения Света и Тьмы родился наш мир.

Победа Тьмы, однако, была недолгой. Первый Адам не пошел ей впрок: скоро он оправился от забытья и воззвал к Отцу Величия, который смилостивился над ним и послал ему на помощь новые Силы: Друзей Света, Великий Запрет и Духа Живаго.

Получив это подкрепление, Первый Адам уничтожил Сынов Тьмы и содрал с них кожу. Из шкур их он сделал Небо, из их испражнений — Землю, из их костей он создал Горы. Таким образом, наш мир был создан из смешения света и тьмы, которые никогда не должны были быть смешаны.

Однако Сыны Тьмы, они же Архоны, по-прежнему оставались сильны. Именно они породили на земле животных и растения, и именно они сотворили из глины человека Адама, созданного по образу и подобию Божьему, то есть по образу Первого Адама, который был Богом, а не человеком.

Попытка архонов сотворить человека, однако, закончилась неудачей: он неподвижно лежал на земле, пока Иисус (очевидно, тождественный с Первым Адамом) не вдохнул в него сделанную из света душу и не дал ему плода от Древа Света. Тогда-то Адам очнулся, и встал, и, рвя на себе от отчаяния волосы и ударяя себя в грудь, воскликнул: «Горе, горе создателю моего тела, и тому, кто приковал к нему мою душу, и мятежникам, которые поработили меня!»[15]

Несложно заметить, что эта манихейская теология изумительно напоминает «Апокрифон Иоанна». Мы снова видим все тех же Великого Отца и Великую Мать, порожденную ими череду Божественных эонов, Иисуса/Первоадама, павших архонтов и человека, который был создан силами тьмы, но одушевлен силами света.

Однако, что еще интересней, она напоминает ханаанскую и, шире, семитскую мифологию, — как ту, которой придерживались евреи до монотеистической реформы, так и те семитские религии, которые были распространены в Эдессе, Эмесе, Харране, Мосуле, Нисибисе, — во всех тех землях Сирии и Месопотамии, где были распространены эльхасаиты. В Боге-Отце и Боге-Сыне, Всевышнем и Первоадаме мы снова узнаем Эля и Баала из угаритского «цикла Баала». Баал сражается с Чудовищем-Смертью и терпит поражение, но потом оживает, одерживает над ним победу и из тела Чудовища создает мир.

В истории эльхасаитов обращает на себя внимание то, что одним из мест их обитания были нынешняя Саудовская Аравия и, в частности, город Медина. Пророку Мухаммеду незачем было впитывать христианство от греческих купцов в Медине. К его услугам имелась куда более аутентичная традиция, представленная поселившимися в Аравии эльхасаитами и назореями.

Многие предписания ислама (запрет на вино, многократные омовения и, конечно, обрезание) отражают именно аутентичные предписания арамейскоговорящих последователей Иисуса, — равно как и употребление общесемитского корня «ШХД» (свидетельствовать) в значении «быть мучеником». Именно от эльхасаитов ислам мог заимствовать Идриса (Еноха), второго пророка после Адама, множественность небес (в исламе их семь) и гностическую иудейскую легенду о джиннах, построивших Храм Соломону (и церковь св. Филиппу).

Ислам также сохранил еще одну любопытную гностическую традицию: пророк Мухаммед учил, что пророк Иса не был распят. «Они его не убили и не распяли, им лишь показалось. Те, кто разногласят на этот счет, пребывают в очевидных сомнениях. Знаний по этому поводу у них нет. Они лишь предполагают. Очевидно и явно, они его не убили» (Коран, Сура 4:157).

Египет и секта спасителей

Все события, о которых мы рассказывали до сих пор, имели место в Палестине. В крайнем случае — на ее окраине, в земле Дамаска, где был расположен Кумран.

До сих пор в своем рассказе мы почти не упоминали одно важное место, которое почти не фигурирует в Евангелиях. Это место, которое, по крайней мере, если верить «Деяниям апостолов», никогда не навещал апостол Павел — в отличие от Кесарии, Антиохии и Рима. Это место парадоксальным образом отсутствует у Евсевия в перечне земель, в которые Иисус рассылает апостолов[16].

Тем не менее это место обладало гигантским иудейским населением, настолько большим, что римские власти предоставили этому населению право самоуправления. Это население было настолько многочисленно, что оно даже возвело на своей территории Храм Яхве, причем не один, а два. Один — в Элефантине (существовал с VIII по IV в. до н.э.), а другой — в Леонтополисе (существовал со II в. до н.э. по I в. н.э.).

Оно было настолько эллинизированно, что для многих его представителей греческий язык был роднее иврита. Именно в этом месте и для этих эллинизированных иудеев была переведена на греческий язык Септуагинта, и степень их эмансипации была настолько высока, что эти иудеи расписывали свои синагоги изображениями и вешали на стенах своего храма вотивные щиты императору.

Это место — Египет и его столица Александрия — огромный мегаполис, бурлящая столица эллинистического Востока с полумиллионным населением, по крайней мере четверть которого — 125 тыс. человек — составляли эллинизированные иудеи.

От Израиля Египет отделяла пустыня — излюбленное место, в котором скрывались *бирйоним* и в котором маленькая группа привычных к пустынной жизни фанатиков всегда имела преимущество перед отрядом правительственных войск.

Зилоты — и до Иисуса, и после — легко мигрировали через Синай. В Египет от Ирода скрылся плотник Иосиф, отец Иисуса. В Египет — за сто лет до Ирода — во времена Александра Янная бежали преследуемые им фарисеи. В Египет после провала Иудейского восстания сбежала часть партии сикариев и, «не довольствуясь своим спасением, стала опять поднимать волнения»[17].

Из Египта пришел Аполлос, который «учил о Господе правильно, зная лишь крещение Иоанново», но не верил в физическое воскресение тел. Там же, в Египте, еще в течение нескольких столетий сохранялись последователи пророка Досифея, которого «Псевдоклиментины» именуют главой секты Иоанна Крестителя, Иосиф Флавий — «влиятельным иудеем Дортом», подбивавшим соплеменников отложиться от римлян, а Ориген — обманщиком и колдуном, сторонники которого считали, что он воскрес.

Именно в Египте — прямо в ее греческий перевод — были внесены существенные добавления в почитаемую *святыми* «Книгу Даниила», так что она теперь является единственной в мире книгой, написанной сразу на трех языках: иврите, арамейском и греческом.

Именно в Египте во II в. до н.э. была написана Вторая книга Маккавеев, в которой впервые была ясно сформулирована доктрина физического воскрешения мучеников во славу Божию. Там же после Иудейской войны была написана

Четвертая книга Маккавеев, назвавшая смерть такого мученика искупительной жертвой за весь еврейский народ.

Именно в Египте в I в. н.э. от лица Сына Давида была написана «Книга Премудрости», в которой рассказывалось о Праведнике, Сыне Божием, которого презирали и оскорбляли. В Египте были написаны 2 Еноха и Притчи Еноха.

В Египте был написан «Апокалипсис Илии», который содержит, вероятно, самые старые высказывания Иисуса: «Все, кто следуют мне, получат престолы и венцы среди тех, кто мои» (1:8). «Я начертаю свое имя на их челе, и я запечатаю их правую руку, и они не будут знать жажды и голода (1:8), «Те, кто со Мной, не будут побеждены» (2:2)[18].

И, наконец, именно в Египте уже в 40-х гг. существовала странная секта, приверженцев которой Филон Александрийский называет «терапевтами» и «терапевтидами».

Цель их жизни, согласно Филону, — это *гнозис,* постижение тайного смысла Святого Писания, а особое место в доме, в котором они предаются этому занятию, Филон называет *монастерион.* Греческое слово «монах», то есть одинокий, впоследствии было одним из самоназваний гностиков.

Слово «терапевт» в современном языке значит «врач», и может показаться странным, что религиозная школа называется именем участкового терапевта. Однако в древности наука врачевания была тесно связана с волшбой, «врачей», собственно, не было, а были «целители» и «спасители». Именно на целительстве, как мы видим, специализировались апостолы: их способность совершать чудесные исцеления была опытным доказательством их божественной силы.

«Терапевты» и «терапевтиды» — это Спасители и Спасительницы; постижение тайного смысла Св. Писания давало каждому приверженцу секты возможность познать Спасение (Иеша), а может быть, и стать им.

Согласно Филону терапевты учились почитать «Сущего, который и лучше блага, и чище единицы, и первоначальнее Монады»[19].

Они отказывались от собственности и, передав состояние родственникам, поселялись в удаленных местах, особенно на холмах возле Мареотиды. В каждом таком доме находилось уединенное помещение, которое Филон называет монастерион, в котором обитатели дома «совершенствовали знание»[20].

«Они постоянно помышляют о боге и молятся два раза в день, — пишет о секте Спасителей Филон. — Женщины живут вместе с мужчинами, сохраняя девственность. Они чрезвычайно воздержанны и не притрагиваются ни к еде, ни к питью до захода солнца. Это они делают потому, что еда и все телесное соединено для них с тьмой».

Одежда терапевтов проста, трапезы — непритязательны, и на этих совместных трапезах пищу подают не рабы, которых у них нет, а сами члены общины. Трапезы сопровождаются толкованием Священного Писания. Нередко во время собраний терапевтов охватывает священный экстаз, и они начинают прорицать.

«Словно неистовые вакханты и корибанты, они охвачены восторженным состоянием, пока не увидят страстно желаемого»[21].

Нам несложно увидеть в этом описании сходство с обитателями Кумрана и Масады, которые пели «Песни Субботнего Жертвоприношения» вместе с ангелами и с учениками апостола Иоанна, пляшущими под гностический гимн.

«Все время с утра до вечера они полностью посвящают аскезе. Читая Священные Писания, они *иносказательно* толкуют учение предков. Они полагают, что изреченное в словах — лишь символ скрытого смысла, *который обнаруживается при толковании*. Есть у них и сочинения древних мужей, основателей секты, которые оставили после себя много произведений *иносказательного характера*»[22].

Нам можем показаться странным, что Филон, брат главного таможенника Александрии и дядя будущего иудейского прокуратора, с таким восторгом относится к столь подозрительной секте.

Дело, возможно, в том, что Филон сам с точки зрения позднейшего иудаизма был еретиком и приверженцем доктрины Двух Властей в Небе. Филон учил, что богов у евреев два. Один Бог — это неизреченная, вечная, безвидная монада, пребывающая в совершенстве вне мира. Второй Бог — его исполнительная власть. Это был Логос — Слово Божие, посредник между надмирным Богом и людьми, второй Бог (девтерос теос). Не чужда была Филону и идея человека Моисея, *познавшего* Бога и ставшего Богом.

При этом Филон скончался в 50 г. н.э. Это значит, что секта Спасителей и Спасительниц, предающихся аскезе и танцующих во имя Монады, процветала в Египте не позже 40-х гг. н.э. и была к этому времени сравнительно мирной.

Итак, секта Терапевтов делала из людей Спасителей и Спасительниц через отказ от секса и имущества, через ревностное соблюдение иудейского закона и через *познание тайны*. Ортодоксальными христианами эти люди, понятное дело, быть не могли. С точки зрения позднейшего римского христианства они были дважды еретиками. Во-первых, они соблюдали иудейский закон, во-вторых, они были гностики.

При этом ортодоксы утверждали, что их вера правильная и восходит к самому Христу, а все еретики — это позднейшие наслоения. Но секта Спасителей существовала в Египте еще в 40-х гг. н.э. — за сотню лет до оформления римской ортодоксии. Она существовала в то самое время, когда из Египта к Павлу пришел Аполлос, который учил о Господе правильно, «зная только крещение Иоанново» (Деян. 18:25).

Мандеи

Но самое удивительное в нашем рассказе то, что ранние иудейские гностики не только сохранились, но и *продолжают исповедовать свою веру до сих пор*.

Мандеи — это небольшая этнорелигиозная группа, которая до сих пор живет в Месопотамии. Язык их произошел от арамейского, и арамейский до сих пор используется мандеями, как язык священнослужения.

Самоназвание «мандеи» происходит от арамейского «манда», которое значит то же, что греческое «гнозис». В переводе на греческий «мандеи» — это *гностики*. При этом «мандеями», знающими, называются именно рядовые пользователи религии. Священники, обладатели настоящего знания, называются «насурайя», *назореи*, то есть так, как по всему арамейскому зарубежью назывались иудействующие последователи Иисуса, который и сам назывался Иисус Назорей.

В священной книге мандеев — она называется «Гинза Рба» — утверждается, что их предки сбежали из Палестины во время разрушения Храма.

Мандеи являются гемеробаптистами, то есть практикуют ритуальное ежедневное крещение. Они постоянно совершают омовения и, несмотря на то что обитают в пустыне, обязательно поселяются возле рек. Их религиозная терминология имеет полные параллели в Свитках Мертвого моря, и они до сих пор называют любую воду для омовения «юрдна», то есть «иорданом».

Мандеи верят во Всевышнего и Трансцендентного Бога, который породил мир через череду эманаций, и в страшного Бога этого мира, ужасного ограниченного демиурга Птахила. Мандейские жрецы, благодаря своему знанию, обладают грандиозным могуществом; каждый мандейский жрец является священным царем (маута), коронованным и умащенным[23].

«Гинза Рба» — главная священная книга мандеев — сохраняет нам гностическую легенду о том, что зло в мире появилось оттого, что Сатана отказался поклониться Адаму, которого Бог поставил царем над всем творением. Кроме Адама мандеи, так же как эльхасаиты и манихеи, почитают Авеля, Сифа, Ноя, Шема и, особенно, Еноха.

Так же, как и эльхасаиты, мандеи пользуются семитским корнем «шхд» в значении «свидетель/мученик». Еще одно ключевое для ранних христиан слово, которое они любят — это «рыбак». «Я — рыбак, который ловит души и является Свидетелем (Sahdan) Жизни», — гласит одна из мандейских молитв[24].

Главное отличие мандеев от христиан совершенно поразительно: истинным пророком они почитают Иоанна Крестителя, а Иисуса они считают лже-Мессией, Лжецом, Мессией евреев. Более того, мандеи считают, что Иоанн Креститель крестил людей *в течение целого поколения*, прежде чем к нему пришел Иисус[25].

Лже-Мессиями мандеи считают также Авраама и Моисея. Как и христиане, мандеи не соблюдают обрезания и субботы. Они ненавидят евреев и считают их Лжецами и детьми Птахила. Женской ипостасью злого Птахила они считают злую Руха Кудша, то есть Святую Духовность.

Мандеи сообщают нам некоторые захватывающие подробности биографии Иоанна, не оставляющие сомнения в его превосходстве над Иисусом, лже-Мессией евреев.

Иоанн Креститель (Яхья-Иоханан) родился, когда его отцу было 99, а матери — 88 лет[26]. Он был рожден чудесным образом. Его зачали из воды Иордана и поместили в утробу его матери Еншибай [Елизаветы][27]. Она была его матерью и не была ею. Он был «посажен свыше»[28]. Перед его рождением над Еншибай засияла звезда, и над домом его отца Захарии появились три небесных огня[29].

Иоханан был рожден для того, чтобы разрушить черные замыслы хозяев этого мира, Птахила и Рухи, сделаться свидетелем Истины и посвятить людей в тайны Великой Жизни[30].

После рождения мальчика Енох забрал его по приказу Отца Славы и перенес его к Древу Жизни, то есть в Рай[31]. Когда Иоанну было семь лет, Енох написал для него книги. А когда Иоанну было 22 года, Енох научил его сокровенному волшебству[32].

«Я выучился там всей моей мудрости и усвоил все свои речи. Они облачили меня в одежды славы (т.е. в плоть ангела. — *Ю.Л.*) и покрыли меня облачным покрывалом. Они подпоясали меня поясом, поясом из живой воды, который сиял сверх всякой меры и сверкал. Они посадили меня в облако, в облако Славы, и в седьмой час Дня Солнца они принесли меня в Иерусалим»[33].

Принесенный на землю в Облаке Славы (т.е. в том самом облаке, в котором обитают надмирные эоны), Иоанн, с его плотью ангела и лицом, укрытым облачным покрывалом, разумеется, начал творить невероятные чудеса.

Он «очищал прокаженных, открывал глаза слепым, и хромых он поднимал на ноги»[34]. Он был «исцелитель, чье лекарство есть Живая Вода». Он был посланцем Великого Царя Света[35]. Иоанн был неуязвим — его не могло порезать железо и сжечь огонь[36].

Он был Второй Властью в Небе.

Он был увенчан венцом Царя Славы, и он сел по его правую руку[37]. Один из мандейских гимнов, написанных от имени Иоанна, гласит: «Какой пророк может сравниться со мной? Чьи реченья могут сравниться с моими реченьями, и кто говорит моим чудесным голосом... Есть ли кто, кто может занять мое место в вышине?»[38]

Сходство этого гимна с кумранским Гимном Самопрославления просто бьет в глаза.

Однажды, когда Иоанн проповедовал у Иордана, к нему явился Иисус, лже-Мессия евреев. Он сказал ему: «Крести меня твоим крещением, и произнеси надо мной Имя, которое ты произносишь»[39]. Иоанн сделал, как просил Иисус, но ничего хорошего из этого не получилось. Иисус «извратил слова Жизни и превратил их в слова Тьмы»[40]. «Он *и его брат* воссели на горе Синай»[41].

Иоанн учил в храме 42 года и вознесся на небо[42]. Через некоторое время после этого евреи в Иерусалиме начали убивать его учеников, так что «из назореев не спаслось ни одного человека»[43]. Это привело Отца Славы в негодование. Он велел Еноху разрушить храм евреев, дом хозяйки этого мира Рухи[44], что тот и сделал, приняв вид гигантского белого орла[45].

«Псевдоклиментины», рассказывающие нам о разборке на ступенях Храма между последователями Иисуса и последователями Иоанна Крестителя, сообщают, что после смерти Иоанна Крестителя его учеников возглавил некто Досифей. А сирийский апологет Теодор бар Конай, писавший в конце VIII в. н.э., сообщает, что мандеев, живущих в Мезене, в его собственных краях называют *достайе*, то есть досифеянами[46].

Невероятно, но факт: последователи Иоанна Крестителя, во главе которых стал человек по имени Досифей, действительно существовали, и они ненавидят лже-Мессию евреев Иисуса и *его брата* до сих пор.

Христиане и ноцрим

Вернемся теперь к тому, с чего мы начали.

Мы попытались восстановить — насколько это возможно из наших скудных фактами, но богатых чудесами источников, — биографии апостолов Иисуса и через них — историю общины последователей Иисуса в течение первых десятков лет после его казни.

Возникшая перед нами картина бурных теологических мутаций, происходивших с мемом о распятом Иисусе внутри ядерного котла, клокочущего против римлян не только в самой Палестине, но и в обеих диаспорах — как греко-, так и арамейскоговорящих, — разительно отличается от традиционного представления о развитии христианства.

Вольтер в XVIII в. первым заметил поразительное молчание античных языческих источников о христианстве. Молчание это он объяснил малоизвестностью христиан.

Библеистика XIX в. ассимилировала это положение Вольтера, как аксиому (хотя обычно и без указания источника). Христиане — гласила эта аксиома — вначале были малочисленны и неизвестны. Распятие кроткого Мессии, проповедовавшего любовь и ненасилие, прошло практически незамеченным. В город Иерусалим он вошел без всяких народных толп; переворачивание столов во Храме был просто мелкий художественный хеппенинг. Несчастный Мессия был похоронен в общей могиле, и Понтий Пилат, как в известном рассказе Анатоля Франса, на склоне дней, щурясь, спрашивал, нежаясь на закатном солнце: «Иисус? Не помню».

Христианство, согласно такой традиционной точке зрения, выросло, как огромное и мощное дерево, из крошечного зерна. Робкий огонек, затепленный проповедником мира и добра, распространялся среди самых простых людей — рыбаков, каменщиков, плотников — словно торфяник, тлеющий низом, прежде чем вспыхнуть ярким негасимым пламенем.

Когда по мере накопления сведений о чисто иудейском характере раннего христианства тезис об Иисусе как мирном пророке любви стало невозможно поддерживать, эта точка зрения была модифицирована: да, конечно, Иисус был обыкновенным иудейским пророком ненависти. Но он был очень маленьким пророком. Он был малоизвестным неудачником, унылым лузером, «слабым и бессильным ничтожеством, казненным самым унизительным и болезненным способом римлянами, бродячим проповедником, который оказался не в ладах с законом и был распят как мелкий преступник»[47].

Тот факт, что его распяли, совершенно его дискредитировал, и если бы не апостол Павел, — как утверждал еще в XIX в. немецкий лютеранский теолог Вильям Вреде, — вера в Иисуса никогда бы не обрела популярности.

Бурная картина стремительной и лавинообразной теологической эволюции веры в Иисуса, которую мы наблюдаем уже к началу 50-х гг., ставят на обеих этих гипотезах жирный крест. Называть Иисуса «малоизвестным пророком», обязанным своей популярностью Павлу, это все равно, что называть Маркса «малоизвестным философом», чье учение стало известно только благодаря Каутскому.

Как легко мы можем заключить из кумранских текстов, во главе кумранской общины стоял совершенно конкретный Мессия из рода Давидова. Точнее, поскольку община существовала достаточно длительное время, во главе ее сменилось, вероятно, несколько Мессий. В том числе с одним из Мессий случилась беда, в ходе которой он был унижен людьми, но потом оказался выше ангелов.

Община эта была ни в коем случае не многонациональна — все ее члены были фанатичные иудеи. Но она была многоязычна: тексты, найденные в Кумране, написаны на разных диалектах арамейского, на иврите и на греческом. Иначе говоря, ее представители жили во всех еврейских диаспорах. Кроме того, эта община была крайне воинственна, и священная война, которую вела община против сынов Велиала, носила отнюдь не абстрактный характер. Это была вполне реальная война, которая снова и снова кончалась разгромом. Раз за разом в текстах Мертвого моря упоминаются «угнетатели, которые не победят меня» (IQH, XVII), и враги, которые «мучат *праведников* и сжигают их огнем» (Енох. 19:95/100:7).

Нам известна только одна секта, которая в интересующий нас период времени была распространена по всей диаспоре, постоянно поднимала восстания и подвергалась ответным преследованиям. Это «четвертая секта», зилоты и сикарии. Кумранские тексты были положены в тайники людьми, которые собрались со всех концов этой диаспоры в конце 60-х гг. и погибли в ходе Иудейской войны. Они спрятали эти тексты именно потому, что надеялись на воскресение (в основном физическое) и не мыслили себе жизни без своих любимых книг.

Из кумранских текстов следует, что общину зилотов возглавлял Мессия из рода Давидова, что этот Мессия был одновременно Господом и человеком и что с одним из этих Мессий случилось несчастье. Возникает вопрос: если Иисус Мессия провозгласил себя Мессией из дома Давидова без согласования с зилотами, то каким образом такой самозванец избежал преследований с их стороны?

Если Иисус умер, как ничтожный лузер, то почему его брат спустя тридцать лет пользовался таким влиянием, что его казнь повергла в панику «лучших и усерднейших законоведов» и послужила толчком к Иудейской войне?

Если Иисус был никому не известный неудачник, то как получилось, что Павел, проповедуя альтернативного Иисуса, постоянно подвергался такой нешуточной опасности? Кто были те террористы, которые избили Павла до полусмерти сначала в писидийской Антиохии (Деян. 14:12), а потом в Фессалониках (Деян. 17:5)?

Из кого состояла та толпа, которая накинулась на Павла у Храма и убила бы его, кабы не вмешательство римских властей? Кто после этого вмешательства послал сорок шахидов, которые «поклялись ни пить, ни есть», пока они не убьют Павла?

Если Иисус прославился среди эллинов только благодаря посмертной рекламе апостола Павла, то каким образом еще до Павла в Египте развилось гностическое христианство, перед одним из представителей которого — Аполлосом Павел явно заискивал, надеясь обрести в нем союзника против сикариев?

Если учение Иисуса было «маленьким ручейком», то почему уже в 50–60 гг. в городе Эфесе было по крайней мере две христианские общины, ненавидевшие друг друга, — община, основанная Павлом, и община, основанная Иоанном?

И вообще, если Иисус был никому не известный пророк — зачем Павлу было говорить от его имени? Сиквелы пишут только к бестселлерам. Никто не пишет сиквелов к никому не известным текстам.

«Теория маленького ручейка» несовместима с тем разнообразием верующих, которых мы застаем на территории Римской империи уже к 40–50-м гг. Если что-то и было «маленьким ручейком» на этом широком фоне — то это именно восторжествовавшее на территории Римской империи учение римской церкви, согласно которой Иисус отменил иудейский закон, пришел, чтобы спасти все человечество, и физически воскрес на третий день после смерти.

Но, самое главное, — теория «малого ручейка» совершенно несовместима с существованием многочисленных разновидностей последователей Иисуса за пределами Римской империи.

Если христианство было обязано своими успехами только Павлу, то кому были обязаны успехами назореи, эльхасаиты, сампсеи, ессеи, оссеи, сабеи, эбиониты, — десятки иудеохристианских сект, существовавших за пределами империи, сект, без которых непонятно развитие двух других крупнейших мировых религий — манихейства и ислама?

Если Иисус был ничтожество, то почему новый реформатор иудейского гностицизма, пророк Мани, пошел в точности по стопам апостола Павла и провел, на персидском и буддийском культурном субстрате, точно ту же реформу, которую апостол Павел проделал на субстрате эллинистической культуры?

Пока мы были знакомы с манихейством по Сократу Схоластику, мы могли утешать себя мыслью о том, что Иисус Христос был заимствован пророком Мани из греческого христианства. После знакомства с написанным по-гречески Кельнским Манихейским Кодексом и написанным по-китайски «Компендиумом учения Мани, Будды Света» подобное предположение несостоятельно.

Секта, к которой принадлежали родители Мани, имела точно ту же иерархию и организацию, точно те же поверья и ритуалы, что и кумраниты. Терминология Мани — это терминология иудейских гностиков, а тексты Мани, например, «Книга Великанов», восходят непосредственно к одноименной кумранской книге. Мани, так же как и Павел, был просто реформатор «четвертой секты». Даже манихейский Князь Света и Будда Майтрейя, восставшие в Китае в 1351 г., были очередной по счету — и, разумеется, уже очень далекой от оригинала — мутацией идеи Христа.

При этом эльхасаиты и манихеи сохранили некоторые существенные черты допавловского христианства и были настолько влиятельны, что передали часть этих черт исламу. Как это широчайшее распространение веры в Иисуса согласуется с гипотезой о лузере и неудачнике, который был бы забыт, если бы не «второй основатель христианства» апостол Павел?

Ответ — никак.

Единственный способ, которым мы можем объяснить все эти факты, — это предположить, что Иисус и был Главным Мессией «четвертой секты». Мессией с большой буквы, Сыном Бога и Сыном Всевышнего.

Он был тем, кто в арамейских и кумранских текстах той поры назывался Спасение, Иешу'а/Иеша.

Именно пришествие Иисуса проповедовал вероятный соперник Иакова Иуда Фома/Феуда, чье восстание было подавлено при прокураторе Куспии Фаде.

Именно Иисуса проповедовал тот безымянный пророк, о котором Иосиф Флавий говорит, что он выводил людей в пустыню, чтобы показать им «знамения их *Спасения»*, то есть, в обратном переводе на арамейский, знамения Иешу'а[48].

И даже в самый последний момент штурма Храма некий пророк призвал жителей Иерусалима идти к Храму, «где вы узрите знамение вашего *спасения*[49], то есть, опять-таки в обратном переводе на арамейский, знамение Иешу'а.

Иешуа не пришел, Иерусалим был взят, Храм был разрушен, родственники адиабенской царицы Елены были убиты или попали в плен.

Фарисеи, собравшиеся в Явне, предали проклятию *миним* — слово, которое впоследствии обозначало иудействующих христиан. Император Веспасиан приказал истребить весь род Давидов, и жертвами этого приказа стали родственники Иисуса.

Разрушение Храма нанесло вере в Иисуса чудовищный удар и стало одним из важнейших факторов ее эволюции. Однако эта эволюция происходила не только в пределах империи, но и прежде всего за ее пределами. Общины назореев продолжали существовать по всем пограничным с империей землям — в Адиабене, Армении, Осроене. Более того, назореи «в этих регионах могли развиваться и набирать последователей в более благоприятных условиях, нежели языческие христиане в Римской империи»[50].

Общины верующих в Риме и в Персии развивались в противоположном направлении. В пределах Римской империи христиан преследовали все меньше, со времени Константина ортодоксальная церковь начала доминировать над другими верами и другими разновидностями христианства, а в 380 г. она стала единственной разрешенной религией империи. Над Римской империей опустился железный занавес — занавес варварства, фанатизма и распада.

За границей Рима дела обстояли ровно наоборот.

Последователи Иисуса были влиятельны там уже в I в. н.э. Их поощряли, с ними заигрывали. В результате они были гораздо терпимее к местным обычаям и легко эволюционировали в мистические секты вроде кукитов, бардесанитов и, особенно, манихеев.

Однако именно успехи манихеев сыграли с ними злую шутку. В 271 г. после смерти царя Шапура, благоволившего пророку Мани, на персидский престол взошел его сын Бахрам — первый правитель в истории человечества, которому принадлежит сомнительная честь изобретателя идеи государственной религии, обязательной и единой для всех подданных. Этой государственной религией для Бахрама был зороастризм. Мани, как и Иисус, был казнен. Все остальные секты — и иудейские, и мессианские, и языческие — были запрещены.

«Учения Аримана и демонов были изгнаны из царства и уничтожены, и евреи, шаманы (буддисты), брахманы, назореи, христиане и мактаки и манихеи были раздавлены в царстве», — утверждал в своей надписи главный идеолог реформ Бахрама жрец Картир[51].

Как мы уже замечали, в надписи Картира «назореи», то есть верующие в Иисуса евреи, и «христиане», то есть носители римской разновидности веры, упоминаются как две разные религии. Что еще интересней, между «христианами» и «манехеями» в ней упоминается еще одна религия, «мактаки». По мнению некоторых исследователей, перед нами — все те же «баптисты»[52]. Таким образом, из семи уничтоженных Картиром религий ровно четыре — назореи, христиане, баптисты и манихеи — являются различными мутациями иудейского мессианизма, что уже само по себе свидетельствует о громадном распространении и влиянии его за Евфратом.

Через полвека после реформ Шапура Константин сделал ортодоксальную церковь системообразующим институтом империи, и колесо повернулось на 180 градусов. Теперь уже в Риме поддерживали христиан (правда, только одну их разновидность), а в Персии их преследовали.

Преследования, начатые Шапуром I, были продолжены с 340 г. н.э. его правнуком Шапуром II (309–379). Перед Шапуром стоял пример Римской империи, где на его глазах христианство превратилось из преследуемой религии в победоносную и беспощадную правящую партию, подрывавшую абсолютную власть императоров и истреблявшую всю предшествующую ей культуру.

Шапур учел ошибки, допущенные Диоклетианом, и, в отличие от непоследовательных и половинчатых преследований Диоклетиана, его кампания по разгрому месопотамского христианства была куда более беспощадной, системной и успешной. Арбелы, Киркук, Мосул, Сузы — все те места, которые когда-то, в I в. н.э., были местом убежища для первых последователей Иисуса, превратились в место систематического истребления и христиан, и назореев. Преследования продолжались при Ардашире II (379–399) и Ездегерде II (438–457). Они сопровождались ответными контратаками назореев, уничтожавших алтари огня, и массовым их исходом.

Впрочем, это не значит, что иудействующие последователи Иисуса на территории Персии сразу исчезли. В 1960-х гг. Шломо Пинес обнаружил и опубликовал очень интересный иудео-христианский источник, инкорпорированный в арабский манускрипт X в. н.э., принадлежащий Абд ал-Джаббару. Этот текст, написанный где-то в районе Мосула в V или VI вв. н.э. (но, во всяком случае, после превращения христианства в государственную религию Рима), содержит уничтожающую критику римского христианства с иудео-христианских позиций.

«Знайте, — пишет его автор, — что эти христианские секты есть самые невежественные люди в мире в том, что касается Христа, его истории и его матери, и что каждый из авторов этих Евангелий узнал то, что он написал, спустя много времени после Христа и после смерти его спутников»[53].

Согласно нашему анонимному автору из Мосула Иисус вовсе не проповедовал отказ от закона. Ровно наоборот: «Иисус пришел, чтобы оживить и установить Тору»[54].

После смерти Иисуса его ученики молились вместе с другими евреями в синагогах, пока римляне не соблазнили некоторых из них на отступничество. Римляне предложили этим ученикам отречься от Закона, взамен обещая им всяческую поддержку. «Если вы откажетесь от их закона и отделитесь от них, и будете молиться, как мы (лицом) к Востоку, и будете есть то, что мы едим, и будете считать дозволенным то, что мы считаем таковым, мы поможем вам и сделаем вас сильными, и евреи не смогут причинить вам (вреда). Напротив, вы будете сильней их», — сказали римляне некоторым из последователей Иисуса[55].

Но настоящие ученики отказали изменникам.

«Эти ученики сказали им: «Плохо вы сделали. Нельзя позволить римлянам осквернять Евангелие. Сказав «да» римлянам, вы отвратились от веры. Отныне между вами и нами не может быть общения. Напротив, мы обязаны заявить, что между нами и вами нет ничего общего»»[56].

В результате между обеими группами разразилась война. В ходе этой войны извратители слова Христова обратились за помощью к римлянам, а настоящим ученикам пришлось бежать из страны.

«И римляне написали касательно их своим правителям в Мосуле и Джазират-аль-Араб. Им был учинен розыск. Некоторые были пойманы и сожжены, другие были убиты»[57].

Несмотря на то что наш мосульский аноним довольно наивно представляет себе мир и пишет поздно, он тем не менее куда более точно рассказывает нам о развитии христианской общины после смерти Иисуса, нежели канонические «Деяния апостолов».

Его версия совершенно точно представляет Павла отнюдь не верным последователем Иисуса, как в «Деяниях», а, наоборот, человеком, вынужденным искать защиты от этих последователей у римских властей. В лучшем случае она выставляет его невольным союзником римлян, в худшем — агентом-провокатором, которому оказывали поддержку, чтобы расколоть «четвертую секту».

К VII в. н.э. территория Месопотамии, на которой когда-то процветали *нацрайе*, была поделена между христианской империей ромеев и зороастрийской империей персов. Обе эти враждующие империи имели одну общую черту: и те и другие преследовали манихеев и иудействующих христиан.

В результате и те и другие стали переселяться из Мосула и Эдессы туда, где не доставала ни рука персов, ни рука римлян. Одним из мест, куда они уехали, стала Саудовская Аравия.

Одним из таких назореев, живших в VI в. в городе Мекке, был не кто иной, как двоюродный брат первой жены пророка Мухаммеда Хадиджи. Его звали Варака ибн Навфаль. Согласно преданию он принял христианство еще в языческие времена, пользовался для своих записей письменностью иудеев, а услышав проповедь Мухаммеда, объявил: «Это закон, который Господь ниспослал Моисею»[58].

Судя по высказываниям пророка Мухаммеда, он действительно представлял себе генезис христианства гораздо лучше, нежели европейские библеисты XIX в. А именно: Мухаммед утверждал, что после появления Иисуса евреи *разделились на тех, кто уверовал в Иисуса, и тех, кто не уверовал в него.*

«Часть сынов Израиля уверовала, а другая часть не уверовала. Мы поддержали тех, которые уверовали, в борьбе с их врагами, и они вышли победителями»[59].

Утверждение пророка Мухаммеда, что он поддержал верующих в Иисуса иудеев в борьбе с их врагами, может на первый взгляд показаться удивительным, но на самом деле оно проливает свет не только на генезис ислама, но и на причину его чрезвычайно быстрых побед на территории Византии. Эти победы были бы невозможны без горячей поддержки, которую его армиям оказывали и евреи, и назореи, и те разновидности христианства, которые на данный конкретный момент считались в Константинополе ересями и подвергались ужасающим гонениям.

Не случайно, что самое раннее сообщение об исламе — а именно, сообщение армянского епископа Себеоса, написанное в 660-х гг., — утверждает, что причиной завоевания арабами Палестины были зверства римского императора Ираклия после завоевания им Эдессы. Согласно Себеосу иудеи, бежавшие из Эдессы от зверств Ираклия, сбежали в Аравию к исмаилитам и, соединившись с ними под руководством человека по имени Мухаммед, отвоевали у римлян Палестину.

Иисус и его Руах

Итак, один из промежуточных выводов этой книги гласит, что последователи Иисуса не были немногочисленной сектой.

Напротив, это была могущественная община, построенная на принципах тоталитарного единоначалия и сетевого маркетинга. Ее члены делились рецептом бессмертия по тем же правилам, по которым спустя две тысячи лет торговали гербалайфом. Эта община разделилась на множество фракций и меняла свой софт с той же легкостью, с которой мы инсталлируем на компьютер разные версии программы, но при этом сами принципы общины, ее железо — ее требование беспрекословного подчинения начальству — оставались прежними. Церковь была организацией с непредсказуемым прошлым, но с неизменной иерархией.

Этот вывод сам по себе необычен. Но еще необычнее другой вывод — а именно тот, что «ересь лжеименного гнозиса» вовсе не была поздней мутацией. Ровно наоборот: неотразимое обещание научить людей восходить на небо, становиться богами, творить чудеса, входить в Совет Богов, жить вечно, надевать эфирные тела ангелов и сиять и был первоначальным главным месседжем, который способствовал успеху движения.

Поздно появился не гностицизм.

Поздно появилась ортодоксия.

Все тексты отцов церкви: Иринея Лионского, Юстина Мученика, Поликарпа Смирненского, которые мы знаем, — все они датируются 130—180-ми гг. н.э., и, более того, почти все представляют из себя полемику со страшными и омерзительными «гностиками», которые сбивают с толку людей, ходят на небо без разрешения церкви, не подчиняются епископу и даже претендуют о ужас! — как Маркион и Валентин, — на пост епископа Рима.

Невольно создается впечатление, что если бы Маркион или Валентин победили в борьбе за этот пост, то и история христианства была бы другой. Так же, как борьба Сталина с «левым» и «правым» уклоном была не идеологической, а политической, так же и неустанная борьба с гностиками породила западную христианскую доктрину в ее современном виде, что, впрочем, не мешало церкви впоследствии из этой доктрины постоянно заимствовать.

Мне могут возразить, что Евангелия, которые римская церковь признала каноническими еще в 170-х гг. н.э. — то есть Евангелия от Марка, Матфея, Луки и Иоанна, — были написаны гораздо раньше, чем началась битва с лжеименным гнозисом.

Проблема, однако, заключается в том, что из этих четырех Евангелий три не являются ортодоксальными.

«Евангелие от Иоанна» есть в чистом виде раннее гностическое евангелие. Автор «Евангелия от Матфея» соблюдает иудейский закон. Что же до «Евангелия от Марка», то оно начинается с истории о том, как Святая Руах снисходит при крещении в человека Иисуса, и заканчивается тем, что она покидает его на кресте. Перед нами — раннее протогностическое Евангелие, написанное приверженцем апостола Павла.

Из четырех канонических Евангелий только Лука вполне удовлетворяет дефиниции «протоортодокса». Он считает, что Иисус родился от девственницы, пришел, чтобы отменить иудейский закон и спасти все человечество, и физически воскрес после смерти на третий день.

Теология Луки, бесспорно, является протоортодоксальной. Но Лука — не очень хороший источник сведений по истории ранних христиан. Ведь он является также автором «Деяния апостолов» — одного из самых масштабных фейков в истории человечества, фейка, который должен представить апостола Павла в качестве аутентичного последователя Иисуса.

Но, что интересно, наш условный Лука переписывает не только месседж первоначального христианства! Лука правит и своего учителя Павла, и весьма существенно.

Так, Лука утверждает, что Павел во время своего обращения не был вознесен на небо, как утверждал сам Павел (2 Кор. 12:2–4), а всего лишь «слышал голос». Разница между *вознесением на небо* и *голосом с неба* в данном случае совершенно хрестоматийная. На небо возносились язычники, мистики и гностики. Голос с неба говорил с иудейскими ортодоксами.

Лука, как мы видели из истории с Феклой, предпочел вычеркнуть из жизни Павла его прекрасную спутницу, так удивительно напоминающую Мудрость Божию, сопровождавшую Симона Волхва. Он категорически отцензурировал всякие намеки на то, что Павел сам провозглашал себя новым Христом, — намеки, вполне очевидные в письмах самого Павла (ср: «Вы приняли меня как посланника Божия, как Христа» (Гал. 4:14).

Иными словами, Лука представляет нам отредактированного, отцензурированного, обеззараженного Павла. Этот дезинфицированный и дегностицированный Павел был создан позднее аутентичного гностического Павла, точно так же, как протоортодоксальное «Евангелие от Луки» было создано позднее протогностических Q и Марка.

Ранняя гностическая теология, предполагающая, что Иисус-человек был лишь одеждой для Христа-духа (мы можем назвать ее Гностицизм 1.0), появилась раньше Луки. Что еще интересней, Гностицизм 2.0, теология, согласно которой Иисус Христос был Надмирный Дух, принявший облик человека, тоже появилась раньше!

Это ясно из того простого обстоятельства, что Лука с ней спорит.

Согласно Луке Иисус появился апостолам после воскресения, и эти глупцы, увидев его воскресшим, решили, *что видят духа* (Лк. 24:37). Иисус тут же разоблачил их нелепое заблуждение и для вящего доказательства съел печеную рыбку и мед.

«Когда они говорили о сем, сам Иисус стал посреди них и сказал им: мир вам. Они, смутившись и испугавшись, подумали, что видят духа (Πνεῦμα). Но он сказал им: что смущаетесь, и для чего такие *сомнения* входят в сердца ваши? Посмотрите на руки Мои и на ноги Мои; это Я сам» (Лк. 24:36–39).

Эта сцена, написанная уже в 80-х гг. н.э., очевидно, показывает, что протоортодоксы (или, точнее, те, кто придерживался взглядов Луки) существовали уже тогда. Но сам факт спора Луки с людьми, которые «подумали, что видят духа», предполагает, что такие люди уже существовали.

Что было базой для протоортодоксии Луки?

Естественное и разумное на первый взгляд предположение заключается в том, что, несмотря на то что евангелист Лука был прежде всего учеником Павла, его взгляды в этой части были возвращением к взглядам Иакова Праведника. Именно Иаков Праведник, будучи физическим братом Иисуса, как никто другой был заинтересован в истории о его физическом воскресении.

Тезис о том, что Христос был Всемирный Дух, который вселялся то в Иуду Фому, то в Павла, — или, наоборот, во время распятия собственной тени мирно беседовал со своим любимым учеником Иоанном, — Иакова категорически не устраивал. Он лишал не только его, но и всю возглавлемую им иерархию малейшего права на власть. Зачем, в самом деле, были епископы и *мебаккеры*, если лестница на небо располагалась у каждого верующего прямо внутри него и поговорить с Господом можно было по местной связи?

Обратимся же, чтобы проверить эту гипотезу, к теологии Иакова Праведника. Сделать это, увы, не очень легко, потому что тексты, содержащие эту теологию, полностью до нас не дошли.

Тем не менее они существовали. Один из этих текстов, к примеру, назывался «Евангелие от евреев» и имел в древности широчайшее распространение. Его часто цитировали святые отцы, а бл. Иероним в IV в. н.э. перевел его на латынь. Иероним даже считал его «подлинным Евангелием от Матфея».

Пережив века страшных римских гонений без какого-либо ущерба для себя, «Евангелие от евреев» не пережило триумфа ортодоксальной церкви и было уничтожено совершенно, как еретический текст, искажающий светлый образ Иисуса.

Тем не менее до нас дошли некоторые из него отрывки, и мы знаем, что «Евангелие от евреев» описывало совершенно ту же историю, что и Лука. В нем говорилось, что некоторые апостолы приняли воскресшего Иисуса за Духа или за «демона без тела» и получили суровый отпор.

«Ибо так как апостолы решили, что он — Дух или, согласно «Евангелию от евреев», которое читают назореи, Демон без плоти, он сказал им...»[60]

Более того! Мы обнаруживаем в «Евангелии от евреев» первоисточник истории Луки об Иисусе, который съел рыбку. У Луки Иисус ест рыбку перед некими неназванными апостолами. По какой-то причине Лука не считает возможным привести имя того человека, с которым Иисус пообедал после воскресения.

В «Евангелии от евреев» это имя названо, и этот человек, удостоившийся права первой трапезы с воскресшим покойником, — это не кто иной, как Иаков Праведник, физический брат Иисуса.

«В Евангелии, названном «Евангелием от евреев», которое я недавно перевел на греческий и латинский, — пишет бл. Иероним, — и которое часто использует Ориген, после рассказа о воскресении Спасителя говорится: «Но Господь, отдав свой саван священнику, предстал перед Иаковом...» (так как Иаков дал обет полного поста, пока не увидит

Восставшего собственными глазами) — и снова немного позднее говорится: «Приготовь стол и хлеб, — сказал Господь», — и сразу после этого: «И он принес хлеб, и благословил, и разломил, и дал Иакову Праведному, и сказал ему: «Брат мой, вкуси хлеба, ибо Сын Человеческий восстал»[61].

Как мы и ожидали, воскресение Иисуса в этом тексте носит чисто физический характер. С точки зрения Иакова Праведника, Иисус воскрес во плоти. Это была единственная теология, которая могла удовлетворять брата Иисуса с организационной точки зрения. Ведь всякие рассказы о том, что Надмирный Дух Христос мог вселяться в тела любых людей или вовсе всего лишь принял вид человека, лишали власть Иакова теологических оснований и, вероятно, с этой же целью и появились: равно как и история о рождении от девственницы.

Казалось бы, наша загадка легко решена! После смерти Иисуса его последователи разделились на тех, кто следовал за его духовными двойниками, и тех, кто следовал за его физическим братом. Первые стали гностиками, вторые, несмотря на множество теологических апдейтов, превратились в ортодоксальную церковь.

Посмотрим теперь, однако, на следующее изречение из «Евангелия от евреев», о котором нам точно известно. В нем Иисус говорит о своей матери.

Он называет своей матерью Святую Руах.

Он говорит: «Мать моя, Святая Руах, взяла меня за один мой волос и вознесла меня на великую гору Фавор»[62].

Перед нами — типично гностическое утверждение! В нем Иисус объявляет своей матерью не Марию, жену Иосифа, а Святую Руах. Это одно из утверждений, которое образует суть гностицизма. «Некоторые говорят, что Мария забеременела от Святого Духа. Они не правы и не понимают, что говорят. Когда это женщина беременела от женщины?»[63]

Но как же так получается? С какой стати Иакову, физическому брату Иисуса, называть матерью Иисуса не свою же собственную мать, а Духовность/Руах? Не роет ли тут Иаков сам себе яму? И как эта мать сочетается с историей о физическом воскресении?

Может быть, мы тут имеем дело с каким-то поздним Евангелием, не отражающим вполне точку зрения Иакова? Может быть, мы зря взялись реконструировать теологию Иакова на основании «Евангелия от евреев»?

Это кажущееся противоречие легко разрешить, если вспомнить кумранскую теологию. Кумраниты именно что и были мистиками. Они обещали людям возможность стать *элим,* богами. Они обещали, что их приверженцы вознесутся на небо, облачатся в эфирные тела ангелов и будут заседать в Совете Богов.

И, естественно, у секты, у которой даже самые обычные, рядовые, из плоти и крови люди могли становиться *элим,* — вождь был не просто больше, чем человек, — он был больше, чем другие *элим*.

Он был не просто Мессия из дома Давидова. Он был сосуд для Святой Руах. Он был Сын Бога и аватар Господа на земле, и в момент его помазания или даже крещения, как и пятьсот лет назад, Святая Руах снизошла в него, и голос провозгласил: «Ты сын мой, я ныне родил тебя». Именно это и говорилось в «Евангелии от евреев».

«В Евангелии, о котором я упоминал выше, мы видим написанным следующее: «И когда Господь вышел из воды, весь источник Святой Руах снизошел на него и почил на нем, и сказал ему: «Сын мой, во всех пророках я ждал тебя и пришествия твоего, дабы почить на тебе. Ибо ты покой мой вовеки (Пс. 131:14), и ты мой перворожденный сын, и правь вовеки»[64].

Как мы уже говорили, ключом к пониманию теологии Иакова был тот факт, что это была прижизненная теология. Более того, эта теология предшествовала рождению Иисуса. Кумранская община начала свое существование по меньшей мере за полвека до его рождения, и во главе ее сменилось порядочное количество Мессий, в каждого из которых в момент помазания сходил Дух Господень, точно так же, как он еще до монотеистических реформ сходил в настоящих царей из дома Давидова.

«Евангелие от евреев» носило явственный прагностический оттенок. В частности, его версия, связанная с зачисткой Храма от торговцев, сильно отличалась от канонической. А именно — в ней говорилось, что лицо Иисуса во время погрома во Храме сияло.

«Некий яркий небесный свет сиял из его очей, и Величие Бога сверкало в его лике»[65].

Эта версия, таким образом, очень удачно отвечала на вопрос о том, как Иисус в одиночку, без помощи фанатиков и боевиков, мог очистить громадный и тщательно охраняемый комплекс зданий, галерей и дворов, в котором только для закрытия дверей ежедневно требовались 200 человек. Согласно «Евангелию от евреев» это произошло в результате чуда. Торговцы (или неверные) бежали не от человека. Они бежали от явленной им Славы Господней.

Именно поэтому тексты, связанные с Иаковом, также несут на себе отчетливый отпечаток раннего иудейского гностицизма. К примеру, «Псевдоклиментины» исповедуют Надмирного Вечного Спасителя, который время от времени воплощается в разных людях и обретает всю полноту своего воплощения в Иисусе.

Именно поэтому милленаристской традиции было хорошо известно пророчество Иисуса о Менахеме/Утешителе. Для традиции, связанной с именем Иакова, не было ничего необычного в том, что Мессия в ней прямо называл имя своего преемника, фактически объявляя Менахема новым сосудом Божиим: с точки зрения этой теологии приход Менахема и был вполне себе вторым пришествием.

Кумраниты были настроены куда более мистически, нежели победившая ортодоксальная церковь и даже нежели победивший раввинистический иудаизм. Лука искажал взгляды своего учителя Павла не в пользу Иакова Праведника, а в пользу основателя иудейского монотеизма — Иеремии*.

Приземленный, прозаический тон повествования Луки, крайняя скудость чудес, вполне реалистические описания апостола Павла, скрывающегося от бушующей в эфесском театре толпы, — это вовсе не раннее безыскусное христианство, которое впоследствии было расцвечено буйными гностическими фантазиями. Ровно наоборот, безыскусность Луки — это его реакция на «басни и родословия бесконечные», на рассказы Иоанна Богослова о всемогущих колдунах, которые умеют убивать огнем из уст своих и которые насылают на врагов неурожай и засуху, на историю об Иисусе, сияющий лик которого изгоняет торговцев из Храма.

Главным и фундаментальным обещанием гностицизма было, в конечном итоге, обещание бессмертия души, а не физического воскресения тела.

Это обещание, как совершенно справедливо заметил один из основателей ортодоксии Юстин Мученик, было несовместимо с монотеизмом. «Души и смертны и подвергаются наказанию, ибо если бы они были безначальны, то не грешили бы», — писал он[66]. Именно поэтому Юстин еще в 150-х гг. отказывался признавать бессмертие души и отказывался считать христианами тех, кто «не признают воскресения мертвых и думают, что души их после смерти тотчас берутся на небо»[67].

История церкви была историей борьбы с гностицизмом.

Она была историей борьбы с идеей о том, что человек может стать Богом. Богом был только один человек — Хри-

---

* В других иудеохристианских Евангелиях — «Евангелии от Назореев» и «Евангелии от Эбионитов» — гностические тенденции были явлены, судя по всему, еще более ярко. В них говорилось, в частности, что великая небесная Сила по имени Михаил, которой Отец поручил пришествия Христа в мир, спустилась с небес и стала Марией. A. F. J. Klijn. P. 134–135.

стос, — говорила церковь, — и верующим остается только следовать за ним и слушаться епископов. После вознесения Иисуса права Бога на земле перешли к церви.

Сначала церковь в лице Иакова боролась с негодным колдуном Симоном Волхвом/Павлом, который провозглашал себя новым Христом. Она боролась с гнусными сторонниками гностика Валентина, которые верили в Иисуса, но отказывались подчиняться епископам. Ее отцы писали императорам доносы на негодяев, которые созывают свои радения без одобрения начальства и, стало быть, непременно занимаются на них свальным грехом и поедают младенцев.

После победы церковь от слов перешла к делам. Епископ Раббула разбирал на камни церкви маркионитов. Магнус Максимус сжигал присциллианистов. Церковь уничтожала богомилов, катаров и альбигойцев. Император Алексей Комнин отказался от руководства крестовым походом, потому что у него были более насущные дела: ему нужно было вырезать 100 тыс. павликиан, проживавших на его собственной территории и бывших его собственными налогоплательщиками. Эта политика, собственно, и погубила империю ромеев.

Несмотря, однако, на то что ортодоксы преследовали гностиков сначала словом, а потом огнем и мечом, — они щедро заимствовали у них при каждом очередном изменении церковной доктрины.

Они позаимствовали у них Троицу и св. Софию. Они позаимствовали у них институт монашества и самое слово «монах», которое было одним из самоназваний гностиков. Они заимствовали, в конце концов, и не без сложностей, идею спасения души, а не просто воскресения тела, — ту самую идею, которую клеймил один из основателей церковной ортодоксии Юстин Мученик.

При этом ранние кумранские представления о самих себе как об *элим* и об окружающем мире как владении Велиала не только не исключали идеи вооруженной борьбы с Велиалом, но, наоборот, предполагали ее. Обитатели Кумрана становились после смерти святыми и начинали сиять именно потому, что участвовали в космической войне.

В этом сочетании агрессии с мистикой нет ничего удивительного. Посмертное блаженство души стало главной надеждой ассасинов и религиозных фанатиков именно после Кумрана. Патент на идею Рая для шахидов был выдан именно там.

Именно мистическая составляющая милленаризма и позволяла членам секты вести вербовку среди самых широких кругов и постоянно колебаться в нужную для выживания сторону между диаметрально противоположными толкованиями обещаний Мессии.

Каждый раз, когда милленаристы обращались к простакам и народным массам, они рассказывали про десять тысяч кистей винограда. Каждый раз, когда они обращались к элите, они рассказывали, что виноград — это метафора.

Даже ортодоксы грешили этой особенностью. В полемике против гностиков они всегда напирали на то, что Царство Божие носит совершенно материальный характер. Праведники, уверял Ириней Лионский, будут царствовать «в том же создании, в котором они получили плоды страдания своего и были умерщвлены»[68].

Однако стоило ортодоксам обратиться к правителям, и они заимствовали чисто гностические аргументы и тут же заявляли, что Царство Божие не от мира сего. «Когда вы слышите, что мы ожидаем царства, то напрасно полагаете, что мы говорим о каком-либо царстве человеческом», — заверял Юстин Мученик[69].

Перед восстаниями милленаристы обещали своим приверженцам Древо Жизни, которое будет пересажено к престолу их лидера, и десять тысяч кистей винограда. После провала восстаний они, как Елеазар бен Яир, объясняли, что виноград ждет на небесах. Перед восстаниями они обещали верующим неуязвимость. После провала оказывалось, что их вождей распяли, потому что они сами так хотели.

Эти квантовые скачки и обеспечивали неуничтожимость идеи.

Гностицизм и идея физического Воскресения были аллотропными модификациями одного и того же мема, так же, как графит и алмаз являются аллотропными модификациями одного и того же химического элемента. Тот факт, что гностические разновидности христианства полагали Царство Божие не от мира сего, не мешал им в любой момент начать обратную трансформацию. Гностики, по сути, и были те мирные ессеи, о которых пишет Иосиф, — но мирный гностицизм никогда не отстоял больше, чем на один фазовый переход от зилотской резни.

Это двусмысленное колебание между тем, что потом в исламе будет называться «джихадом сердца» и «джихадом руки», сохранялось во всех, даже самых возвышенных модификациях гностицизма.

Манихейство самым последовательным образом противопоставляло бестелесный мир Света материальному миру Тьмы. Но это не помешало китайским манихеям образца 1351 г. обещать своим вооруженным последователям самую осязаемую и физическую победу нам миром Тьмы в лице династии Юань под предводительством самого настоящего Князя Света Мин-вана.

Последователи Иисуса, исповедовавшие различные разновидности гностицизма и, более того, гностического иудаизма, не были «маленьким ручейком». Они оказали огромное влияние на мир за пределами Римской империи.

Геополитическая история Ближнего Востока во II–VII вв. н.э., включая бесславный конец великой кампании Траяна, не может быть рассмотрена без участия эльхасаитов, масбофеев, сабеев и пр. Без них непонятна вся история триумфа ислама. Более того, без них непонятна история многочисленных ближневосточных религий — алавитов, друзов, езидов, которые обычно считаются модицикафиями ислама, но, по сути своей, восходят к арамейскому гностицизму.

Практически все эти религии воспринимают своих, вполне земных реформаторов, в точности как кумраниты воспринимали своего Мессию: то есть как человека — но человека, в которого снизошла Вторая Власть.

Так, друзы считают Скрытым Имамом молодого фатимидского калифа аль-Хакама (996–1020 гг.). Езиды считают своего основателя шейха Ади земным воплощением Ангела-Павлина, демиурга, создателя этого мира. Ярзаниты уверены, что их основатель султан Сахак, Царь Истины и Господь, был зачат непорочно от девственницы и не умер, но после смерти воплотился в другом святом.

Без этого гностического назорейства непонятна история суфийского мистицизма, включая суфия аль-Шалмагани, объявившего себя тождественным с Богом и казненного в Багдаде в 934 г.; и его предшественника Аль-Халладжа, казненного в 922 г., — несмотря на его публичную казнь, его последователи еще столетие собирались на берегу Евфрата в надежде на его возвращение.

Все эти монотеисты-мистики имели одну общую черту: все они предполагали, что человек может стать Богом.

Эту же форму монотеизма исповедовал Кумран. Он воспринимал своих Мессий, включая того, с которым случилось несчастье и который потом оказался выше ангелов, — как сосуд, в который опустилась Святая Руах. В этом, собственно, и заключалась их *минут*, то есть ересь. Они исповедовали то, что в иудаизме называлось ересь Двух Властей в Небе. Кумраниты утверждали, что этих властей две — трансцендентный и непознаваемый Всевышний и его Сын, посредник между Всевышним и Творением.

И при этом ни Иаков Праведник, ни даже сам Иисус не были творцами этой теологии.

Они были ее пользователями.

Но в таком случае кто же был ее творцом?

География раннего христианства оказалась куда более обширной, чем мы полагали. Она простирается от «земли

Дамаска», то есть Кумрана, до китайского уезда Цзиньцзян, где до сих пор стоит последний сохранившийся в Китае манихейский храм. От Турфанского оазиса до Месопотамии, где до сих пор живут реликтовые потомки первых гемеробаптистов.

Но сейчас — в поисках ответа на этот вопрос — нам предстоит отправиться в самую экзотическую в нашем путешествии страну.

Границы этой страны отстояли на тысячи километров от Римской империи. Когда Иисус бродил по городкам Галилеи, эта страна еще не появилась на свет. Даже город, в который мы отправимся, был основан спустя 1147 лет после Рождества Христова.

Мы отправимся в заснеженную, далекую, варварскую Москву 1504 года.

ГЛАВА 10
Славянский Иосиф

Жидовствующие

27 декабря 1504 года от Рождества Христова — он же 7012 год от Сотворения Мира — в Москве состоялось непривычное для московитов развлечение — аутодафе. Еретикам отрезали языки и сожгли в деревянных клетях, желая, вероятно, не смущать собравшийся поглазеть народ ужасами их агонии.

Аутодафе были вообще-то не в стиле московской ортодоксии, но тут дело было серьезное: в стране завелась страшная ересь, угрожавшая самим основам православия. Злодеи еретики смущали народ особой святостью жизни, а среди покровителей ядовитого учения значились всесильный думный дьяк Федор Курицын, наследник престола и его мать, и даже сам великий князь Иван III.

Ересь называлась — жидовствующие.

Занесло эту заразу в богоспасаемую Москву из Литвы через Новогород.

В 1460-х гг. торговая республика пыталась удержать свою независимость, балансируя между великим князем Московским Иваном III и польским королем и великим князем Литовским Казимиром IV. Казимир IV был король выборный, вынужденный заискивать перед сеймом, и по этой причине казался Новгороду меньшим злом.

В 1470 г. новгородцы подчинились наместнику Казимира, князю Михаилу Олельковичу, и в его свите в Новгород прибыло несколько литовских жидов во главе с неким жидом Схарией (Захарией). Недоброжелатель Схарии Иосиф Волоцкий называет его «орудием дьявола, обученным всякому злодейскому изобретению: чародейству и чернокнижию, звездочетству и астрологии»[1].

Михаил ровно через год из Новгорода сбежал, а ересь осталась. Жид Схария обратил в свою веру Гавриила, протопопа церкви св. Софии, протопопов Алексея и Дионисия, а также сына знатного новгородского купца Григория Тучина. «Наружное благочестие первых еретиков обратило на них внимание народа и содействовало быстрому распространению ереси», — с сожалением сообщает историк Сергей Соловьев[2].

Из Новгорода зараза проникла в Первопрестольную. Приехав в Новгород в 1480 г., Иван III забрал с собой в Москву жидовствующих Дионисия и Алексия, которого Иосиф именует «окаянный поборник сатаны, дикий кабан дьявола, набежавший из поля и опустошивший виноградник Христов»[3]. Иван даже назначил этих скверных псов архимандритами двух крупных церквей.

Причина такого либерализма великого князя, вероятно, крылась в его скверных отношениях с тогдашним московским митрополитом Геронтием.

Незадолго до визита Ивана III в Новгород во время освящения Успенского собора митрополит Геронтий прошел крестным ходом вокруг собора не посолонь, а в обратную сторону. Этот важный вопрос: в какую сторону ходить, за или против солнца, стал предметом непреодолимых разногласий между митрополитом и великим князем. Кончилось дело тем, что Ивану III, как императору Генриху в Каноссе, пришлось ехать бить челом митрополиту, признать себя виноватым и обещать впредь слушаться во всем.

Испытанное великим князем унижение, вероятно, сильно способствовало беспрепятственной миссионерской деятельности Дионисия и Алексия. «Адские кабаны» и «опустошители сада Христова» обратили в свою веру Зосиму, архимандрита Симеонова монастыря, монаха по имени Захария, дьяков Истому и Сверчка, а главное — думного дьяка Федора Курицына, всесильного фаворита Ивана III. Двое московских купцов Ивашка Черный и Игнашка Зубов даже съездили в Литву и там обрезались.

Ереси — при полном попустительстве великого князя — покровительствовали невестка Ивана III Елена, ее сын и наследник трона Дмитрий.

Первым с наступающей на православие бедой начал бороться новгородский архиепископ Геннадий. В результате «кабаны», бежавшие из Новгорода в Москву, сконцентрировались в столице. В 1489 г. унизивший Ивана III митрополит Геронтий скончался, и на его место, при негласном покровительстве великого князя, был назначен симпатизировавший *жидовствующим* Зосима.

Геннадий, отстраненный от участия в выборах митрополита, не стерпел подобного ущерба святой вере и обратился за помощью к игумену Волоколамского монастыря Иосифу Волоцкому, известному как своим личным аскетизмом, так и фанатичной защитой права монастырей владеть крепостными крестьянами и собирать огромные богатства. Этот российский Савонарола получил имя Просветителя — из чего ясно, что считалось в России просвещением в ту пору.

В 1491 г. по настоянию Геннадия и Иосифа Волоцкого был созван собор, и Зосима, еще нетвердо сидевший в своем кресле, потерпел на нем первое поражение. Еретики, бежавшие от Геннадия, по его приказу были возвращены в Новгород.

В Новгороде добрый архиепископ Геннадий приказал их посадить на коней задом наперед и провезти по улицам в берестяных шлемах и венцах из сена и соломы и с надписью: «Се есть сатанино воинство». Народ плевал им в глаза и кричал: «Вот враги Божии, хулители Христовы!» В заключение церемонии шлемы были зажжены; тот, кто не умер, сошел с ума. «Так поступил этот добрый пастырь, чтобы устрашить нечестивых и безбожных еретиков — и не только их устрашить, но и всем показать зрелище, исполненное ужаса и страха, чтобы видевшие его укрепились в правой вере», — сообщает нам Иосиф Волоцкий[4].

Сходство новгородской церемонии с аутодафе было далеко не случайно: Геннадий живо интересовался зарубежным опытом и специально наводил по этому случаю справки у посла Габсбургов. «Сказывал мне цесарский посол про испанского короля, как он свою землю очистил, и я с его речи послал тебе список», — писал в одном из своих писем Геннадий[5]. Вообще-то православная церковь чуждалась мерзких католических обычаев, но по такому случаю она позаимствовала передовые западные технологии.

Однако решительные меры, принятые для отстаивания святой веры в Новгороде, не уменьшили опасности, царящей в Москве.

«С того времени, как солнце православия воссияло в земле нашей, у нас никогда не бывало такой ереси: в домах, на дорогах, на рынке все — иноки и миряне — с сомнением рассуждают о вере, основываясь не на учении пророков, апостолов и св. отцов, а на словах еретиков, отступников христианства, с ними дружатся, учатся у них жидовству. А от митрополита еретики не выходят из дома, даже спят у него», — возмущался Иосиф Волоцкий[6].

Дело осложнялось тем, что у православных, основывающихся на учении пророков и св. отцов, книг этих самых пророков и св. отцов не было, а у еретиков книги как раз были.

«Есть ли у вас в Кириллове монастыре, или в Ферапонтове, или на Каменном книги: Сильвестр, папа римский, Слово Козьмы-пресвитера на ересь богомилов, Послание Фотия патриарха к болгарскому царю Борису, Пророчества, Бытия, Царств, Притчи, Менандр, Иисус Сирахов, Логика, Дионисий Ареопагит, потому что эти книги у еретиков все есть», — писал архиепископ Новгородский Геннадий своему ростовскому коллеге[7].

Когда выяснилось, что книг нет, Геннадий дал новый совет: «Люди у нас простые, не умеют по обычным книгам говорити: так и вы о вере никаких речей с ними не плодите; токмо для того учините собор, чтобы казнить их и вешати»[8].

Трудно сказать, как развивалось бы дальше дело, если бы не семейные неурядицы Ивана III, подозрительного и жестокого, как царь Ирод.

Первая супруга Ивана III была Мария, великая княгиня Тверская. Она родила ему сына Ивана, для отличия от отца называемого Молодым и провозглашенного еще при жизни отца великим князем. В 1467 г. Мария умерла, и спустя пять лет Иван III заключил второй брак. Его супругою стала Софья Палеолог, племянница последнего императора ромеев и воспитанница папы римского Павла II.

В 1490 г. Иван Молодой разболелся ломотою в ногах. Придворный лекарь, венецианский жид Леон, пользовал его склянками и лекарством, да пациент помер. Леона казнили. Бояре, не любившие Софью, роптали и думали на нее.

Иван III, возможно, был в глубине души того же мнения: во всяком случае, по смерти сына он назначил своим наследником его сына, своего внука Димитрия, который вместе с матерью покровительствовал *жидовствующим*.

Царица Софья и ее сын Василий, негодуя назначением, устроили против Ивана III заговор. Дело раскрылось, Василий был схвачен, шесть его сторонников были казнены, а греческих фрейлин его матушки, которые, по всеобщему мнению, были отравительницы и колдуньи, утопили в Москве-реке. 4 февраля 1498 года в Успенском соборе Димитрий был провозглашен *господином* и *великим князем* и вышел из церкви в шапке и бармах.

Будущее *жидовствующих* в этот момент казалось обеспеченным.

Однако не прошло и года, как на Ивана III нашел новый стих. Он испугался усиления партии внука. Двоих бояр, Ряполовского и Патрикеева, державших сторону Дмитрия, постигла опала. Патрикеевых всех постригли в монахи, а князю Семену Ряполовскому отрубили голову на Москвереке.

Еще через два года участь Патрикеевых постигла и самого Дмитрия. 11 апреля 1502 года он был заточен вместе с матерью в монастырь. А 14 апреля новым великим князем стал сын Софьи Василий. Тогда же скончался главный заступник *жидовствующих* при дворе великого князя думный дьяк Федор Курицын.

Триумф партии Софьи был и триумфом Иосифа Волоцкого. Иосиф Волоцкий требовал от царя раскаяния, а раскаяние, по его мнению, должно было выражаться в казни еретиков. «Государь, — заявил Иосиф Иоанну, — подвинься только на нынешних еретиков, и за прежних тебя Бог простит»[9].

В конце 1504 г. собрался Собор. Дело решилось с величайшей скоростью: столпам ереси — Волку Курицыну (брату покойного думного дьяка), Ивану Максимову, Дмитрию Коноплеву, а также архимандриту новгородского Юрьева монастыря Кассиану вырвали языки и сожгли их на костре в клетях.

Иные еретики раскаялись и были разосланы по монастырям. Некраса Рукавова по урезании языка отослали в Новгород, но главный борец с ересью, неутомимый Иосиф Волоцкий представил, что раскаяние, вынужденное страхом, не есть искренне, и Некраса Рукавова, уже без языка, сожгли. Немногие спаслись бегством в Литву и Польшу, где, несомненно, укрепили движание унитарианистов.

От назореев к pasagini

Происхождение ереси жидовствующих удивительным образом совершенно не интересовало не только борцов с ней, но и большинство российских историков.

Для Иосифа Волоцкого это были просто сатанинские козни. Вышеупомянутый цесарский посол, носитель передового опыта по борьбе с еретиками, вероятно, видел в ней мерзкие происки евреев, насильственно обращенных московским государем в христианство, Иловайский пытался разглядеть в нем отзвуки западноевропейской реформации.

На самом деле вильнюсские жиды, которые в 1470 г. заявились с князем Михаилом Олельковичем в Новгород, были, с большой вероятностью, то же самое, что *pasagini*, то есть «прохожие» (ср. «будьте прохожими» (Фома:47)), которых в 1511 г. предавал анафеме папа Юлий II.

Название *pasagini* было известно в Европе с XII в. В 1184 г. их предал анафеме Веронский синод, в 1229-м и 1235 гг. — папа Иннонсент IV, в 1291 г. — папа Николай IV.

Препозитин из Кремоны в своем *Summa contra haereticos* сообщал, что *pasagini* делают обрезание, соблюдают субботу и едят только кошерную пищу. Иисуса Христа они считают Вторым Богом — высшим из сотворенных существ и демиургом, сотворившим весь мир, и имеют наглость цитировать Ветхий и Новый Заветы в подтверждение своей доктрины. О тех же *pasagini* около 1250 г. писал Грегорий из Бергамо, а чуть раньше, в XI столетии, кардинал Умберт из Сильва Кандида сообщал о ереси наших добрых знакомых — *назореев,* христиан, соблюдающих субботу.

Иначе говоря, жидовствующие, они же *pasagini,* они же назореи, были прямые потомки настоящих апостолов Иисуса.

Причина, по которой *pasagini* перебрались в XIII в. в Литву и Крым, была совершенно та же, что в свое время побудила назореев перебираться в Мекку. По мере того, как победившая церковь преследовала всех, кто был не согласен с ней во взглядах, еретики уходили на окраины европейского мира — в крымские степи и языческие балтийские леса.

В середине XIII в. они появились в Литве времен короля Миндовга. Язычник Миндовг принял крещение только в 1251 г., и, вероятно, *pasagini* надеялись обратить Миндовга в свою веру. В XIV в. они объявились в Болгарии. В XV — в свите литовского князя Михаила Олельковича они прибыли в Новгород.

В конечном итоге назореи прожили почти две тысячи лет и исчезли с лица земли только после Октябрьской революции: еще до Первой мировой войны в России насчитывалось около 400 тыс. *субботников.* Разумеется, это были простые крестьяне: как политическая сила жидовствующие исчезли с арены истории в декабре 1504 г. Они были сожжены в деревянных клетях, и у них были вырваны языки.

Однако, перед тем как исчезнуть, жидовствующие оставили миру одну из переведенных ими с греческого книг, являющуюся абсолютно бесценным свидетельством по истории раннего христианства, книгу, свидетельство которой не менее важно, чем находки в Наг-Хаммади и свитки Мертвого моря.

Речь идет о так называемом славянском Иосифе.

Жизнь и удивительные приключения Иосифа бен Маттафии

Тремя единственными дошедшими до нас историческими трудами, рассказывающими об Иудейской войне и ее истоках, являются три книги Иосифа Флавия: «Иудейская война», «Иудейские древности» и автобиография Иосифа. Христиане очень любили Флавия, и в Средние века его авторитет уступал лишь авторитету самого Священного Писания.

Все остальные книги, посвященные истории Иудейской войны и ее причинам — а их было множество, — до нас не дошли. Они были уничтожены или исчезли.

Это, согласитесь, представляет собой большую проблему. Это все равно, как если бы о времени Наполеона до нас дошли целых три текста и все они были бы написаны Талейраном. В осведомленности Талейрана о самых ключевых событиях правления Наполеона сомневаться не приходится, но есть некоторые сомнения в его объективности. Точно так же Иосиф был свидетель знающий, но предвзятый, и его биография служит не худшей, чем его сочинения, иллюстрацией к парадоксам тогдашней иудейской истории.

Иосиф родился в 37 г. н.э., спустя семьдесят четыре года после того, как расчленённая римлянами Иудея потеряла независимость и значительное количество территории. Это было время величайшего национального унижения нации, считавшей себя избранным народом Божиим.

Господь заключил с потомством Авраама завет, избрав его семя среди всех народов земли. Он вернул свой народ из вавилонского пленения обратно и восстановил Второй Храм.

Всякий, кто покушался на избранный народ, был уничтожен: ангел Господь изрубил войска Сеннахерима, когда они осаждали Иерусалим (4 Цар. 19:35), царство Вавилонское, колосс на глиняных ногах, пало в пыль, а когда в 167 г. до н.э. Антиох IV Эпифан запретил жертвоприношения Господу Богу Израилеву и осквернил Храм, то ответом ему было восстание Маккавеев, *ревнующих* по Господу: они освободили Иерусалим, они уничтожили нечестивцев, и ангелы Господни сражались в их рядах (2 Мак. 11:8).

Согласитесь, было совершенно непонятно, почему на этот раз Господни ангелы объявили забастовку и почему не действуют против римлян так же решительно, как против Сеннахерима, Валтасара и Антиоха Эпифана. Возникал вопрос:

«Как получилось, что эти народы, за ничто Тобою признанные, начали владычествовать над нами и пожирать нас, Мы же, народ Твой, который Ты назвал Твоим первенцем, единородным, возлюбленным Твоим, преданы в руки их?» (3 Езд. 6:57–58).

Вопрос этот был тем более актуален, что, как мы только что сказали, предыдущие правители Иудеи — династия Хасмонеев — как раз являли собой успешный пример первого в истории человечества милленаристского восстания против неверных*.

Хасмонеи не только вернули Иудее полную независимость, но и многократно преумножили ее территорию. Они завоевали Идумею и Галилею и обратили в иудаизм проживавшие там семитские племена. Они завоевали самаритян и срыли до основания ненавистный каждому еврею храм Яхве на горе Геризим.

Однако в 60-х гг. два представителя этой династии, Аристобул и Гиркан, ввязались в гражданскую войну друг с другом. Властолюбивый и бездарный Гиркан обратился за помощью сначала к идумеянам, потом к набатеям, а потом и к римлянам, — к *киттим,* как называли их тогдашние иудейские сектанты. Последнее оказалось совершенно роковым. В 63 г. до н.э. Иерусалим был завоеван, страна — расчленена, а Гиркан превратился в марионетку в руках даже не римлян, а их ставленника — идумеянина Антипатра, управлявшего остатками бывшего царства на правах римского наместника.

Где же ты, Господь? Куда ты смотришь?

---

* Читатель может немного запутаться: почему восстание 167 г. до н.э. называлось восстанием Маккавеев, а династия, которая пришла к власти, называлась Хасмонеями. Очень просто. Маккавей (т.е. Молот) было прозвище одного из главных вождей повстанцев, Иуды Маккавея, сына Маттафии. Это имя стало распространяться и на его братьев, руководивших войной после смерти Иуды. Таким образом, сыновья Маттафии, руководители восстания, были Маккавеями, но происходили они из рода Хасмонеев.

«Почему Израиль предан на поругание язычникам? Почему народ, который Ты возлюбил, отдан нечестивым племенам?» (3 Езд. 4:23).

I в. н.э. был для Иудеи также временем религиозных экспериментов.

Ортодоксальный иудаизм периода восстановления Второго Храма утратил к I в. н.э. свою монополию. Его приверженцы были объявлены саддукеями. Это были «потомки немногих знатных родов», влияние которых было ничтожно[10].

Их место в качестве правящей национал-теократии заняли фарисеи — революционная партия, начавшая восстание в 167 г. до н.э. и пришедшая к власти с победой Хасмонеев. Фарисеи утверждали, что у них имеется «устная Тора», то есть сборник устных преданий, не вошедших в Пятикнижие Моисея, и первым номером в этой устной Торе шло обещание физического воскресения мертвых, отсутствующее в Торе.

Приверженцы Маккавеев обещали своим последователям физическое воскресение мертвых и построение Царства Божия во всем мире. Собственно, именно неудачи, постигшие милленаристов по независящим от них причинам в ходе реализации этой соблазнительной программы, и привели к краху династии.

Милленаристы, однако, ничуть не разочаровались в своей идеологии, и захват римлянами храма означал не конец, а, напротив, начало сопротивления.

Иудеи восстали сразу после взятия римлянами Иерусалима, сначала под предводительством Хасмонея Аристобула, а потом — под предводительством его военачальника Пифолая. В 48 г. вспыхнуло восстание атамана Иезекии, разорявшего римскую Сирию. В 40 г. до н.э. разразилось новое восстание — против сына Антипатра, будущего царя Ирода. В 4 г. до н.э., сразу после смерти Ирода Иудея вспыхнула снова, в 6 г. н.э. в ней началось восстание против переписи

Квирина; в 36 г. н.э. в Иудею чуть-чуть снова не были введены войска, а через пять лет разразилось новое восстание, на этот раз связанное с намерением императора Калигулы водрузить в Иерусалимском храме гигантскую золотую статую самого себя.

В это-то время и появился на свет наш герой Иосиф. Ни в коем случае он, конечно, не был известен под позорным римским именем «Флавий» — обозначавшим, в его случае, статус раба, а потом вольноотпущенника будущего императорского дома Флавиев, победителей евреев и разрушителей Храма.

Он был Иосиф бен Мататияху — сын священника из богатейшей семьи и матери, происходившей из Хасмонеев. «Мататияху» значило «дар Яхве». Так звали старого *ревностного* священника, начавшего восстание Маккавеев.

Мир вокруг был удивителен и тревожен. Царство Божие стояло на пороге, и находилось множество охотников его поторопить. Когда Иосифу было девять лет, в окрестностях Иерусалима объявился пророк Феуда, который обещал своим приверженцам раздвинуть воды реки Иордан; в пустыне в это время действовал архиразбойник Елеазар бен Динай, строивший Царство Божие огнем и мечом, а когда Иосифу было пятнадцать, в Иудею снова вторглись сирийские легионы, распиная направо и налево восставших иудеев и самарян.

Тогда, после подавления восстания, на императорский суд в Рим в цепях отправился даже первосвященник Анания бен Недевей, сын которого стал потом одним из первых героев Иудейской войны. Это поразительное обстоятельство указывало на то, что неприятие римлян пропитывало все слои общества, отнюдь не ограничиваясь маргиналами и бандитами.

Иудея кипела ненавистью к *киттим*. Не было промаха или преступления их, которое не было бы стократ раздуто молвой и специально выделенными на то пропагандистами.

Наглые солдаты *киттим*, стоя на стенах храма, задирали туники и показывали верующим голые задницы. Во время обысков они рвали свитки Торы. Они брали взятки от коварных самаритян и оставляли без последствия убийства мирных галилейских паломников, так что мирным верующим, чтобы вырезать самарянские села, приходилось прибегать к помощи Елеазара бен Диная.

Что значили все эти беды, — как ни то, что Господь испытывает избранный народ свой и что Царство Божие уже близко?

Вот-вот — и горы будут плясать, как овцы. Вот-вот — и Великий Святой придет с мириадами святых на облаках, чтобы совершить суд над всякой плотью; тогда верующие перережут шеи неверным без всякого сострадания к ним, и неверным будет геенна огненная, а верующим — Древо Жизни у престола Великого Царя, и земля будет давать из меры семян — десять тысяч мер, и из меры маслин — десять прессов елея.

Каждый шахид должен был воскреснуть, чтобы войти в это Царство Божие, в изобилие и жизнь вечную. Впрочем, даже если воскресение откладывалось, то шахидам все равно было хорошо: они в ожидании физического воскресения поднимались на небо, облачались там вместо смертных тел в одежды ангелов и ждали времени, когда они придут с Великим Святым на облака небесные. Каждого, кто не верил в торжество этой мирной мечты, ожидал кинжал сикария, и поэтому верилось легко и охотно.

Иосиф, раб дома Флавиев, отзывается о всем этом богостроительстве весьма скептически (что не мешает ему, кстати, практически дословно воспроизводить его антиримскую пропаганду).

Иосиф, сын Маттатияху, сын Дара Господа, вероятно, думал иначе. Во всяком случае, едва повзрослев, наш молодой аристократ отправился на учебу не в Афины и не в Александрию. Он отправился в пустыню, к некоему пророку, настоящее имя которого Флавий не осмеливается озвучить, а вместо этого просто называет его Banus, то есть купальщик, креститель: так в конце XIX в. в России золотая молодежь шла в эсеры и бомбисты.

Эту стажировку в пустыне Флавий не спешил предавать огласке. Она выплыла на свет только тогда, когда его враг, Юст Тивериадский, написал свою версию «Иудейской войны», в которой выставлял Флавия одним из ее главных виновников.

Человек, искренне разочаровавшийся в фанатической идеологии — подобно экс-коммунистам Артуру Кёстлеру или Уиттакеру Чемберсу, — обычно не жалеет ни времени, ни сил, чтобы разоблачить эту идеологию, и, зная ситуацию изнутри, делает это с убедительностью, недоступной тому, кто никогда не находился под ее обаянием. Перебежчик и оппортунист, напротив, склонен выгораживать прежние убеждения.

Иосиф Флавий принадлежит к числу выгораживающих, и его знаменитый пассаж о «мирных ессеях», которые существовали издревле, и страшной «четвертой секте», которая не имела к этим ессеям никакого отношения, вероятно, обязан своим существованием именно этой стажировке в пустыне.

В 52 г. н.э., когда Иосифу было пятнадцать, император Нерон прислал в прокураторы Иудеи Антония Феликса, брата своего любимца, вольноотпущенника Палланта.

Феликс разбил наголову очередного мирного пророка, обещавшего своим боевикам обрушить стены Иерусалима. Елеазара бен Диная, истреблявшего неверных в течение двадцати лет, он пригласил на званый обед и там и арестовал, — из чего было понятно, что Елеазар не был простым разбойником. Кроме этого Феликс произвел значительную чистку среди жрецов храма и, арестовав, послал в Рим на суд неких священников, которые питались исключительно «фигами и орехами», то есть той же пищей, которую, как мы видели, ели апостолы Фома и Филипп, а также пророки из «Вознесения Исайи».

Вслед за этими священниками отправился в Рим и молодой Иосиф, сын Дара Божьего — в качестве ходатая за них[11]. Одна диета его подопечных намекает нам на характер претензий, которые прокуратор Феликс имел в разгар царившего в Иудее религиозного террора к этим веганам, но Иосиф не считает нужным нам их сообщить, ограничиваясь лишь сообщением о том, что причина, по которой злобный прокурор Феликс заковал их в цепи, была «мелкой и незначительной»[12].

Поведение Иосифа в Риме как две капли воды напоминает нам поведение апостолов в многочисленных рассмотренных нами «Деяниях». Все они не теряли времени, пытаясь завербовать в число своих сторонников скучающих, влиятельных и как можно более богатых матрон. Иосиф Флавий не стал исключением. Он свел знакомство с известным актером, выходцем из евреев, по имени Алитурий, а через него втерся в доверие к Поппее, супруге Нерона, которая питала большой интерес к иудаизму, особенно, вероятно, в части вечной жизни[13].

Ничего удивительного в интересе Поппеи не было. За четыре года до визита Иосифа, в 57 г. н.э., победитель британцев Авл Плавций вынужден был судить свою жену, Помпонию Грецину, за пристрастие к «чужеземному суеверию»[14]. А в 95-м Домициан казнил своего двоюродного брата Климента и изгнал его супругу Домитиллу за увлечение «иудейскими суевериями»[15]. Слуга этой Домитиллы и убил Домициана, отомстив таким образом за госпожу.

Лоббистские усилия принесли успех. Священники-веганы были освобождены, на молодого и красивого Иосифа посыпался вал подарков.

В Иудее в это время уже начинались волнения. Для мирного ессея, проживавшего в Риме, логично было бы остаться от резни в стороне. Но Иосиф бен Мататияху немедленно поспешил на родину, по словам Иосифа — для того, чтобы отговорить соотечественников от участия в гибельном предприятии. По какому-то удивительному стечению обстоятельств эти проримские проповеди (о произнесении которых нам известно только со слов Иосифа) привели к тому, что Иосиф тут же занял высокое место в революционном движении и был направлен Синедрионом в составе чрезвычайной комиссии в Галилею.

В этой комиссии Иосиф главным не был. Он имел над собой начальниками двух старых и более опытных священников. Мы не знаем, что было тому причиной — молодость Иосифа, которому еще не исполнилось тридцати лет, или некоторое к нему недоверие: ведь в Иерусалиме в то время господствовала умеренная партия, и комиссия, направленная в Галилею, была направлена туда от имени иерусалимских жирондистов.

Так или иначе, комиссия попала в самое пекло. Галилея, еще со времени восстания атамана Иезекии, была вотчиной фанатиков. Само слово «галилеянин» было одним из синонимов слова «зилот».

В этих обстоятельствах Иосиф предпочел примкнуть к преобладающей стороне, тем более что — как ехидно заметил еще Роберт Айслер — переход из лагеря в лагерь немедленно повысил его в звании. Из молодого человека, подчиненного двум старым рабби, Иосиф тут же превратился в верховного политкомиссара Галилеи — пост, который он в «Иудейской войне» изображает как пост главнокомандующего, отчасти для того, чтобы преувеличить свое значение, отчасти для того, чтобы преуменьшить идеологическую составляющую своей карьеры.

Поведение Иосифа в Галилее было настолько сомнительным, что Иосиф объяснял его по меньшей мере два раза — один раз в «Иудейской войне», а другой — в автобиографии после обвинений Юста Тивериадского.

Вооруженная шайка Иосифа собирала с населения деньги под предлогом нужд Храма, устраивала суды над зажиточными горожанами (по крайней мере, Иосиф называет это судами), употребляла эти деньги на дальнейшее вооружение революционной сволочи, творила чудовищные жестокости и грабила города, подчинявшиеся другим полевым командирам — словом, делала ровно то, в чем Иосиф со знанием дела потом обвинял зилотов и архиразбойников.

Для придания законности своей власти Иосиф возил с собой семьдесят состоятельных и знатных мужей Галилеи, которые формально составляли революционный Синедрион, одобрявший все его решения, а в реальности находились на положении заложников[16].

Необузданная жадность быстро поссорила его с соратниками.

Встав во главе революции, Иосиф первым делом направился к Тивериаде. Подойдя к ее стенам, он объявил, что Иерусалимский Синедрион приказал ему уничтожить дворец Ирода за то, что тот был украшен запрещенными законом изображениями. Помимо языческих изображений, дворец был битком набит всяким добром, и ревность Иосифа к делу Господу предоставляла прекрасный предлог для революционного экса.

Однако, когда Иосиф явился во дворец, оказалось, что его уже опередили. Местный революционер Иисус из Сепфориса «с помощью неких галилеян поджег весь дворец в надежде нажиться на грабеже, поскольку видел, что крыша дворца была сделана частью из золота»[17].

Негодованию Иосифа, потрясенного этим актом вандализма, не было предела, а его дальнейшие эффективные действия точь-в-точь напоминали действия кота Бегемота, успевшего спасти из сгоревшего Дома Грибоедова только халат да семгу.

«Я явился в Тивериаду, со всей энергией постаравшись спасти от грабителей все, что я мог, из дворцовой мебели, а именно — канделябры коринфской бронзы, царские столы и множество серебра в слитках», — пишет Иосиф, не забывая пояснить, что все эти богатства были отняты у грабителей исключительно с тем, чтобы вернуть их законному владельцу, а именно — царю Агриппе[18].

Следующая большая удача подвернулась Иосифу, когда он находился в городке Тарихея. В это время несколько молодых революционеров из города Дабаритты совершили дерзкий экс, ограбив кортеж супруги Птолемея, одного из приближенных царя Агриппы. По совершении его они явились к Иосифу «с четырьмя мулами, нагруженными убранством и другими вещами, не считая изрядного количества серебра и пяти сотен золотых монет»[19].

Иосиф немедленно отобрал награбленное, руководствуясь, разумеется, самыми чистыми побуждениями. «Я тут же решился сохранить это имущество для Птолемея, ибо он был мой соотечественник, а закон наш запрещает нам грабить даже врага. Принесшим же я сказал, что имущество должно быть продано, а деньги обращены на починку Иерусалимских стен»[20].

Как легко догадаться, организаторы экса были не удовлетворены таким ответом. Дом Иосифа окружила толпа. Иосиф вышел к ней, посыпав голову пеплом, и на этот раз представил другую версию событий: он-де забрал деньги затем, чтобы отстроить стены Тарихеи. Боевики были по-прежнему недовольны. Иосиф позвал их представителей к себе в дом. Когда они вошли, наш бравый политкомиссар «схватил рукой самого дерзкого из них и приказал бичевать его тело кнутами; после я отрубил ему мечом одну руку, повесил ее ему на шею и выбросил его на улицу. Толпа испугалась этого зрелища, ибо думала, что имею в доме много солдат»[21].

На все эти тяжелые жертвы, напомним, наш герой, по его словам, шел только для того, чтобы вернуть имущество законным владельцам.

Идея с отрубанием руки понравилась Иосифу и стала одним из любимых способов воспитания населения.

Как-то, когда от Иосифа очередной раз отпала Тивериада, он под предлогом переговоров заманил к себе зачинщика — некоего Клита. Велев на глазах всего города отрубить ему обе руки, Иосиф, однако, проявил милосердие, объявив, что он удовольствуется одной рукой, при условии, что Клит отрубит ее себе сам. Клит умолял и плакал, а дело все-таки кончилось тем, что, как с удовольствием сообщает Иосиф, — Клит «правой рукой поднял свой меч и отсек себе левую — так велик был его страх пред Иосифом»[22].

Спустя несколько дней после этого Иосиф «взял Гисхалу, отпавшую одновременно с Сепфорисом, и отдал ее солдатам на разграбление»[23].

Жестокое обращение со вверенной ему территорией не мешало Иосифу быть уверенным, что «галилеяне были столь добры ко мне, и питали ко мне такую великую преданность, что, когда их города брались штурмом, и их жены и дети уводились в рабство, они не так глубоко сожалели о постигших их бедствиях, как беспокоились о моем сохранении»[24].

При таких принципах боевого слаживания немудрено, что Иосиф поссорился со всеми реальными лидерами восстания в Галилее — Иоанном из Гисхалы, Юстом из Тиверии и Иисусом из Сепфориса. Войско Иосифа, привыкшее скорее грабить, нежели воевать, разбежалось при первых слухах о приближении римлян, не видя еще даже врага. Иосиф укрылся в Тивериаде, а потом сбежал в Иотапату.

Здесь политкомиссару повстанцев стали очень вовремя сниться вещие видения, в которых Бог рекомендовал Иосифу сдаться Веспасиану. «Иосиф понимал толкование снов и умел отгадывать значение того, что открывается божеством в загадочной форме; вместе же с тем он, как священник и происходивший от священнического рода, был хорошо посвящен в предсказания священных книг», — пишет Иосиф[25].

Понятно, что самому Иосифу и в голову бы не пришло сдаться римлянам; его побудила к тому, очевидно, явленная ему воля Бога.

К исполнению воли Бога, однако, имелось препятствие. Немногие товарищи, оставшиеся с ним в живых, совершенно не собирались к римлянам. Они собирались прямиком на небо — за тамошними венцами и эфирными телами, и, так же, как сикарии в Масаде, бросили жребий. Жребий должен был определить того, кто перебьет товарищей и покончит с собой последним. Иосиф, искусный не только в истолковании пророчеств, но и в бросании жребиев, устроил так, что жребий выпал ему.

Перебив товарищей, подставивших шею под его меч, он сдался Веспасиану и, будучи приведен к нему, смело предсказал ему господство над миром.

«Автор подобного рода, разумеется, никогда бы не заслужил нашего внимания, — замечает Роберт Айслер, — если бы не два момента. Во-первых, это тот достойный сожаления факт, что для самых важных событий описываемого им периода мы не имеем других источников вообще. Второй, еще более важный, заключается в том, что мы можем показать — и сейчас еще более отчетливо, чем когда-либо, что Иосиф, как бы ни мало достоверен он был сам, имел доступ и широко пользовался официальными источниками информации, полученными им из первых рук, прежде всего дневниками и деловой корреспонденцией римских цезарей, хранившихся в архивах императорского дворца»[26].

«Иудейская война»

Как легко заметить, Иосиф Флавий — рассказчик сколь осведомленный, столь и недостоверный. Его роль в Иудейской войне как минимум двусмысленна. По крайней мере два свидетеля обвинили его в том, что он играл в восстании роль куда более важную даже, чем та, которая следует из его хвастливого и вместе с тем сомнительного рассказа.

Один был уже упоминавшийся Юст Тивериадский. Другой был некий зилот Ионатан. Ионатан пытался поднять восстание в Пентаполисе (т.е. эллинских прибрежных городах нынешней Ливии), был пойман тамошним правителем Катуллом и во время пыток дал показания, в том числе на Иосифа. Катулл привез Ионатана в цепях в Рим, однако по приказу Веспасиана Ионатана сожгли живьем, Иосифа же не тронули.

Иосиф в «Иудейской войне» не может удержаться от того, чтобы назвать Катулла клеветником, и даже сообщает, что римского наместника за клевету на божьего человека Иосифа постиг ужасный конец: «Внутренности его начали гнить, пока не выпали совсем... случай этот не менее других служит явным доказательством того, что божественное провидение наказывает злодеев»[27].

Как нетрудно заметить, римскому наместнику далекой Киренаики не было никакого мыслимого резона клеветать на одного из руководителей повстанцев в Галилее, которого он никогда в жизни не видел и арест которого не доставил бы ему ни малейшего бенефита. Бросается также в глаза, что Веспасиан и не подумал наказать наместника за клевету — Иосифу пришлось поручить это важное дело непосредственно Господу. Вероятнее всего, что Катулл не сообщил Веспасиану о его новом преданном рабе ничего такого, что Веспасиан сам не знал; и что сведения, сообщенные Ионатаном под пыткою, Иосиф давно передал своему новому покровителю добровольно.

Действия Иосифа в Галилее мало отличались от действий «лионского мясника» Фуше. Он предал фарисеев ради зилотов и зилотов — ради римлян. Его жадность поссорила его с другими лидерами, и его способность оправдывать каждое свое предательство указанием Бога вряд ли внушала к нему доверие. Вдобавок ко всему Иосиф недостаточно знал греческий. «Иудейская война» была написана им на арамейском, греческий вариант был делом рук переводчиков.

Чем же тогда руководствовались Веспасиан и Тит, благословив раба своего дома на тяжкий литературный труд?

Прежде всего, очевидно, соображениями пропаганды. Иосиф превосходно зарекомендовал себя еще во время осады Иерусалима, когда он служил толмачом при допросах пленных: сведения, полученные на этих допросах, и позволили ему позже нарисовать впечатляющую картину хаоса и раздрая в лагере мятежников.

Иудеи составляли значительную часть населения империи. Мессианистские настроения были распространены среди них повсюду. Римская империя была прагматическим государством, и заниматься геноцидом собственных подданных только потому, что они верят в какое-то *superstitio exitiabilis*, было как-то контрпродуктивно.

Кто лучше, чем сам бывший мятежник, мог подобрать ключик к сердцу носителей *superstitio*, особенно если учесть, что он, с одной стороны, был священник, пророк и рабби, сведущий в загадочном для римлян иудейском менталитете; а с другой стороны — предатель, стукач, палач, использовавший собственное знание иудейского закона для провозглашения Веспасиана Мессией, и вдобавок — раб императорского дома, то есть не совсем даже как бы, по римским понятиям, полноценное существо?

Отличие «Иудейской войны» от Тацита или Тита Ливия заключается в том, что «Иудейская война» — это прежде всего пропагандистский, а не исторический текст. Иосиф Флавий, — несмотря на то что он пользуется привычными тогдашней просвещенной публике выражениями, образами и понятиями — на самом деле стоит гораздо ближе к Девтерономисту, чем к Фукидиду.

Его текст только подделывается под историю. На самом деле это — пропаганда. В этом смысле труд Иосифа Флавия является первой ласточкой тех текстов, которые будут писать церковные историки вроде Евсевия Кесарийского, — текстов, задача которых состоит не в описании действительности, а в тотальном ее переписывании.

Не пренебрегая, там, где это возможно, исторической объективностью и сообщая массу поразительно достоверных деталей, пропаганда Иосифа, однако, имеет несколько идеологических сверхзадач.

Во-первых, она должна возвеличить и обелить ее автора, преувеличивая его роль в войне и одновременно преуменьшая идеологическую составляющую этой роли.

Во-вторых, она должна была возложить вину за войну на отдельные недостатки и досадные перегибы. С римской стороны она должна была представить виновниками войны конкретных коррумпированных назначенцев отдельных неправильных императоров — прежде всего Калигулы и Нерона, проклятых к этому времени официальной пропагандой.

Точно такую же пропагандистскую позицию Иосиф Флавий занимает по отношению к «четвертой секте». С одной стороны, он объявляет их главными виновниками войны — маргиналами и террористами, вовлекшими мирный иудейский народ в свои кровавые эксперименты. С другой стороны, он всячески уклоняется и хитрит, когда речь идет об истории возникновения «четвертой секты» и описании ее убеждений, — с тем, чтобы читатель, особенно малоинформированный, не заметил, насколько эта история и эти убеждения неотделимы от всей истории Иудеи после падения Храма в 63 г. до н.э.

Иосиф не останавливается даже перед тем, чтобы приписать зилотам убийства, совершенные римлянами. К примеру, он сообщает, что рабби Шимон бен Гамлиэль, *нази* Синедриона, был убит зилотами. Однако иудаизм числит его в числе «десяти мучеников», сожженных римлянами, в свитках Торы, и легенда даже утверждает, что череп рабби Шимона хранился среди императорских сокровищ в Риме[28].

И, наконец, еще одной важной задачей этого пиар-проекта было переложить вину за сожжение Храма с римлян на «четвертую секту».

Уничтожение Храма произвело громадное впечатление на всех иудеев. Оно полностью перевернуло их историю, изменило обычаи, привело к исчезновению саддукеев и в конце концов к появлению раввинистического иудаизма. Мало событий и без того мученической истории иудейского народа могло сравниться с ним по степени трагизма.

Тит, который командовал штурмом Иерусалима и уничтожил Храм, числится в Талмуде одним из главных отрицательных героев.

Талмуд утверждает, что после взятия Храма Тит вошел в святая святых и совокупился с проституткой на свитке Торы. В наказание Бог послал гнуса, который проник ему в мозг через ноздрю и питался мозгом семь лет. Однажды Тит проходил мимо кузнеца, кузнец ударил по наковальне, и в этот момент гнус успокоился.

Тит решил, что наковальня может помочь против гнуса, и к нему начали каждый день приводить кузнеца, который стучал молотом по наковальне. Гнус, услышав стук, замирал. Но это средство помогало только тридцать дней, а потом гнус привык и перестал бояться звука молота. Гнус ел и ел мозг Тита изнутри. Когда через семь лет Тит умер и череп его был вскрыт, оказалось, что гнус вырос в здоровенного воробья с бронзовым клювом и железными когтями[29].

Как можно заключить из этой поучительной притчи, иудейский народ не очень любил императора Тита.

Не то — Иосиф Флавий. Он прилагает все силы, чтобы изобразить Тита человеком, старавшимся во что бы то ни стало спасти Храм, сгоревший исключительно из-за упорства зилотов. Именно эти кровавые тираны «были те, которые заставили римлян против собственной воли дотронуться до священного храма и бросить головню»[30].

Почему в таком случае Тит не восстановил Храм, а, наоборот, разместил на его развалинах римский гарнизон, который не только пресекал все попытки богослужения, но и препятствовал элементарной очистке развалин от осквернявших их костей — Иосиф Флавий благоразумно умалчивает.

Иными словами, текст Иосифа — это пропаганда, причем рассчитанная прежде всего на его соотечественников. Греческим его читателям, в конце концов, было совершенно все равно, кто именно порешил рабби Шимона и даже кто именно сжег Храм.

Из этого вполне естественно, что первая версия «Иудейской войны» писалась на арамейском и поспела, вероятно, к триумфу Тита. Вторая версия — греческая — была написана куда позже и, по словам самого же Иосифа, содержала серьезные разночтения с арамейской[31].

В этом смысле процесс создания произведения под названием «Иудейская война», видимо, сильно напоминал некогда популярный в СССР процесс творчества маститых писателей с национальных окраин: некоторые литературные шедевры этих гениев существовали только в переводе на русский.

И вот в этом монументальном пропагандистском труде — точнее, в том тексте, который до нас дошел — обнаруживаются странные упущения.

К примеру, Иосиф *нигде* в дошедшем до нас греческом варианте «Иудейской войны» не употребляет слова «Мессия» или «Христос». Все-таки, согласитесь, это странно: что в тексте, посвященном войне за Христа, нет никакого упоминания о Христе.

Точно так же в «Иудейской войне» вообще нет объяснения о том, кто такие зилоты. Даже о злополучной «четвертой секте», возникшей, по словам Иосифа, в 6 г. н.э в ходе восстания Иуды Галилеянина, нам известно из «Иудейских древностей». В «Иудейской войне» соответствующий кусок до странности изувечен. В нем Иосиф говорит скороговоркой о восстании Иуды Галилеянина и сразу переходит к восхвалению мирных и кротких ессеев.

Иначе говоря, в тексте, который посвящен войне римлян с «четвертой сектой», нет никаких объяснений о том, что такое «четвертая секта» и как она в точности соотносится с «зилотами» и «сикариями» — другие ли это ее названия, или «сикарии» — это ее боевое крыло, точно так же, как в дошедших до нас текстах римских историков о ранних христианах никогда нет точных сведений о том, кто такие христиане. Как мы уже сказали, Иосиф Флавий, безусловно, специально темнит, когда говорит об иудейских милленаристах. Но все-таки для текста, который написан для того, чтобы свалить на этих милленаристов всю ответственность за уничтожение Храма, практически полное молчание об их генезисе — это чересчур.

Но и эти упущения являются не единственными.

Возьмем, к примеру, историю императора Калигулы, который в 41 г. н.э. хотел водрузить в Иерусалимском храме свою статую, но был свергнут и убит раньше, чем успел это сделать. (Мы можем только вообразить, как обыгрывала эту смерть зилотская пропаганда.) Тацит сообщает нам, что намерения Калигулы вызвали *восстание* среди иудеев.

«При Тиберии в Иудее царило спокойствие, когда же Гай Цезарь велел поставить в храме свое изображение, народ взялся за оружие; правда, вскоре, со смертью Цезаря, движение это улеглось»[32].

Однако Иосиф в «Иудейской войне» ни о каком восстании не сообщает, а сообщает, что протест иудеев носил исключительно мирный характер. Иудеи «собрались с женами и детьми в Птолемаидскую долину и трогательно умоляли Петрония пощадить отечественные обычаи, а также их собственную жизнь»[33].

Такое утверждение кажется не то что странным, а и попросту — на фоне сообщения Тацита — неправдоподобным.

Дело шло о 41 г. н.э. «Четвертая секта», если верить «Древностям», к этому времени существовала тридцать с лишним лет. Ей случалось поднимать восстания и по меньшему поводу, нежели золотая статуя императора в иудейском Храме. Как она могла пройти мимо такого шикарного предлога?

Если бы дело шло о «хорошем» императоре, можно было бы себе представить, что Иосиф решил обойти скользкий вопрос стороной. Но Калигула с точки зрения тогдашней официальной историографии принадлежал к числу «неправильных» императоров, и ни у какого римского пропагандиста, каковым в ту пору являлся Иосиф Флавий, никакой надобности выгораживать его не было. Ровно наоборот: рассказ о восстании, вызванном действиями безумного Калигулы, полностью соответствовал генеральной пропагандистской линии книги.

А если это восстание у Флавия описано было и было вычеркнуто последующими церковными цензорами — то почему церковным цензорам понадобилось заботиться о репутации «четвертой секты» и какое им было дело до восстания иудеев, поднятого против Калигулы?

Не менее удивительно обстоят дела в «Иудейской войне» и с описанием всего того, что связано между отношениями иудеев и римлян в самом Риме.

Иудеи изгонялись из Рима дважды. Один раз — в 19 г. н.э. при Тиберии. Другой раз, спустя четверть века, при Клавдии, который, как сообщает нам Светоний, «изгнал из Рима иудеев, волнуемых неким Хрестом»[34].

Такие массовые высылки были, несомненно, важным эпизодом в отношении обоих народов. Но в современном тексте «Войны» нет ничего, что могло бы разъяснить нам слова Светония. Более того, в нем вообще нет никаких упоминаний о высылках иудеев из Рима хоть из-за Хреста, хоть из-за пряника.

Столь же поразительно «Иудейская война» обходится с пожаром Рима. Из Тацита мы знаем, что Нерон обвинил в этом поджоге христиан. О том, во что веровали эти христиане, Тацит не сообщает, он лишь говорит, что это было зловредное суеверие. Казалось бы, за пояснениями следовало бы обратиться к «Иудейской войне», тем более что во время пожара Иосиф Флавий сам был в Риме: он прибыл туда просителем за иудейских священников, состоявших на той же диете, что и еврейские милленаристы.

В этих условиях следовало бы ожидать, что Флавий поведает нам о причинах пожара такие подробности, о которых Тацит не смел и мечтать. Но в дошедшем до нас тексте «Иудейской войны» опять-таки нет ни слова о пожаре!

И, наконец, еще один пример, не столь очевидный, но не менее важный.

В непрерывной цепи событий, приведших к Иудейской войне, одним из узловых моментов была смерть Ирода Агриппы, царя Иудеи с 41-го по 44 г. н.э.

Любимец Клавдия Ирод Агриппа был типичный восточный деспот: хитрый, щедрый, жестокий и способный. Его эллинизм не помешал ему провозгласить себя Мессией и даже Богом. Он верховодил в регионе, взятками и дарами переподчиняя себе верных Риму царьков, он отстраивал стены Иерусалима, и он же, припугнув одного из лидеров милленаристов, Симона, заставил тысячу четыреста рядовых «разбойников» убивать друг друга на гладиаторских играх в отстроенном им эллинском амфитеатре в Берите[35].

Успехи Ирода Агриппы так смутили римлян, что после его смерти они побоялись передавать Иудею его сыну и снова перевели ее под управление римских прокураторов — Куспия Фада и Тиберия Александра.

Таким образом, смерть Агриппы в 44 г. н.э. была для Иудеи таким же ключевым событием, как отставка сына Ирода Архелая в 6 г. н.э. В обоих случаях народ, избранный Богом, перешел из-под управления идумеянина непосредственно под управление *киттим*.

Отставка Архелая, если верить «Иудейским древностям», и привела к появлению «четвертой секты». Иудея перешла непосредственно в руки римлян, наместник Сирии Квириний объявил налоговую перепись, фанатики увидели в этом благоприятный предлог для агитации и заявили, что иудейский народ должен подчиняться только Богу, и, стало быть, проклятым язычникам отдавать налоги не надо. Так-то они и подняли свое первое (если верить «Иудейским древностям») восстание.

Следовало бы ожидать, что после смерти Агриппы и возвращения Иудеи под прямую власть римлян «четвертая секта» воспользуется тем же самым предлогом для очередных волнений.

Так оно и произошло: в «Иудейских древностях» Иосиф Флавий упоминает о том, что Куспию Фаду первым делом пришлось поймать и казнить «архиразбойника Толомея»[36]. Вслед за этим Фад и новый наместник Сирии, Лонгин, явились с войском в Иерусалим и потребовали передать римлянам головной убор и ризу первосвященника[37]. Риза была помещена в Антониеву башню под охрану римского гарнизона. Отныне она выдавалась первосвященнику только по праздникам. Одним из требований «четвертой секты» были всенародные выборы первосвященника, и экспроприация римлянами священного платья — безусловно, исключительно оскорбительная для иудеев и дававшая огромный простор для антиримской пропаганды, — вероятно, была связана с критической для римлян обстановкой в Иерусалиме.

Однако в «Иудейской войне» Иосиф Флавий рассказывает нам совсем другую историю. Он вообще ничего не говорит о Фаде и Александре, кроме явной скороговорки: при них народ «хранил спокойствие, так как они не посягали на туземные обычаи и нравы»[38].

Сообщение это не только ложно (учитывая сказанное в «Древностях»), но и удивительно, учитывая личные отношения, связывавшие Иосифа Флавия и Александра.

Тиберий Александр

Мы уже упоминали имя Тиберия Александра в прошлой книге. Теперь пришла пора подольше задержаться на биографии этого удивительного персонажа и одного из ключевых лиц разыгрывавшейся в Иудее драмы.

Прокуратор Иудеи Тиберий Александр был не римлянин и не грек. Он был иудей. Дядей его был знаменитый философ Филон Александрийский, которого мы уже тут цитировали в связи с его учением о *втором Боге,* Логосе, посреднике между трансцендентным Творцом и вещным творением.

Отец Тиберия Александра, по имени Александр, был назначен римлянами *алабархом* Александрии, или, по-простому, ее главным таможенником. На этой должности Александр скопил столько добра, что пожертвовал для Храма девять дверей, роскошно обложенных золотом и серебром. Царю Агриппе он ссудил 200 тыс. драхм в обмен на женитьбу своего сына (не Тиберия Александра, а его брата) на принцессе Беренике. Инвестиция вышла неудачной: сын вскоре скончался, а Береника впоследствии стала любовницей Тита.

Калигула, нуждавшийся в деньгах, вызвал алабарха Александра в Рим и там посадил его в тюрьму, вероятно, по той же причине, по которой Людовик XIV арестовал суперинтенданта Фуке. С воцарением Клавдия алабарх тут же вышел на свободу: они с Клавдием были старые приятели.

Вряд ли назначение Тиберия Александра на пост прокуратора Иудеи обошлось его отцу дешевле, чем сватовство к Беренике. Однако это назначение не сводилось к простой коррупции. Административно оно было очень удачным: во главе Иудеи оказался, с одной стороны, чистокровный еврей, а с другой — просвещенный правитель, верный Риму и не склонный, в отличие от представителей династии Ирода, к собственному обожествлению.

Тиберий Александр полностью оправдал высочайшее доверие. В 66 г. он был назначен префектом Египта: ключевая должность, с учетом того, что египетское зерно было тем топливом, на котором работала римская армия и которое обеспечивало в столице раздачи хлеба народу, обожавшему императора.

На этой должности он совершил два исторических поступка: во-первых, в самом начале Иудейской войны он без всякой жалости перебил с помощью римских войск множество своих соотечественников, что, вероятно, и спасло Александрию от превращения во второй Иерусалим. (Иосиф Флавий, не склонный к точности в цифрах, исчисляет количество зарубленных аж в 50 тыс.)

Во-вторых, именно Тиберий Александр был тем серым кардиналом, который сделал все, чтобы помочь Веспасиану стать императором. Не исключено, что он был назначен за это префектом претория, то есть премьер-министром: пост, еще недавно немыслимый в республиканском Риме для человека, отягощенного двойной стигмой египетского и иудейского происхождения.

Когда Веспасиан вступил в Александрию, рассказывает нам Дион Кассий, он исцелил двоих, слепого и сухорукого. «Первому он поплевал в глаза, а второму наступил на руку»[39]. Нетрудно предположить, что эти два счастливых происшествия были организованы префектом Египта, набившим руку в такого рода вещах за долгие годы административной практики на милленаристском Востоке.

Происшествие это, с исцелением слепых и хромых, бросает важный свет на известную только со слов Иосифа историю со сдачей нашего героя в плен, с последующим бесстрашным провозглашением Веспасиану господства над миром.

Несложно заметить, что картина, которую рисует Иосиф, не просто неправдоподобна — она невозможна. Непрошеное предсказание императорской власти — это была самая медвежья услуга, которую только можно было оказать полководцу в это бурное время, когда головы неудачливых претендентов на эту власть летели с плеч одна за другой. Такое предсказание автоматически превращало Веспасиана в мятежника, и единственным его результатом могла быть поспешная и мучительная казнь иудейского политкомиссара, навязывающего Веспасиану услуги, в которых тот меньше всего нуждался со стороны фанатика и предателя.

Иначе говоря, если эта история хоть в чем-то похожа на правду, то между удачливым предсказателем Иосифом и второй договаривающейся стороной должны были существовать предварительные договоренности на эту тему, и тем человеком, с которым Иосиф вел переговоры, был, скорее всего, не римлянин, а именно что Тиберий Александр, находившийся в это время при Веспасиане и ко времени взятия Иерусалима выполнявший при Тите роль главы генштаба.

И вот этому-то человеку — палачу собственного народа, правой руке Тита, будущему премьеру Римской империи, сыгравшему ключевую роль в его, Иосифа, судьбе, Иосиф Флавий — если верить каноническому тексту «Иудейской войны» — посвящает аж пол-абзаца, упоминая его скороговоркой вместе с предшественником.

Итак, подытожим. В современном тексте «Иудейской войны» отсутствует слово «Мессия», то есть Помазанник, по-гречески — Христос. В нем не разъясняется, кто такие *зилоты*. В нем не говорится, что иудейские милленаристы верили в Мессию из рода Давидова и считали его воплощением Господа и Сыном Бога. В нем вообще отсутствует какое-либо упоминание о роде Давидовом.

Чудесным образом в нем отсутствует упоминание о мятеже иудеев во время Калигулы, о высылках иудеев из Рима при Тиберии и Клавдии, о пожаре при Нероне и, наконец, о событиях в Иудее в переломный момент, связанный с заменой царя Агриппы на будущего делателя императоров Тиберия Александра.

Некоторые из этих упущений, несомненно, связаны с пропагандистским лукавством Иосифа. Другие могут быть вызваны требованиями политического момента или личной неприязнью (к примеру, Иосиф мог рассориться с Тиберием

Александром). Но все-таки их объем кратно превышает ту долю недосказанности и вранья, которая была приемлема для тогдашней римской историографии.

По правде говоря, эти искажения таковы, что самый объем их превратил бы любой текст в бездарный и бессмысленный рассказ, не передающий сути событий — а текст Иосифа является чем угодно, но не бездарным и не бессмысленным.

Как же объяснить этот феномен?

Уже упомянутый нами Роберт Айслер объясняет его изящно и просто: существующий текст «Иудейской войны» является результатом полутора тысяч лет христианской цензуры. Простая и плодотворная идея Роберта Айслера заключалась в том, что христиане правили Иосифа Флавия так же, как и Библию, и что вслед за библейской критикой наступила пора критики Флавиевой.

Айслер написал свою опередившую время книгу «Иисус Мессия и Иоанн Креститель» в 1920-х гг., в разоренной Австрии после Первой мировой. После гитлеровского аншлюса Айслер попал в концлагерь. Здоровье его было подорвано, и он умер в 1949 г., — не увидев ни свитков Мертвого моря, ни кодексов Наг-Хаммади, ни Кельнского Манихейского Кодекса, ни «Деяний Филиппа», найденных Франсуа Бовоном в монастыре Ксенофонтос, ни многих других текстов, на которые мы тут ссылались.

Однако в его распоряжении был не менее важный источник, на который Айслер первым обратил внимание: древнерусские кодексы, содержавшие текст Иосифа Флавия, сильно отличавшийся от того, который сохранился в Европе: так называемый «славянский Иосиф».

Славянский Иосиф

Как и всякий пропагандист — причем пропагандист, преследующий в данном случае двойные цели и вынужденный скрывать свое прошлое, — Иосиф Флавий обладает одной раздражающей особенностью. В «Иудейской войне» и «Иудейских древностях», разделенных почти двадцатью годами, он нередко излагает одни и те же события совершенно по-разному.

К примеру, в «Иудейской войне» он сообщает о смерти первосвященника Иоанатана бен Анании от рук террористов-сикариев. Она имела место в 52 г. н.э. и была, по словам Иосифа, первым громким терактом такого рода. После смерти Анании убийства стали происходить постоянно.

«Они (сикарии. — *Ю.Л.*) убивали людей среди белого дня и в самом городе, преимущественно в праздничные дни они смешивались с толпой и скрытыми под платьем кинжалами закалывали своих врагов; как только жертвы падали, убийцы наравне с другими начинали возмущаться происходившим»[40].

Перед нами — убедительная картина начала массового террора.

Однако в «Древностях» Иосиф выдвигает совершенно другую гипотезу. Он сообщает, что первосвященник Иоанатан пал ни больше ни меньше жертвой происков злобного прокуратора Феликса, нанявшего для его убийства религиозных экстремистов через посредничество некоего Дораса[41].

Итак, согласно «Иудейской войне» Ионатана убили сикарии, а согласно «Иудейским древностям» этих сикариев нанял не кто иной, как римский прокуратор.

Несложно заметить, что вторая версия проистекает отнюдь не из углубленного изучения Иосифом предмета. Вряд ли экс-революционер, проживавший после восстания в Риме, выяснил за двадцать лет, разделявшие эти тексты, некие необыковенные подробности, позволившие ему сделать такое фантастическое заключение о причинах смерти Ионатана.

Перед нами — не что иное, как типичная внутрииудейская пропаганда, и понятно, из каких кругов она исходит:

это пропаганда иудейского истеблишмента, враждебного как римлянам, так и зилотам. Ее цель — скомпрометировать зилотов, представив их агентами римлян. (Заметим в скобках, что автору этих строк постоянно приходилось сталкиваться с подобной пропагандой на российском Северном Кавказе. Кажется, нет там ни одного громкого убийства, которого местный истеблишмент не объявил бы «заказом ФСБ, исполненным террористами».)

Разница между версией «Ионатана убили сикарии» и версией «Ионатана убили сикарии, нанятые прокуратором», таким образом, отнюдь не в тщательных разысканиях, учиненных Иосифом. Она — лишь в исторической обстановке. Приписать римскому прокуратору сотрудничество с сикариями сразу после Иудейской войны было чересчур. Спустя двадцать лет, когда страсти остыли, это стало менее опасным.

Этот пример показывает, что Иосиф легко менял описание событий, и даже самый их набор, в зависимости от времени или читателя, на которого был рассчитан текст.

При этом он написал по крайней мере три текста о событиях, приведших к началу войны.

Один был «Иудейские древности», написанные в 90-х гг. н.э.

Другой была «Иудейская война» на греческом языке, изданная на двадцать лет раньше.

И, наконец, первый и самый ранний текст, спешно написанный прямо к триумфу Тита, был оригинальный текст «Иудейской войны», написанный Иосифом на арамейском языке. Он был рассчитан в первую очередь не на греков, а на соотечественников, и потому содержал, по собственному признанию Иосифа, значительные разночтения с дошедшей до нас греческой версией.

Айслер предположил, что в основе «Славянского Иосифа» лежит именно этот, первый, арамейский текст, впоследствии переведенный на греческий, и уже с греческого — на древнерусский. Это предположение — как и все, что исходило из уст архиеретика Айслера, — потом подверглось ожесточенной критике, но для нас самое главное не это.

Важно для нас то, что текст славянского Иосифа первоначально распространялся в арамейскоговорящей среде. И хотя этот текст, как и канонический Иосиф, подвергся цензуре и интерполяциям, цензура *назореев* носила другой характер, нежели цензура ортодоксов.

Время появления и география распространения списков «славянского Иосифа» в России точно совпадают со временем появления и географией распространения ереси жидовствующих.

Первый древнерусский текст «Славянского Иосифа» содержится в Вильнюсском кодексе 1261 г.: кодекс написан тогда же, когда при дворе короля Миндовга появились *жидовствующие*[42].

Вплоть до 1916 г. он хранился в том самом месте, из которого в Новгород прибыл князь Михаил Олелькович, сопровождаемый жидом Схарией. Следующая копия, которой пользовался митрополит Макарий, была написана в Новгороде — то есть в том самом месте, где вышеупомянутый Схария начал свою первую проповедь и где он обратил в свою веру протопопов Алексея и Дионисия[43].

А манускрипт номер 654 из Московской Духовной академии происходит из Волоколамского монастыря. «Не будет слишком смелым предположить, что перед нами — та самая копия, которая была изготовлена для личных нужд самого знаменитого противника жидовствующих, Иосифа Волоцкого», — замечает Айслер[44]. Наконец, еще два манускрипта, идентичных Казанскому, номера 445 и 446, хранились в Соловецком монастыре, куда были сосланы оставшиеся в живых последователи гнусной ереси.

Разумеется, речь не идет о том, что Славянский Иосиф аутентичен. Конечный его текст, точно так же, как и канонический текст «Иудейской войны», является плодом добросовестного труда нескольких поколений христианских переписчиков, считавших своим долгом поделиться с окормляемыми ими чадами правильными представлениями об Иисусе и поправить кощунственные утверждения автора. Появившиеся в тексте таким образом правки обыкновенно взяты прямо из Святого Писания и содержат, в числе прочего, душераздирающее описание знаменитого визита к Ироду волхвов и последующего избиения младенцев[45].

Однако кроме этих благочестивых добавок в тексте есть и другие отличия. Некоторые из них — это типичная авторская правка, не несущая в себе никакого особого идеологического содержания. К примеру, «славянский Иосиф» сообщает неизвестные подробности о похоронах Ирода: перед его гробом 9 рабов несли розовое масло в золотых сосудах и вели 500 коней в сбруях[46]. А в повествование об осаде Иерусалима вставлен рассказ о том, как некий иудейский сотник Фоя вызвал на переговоры римского центуриона да и сбросил на него со стены каменную доску, окованную золотом[47].

Даже русский издатель славянского Иосифа Н. А. Мещерский, который на дух не переносит гипотезы Айслера и объявляет славянского Иосифа ни более ни менее как памятником древнерусской художественной литературы (Россия — родина слонов и Иосифа), вынужден признать, что «эпизод мог бы находиться в какой-либо рукописи греческого текста, не дошедшего до нас»[48].

Впрочем, славянский Иосиф ценен не сотником Фоей и неизвестными деталями о похоронах Ирода. Ценность его совсем в другом.

Христос по имени Ирод

И в «Древностях», и в «Войне» Флавий уделяет огромное место впечатляющей фигуре Ирода Великого, сына идумеянина Антипатра, провозглашенного римлянами царем Иудеи в 40 г. до н.э. и скончавшегося в 4 г. до н.э.

Ирод перестроил Иудею в буквальном смысле слова. Все действие Нового Завета происходит в декорациях, построенных Иродом. Ирод строил города, подавлял восстания и убивал сыновей. Он наводнил Иудею шпионами и покрыл ее сетью крепостей, из которых властвовал над ненавидевшим его народом. Даже собственный его дворец в Иерусалиме был окружен 15-метровой стеной, а когда пребывание в Иерусалиме сделалось для Ирода слишком опасным, он построил себе новый дворец на верхушке одинокой горы в 15 км от столицы.

Отношения Ирода с римлянами были прекрасные, с подданными — отвратительные. Талмуд обвинял его в том, что Ирод занимался некрофилией и сношался со своей мертвой супругой Мариамной, сохраняя тело ее в колоде в меду. Евангелия обвиняют его в избиении младенцев, и даже римский лоялист Иосиф с плохо скрытым злорадством сообщает нам о семейных трагедиях Ирода, убившего сначала свою жену, а потом ее сыновей.

Трудно, кажется, найти в истории царя, которого с таким согласием оплевывали бы несогласные во всем остальном люди, — но при этом Ирод при жизни подавил железной рукой все заговоры и восстания против него, превратил Иерусалим в один из финансовых центров тогдашнего мира, обеспечил экономическое процветание Иудеи и интригами, войнами и лестью расширил ее территорию практически до той, которой она обладала до захвата римлянами.

Все эти успехи Ирода были тем более неожиданны, что престол Иудеи не светил ему при рождении ни при каком раскладе, — не больше, во всяком случае, чем Наполеону светил престол французской империи.

Ирод родился в 73 г. до н.э.

К этому времени иудейская элита *четыреста лет как не признавала никаких царей*. Политический иудейский мейнстрим характеризовался категорическим неприятием царской власти, таким же полным, как в Риме или Афинах, с той только разницей, что в Риме считалось, что править должны граждане, а Иудеей правила храмовая коллективная теократия с первосвященником во главе. До восстания Маккавеев первосвященник происходил непременно из рода Садока, первосвященника, помазавшего на царство царя Соломона.

После победы Маккавеев этот первосвященник стал происходить из рода Хасмонеев, но он по-прежнему не правил единолично. Его соратниками по правлению была коллективная теократия в лице Синедриона. Синедрионами были местные городские советы, и иерусалимский Синедрион, правивший страной, был ее главным законодательным, судебным и исполнительным органом. В отличие от аналогичных органов самоуправления в эллинских городах, он состоял не из выборных лиц, а из влиятельных лиц и знатоков закона.

Собственно, эта правящая теократия и сформировала иудаизм, сначала в его ортодоксальном, а потом в его раввинистическом виде. Она ревностно охраняла свои привилегии, и когда Хасмоней Александр Яннай попытался объявить себя царем, то ответом ему было восстание фарисеев. Восстание это было утоплено в крови, и 800 фарисеев были распяты на глазах Янная, пировавшего с женами и наложницами, но фарисеи были сильны не одной военной силой. Несмотря на поражение, они победили. После смерти Янная в 76 г. до н.э. его вдова капитулировала перед фарисеями, и они, придя к власти, устроили религиозный террор и зачистку всех полководцев Янная, которые одержали над ними победу.

Если верить Талмуду, человек, который осуществлял этот религиозный террор, был глава Синедриона Симеон бен Шетах, и он приходился царице Александре братом.

Правда, в Торе и Танахе существовала и другая традиция. Эта традиция была связана с царем Давидом. Она утверждала, что престол царства Иудеи будет навечно закреплен за потомками дома Давидова, и даже называла потомков дома Давидова сыновьями и аватарами Господа.

Эта традиция начала оживать как раз в интересующее нас время, вскоре после падения династии Хасмонеев. Она проявляется уже в «Псалмах Соломона», сочиненных в 40—30-х гг. до н.э., и она отчетливо проявляется в кумранской «Войне Сынов Света против Сынов Тьмы», изображающих войну вышеуказанных сынов против Велиала под предводительством вполне живого и реального Мессии из дома Давидова.

Однако в 60-х гг. эта традиция была еще малораспространена. Во всяком случае, когда в 64 г. до н.э. делегация знатных иудеев отправилась к римлянам жаловаться на неприемлемое для нее стремление Гиркана и Аристобула к единоличной власти, она мотивировала это, если верить Иосифу, отнюдь не тем, что они не имеют отношения к роду Давидову, а именно тем, что они нарушают правило коллективной теократии. «Народ был восстановлен против обоих, не желая подчиняться ни тому ни другому и мотивируя это тем, *что у них существует обычай, в силу которого народ обязан подчиняться лишь священнослужителям почитаемого Бога*»[49].

Так или иначе, Ирод с этой точки зрения на иудейский престол тоже не годился. Он не происходил из дома Давидова. Более того, он вообще не был евреем. Он был арабом. Он был сыном мелкого идумейского князька Антипатра. Идумея (Эдом) была завоевана и насильно обращена в иудаизм Иоанном Гирканом за 30 лет до рождения Ирода.

Итак, Ирод, сын вассального по отношению к Хасмонеям идумейского князька, родился в 73 г. до н.э., в тот момент, когда в Иудее свирепствовал религиозный террор Симеона бен Шетаха.

Этот религиозный террор и стал причиной следующего витка гражданской войны: сын царицы Александры, Аристобул, восстал сначала против фарисеев, а потом против своего слабого и никчемного брата Гиркана, назначенного фарисеями первосвященником.

Оба участника гражданской войны — и Аристобул, и Гиркан обратились к римлянам за поддержкой. Те в ответ тоже поддержали слабейшего, то есть Гиркана, справедливо считая, что он будет лучшей римской марионеткой, чем своевольный и пользующийся поддержкой в войсках Аристобул. В 63 г. до н.э. Иерусалим был взят, Храм разграблен, Иудея расчленена, и Гиркан, вместо того чтобы стать марионеткой фарисеев, превратился в марионетку римлян и своего бывшего подчиненного идумеянина Антипатра, который единственный среди всех сторонников Гиркана мог похвастаться крупными военными силами.

Так идумеяне, еще недавно завоеванные евреями, вдруг превратились в фактических правителей расчлененной и униженной Иудеи.

Следующий этап возвышения Антипатра и его сына Ирода пришелся на гражданскую войну в Риме. Поочередно продавая свои услуги противоборствующим сторонам, Антипатр и Ирод каждый раз оценивали их все выше и выше и получали за них больше и больше.

Антипатр и Ирод вступили в эту войну мелкими клиентами римлян, правившими на птичьих правах расчлененной и униженной Иудеей. Ирод заканчивал жизнь царем самого влиятельного и самого богатого из буферных государств Рима. Он продал и пережил всех своих патронов — Помпея, Цезаря, Кассия и Антония. Он восстановил царство практически в тех же пределах, которые оно имело при Иоанне Гиркане.

Первая услуга, оказанная Ироду римлянам, пришлась на 48 г. до н.э. В этот момент война между Помпеем и Цезарем была в самом разгаре, и галилейские повстанцы воспользовались ситуацией для того, чтобы грабить окраины римской Сирии, чьим наместником в это время был двоюродный брат Цезаря Секст. Их предводителя звали Иезекия, то есть он носил имя царя из рода Давидова, который и предпринял в VIII в. до н.э. первую серьезную монотеистическую реформу. До иудейских разбойников у Секста не доходили руки, и на помощь пришел молодой Ирод. Он разбил атамана Иезекию и казнил его вместе с его галилейскими приверженцами.

Синедрион в это время оставался еще влиятельным органом, состязавшимся с военным диктатором Антипатром во влиянии на слабого и безвольного Гиркана. Военная помощь, оказанная сыном Ирода римлянам против защитников веры, возмутила Синедрион не на шутку. Ирод был вызван в Иерусалим и был бы приговорен к смерти, если бы не сбежал накануне приговора. Впоследствии, согласно Иосифу Флавию, Ирод в отместку перебил весь Синедрион. Из этого поведения Синедриона ясно, что галилейский атаман Иезекия не был простым бандитом с большой дороги. Он был как минимум то же самое, что Иуда Маккавей или Елеазар бен Динай, — воитель во славу Божию. Мы, в свою очередь, полагаем, что предводитель галилейских разбойников Езекия и был зачинателем того самого движения, которое потом превратилось в «четвертую секту». Он был тот самый Мессия из дома Давидова, победы которого и предсказывали «Псалмы Соломона».

До 44 г. до н.э. покровителем Антипатра и Ирода был Юлий Цезарь. Когда он был убит, Антипатр и Ирод немедленно заключили союз с его убийцей, Кассием. Взамен Кассий обещался сделать Ирода царем. Известие об этих переговорах возмутило иудейскую элиту, и Антипатр был убит. Вскоре, в 42 г. до н.э. погиб и Кассий.

После его гибели сразу две делегации знатнейших иудеев явились к Антонию с жалобой на Ирода, который поддерживал злейшего врага Антония, Кассия, и даже ради него обобрал всю Иудею[50].

Ирод, однако, успел к Марку Антонию раньше Синедриона: деньги, собранные для Кассия, пошли на взятку Антонию. Первую делегацию «знатнейших иудеев» Антоний арестовал, а вторую — приказал перебить[51].

Иерусалим ответил на это избиение восстанием, к которому немедленно присоединились галилейские фанатики. Ирод был вынужден бежать в Рим, а повстанцы обратились за помощью к парфянам. Война в Иудее стала прокси-войной между Парфией и Римом, и Рим решительно поддержал Ирода. Октавиан и Марк Антоний не только послали на помощь Ироду римские войска, но и наградили его наконец долгожданным званием царя Иудеи.

«По окончании заседания Ирод вышел из сената, имея, с одной стороны, Антония и с другой — Октавиана. Консулы и другие государственные сановники провожали их для приношения жертвы богам и возложения сенатского решения на Капитолий»[52].

Галилейские фанатики, отказывавшиеся сдавать живыми и перерезавшие на глазах Ирода горла своим женам и детям, были выкурены из их неприступных пещер, Иерусалим был взят, и за взятием последовала бойня.

«Когда войско ворвалось, началась везде страшная резня, ибо римляне были ожесточены долгой продолжительностью осады, а преданные Ироду иудеи ревностно старались не оставлять в живых никого из противной партии. Целые толпы людей были уничтожены на тесных улицах, в домах, где они были стиснуты, и на пути бегства в храм; не было сострадания ни к бессловесным малюткам, ни к старцам, ни к беззащитным женщинам. Хотя царь разослал людей и призывал к пощаде, но ни один солдат не остановился; как бешеные, они неистовствовали против людей всякого возраста», — сообщает нам Иосиф Флавий в «Иудейской войне»[53].

В этом подробном описании расправы Ирода над врагами есть одна странность. Дело в том, что в «Иудейских древностях» Иосиф дважды сообщает, что Ирод не просто произвел чистку среди всего населения, убивая налево и направо врагов. Иосиф сообщает, что Ирод также *перебил весь Синедрион*[54]. Об убийстве Иродом Великим *всех рабби* сообщает также Талмуд[55].

Однако поразительным образом сообщение об этой казни отсутствует в каноническом тексте «Иудейской войны».

Это странно.

Да, конечно, Ирод убивал много и часто, но казнь *всех* членов Синедриона — это не рядовое событие. Не упомянуть о нем в рассказе об «Иудейской войне» — это все равно, что запамятовать о казни Людовика XVI при рассказе о Великой французской революции.

И вот — в славянском Иосифе описание этой казни есть.

Как мы видели, все кризисные моменты идумейской династии, бывшие одновременно и моментами величайшей опасности, и моментами величайших возможностей, были приурочены к перипетиям римской гражданской войны.

Восстание атамана Иезекии разразилось в 48 г. до н.э., то есть в тот момент, когда Помпей и Цезарь выясняли отношения между собой. Кассий обещал сделать Ирода царем в 44 г. до н.э. в обмен на поддержку. Избиение делегации иудеев Антонием произошло в 41 г. до н.э., вскоре после смерти Кассия.

В 31 г. до н.э., через шесть лет после победы и воцарения Ирода, в Риме начался новый раунд гражданской войны. На этот раз отношения между собой выясняли тогдашний покровитель Ирода Антоний и Октавиан Август.

В канонической «Иудейской войне» Иосиф сообщает, что Ирод, как всегда, воспользовался войной для укрепления собственной власти. Он собрал войска, но, вместе того чтобы предоставить их в распоряжение своему покровителю Антонию, вторгся с ними в Келесирию, чей царек, Малих, был, как и Ирод, союзник Антонию.

Таким образом, Ирод занялся привычной игрой, избегая принимать прямого участия в войнах патронов, но используя эти войны для увеличения собственных владений.

Ироду, однако, не повезло. Сначала арабы нанесли ему сокрушительное поражение, а после этого страну постигло «небывалое дотоле землетрясение»[56]. Около этого же самого времени — 2 сентября 31 г. до н.э. — покровитель Ирода, Антоний, проиграл битву при Акциуме, и осмелевшие арабы, в свою очередь, вторглись в Иудею: налетай, кто может.

Славянский Иосиф содержит важное дополнение к этим событиям. Он сообщает, что после того, как Ирод отправился в поход на арабов, члены Синедриона начали плести в его отсутствие интриги.

«Ирод недолго пробыл в Иерусалиме и отправился войной на арабов. Негодующие и скорбящие священники между тем жаловались друг другу, но не смели говорить громко, в опасении сторонников Ирода.

«Закон не велит нам иметь царем чужеземца, — говорили они. — Мессия должен быть кротким и происходить от колена Давидова. Что же до Ирода, то он араб и необрезан. Мессия будет кроток, а этот залил кровью всю нашу землю. При Мессии хромые станут ходить, слепые прозреют, а бедные разбогатеют. При этом же здоровые стали хромыми, видящие ослепли, и богатые обнищали.

Как это может быть? Или лгали пророки? Пророки писали, что не прейдет правитель от Иуды, и когда придет, получит все, и ему упованье народов. Какое же он упованье народов? Мы ненавидим его *беззаконие*, а народы (т.е. язычники) на него уповают. Увы нам, ибо оставил нас бог, и забыл нас, и хочет предать нас запустению и гибели более, чем при Навуходоносоре и Антиохе. Ибо тогда были пророки и учители и прорицали о плене и о возвращении. Ныне же нет никого, чтобы спросить, и никого, чтобы утешить!"»[57].

После этих речей один из членов Синедриона, по имени Леви, бежал к Ироду и сообщил, что за его спиной зреет недовольство. Ирод стремительным марш-броском наведался в город, перебил весь Синедрион и назначил новый.

«Ирод же, послав ночью, перебил их втайне от народа, чтобы не было возмущения. На их место он назначил новых. И поутру затряслась земля, и пожрала бесчисленное множество скота и шесть тысяч людей»[58].

Трудно переоценить важность этого пассажа.

Перед нами, безусловно, поворотный момент сюжета, полностью переворачивающий все традиционные представления об истоках Иудейской войны.

Эта сцена рисует в совершенно другом свете все религиозные проблемы, с которыми сталкивался Ирод и его потомство: и предсмертный приказ Ирода устроить тотальное избиение всех знатных иудейских родов, и ненависть Талмуда, и «разбойников», с которыми Ирод сражался в Галилее, и тем более ненависть к Ироду авторов Евангелий.

Для начала: она сообщает нам, что идумеянин Ирод, посвященный в цари во время идолопоклоннической церемонии, *претендовал на статус Мессии*!

По правде говоря, эта претензия была совершенно логичной. Ирод был назначен царем римлянами и, естественно, нуждался в подтверждении этого титула также и со стороны Синедриона. Вне зависимости от того, какой смысл верующий иудей вкладывал в это слово (т.е. считал ли он Мессию богом или человеком), царь Иудеи и был Помазанник — Мессия.

Но с точки зрения всех членов коллективной теократии, составлявших Синедрион, — и тех, которые еще в 48-м сочувствовали восстанию Иезекии, и тех, которые в 41-м отправились в составе делегации к Антонию, и тех, кто в 40-м одобрял восстание против Ирода, — эта претензия была чудовищным святотатством.

Немудрено, что Ироду пришлось казнить членов своей семьи, покрыть ненавидевшую его Иудею сетью господствовавших над ней крепостей, учреждать политический сыск и всю жизнь бороться с заговорами фанатиков.

Немудрено, что Талмуд объявляет Ирода рабом и рассказывает, что тот семь лет сношался с трупом лежащей в меду Мариамны. Немудрено, что Евангелия приписывают Ироду избиение младенцев!

Ирод не просто провозгласил себя Мессией. Он именно что и вел себя как Мессия. Все его грандиозные стройки, реконструкция Храма, масштабные строительные проекты, храмы в Берите, театры в Дамаске, колоннады в Антиохии, — это и было поведение Помазанника Божия. *И ему — упованья народов* (Быт. 49:10).

Более того, у Ирода и его потомков была целая официальная теологическая партия, главная особенность которой именно в том и состояла, что они числили Ирода Христом. В Евангелиях эта партия называется *иродиане.* В Талмуде то же самое называется, видимо, боэтусиане, *битусим,* по имени назначенного Иродом первосвященника.

О том, что иродиане считали Ирода Христом, упоминает, как о само собой разумеющемся факте, Тертуллиан. «Иродиане, которые называли Ирода Христом» (qui Christum Herodem esse dixerunt)[59].

О мерзкой ереси иродиан подробно и с возмущением упоминает Епифаний. «Они верили, что Ирод есть Христос, и что Христос, обещанный Законом и Пророками, есть самое Ирод, и гордились Иродом, ибо он соблазнил их»[60].

О ней хорошо знал бл. Иероним, епископ Филастрий и епископ Феофилакт. Всего патриарх современной библеистики Джейс Чарльсворт насчитал семь важных письменных упоминаний об Ироде как о Мессии, включая славянского Иосифа, которого Чарльсворт считает важным источником[61]. К этим письменным источникам надо добавить восьмой — а именно, бронзовые монеты Ирода, украшенные изображением военного царского шлема со сверкающей над ним шестиконечной звездой[62]. Эта монета являлась явной иллюзией на одно из любимых пророчеств милленаристов:

«Восходит звезда от Иакова и восстает жезл от Израиля, и разит князей от Моава и сокрушает всех сынов Сифовых» (Чис. 24:17).

Довольно прозрачный намек на официальную идеологию иродиан делает и Иосиф Флавий: он сообщает, что внук Ирода, Ирод Агриппа, умер после того, как он явился в языческий театр в Кесарии в удивительной одежде, затканной серебром, и его приверженцы приветствовали его как Бога. Тут же у Агриппы прихватило живот, он почувствовал, что умирает, и заявил: «Я, которого вы признали своим Богом, теперь готов расстаться с жизнью. Судьба неожиданно изобличила мне всю лживость ваших уверений, ибо я, которого вы только что назвали бессмертным, теперь должен умереть»[63].

Этот сакрастический рассказ про Агриппу, у которого сразу после объявления его Богом заболели внутренности (т.е. самое мерзкое, нечистое место), вероятно, взят Иосифом Флавием прямо из агитпропа зилотов.

В партии иродиан не было ничего необычного. Мало в мире диктаторов, которые не провозгласили себя той или иной разновидностью Мессии. Нет ничего удивительного в том, что это сделал и Ирод. Было бы удивительно, если бы он не попытался это сделать. Странно другое: а именно то, что претензии Ирода на статус Мессии выпали из поля зрения современных историков.

«Как так получилось, — задается вопросом Джеймс Чарльсворт, — что традиция, согласно которой некоторые приближенные Ирода провозгласили его Мессией и Христом, были игнорированы в публикациях про Ирода и общепринятых книгах о мессианизме и христологии?»[64]

Ответить на вопрос тоже довольно легко. Тот факт, что иродиане позиционировали членов династии Ирода как Христов, влечет за собой радикальный пересмотр представлений о том, как зародилась вера в другого Христа — Иисуса.

Как мы уже сказали, иудейская элита в течение почти 400 лет не испытывала никакой ностальгии по царскому правлению. Мы можем даже подозревать, что сам категорический запрет на идею воплощения Бога в человеке развился в иудаизме Второго Храма именно в ответ на царский культ, характерный для домонотеистических времен.

Однако с какого-то момента в I в. до н.э или в I в. н.э. такой культ возникает и становится характерен для многих разновидностей иудаизма. Как следствие, у нас появляются две гипотезы, равно неприятные. Или культ Мессии из дома Давидова, как серьезная политическая составляющая, возник еще раньше Ирода, вскоре после падения Иерусалима, в 50–40 гг. до н.э. — и тогда официальная теология иродиан была реакцией на этот культ. Или, наоборот, культ Христа из дома Давидова был ответом на официальный культ Ирода Христа.

Так или иначе, оба культа были неразрывно связаны, и в обоих случаях культ Господа Мессии из дома Давидова развился существенно раньше, нежели начались проповеди Иисуса.

Более того, она бросает совершенно новый свет на фигуру, которую арамейское христианство называло Сыном Беззакония, а греческое — Антихристом.

Царь Ирод, Антихрист

Персонаж по имени «Антихрист» является настолько расхожей частью нашей культуры, что мы редко отдаем себе отчет в том, насколько он странен. Зачем милленаристы выдумали такой странный сюжет: что перед приходом настоящего Христа сначала придет Антихрист, и покорит всех, и восторжествует над всеми, — и тут-то, в разгар торжества, его и постигнет ужасный конец?

Сюжет этот не имеет параллелей в Св. Писании евреев. Фигуры лже-Мессии, лже-Помазанника Тора не знает. Царь Манассия был отступником и «делал неправильное в глазах Господа», но он не был Антихристом. Царь Навуходоносор был разрушителем Первого Храма, но он не был Антихристом.

Все встает на свои места, если предположить, что Сын Беззакония — это совершенно конкретный персонаж.

Это — человек, который претендовал на статус царя Иудеи, но был провозглашен им в ходе языческой церемонии на языческом Капитолии. Это — человек, который объявил себя Мессией, но при этом перебил весь Синедрион. Это — человек, который утверждал про себя, что он — хранитель и воплощение Закона, но при этом он строил языческие храмы и языческие стадионы, дотировал Олимпийские игры и вместе со своим другом Марком Агриппой любовался языческими пьесами, представляемыми в личном театре, выстроенном у подножия его дворца.

Сын Беззакония — это Ирод.

Это тот самый «Сын Велиала», с которым сражались Сыны Света в «Книге войны Сынов Света против Сынов Тьмы», и в этой книге, написанной, очень вероятно, в разгар восстания 40–37 гг. до н.э., уверенно предсказывалось, что Сын Велиала будет уничтожен.

Вместо этого Сын Велиала победил Сынов Света и воцарился. Это досадное теологическое обстоятельство требовало объяснения, и именно это объяснение и было предложено. Сын Беззакония пришел перед приходом Мессии. Антихрист — перед Христом. Так было угодно Богу.

Если Ирод провозгласил себя Мессией, то только естественно предположить, что милленаристы в ответ провозгласили его Анти-Мессией и Сыном Беззакония.

Интересно, что такое предположение внезапно придает правдоподобность очень многим утверждениям Евангелий.

Например, история с бегством семьи Иисуса от Ирода в Египет сразу становится вполне реальной. Нет ничего удивительного, если лидеры галилейского восстания против Ирода после поражения в 37 г. до н.э. сбежали от Ирода в Египет. Там, в конце концов, в это время правила Клеопатра, которая Ирода терпеть не могла и охотно давала убежище всем его противникам.

Приобретает правдоподобность и история с избиением младенцев, многократно высмеянная язвительными скептиками, утверждавшими, что никаких подобных сведений об Ироде не сохранилось в наших исторических источниках. Избиение младенцев во всем Вифлееме, несомненно, является поэтическим преувеличением, — но мы можем мало сомневаться, что Ирод действительно мог отдать приказ уничтожить всех членов рода атамана Иезекии и вообще членов любого рода, который претендовал на руководство над галилейскими разбойниками и на происхождение от Давида.

Даже поздняя апокалиптическая традиция сохраняет устойчивое утверждение о том, что Антихрист будет исповедовать иудаизм, воссядет в Иерусалимском Храме или даже отстроит его: именно это и сделал Ирод. Ирод прямо отождествляется с ним в иудеохристианском апокрифе «Успение Моисея» и, что интересно, является стандартным персонажем средневековых народных мистерий[65].

Удивительно, но это тождество Ирода и Антихриста (которые было, очевидно, даже авторам колдовских заговоров, постоянно использовавших выражение «Ирод Антихрист») очень долго ускользало от внимания библеистов, точно так же, как и не менее очевидные претензии Ирода на статус Помазанника, Мессии.

Дело, вероятно, в том, что это тождество, — равно как и вполне вероятные преследования, которым подвергался от Антихриста род Иисуса, несовместимы с историей об Иисусе — никому не известном проповеднике мира и добра. Они совместимы с совсем другой историей — об Иисусе — наследственном вожде *праведников* и *святых*.

Для многих исследователей было проще провозгласить выдумкой историю о попытке Ирода убить Иисуса, нежели отказаться от теории «маленького ручейка любви и добра, разлившегося в огромную реку».

Но, может быть, все эти построения держатся на не имеющем исторической ценности тексте? Может быть, мы взяли пуговицу и пришили к ней пиджак?

Что, если история о Синедрионе, не пожелавшем признать Ирода Мессией, — история, из которой мы сделали столь далекоидущие выводы, — была вставлена в славянского Иосифа московским или греческим переписчиком?

Это не очень вероятное предположение.

Для начала: она изложена в славянском Иосифе не слишком внятно. Только сличение славянского Иосифа с другими известными нам историческими текстами позволяет понять, что ропот в Синедрионе случился в разгар гражданской войны в Риме и после поражения Ирода от арабов. Очень сложно себе представить, что наш гипотетический переписчик являлся до такой степени специалистом по римской гражданской войне.

К тому же славянский вариант отличается от канонического не только впечатляющей дискуссией в Синедрионе, но и целым рядом других деталей. Так, канонический Иосиф утверждает, что незадолго до всей этой истории Клеопатра предложила Антонию убить Ирода, но тот категорически не согласился[66]. Славянский Иосиф излагает все ровно наоборот: порабощенный похотью Антоний уступил Клеопатре и в ее присутствии отдал приказ об убийстве Ирода, но потом передумал[67].

Перед нами — типичная авторская правка, не несущая на этот раз никакого пропагандистского смысла, а связанная просто с тем, что автор что-то не знал, перепутал, уточнил (знали бы вы, сколько раз правился этот текст). Правку такого рода переводчик по определению не вносит, и она для него не важна, — но она важна для самого Иосифа, который уточнял, выспрашивал и проверял документы.

И, самое главное, в отличие от вставки про избиение младенцев, вставка про избиение Синедриона не имеет параллелей в Евангелиях и не является инструментом христианской пропаганды.

Ровно наоборот. Кем бы ни был переписчик Иосифа — протоортодоксом или назореем, он был, безусловно, враждебен иудейскому истеблишменту. (Вспомним, что Талмуд категорически запрещает общение с назореями.) У него не было никакого резона изображать Ирода претендентом на должность Христа, объявлять мучениками фарисеев, главных врагов Иисуса, и карать фарисеев землетрясением.

Зато совершенно понятно, почему этот кусок — еще из греческой «Войны» — мог выбросить сам осторожный и трусливый Иосиф.

Рассказ о Синедрионе, который был перебит Иродом, в корне противоречил главному посылу Иудейской войны о нехорошей «четвертой секте», злобных, но малочисленных маргиналах, которые появились только в 6 г. н.э.

Ропот Синедриона рисовал нам совсем другую картину — картину тотального неприятия римлян и их ставленников всей иудейской религиозной элитой; и вдобавок это неприятие датировалось не 6 г. н.э., а десятками лет раньше.

В арамейский вариант текста избиение Синедриона попало, потому что эта история слишком уж хорошо была известна соотечественникам Иосифа. Но в греческом издании он предусмотрительно от нее отказался, справедливо рассудив, что эллины могут сделать из нее не очень-то лестные для иудеев выводы.

Восстание Иуды и Маттафии

Сопротивление иудейского истеблишмента Ироду на казни всех членов Синедриона не прекратилось. Первоначально надежды фарисеев сосредоточивались на последнем из Хасмонеев — шестнадцатилетнем брате царицы Мариамны. Ирод сделал его первосвященником, чтобы задобрить фарисеев, но, испугавшись их чрезмерного по этому поводу энтузиазма, вскоре утопил подростка в пруду.

Внимание фарисеев переключилось на сыновей Ирода от Мариамны, ненавидевших отца за смерть матери. Когда Ирод казнил и сыновей — фарисеи сплели заговор с участием его брата Ферора. В числе прочих в заговоре участвовал и евнух Ферора Багой, которому обещали возвращение его мужского стебля[68].

Стареющий, дряхлеющий тиран уже не появлялся в Иерусалиме. Антихрист коротал дни то в роскошном дворце в Иерихоне, то в крепости Иродион, которую Ирод велел построить в пустыне в пятнадцати километрах от Иерусалима на неприступной скале.

Когда выяснилось, что с вершины скалы Иерусалим не виден, Ирод приказал насыпать холм повыше, — чтобы всегда иметь перед глазами опасный, манящий и ненавидящий его город и ослепительно сверкающий на солнце Иерусалимский храм, покрытый со всех сторон золотыми листами, выстроенный им самим, Иродом, новым Мессией неблагодарных евреев.

Чуть пониже дворца в склоне Иродиона вырублен был в скале маленький частный театр: именно там Мессия развлекал языческими пьесами ближайшего друга Августа Марка Агриппу, посетившего Иудею в 15 г. до н.э. Оттуда же им рассылались приказания о казнях сыновей и врагов.

Наконец мстительный и параноидальный старик тяжело заболел. «На ногах у него образовались отеки, как у людей, одержимых водобоязнью, на животе — воспаление, а в срамной области — гниющая язва, которая плодила червей»[69].

Фанатики тут же объявили болезнь Антихриста давно обещанной карой. Среди населения распространился слух о его смерти, желаемое было быстро выдано за действительное, и разгоряченная слухами толпа ринулась к Храму, чтобы сорвать с его ворот изображение золотого орла. Предводителями толпы были двое виднейших учителей закона фарисеи Иуда и Маттафия.

Ирод, однако, был еще жив. Мятеж был подавлен, зачинщики схвачены и вывезены на суд в Иерихон. Суд над Маттафией и Иудой состоялся прямо в языческом амфитеатре, куда по приказу Ирода явились знатнейшие иудеи. Место, выбранное Иродом, было дополнительным унижением как для подсудимых, так и для тех, кто был вынужден сидеть на ступенях амфитеатра, в то время как самозваный Мессия Израиля, больной, гниющий, полубезумный, «возвысил голос и начал кричать, что они еще при его жизни не стесняются оскорблять его»[70].

История бунта Иуды и Маттафии является хрестоматийным примером самоцензуры Иосифа. В двух разных своих книгах — в «Иудейской войне» и в «Иудейских древностях» Иосиф описывает это восстание совершенно по-разному.

В «Иудейской войне» Иосиф сообщает, что рабби Маттафия и Иуда обещали своим последователям вечную жизнь. Они призывали их стать шахидами. «Что может быть почетнее и славнее, как умереть за заветы отцов? Кто так кончает, *душа того остается бессмертной и вкушает вечное блаженство»*, — говорили они[71].

Однако впоследствии история о *бессмертии души*, которую обещают верующим повстанцы, показалась Иосифу слишком опасной, и в «Иудейских древностях» Иуда и Маттафия стали призывать умереть не ради «вечной жизни», а ради «славы и почета», словно они были не иудейские рабби, а спартанские военачальники[72].

Кроме того, если в «Войне» Иосиф воспользовался словом «восстание» — вполне логичным в случае, если речь идет о толпе религиозных фанатиков, штурмующих ограду Храма, то в «Иудейских древностях» он прибег к тому же приему, к которому часто прибегали авторы изученных нами христианских «Деяний».

А именно: Иосиф заявил, что молодые люди, окружавшие Маттафию и Иуду, решились на штурм ворот исключительно потому, что очень хотели умереть, и поэтому они не оказывали никакого сопротивления солдатам[73].

А что же славянский Иосиф?

В нем речь Иуды и Маттафии носит еще более мистически-воинственный характер. В нем учителя снова обещают своим последователям вечную жизнь. Однако они также утверждают, что все, кто не *ревнует* по закону Моисееву, попадут в ад. Кто не шахид, тот обречен на вечные муки, — утверждают Иуда и Маттафия.

«Те же, кто умирают трусливо, те, кто любит свое тело и не хочет смерти храбрых, а умирает от язвы, — те, не имея славы, муки бесконечные в аду приимут»[74].

Кроме этого Иуда и Маттафия в славянском Иосифе произносят длинную речь, ссылаясь на мучеников, пострадавших за веру еще в восстании Маккавеев, и в этой речи называют себя *ревнителями,* то есть зилотами. «Аще ж и мучимы будем о божественной *ревности,* но из боли нашей сплетем себе венец»[75].

Речь Иуды и Маттафии является программной речью, которую мог бы произнести обитатель Кумрана или позднейший *назорей*.

Иуда и Маттафия призывают отдать жизнь за закон Моисеев, обещают падшим венец на небесах и делят мир на тех, кто принадлежит к их общине, и тех, кто не принадлежит. Все, кто не принадлежит, являются сынами Велиала и будут гореть в аду.

Конечно, мы можем заподозрить, что назореи этот текст Иосифу и вписали. Это предположение не противоречит наблюдаемым фактам.

Но, по крайней мере, не менее вероятно, что дело обстоит наоборот и что Иосиф несколько раз редактировал историю казни Иуды и Маттафии, раз за разом убирая из нее куски. Ведь восстание, поднятое еще в 4 г. до н.э. славнейшими учителями закона, плохо согласуется с главным тезисом «Иудейской войны» о том, что «четвертая секта» представляла из себя экстремистов и отщепенцев, возникших только спустя десять лет после казни Иуды и Маттафии.

«Иудейская война» начинает рассказ о восстаниях иудеев с восстания Маккавеев в 167 г. до н.э. Отчасти помимо воли автора она рисует цепочку непрерывных милленаристских волнений — сначала против Селевкидов, потом против последних хасмонейских правителей, решивших избавиться от милленаристской теократии и объявивших себя царями, а потом уже против римлян и Ирода. Восстание Иуды и Маттафии оказывается логичным звеном в этой цепочке, и, возможно, нам следует прислушаться к славянскому Иосифу, утверждающему, что Ад, Рай, небесный венец и *ревность* были ключевыми хештегами восстания против Ирода еще в 4 г. до н.э.

Пророк Цадок

Пока Антихрист был жив, он пас ненавидевший его народ железным жезлом. После его смерти страна взорвалась.

В Иерусалиме хорошо организованные толпы паломников захватили Храм, в Иерихоне и Вифарамате сожгли дворцы Ирода. Но самое крупное восстание случилось в Галилее — базе операций тех самых «разбойников», которые убивали жен и детей, лишь бы не сдаться Ироду в плен. Там Иуда, потомок «того самого Иезекии, который некогда во главе разбойничьей шайки разорял страну, но был побежден царем Иродом», поднял восстание в столице Галилеи — Сепфорисе. Он захватил царский арсенал и вооружил множество сторонников[76].

Конечным бенефициаром всех этих восстаний стали римляне. В страну были введены легионы, Сепфорис был взят и предан огню, а жители его обращены в рабство[77].

Воспользовавшись моментом, Октавиан Август разделил слишком большую, на взгляд римлян, державу Ирода между тремя из его оставшихся в живых сыновей, а спустя десять лет забрал у одного из них, по имени Архелай, собственно Иудею и переподчинил ее непосредственно наместнику Сирии Квирину.

Этот переход Иудеи непосредственно в руки *киттим* и сопутствовавшая ему налоговая перепись вызвали новое восстание некоего Иуды Галилеянина. Именно после подчинения Иудеи наместнику Сирии Квирину

«Один *именитый* (ὄνομα) галилеянин по имени Иуда объявил позором то, что иудеи мирятся с положением римских данников и признают своими владыками, кроме Бога, еще и смертных людей. Он побуждал своих соотечественников к отпадению и основал особую секту, которая ничего общего не имела с остальными»[78].

Эта «особая секта» и были та самая «четвертая секта», которая потом вызвала Иудейскую войну.

Это короткое сообщение Иосифа ставит нас совершенно в тупик. Для начала: знатный Иуда Галилеянин, основавший «особую секту» в 6 г. н.э., — это, с большой вероятностью, тот же самый Иуда бен Иезекия, который поднял восстание после смерти Ирода за десять лет до этого. Таким образом, утверждение Иосифа о совершенной новизне ужасной «четвертой секты» несколько преувеличено. Оно связано скорее с желанием отмести от нее всякие подозрения в родстве с «мирными ессеями», которые существуют издревле, нежели с действительным положением дел.

Но самое главное другое. Дело в том, что в «Иудейских древностях» Иосиф Флавий рассказывает о генезисе «четвертой секты» несколько иначе. По его словам, основателем секты был не только *именитый* Иуда. Другим ее основателем был фарисей Цадок[79].

Согласимся, что такое разногласие более чем странно. Ведь вся «Иудейская война» написана затем, чтобы возложить ответственность за резню на «особую секту», которая «ничего общего не имела с остальными».

Это в «Древностях» фарисея Цадока можно было упомянуть мимоходом, а в «Войне» он должен был удостоиться как минимум отдельной главы! Как же получилось, что Иосиф Флавий не упоминает в «Войне» о Цадоке? А если сведения о фарисее Цадоке в «Войне» были, то кто их вычеркнул?

И если это сделали христиане — то какое им дело было до биографии ужасного основателя иудейской «четвертой секты»? С какой стати им подвергать цензуре сведения о пророке Цадоке?

Славянский Иосиф позволяет нам ответить на этот вопрос.

Дело в том, что он содержит подробную биографию пророка Цадока, основателя страшной «четвертой секты», начавшего свою плодотворную трудовую деятельность в конце царствования Архелая. Правда, Иосиф не называет нашего пророка по имени, но усомниться в том, что это Цадок — довольно трудно. Он проповедут то же, что Цадок, и делает это в то же время, в которое это делал Цадок.

Иосиф пишет:

«Тогда же ходил некий муж по Иудее в чудной одежде. Он носил одну власяницу, а лицом был как дикарь. Придя к иудеям, он *призвал их к свободе*, говоря, что Бог послал меня, дабы показать вам путь закона, которым избавитесь от многих властителей. *И не будет никто владеть смертными, кроме Всевышнего, пославшего меня*»[80].

Этот муж, которого Иосиф не называет по имени, крестил людей в Иордане и «отпуская, наказывал им, чтоб отреклись от злых дел своих, и дастся им Царь, Который избавит их и покорит всех непокорных, Сам же не будет никем покорен».

«Дикого мужа» привели к Архелаю. На вопрос: «Кто ты и откуда?» — он ответил: «Есмь Человек, а был там, где водил меня Дух Божий, питаясь *тростным корением и щепками древяными*» (т.е. тростниковыми кореньями и молодыми побегами»)[81].

Ответ этот привел в негодование собравшихся священников, среди которых был Симон из секты ессеев. «Мы всякий день читаем божественные книги, сказал Симон Ессей, а ты ныне вышел из леса, как зверь, и смеешь учить нас и *прельщать* народ непотребными своими речами? И бросились растерзать его. Он же, укоряя их, говорил: не откроется вам *тайна*, ибо вы не познали ее. Тем приидет на вас пагуба неизреченная, а из-за вас и на всех людей».

Попытка Архелая осудить грозного пророка (видимо, с помощью Синедриона) окончилась неудачей. Он «отошел на другую сторону Иордана. И никто не смел воспрепятствовать ему творить то, что и прежде».

Длинный рассказ об «диком муже», который питался кореньями, крестил людей в Иордане и призывал их к свободе еще в конце царствования Архелая, — не единственное упоминание о нашем могущественном пророке, которого даже Синедрион не осмелился — или не захотел — приговорить к смерти.

Рассказав о том, как тетрарх Архелай был уволен в 6 г. н.э. за профнепригодность и как подведомственная ему Иудея перешла непосредственно под власть римлян, Иосиф Флавий переходит к долгому рассказу о мирной и исполненной любви секте ессеев.

Затем он снова возвращается к «дикому мужу». Действие уже происходит в 30-х гг., и из всего потомства Ирода в Палестине к этому времени правят только двое. Это братья Ирод Антипа и Филипп. Ирод Антипа правит Галилеей и Переей, а Филипп — Голанитидой, Трахонитидой и Батанеей, то есть Голанами и частью прилегающей к ним Иордании.

Вот этому-то тетрарху Филиппу и снится вещий сон, которые, как знает любой читатель Ветхого Завета, в изобилии снились неправедным царям. Во сне орел выклевывает ему оба глаза.

Истолковал этот сон явившийся к Филиппу «дикий муж». Он «пришел к Филиппу незваным и сказал: слушай слово Господне! Сон, который ты видел, вот что означает: орел есть твоя кончина, ибо та птица — насильник и хищник. Также это и грех твой: изымет очи твои, которые есть власть твоя и жена твоя!»

Предсказание «дикого мужа» было точным: Филипп умер еще до вечера, а его власть и его жена Иродиада достались Ироду Антипе.

Это снова вызвало негодование «дикого мужа»: ведь женитьба на имеющей детей вдове брата была запрещена Торой. «Дикий муж» обличил Антипу, и в результате взбешенный тетрарх предал его смерти.

«И был его нрав чуден и житие нечеловеческое; он был *как дух бесплотный*. Он не ел хлеба и *даже не вкушал опресноков на Пасху*, говоря: в память Господа, избавившего людей от рабства, дана эта еда, и на время бегства, поскольку времени не было. Ни вина, ни сильных напитков он не позволял даже приносить к нему, и гнушался есть любого животного. Он обличал неправду и ел только *древяные щепки* (т.е. побеги деревьев)»[82].

В этом без преувеличения поразительном рассказе есть несколько важных моментов, самый главный и спорный из которых мы отложим на потом, а пока поговорим о других.

Во-первых, из славянского Иосифа следует, что пророк Цадок, страшный основатель «четвертой секты», очень хорошо знаком христианам.

Правда, он фигурирует в Евангелиях под другим именем. Он называется в них Иоанн Предтеча.

Это тот самый человек, который, согласно Новому Завету, крестил Иисуса и признал его Мессией.

Наш «дикий муж» ведет себя в точности как Иоанн Предтеча. Он носит власяницу и крестит людей в реке Иордан. А вот проповедует он то же, что основатель «четвертой секты» фарисей Цадок. Он призывает иудеев к *свободе*.

Более того. Он проповедует, что иудеям не следует подчиняться никому, кроме самого Господа, и тут же объясняет им, что у них будет «Царь, который избавит их и покорит всех непокорных».

Это ровно то же самое, что канонический Иосиф говорит о «четвертой секте».

«Вождем (ἡγεμών) четвертой философской школы стал галилеянин Иуда, — сообщает нам Иосиф Флавий. — Приверженцы этой секты во всем прочем вполне примыкают к учению фарисеев. Зато у них замечается ничем не сдерживаемая любовь к свободе. Единственным вождем (ἡγεμών) и владыкою своим они считают Господа Бога»[83].

На первый взгляд текст Иосифа содержит существенное противоречие. Иосиф сообщает, что секта, считавшая своим единственным *гегемоном* Господа, считала *гегемоном* Иуду из Гамлы.

Это противоречие легко устранить, если представить себе, что «четвертая секта», точно так, как это делали кумраниты, и точно так, как это делали христиане, считала своего *гегемона* Иуду не просто человеком, а аватаром Господа. Именно это и позволяло ей сочетать страстное стремление к свободе с жесткой тоталитарной иерархией. «Идти на смерть они считают за ничто, равно как презирают смерть друзей и родственников, лишь бы не признавать над собою главенства человека»[84].

Во-вторых, в этом тексте Иосифа Флавия Цадок/Иоанн обладает огромным влиянием.

Перед нами — отнюдь не маргинальный *гоис*, не замеченный большинством иудеев. Перед нами — могущественный пророк, перед которым заискивают и Архелай, и Филипп. Это новый Илия, бестрепетно обличающий Ахава, новый Самуил, снимающий и назначающий царей.

В-третьих, славянский Иосиф приписывает именно этому пророку изобретение практики крещения в Иордане с целью смывания с себя грехов. Эта практика ежедневного омовения впоследствии была отличительным признаком всех последующих потомков «четвертой секты» — масбофеев, ессеев, оссеев, сампсеев, сабеев, эльхасаитов — вплоть до мандеев, до сих пор живущих в песках Ирака, и мусульман, практикующих пятикратное ежедневное омовение.

В-четвертых, славянский Иосиф и Новый Завет разительно расходятся в вопросе о диете «дикого мужа». Новый Завет считает, что Иоанн питался акридами, то есть саранчой, а славянский Иосиф несколько раз повторяет, что он питался тем, что рожают деревья.

Как мы уже видели выше, большая часть назорейских сект запрещала есть животную пищу, а некоторые, например, эльхасаиты, не ели хлеба, питаясь одними овощами. Именно веганской диеты придерживались священники, за которых Иосиф Флавий поехал заступать в Рим: эти превосходные люди питались финиками и плодами. Ее придерживался апостол Филипп, который ел только овощи и пил только воду. Ее придерживался апостол Фома, который «не ел и не пил», то есть не ел мяса и не пил вина, и ту же самую формулировку «Деяния апостолов» используют, когда говорят о сорока сикариях, преследовавших Павла: они поклялись «ни есть, ни пить», то есть не есть мяса и не пить вина, пока не убьют Лжеца.

Этот отказ от мяса и даже от зерна имел глубокую религиозную нагрузку. Дело в том, что все сектанты ели то, что Адам и Ева ели в Раю до грехопадения. Именно тогда Господь дал людям «плод древесный, сеющий семя» (Быт. 1:29), а мяса еще не дал и хлеб выращивать не заставил. Кроме этого наш «дикий муж» носит власяницу, то есть опять-таки ту самую одежду, которую сделал Господь Адаму и Еве (Быт. 3:21).

Иначе говоря, «дикий муж» питался тем, чем люди питались в Раю, и носил то, что они надели перед изгнанием из Рая. Он учил полному возвращению к диете, прописанной Господом человеку перед грехопадением[85].

То, что пишет славянский Иосиф, превосходно согласуется со всем, что мы знаем о пищевых табу аутентичных иудейских последователей Иисуса и вообще еврейских милленаристов.

У нас есть масса прямых и косвенных свидетельств о многочисленных иудейских сектах «крестителей», которые придерживались вегетарианской и даже веганской диеты. Напротив, у нас нет никаких свидетельств о еврейских пророках, питавшихся «саранчой».

Иначе говоря, славянский Иосиф сообщает нам правильные сведения о диете Иоанна Крестителя, а вот Новый Завет — ошибается. По мнению Айслера, плоды деревьев превратились в «саранчу» именно в переводе с арамейского на греческий. Переводчик мог спутать семитское «харубим» (саранча) с одноименным «харубим» (плоды дерева кэроб), или греческое «акридес» (саранча) с греческим «акродра» (молодые ростки растений)[86].

Вряд ли эта путаница случайна. Евангелист Марк при переводе постоянно ошибался в свою пользу, и ему было, вероятно, важно пресечь всякие слухи о родстве Иоанна Крестителя с фанатическими веганскими сектами.

Так или иначе, ортодоксы, как и всегда, когда они отступили от оригинального иудейского учения, возводили свою ошибку в символ веры и отстаивали с фанатизмом, не останавливавшимся даже перед намеренным искажением точки зрения противника. Эбиониты, то есть иудействующие христиане, жаловался неистовый борец с ересью Епифаний, говорят, что Иоанн питался «диким медом, чей вкус был как вкус манны, и *эукридами* (т.е. жаренными в масле пончиками)». «Вот так-то они, как вам это понравится, превращают истинное повествование в ложь, и заменяют саранчу «пончиками»!» — восклицает негодующий Епифаний[87].

Иными словами, упоминание того, что *дикий муж* питался плодами деревьев, свидетельствует в пользу принадлежности этих сведений Иосифу Флавию. Очень сложно себе представить, чтобы христианский переписчик решил ни с того ни с сего заменить священные для него «акриды» «плодами деревьев». Ровно наоборот: он скорее заменил бы «плоды» на «акрид».

Именно это и произошло во многих списках «славянского Иосифа». «Акрид» нет в шести из тридцати имеющихся списков, но в большинстве списков переписчик, верный наследник Епифания, ничтоже сумняшеся, в одном из мест, не выдержав, приписал: «И всякого животного гнушаться ясти. И всяку неправду обличаше. И на потребу ему быша древяные щеполъкы, *и акриды и мед дивии*»[88].

Наш бедный переводчик даже не заметил, что акриды не только противоречат духу текста, который несколько раз повторяет, что «дикий муж» питался только побегами деревьев, но и прямо противоречат информации, сообщенной ровно строчкой выше: а именно, что «дикий муж» *гнушался есть животного*.

Точно так же трудно представить себе, что такой переписчик выдумает эпизод с Симоном Ессеем, который обличил «дикого мужа».

Дело в том, что «ессеи» отсутствуют среди действующих лиц Нового Завета, там есть только иродиане, книжники и фарисеи. Поздний христианский переписчик не будет выдумывать «ессея». В его картине мира такой персонаж отсутствует. Он или вовсе незнаком с этим словом, или, если он учен и многоязычен, знаком с ним только в изложении отцов церкви, для которых «ессеи» являются еретической сектой, соблюдающей иудейский закон и веровавшей в Иисуса Христа, ветвь Давидову, отрасль Иессееву, откуда, собственно, и происходит ее название. Эти «ессеи» также когда-то являлись весьма воинственными и резали в переулках всех тех христиан, которые не соблюдали иудейский закон, «от этого-то они и получили свои названия, будучи прозваны одними зилотами, а другими — сикариями»[89].

Иначе говоря, христианский переписчик не будет выдумывать сцены с участием непонятного ему «ессея», он лучше возьмет фигуру из стандартного репертуара Нового Завета — фарисея или иродианина.

«Мирные ессеи» — это специфическая примета пропаганды Иосифа Флавия, фейковый конструкт, созданный им по тому же рецепту, по которому потом христианская пропаганда создала ранних «мирных христиан». Эпизод противостояния некоего Симона Ессея и «дикого мужа» — это классический образец пропаганды Иосифа Флавия, призванный отмести всякие подозрения о родстве ессеев и «дикого мужа» драматическим и наглядным способом.

Но самой драматической частью нашей истории является, безусловно, предсказание Иоанна Крестителя о том, что тетрарх Филипп потеряет и жену, и владения и что они перейдут его брату Ироду Антипе.

Дело в том, что это поразительное по своей силе прорицание в корне неверно.

Из текста славянского Иосифа можно заключить, что тетрарх Галилеи Ирод Антипа по смерти своего брата Филиппа в 34 г. женился на его супруге Иродиаде (которой на тот момент стукнул 51 год) и унаследовал его владения.

Это — совершеннейшая неправда. Легенда о прорицании попросту путает двух сыновей Иродов: тетрарха Филиппа, который правил Трахонеей и Голанитами и который умер около 34 г. н.э., и другого Ирода, сводного брата Антипы от дочери первосвященника Симона Боэта. В «Иудейской войне» Иосиф ничего не рассказывает об этих Иродах, но спустя двадцать лет в «Иудейских древностях» он рассказывает эту историю с деталями, которые не оставляют сомнений в ее достоверности.

Иосиф пишет следующее: «Во время одного путешествия в Рим он [Ирод Антипа] заехал к своему сводному брату Ироду, который родился от дочери первосвященника Симона. Влюбившись в жену брата, Иродиаду (она была дочерью их общего брата Аристобула и сестрою Агриппы Великого), он рискнул предложить ей выйти за него замуж. Иродиада согласилась и сговорилась с ним войти в его дом, когда он возвратится из Рима. При этом было условлено, что Ирод прогонит дочь Ареты»[90].

Дальше Иосиф сообщает, что когда дочь Ареты, царя набатейского, узнала об этой истории, она сбежала к отцу, который и пошел в отместку на Антипу войной. Эту войну Антипа проиграл из-за казни им Иоанна Крестителя.

Точно так же автор предсказания ошибается и насчет наследства. После смерти Филиппа его владения отошли не брату Антипе, а императору Тиберию. Впрочем, Тиберий скоро умер, и новый император, Гай Калигула, передал их еще одному представителю дома Ирода — своему любимцу Ироду Агриппе, который до этого момента жил в Риме, не владел ничем и был в долгах как в шелках, что не мешало ему ссужать Калигуле огромные суммы[91].

Таким образом, легенда о предсказании «дикого мужа» не только сложена, как обычно, задним числом, но и путает все, что можно. Тетрарха Филиппа она путает с частным римским гражданином Иродом, а тетрарха Ирода Антипу — с фаворитом Калигулы Иродом Агриппой.

Откуда же взялось это изумительное по своей неточности предсказание?

Мы можем сделать простое предположение: из рассказов пророка Бануса. Стажируясь у мирных ессеев, Иосиф Флавий слышал от них большое количество фольклорных рассказов о мудрости «дикого мужа». Разобраться в хитросплетениях относительно различных Иродов нелегко нам и сейчас, а уж сектантам в иудейской пустыне спустя 20 лет после описываемых событий — и подавно.

Они знали, что Ирод Антипа был женат на жене своего брата, что он развелся с дочерью набатейского царя. Они знали, что царь этот начал против него в 36 г. войну, которую он проиграл из-за казни Иоанна Крестителя.

Все эти события слились для сектантов в одну и ту же историю, которую и воспроизвел в наспех сметанном на живую нитку арамейском варианте «Иудейской войны» Иосиф Флавий.

Впоследствии, когда он писал «Иудейские древности», он много общался с проживавшим на правах частного гражданина в Риме Иродом Агриппой II, что сильно улучшило его познания в генеалогии бесчисленных Иродов. Ирод Агриппа, без сомнения, и указал ему на ошибку.

Сама по себе эта история с ошибочным предсказанием была бы не так важна, если бы не одно «но». Ессеи, рассказавшие Иосифу эту историю, перепутали все детали.

Но они перепутали их именно потому, что Иоанн Креститель был казнен после смерти Филиппа и накануне войны Антипы с набатеями, — иначе говоря, около 36 г. Именно эту дату смерти Иоанна Крестителя косвенно подтверждают и «Иудейские древности», в которых говорится, что Ирод Антипа вступил в войну с набатейским царем Аретой в 36 г. н.э. и что, по общему убеждению, он проиграл ее из-за смерти Иоанна. «Иудеи же были убеждены, что войско Ирода погибло лишь в наказание за эту казнь, так как Предвечный желал проучить Ирода»[92].

Таким образом — и это еще один наш важнейший вывод, — хронология славянского Иосифа радикально расходится с евангельской. Согласно «Евангелию от Луки» Иоанн Креститель был современником Иисуса и был казнен за год до него. Согласно славянскому Иосифу Иоанн начал проповедь за поколение до Иисуса, а казнен был в 36 г. н.э. — примерно в то время, напомним, в которое был отправлен с позором в отставку прокуратор Иудеи Понтий Пилат и в которое, как мы предполагаем, и был принят Сенатусконсульт против христиан.

Итак, подытожим.

В тексте «Иудейских древностей» Иосиф называет основателями «четвертой секты» Иуду Галилеянина и фарисея по прозвищу Цадок, то есть Праведник. Приверженцев этой секты, по Флавию, отличает «ничем не сдерживаемая *любовь к свободе*. Единственным руководителем и владыкою своим они считают *Господа Бога*»[93].

Славянский Иосиф говорит о «диком муже», который начал свою проповедь в то же время, что и Цадок. Он, «прийдя к иудеям, призвал их к *свободе*» и пообещал, что «никто не будет владычествовать над смертными, кроме пославшего его *Господа Бога*».

Кроме этого славянский Иосиф сообщает нам подробности поведения «дикого мужа»: он носил власяницу, крестил людей в Иордане и придерживался веганской диеты. Эти подробности не оставляют сомнений, что речь идет о человеке, которого Евангелия знают как Иоанна Крестителя.

Славянский Иосиф не называет «дикого мужа» по имени. Это не случайно. В «Иудейской войне» безымянны все главные прельстители иудейского народа. Иосиф не называет по имени ни «египтянина», увлекшего народ в пустыню при прокураторе Феликсе, ни «самаритянина», изрубленного Пилатом на горе Геризим.

Первое и очевидное предположение заключается в том, что Иосиф знает эти имена, но не хочет их увековечивать. Если бы речь шла об эллине или римлянине, это было бы справедливое предположение. Но речь идет об иудее.

Одной из важнейших черт иудейской традиции была запретность божественных имен. Прежде всего это касалось имени Бога евреев; при произношении оно заменялось на «Адонай» (Господь), а настоящее имя, Тетраграмматон, יהוה (YHWH), никто не имел права произносить вслух, кроме Первосвященника, да и тот делал это раз в год, ритуально очистившись и прийдя в Святая Святых. Любой другой человек, возгласивший имя Бога, карался смертью за святотатство.

Имя Иисуса и, возможно, имена некоторых других могущественных «колдунов» из «четвертой секты» также обладали сакральной силой и также находились под запретом. Под запретом, к примеру, впоследствии находилось имя рабби-еретика Элиши бен Абуйи, который был известен просто как

«Ахер», то есть «другой». Дело было не в том, что иудеи сомневались в могуществе этих имен — они сомневались в последствиях этого могущества для души.

Так, в Тосефте содержится следующий рассказ: «Рабби Елеазар бен Дама был укушен змеей. Иаков из Кфар Самы пришел излечить его во имя Иисуса сына Пантеры. Но Рабби Ишмаэль не позволил ему. Они сказали ему [Елеазару бен Даме]: «Тебе не позволено [принимать лечение от Иакова], бен Дама!»

Он [Елеазар бен Дама] сказал ему [Ишмаэлю]: «Я принесу тебе доказательство, что он может лечить меня!» Но у него не было времени принести доказательство раньше, чем он умер.

Рабби Ишмаэль сказал: «Счастлив ты, бен Дама, ибо ты почил в мире и не нарушил запрета, установленного Мудрецами!» Ибо того, кто ломает изгородь, возведенную Мудрецами, в конце концов постигает кара, и сказано: “Кто разрушает ограду, того ужалит змей”»[94].

В Палестинском Талмуде в трактате Авода Зара есть очень похожая история, только с несчастным концом.

«У него [рабби Иешуа бен Леви] был внук, который проглотил [что-то вредное]. Некто пришел и прошептал над ним имя Иисуса бен Пантеры, и он излечился». Когда [колдун] ушел, он [рав. Иешуа] спросил у него: “Что ты сказал над ним?”

Он ответил: “Такое-то и такое-то слово”.

Он [рав. Иешуа] сказал ему [волхву]: “Насколько лучше было бы для него, если бы он умер и не слышал этого слова!”»[95]

Во всех этих историях, как мы видим, имя Иисуса, так же как и имя Бога, обладает целительной силой. На первый взгляд нам не совсем понятны чувства рабби Иешуа бен Леви, горюющего при виде излеченного внука, но суть этих историй в том, что исцеление, которое приносит имя Иешуа, есть дьявольское искушение. Нам проще было бы понять смысл этих историй, если бы на месте имени «Иисус» стояло имя «Сатана».

Рабби Элеазан бен Дама был укушен змеей и умер, но попал в Рай, потому что не успел услышать имени Иисуса. Внук рабби Иешуа был излечен именем Иисуса, но после смерти он будет обречен на вечные муки. Поэтому рабби не хочет, чтобы его внук был спасен именем Иисуса.

Точно так же еврей Фортунат в «Деяниях Иоанна» и первосвященник Анания в «Деяниях Филиппа» категорически отказываются быть спасенными именем проклятого *гоиса*.

С большой вероятностью Иосиф Флавий, не называющий имени «дикого мужа» в тексте, адресованном иудейской диаспоре, руководствуется тем же принципом. Если не он сам, то его читатели считают это имя запретным. Даже в «Иудейских древностях» он называет не имя, а прозвище — Цадок, то есть Праведник.

Итак, из славянского Иосифа следует, что *Иоанн Креститель — это и есть основатель «четвертой секты» Цадок*. Он «призывал к свободе» и обещал иудеям «Царя, который избавит их и покорит всех непокорных». Он питался только древесными плодами, то есть сидел на той же диете, что и Адам в Раю.

Он проповедовал по меньшей мере тридцать лет, бесстрашно обличая римских марионеток. Он ввел практику ежедневного крещения, основал «четвертую секту» и благословил Иуду Галилеянина на восстание против *киттим*.

После провала восстания он «перешел на другую сторону Иордана» и вновь появился в Галилее в 30-х гг. Его казнь так впечатлила современников, что они объяснили проигрыш войны с набатеями карой за смерть Иоанна.

Все эти сведения очень хорошо согласуются со сведениями «Псевдоклиментин» о секте поклонников Иоанна Крестителя, считавших, что воскрес именно он, и со сведениями Оригена о верующих в бессмертие Досифея, преемника Иоанна Крестителя.

Они также превосходно согласуются с текстами мандеев, полагавших, что Иоанн Креститель пришел на поколение раньше Иисуса и что проповедь его продолжалась сорок два года.

Но они совершенно противоречат евангельской хронологии, или, точнее, евангелисту Луке, который один сообщает нам временны́е рамки проповеди Иоанна Крестителя. Лука сообщает нам, что Иоанн начал проповедь «в пятнадцатый год правления Тиверия цесаря» (Лк. 3:1), проповедовал полгода и был казнен, а за ним начал проповедовать и тоже через год был казнен его двоюродный брат Иисус.

Может ли такая хронология являться фантазией христианского переписчика?

Вряд ли.

Христианский переписчик мог (и вставил) в текст строки, которые подтверждают Новый Завет. В частности, как легко заметить, он с удовольствием вставил «акрид». Но с какой стати ему было рассказывать, что Иоанн Креститель появился за поколение до Иисуса, был казнен после него и являлся не кем иным, как страшным пророком Цадоком, основателем «четвертой секты»?

Ровно наоборот — сведения славянского Иосифа объясняют нам, почему христианская цензура изъяла из канонического текста «Иудейской войны» все упоминания об основателе «четвертой секты».

Testimonium Flavianum 2.0

Канонический текст «Иудейской войны» не содержит никаких упоминаний об Иисусе. Вместо этого он содержит очевидную смысловую лакуну.

Дело в том, что в «Иудейской войне» Иосиф Флавий посвящает очень много места префекту Иудеи Понтию Пилату. Он не посвящает столько места никому из его предшественников. Что-то очень важное, по мнению Иосифа, случилось в правление Пилата в Иудее.

Но что?

Иосиф в «Войне» рассказывает о двух историях, в которых недалекий, грубоватый и не понимающий местных обычаев префект Понтий Пилат оскорбил лучшие чувства мирных иудеев.

В одном случае, рассказывает Иосиф, Понтий Пилат ввел в город войска, при которых имелись *signa*, то есть священные значки с изображениями императора. Иудеи оскорбились присутствием изображений в священном городе и стройными рядами двинулись за 130 км в Кесарию, где и попросили Пилата убрать мерзость.

Фактически удаление *signa* означало удаление из Иерусалима римских войск. Это требование было, вероятно, одним из элементов административной войны, которую вел против новоназначенного прокуратора Иудеи Синедрион и тетрарх Галилеи Ирод Агриппа.

Однако Иосиф представляет всю историю как результат спонтанного народного возмущения, вызванного невежественным римским чиновником, и не упускает случая подчеркнуть исключительно мирный характер протеста. По словам Иосифа, Пилат пригрозил толпе смертью, если она не разойдется, но демонстранты — поистине христианское смирение — только принялись обнажать шеи для удара.

Пораженному Пилату ничего не оставалось, как вывести *signa* из города, — результат, к которому, несомненно, и стремились организаторы спонтанных протестов[96].

Во втором случае причиной народных волнений послужил построенный Пилатом водопровод. Иерусалим задыхался без воды, и Пилат употребил на постройку этого водопровода *корбан*, то есть священную храмовую казну. Это снова привело к протестам, имевшим, по словам Флавия, исключительно мирный характер. На этот раз Пилат не церемонился и, переодев римских солдат в гражданское и вооружив их дубинками, напустил их на толпу[97].

Так или иначе, обе истории, которые рассказывает Иосиф, не кажутся очень важными. Они кажутся скорее примечаниями к Самой Важной Истории, которую Иосиф хотел бы рассказать о префекте Иудеи Понтии Пилате.

И, действительно, в «Иудейских древностях» эта Самая Важная История есть. Рассказав подробно о неурядицах Пилата и воинственных иудеев, Иосиф продолжает:

«Около этого времени жил Иисус, человек мудрый, если Его вообще можно назвать человеком. Он совершил изумительные деяния и стал наставником тех людей, которые охотно воспринимали истину. Он привлек к себе многих иудеев и эллинов. То был Христос. По настоянию наших влиятельных лиц Пилат приговорил Его к кресту. Но те, кто раньше любили Его, не прекращали этого и теперь. На третий день он вновь явился им живой, как возвестили о Нем и о многих других Его чудесах боговдохновенные пророки. Поныне еще существуют так называемые христиане, именующие себя таким образом по Его имени»[98].

Это и есть знаменитое свидетельство Иосифа Флавия, оно же *Testimonium Flavianum.*

Этот короткий текст об Иисусе Христе, который был распят при Пилате по наговору влиятельных евреев, но воскрес на третий день, и был одной из главных причин, по которой труды Иосифа так ценили христиане.

Вы, конечно, спросите: как же так получилось, что верующий иудей в тексте, посвященном бунтовщикам из «четвертой секты», рассказал в таких возвышенных выражениях о воскресении Христа? На это тоже существовал прекрасный ответ: жид-Иосиф-то и хотел возвести хулу на Христа, но ангел Господень, водивший его рукой, не дал ему это сделать.

Пока церковь была всесильна, *Testimonium Flavianum* считался драгоценнейшим историческим свидетельством о Христе. Всякий, кто посмел бы усомниться в его подлинности, рисковал отправиться на костер. После того как костры потухли, как-то само самой потускнело и убеждение в подлинности *Testimonium*.

Скептическая библеистика XIX в., воспитанная в традиции «неизвестного Иисуса», считала его позднейшей вставкой. По ее мнению, это был фейк — такой же, как переписка Сенеки и апостола Павла. Исторической ценности этот фейк не имел, а сам Иосиф Флавий-де ничего не знал о Христе, который был слишком незначительным персонажем, чтобы Иосиф Флавий посвятил бы ему хоть строчку.

Заметим, что скептическая библеистика XIX в. была в корне не права, потому что рассказ об Иисусе у Иосифа Флавия точно был. Мы можем это вычислить из сообщения Оригена, который читал Флавия раньше библеистов XIX в. и сообщал, что Иосиф Флавий не признавал в Иисусе Христа. Вряд ли Ориген сделал бы такое заявление, если бы просто не нашел в текстах Флавия никакого упоминания об Иисусе.

Из одного этого следует, что Флавий об Иисусе все-таки упоминал, но совсем не в тех выражениях, в которых составлен *Testimonium Flavianum*.

И в самом деле.

В славянском Иосифе Testimonium имеет совершенно другой характер. Он находится между историей с *signa* и историей с водопроводом. Вот он:

«В это время был некий человек, ежели можно назвать его человеком. Ибо облик и тело его были человеческие, а дела — божественные. Он творил чудеса дивные и великие. Так что не могу я его назвать человеком. Однако, учитывая его человеческую природу, не назову и ангелом.

Все, что он творил, он творил невидимою силой, словом и повеленьем. Одни говорили о нем: «Наш первый законодатель восстал из мертвых, исцеляет и творит чудеса». Другие говорили, что он посланец Бога. Но во многих вещах он противостоял закону и не хранил субботы, однако не делал ничего нечистого и ничего не делал руками, но только словом.

Множество народа следовало ему и внимало его учению. И многие подвизались, надеясь, что народ иудейский им будет освобожден из рук римлян.

Обычно он находился перед городом на Елеонской горе, там же и исцелял. К нему примкнули сто пятьдесят слуг и множество народа, который видел его силу и то, что он творит словом что хочет. Они велели ему войти в город, избить воинов римских и Пилата и царствовать над ними. Но он отказался.

Когда вести о нем достигли правителей евреев, то те собрались во главе с первосвященником и сказали: мы слабы и не можем противиться римлянам. Однако, поскольку «лук натянут»*, идем и известим Пилата о том, что слышали, и не будем иметь неприятностей: ведь если услышит от других, то лишит нас имущества и уничтожит, а потомство рассеет. Они пришли и рассказали Пилату. Тот, послав, перебил много народа и захватил чудотворца.

Он судил его и нашел, что тот есть добродей, а не злодей, не мятежник и не желает царства, и отпустил его, ибо тот исцелил его умирающую жену. Тот вернулся на прежнее место и делал прежнее дело. Еще больше людей собралось к нему, и еще больше возросла его слава. Тогда книжники исполнились зависти и дали Пилату тридцать талантов, чтобы он его убил. И он взял деньги и велел им делать, что хотят. И они взяли и распяли его вопреки закону отцов и глумились над Ним»[99].

Ну вот! Час от часу не легче! — скажет читатель.

Нас только что уверили, что *Testimonium Flavianum* — это фейк. И вот теперь нам предлагают всерьез обсуждать *вот*

---

* Член Синедриона в данном случае цитирует Псалтирь: «Ибо вот, нечестивые натянули лук, стрелу свою приложили к тетиве, чтобы во тьме стрелять в правых сердцем» (Пс. 11:2, Синодальный перевод Пс 10:2). Трудно сказать, принадлежит этот текст оригиналу или церковному переписчику.

это? Иисус, исцеливший жену Пилата? И осужденный на смерть за взятку в тридцать талантов?

Что это, как не *Testimonium Flavianum 2.0*? Фейк от арамейского, греческого или славянского цензора?

Совершенно точно. Этот текст — фейк.

И этим-то он и ценен.

Дело в том, что этот фейк *отличается* от *Testimonium Flavianum 1.0*.

Тем самым он снова — как и замечание Оригена — свидетельствует, что какой-то текст об Иисусе у Иосифа был. Когда вы вставляете с чистого листа, это одна вставка. Но вот когда цензоры считают нужным исправить существующий текст, тогда каждый кромсает по-разному. Кто-то перепишет так, а кто-то сяк.

Итоговые результаты будут не совпадать между собой, и именно поэтому сегодня арабский, румынский и тем более славянский варианты *Testimonium Flavianum* не совпадают с версией, которую впервые процитировал Евсевий Кесарийский.

Текст Иосифа был переписан достаточно рано и в таком виде был известен многим отцам церкви. Так, Иоанн Антиохийский (ок. 620 г.) упоминает о взятке, данной Пилату[100], а *Vita beatae Virginis Mariae et Salvatoris Rhythmica* рассказывает об излечении Иисусом жены Пилата[101]. Можно предположить, что и Иоанн, и *Vita beatae* ознакомились с этими увлекательными историческими подробностями в первоисточнике славянского Иосифа, тем более что *Vita beatae* на Иосифа-то и ссылается.

Итак, нет никакого сомнения, что рассказ об Иисусе в славянском Иосифе отредактирован, и капитально. Этот кусок текста находится в самом эпицентре исторических искажений: здесь цензура превращается в черную дыру, искажающую документ самым чудовищным образом.

Тем интересней, что некоторые руины первоначальных смыслов в этом эпицентре сохранились.

Например, славянский Иосиф не называет Иисуса по имени, так же, как он не называет по имени Иоанна. Он именует Иисуса чудодеем, то есть в обратном переводе на греческий — *гоисом,* словом, которое Иосиф использует для обозначения пророков «четвертой секты». Точно так же — *гоисами* — постоянно называют христиан их враги в различных разбиравшихся нами «Деяниях». В «Деяниях Фомы» царь Миздай требует «казнить колдуна»[102]. «Ты *гоис*», — говорит первосвященник Анания апостолу Филиппу[103]. «Люди, не верьте *гоису»,* — говорит в «Деяниях Андрея» проконсул Вирин[104].

Слово *«гоис»* является настолько стандартным термином в отношении последователей Иисуса, что мы можем даже заподозрить, что оно наряду со словом «христианин» было официально упомянуто в Сенатусконсульте 36 г. Во всяком случае, «Псевдоклиментины», возможно, описывают этот Сенатусконсульт как «закон о запрете всех гоисов»[105]. Именно «гоисов» Тиберий в 19 г. н.э. изгнал из Рима.

Мы вправе предположить, что слово «гоис» в применении к Иисусу осталось нам от подлинного текста Флавия.

Связь *гоиса,* распятого Пилатом, с «четвертой сектой» также прослеживается в этом тексте довольно явно. Люди, которые шли к нему, думали, «что тем освободятся колена иудейские от римских рук». Об Иисусе надеялись, что он войдет в город и «убьет римских воинов». Пилат при его аресте «убил многих». Все эти компрометирующие нашего мирного пророка сведения вряд ли могли быть позаимствованы из Нового Завета. С большой вероятностью они остались от оригинального текста Иосифа Флавия.

Еще один остаток оригинального текста — это 150 «слуг» *гоиса,* которые, скорее всего, в оригинале были не слугами, а последователями или телохранителями. В рассказе канонического Иосифа о «египетском пророке» подобные последователи названы *дорифорами,* в значении «копьеносцы, телохранители будущего тирана»[106].

Цифру 150 невозможно заимствовать из Евангелия по причине ее там отсутствия. Порядок ее ближе к иудейским источникам. К примеру, одна из версий «Толедот Иешу» утверждает, что у Иисуса было 310 воинственных учеников, которые отбили его у Синедриона и увезли в Антиохию. Впрочем, другая версия «Толедот» сообщает, что Иисус нагрянул в Иерусалим аж с двумя тысячами боевиков.

Ученики волшебника

Еще один отрывок славянского Иосифа посвящен ученикам Иисуса.

Самое примечательное в этом отрывке — это место его нахождения. Он следует сразу за повествованием о смерти Ирода Агриппы — того самого внука Ирода Великого, внутренности которого скоропостижно съели черви после того, как придворные на эллинском стадионе приветствовали его как Бога[107].

Именно после этой смерти Иудея снова перешла под прямой контроль римлян. В каноническом тексте «Иудейской войны» Иосиф Флавий обходит этот ключевой момент стороной и ничего не говорит о реакции зилотов на это новое национальное унижение.

В славянском Иосифе соответствующий текст есть. Но рассказывает он вовсе не об оживлении «четвертой секты», а об оживлении учеников «описанного прежде *гоиса*». Согласно славянскому Иосифу оно произошло в совместное правление Куспия Фада и Тиберия Александра, посланных в Иудею после смерти Агриппы. Мы приводим этот текст ниже целиком, для простоты выделив в нем перечеркиванием явно христианские вставки.

«В это время появилось много учеников упомянутого раньше *гоиса*. Хотя он и умер, они объявили народу, что он жив и что он *освободит их от рабства*. Множество народа слушали их и повиновались им, несмотря на их репутацию.

~~Были же апостолы из простых людей: иные ткачи, иные сапожники, иные ремесленники, иные рыболовы. Но великие знамения творили, поистине, как желали.~~ Благородные наместники и законоучители, видя *възвращение* народа, решили взять их и убить, ибо «малое не будет малым, если станет великим». ~~Но они отступили, ужаснувшись знамений и сказав: «С помощью отравы такие чудеса не делаются, и если эти люди творят не по Божему промыслу, то скоро они обличат себя сами». И разрешили им делать, что хотят.~~ Из-за совершенных ими дел они послали их одних к Августу, других в Антиохию на суд и в отдаленные страны»[108].

Как мы уже сказали выше, благочестивые христианские вставки в этом куске видны невооруженным глазом. Однако является ли вставкой весь текст?

Очевидно, нет.

Для начала — ни один христианский переписчик не заметил бы отсутствия в «Иудейской войне» главки, посвященной Фаду и Александру. Еще меньше он бы склонен их был называть «благородными наместниками» за желание истребить христиан. Вряд ли бы он сообщил, что Иисус был мертв и что это только его ученики утверждали, что он жив. Вряд ли бы ему также пришло в голову атрибутировать ученикам Иисуса классическую формулировку обещаний «четвертой секты»: «Он освободит вас от рабства».

Более того, славянский Иосиф утверждает, что ученики *гоиса възвращали*, то есть развращали, совращали или прельщали народ. Напомню, что «прельщение» в данном случае — это не фигура речи, а юридический термин. Согласно Торе, пророка, прельщающего Израиль, надлежало предать смерти, даже если он будет совершать чудеса (Втор. 13:5). Именно в *прельщении* народа обвиняет Иисуса Талмуд[109]. Именно обвинение в *прельщении* народа обвиняют Иисуса в Новом Завете фарисеи (Лк. 23:14), и именно «прельстителями» (πλάνοι) и называет канонический Иосиф Флавий пророков «четвертой секты»[110].

Кроме этого христианская пропаганда отличалась одной любопытной тенденцией: она обвиняла в несчастиях ранних христиан иудеев, а римлян, наоборот, всячески оправдывала. В «Деяниях апостолов» христиан преследует именно царь Агриппа: он убил Иакова, брата Иоанна, и арестовал на Пасху Петра (Деян. 12:1–3). Если бы христианский цензор вставлял от себя, он приписал бы гонения иудейскому царю, а не его римским преемникам.

Перед нами — вполне связный рассказ о том, что после скоропостижной смерти Ирода Агриппы, которая казалась такой очевидной божественной карой за преследования *святых,* в Иудее развелось множество последователей *гоиса* Иисуса. Они были схвачены, кто-то был казнен, кто-то послан в Антиохию, а кто-то — на суд в Рим (как потом разбойник Елеазар бен Динай и храмовые священники, за которыми поехал в Рим Иосиф). Из этого опять-таки следует, что власти были прекрасно осведомлены о проблеме, на уровне наместника Антиохии и даже императора Клавдия, выславшего из Рима иудеев, «беспрестанно волнуемых неким Хрестом».

Но самый интересный результат этот отрывок дает в сличении с «Иудейскими древностями».

Дело в том, что в «Иудейских древностях» Флавий называет имена представителей «четвертой секты», казненных в правление Фада и Александра. При Фаде это был колдун и обманщик Феуда, который повел народ к Иордану, обещая раздвинуть воды реки[111], а при Тиберии Александре — два сына Иуды Галилеянина — Иаков и Симон.

Однако Иаков и Симон — это не только имена сыновей Иуды Галилеянина. Это также имена апостолов Иисуса: Иакова Мстителя и Симона Зилота (Мк. 3:16–19).

Конечно, Иаков и Симон были распространенные имена, но когда читаешь в славянском Иосифе о том, что благородный Тиберий Александр решил убить служителей распятого чудотворца, обещавших освободить иудеев от рабства, а потом читаешь в «Древностях» о том, что тот же Тиберий Александр распял сыновей Иуды Галилеянина Иакова и Симона, то трудно отделаться от подозрения, что *сыновья* Иуды Галилеянина были *апостолами Иисуса*.

Очень возможно, что именно этот волнующий эпизод описан в Откровении Иоанна Богослова, который сообщает нам о «двух маслинах, двух светильниках», умевших насылать голод и засуху (которые как раз тогда свирепствовали в Иудее) и убивать людей огнем из своих уст. Эти «две маслины, два светильника» были распяты Антихристом прямо посреди Иерусалима, но на третий день воскресли перед глазами всего народа и поднялись на небо на облаке.

И, наконец, отметим еще одну нетривиальную деталь. Иосиф Флавий употребляет относительно Иисуса крайне странную формулировку: «Он умер, но они говорили, что он жив». Ортодоксы не говорили, что «Иисус жив». Они говорили: «Иисус воскрес», и это была принципиальная позиция. Утверждение «Иисус жив» содержало в себе слишком много возможных «еретических» интерпретаций. Очень трудно представить себе позднего греческого или русского переписчика, который вместо формулировки «Иисус воскрес» использует странную формулировку «Иисус жив». Зато сторонний скептический наблюдатель, пишущий в 70 г. н.э. и более или менее осведомленный о многочисленных разногласиях среди последователей Иисуса, напишет именно так.

Троица: Ирод, Иисус и Веспасиан

Как мы уже говорили, в каноническом тексте «Иудейской войны» — книги, написанной о восстании, случившемся из-за ожидания Мессии, Иосиф Флавий ни разу не упоминает слова «Мессия».

Один только раз он подходит к опасной теме, сообщая, что «главное, что побуждало иудеев к войне, было двусмысленное пророческое изречение, гласящее, что к этому времени один человек из их родного края достигнет всемирного господства»[112].

Речь идет о благословении, которым в Книге Бытия, 49:10, Иаков благословляет своего четвертого сына Иуду. Это темное, с заметным фаллическим подтекстом изречение было произнесено очень рано при дворе иудейских царей (может быть, даже при дворе Соломона) и, скорее всего, гласило: «Не отойдет скипетр от Иуды и жезл меж-под ног его, пока не придет в Силом (Шило), и ему покорность народов». С течением времени Шило, как священное место, было вытеснено Иерусалимом, фраза потеряла свой первоначальный смысл, и Шило стало восприниматься как имя собственное. Его толковали, как «Спаситель» или «Примиритель», и оно было одним из любимых пророчеств Кумрана.

Тут же Иосиф благочестиво прибавляет, что пророчество это на самом деле относилось к Веспасиану. В славянском Иосифе фраза Флавия имеет короткое, но ошеломительное продолжение. Оно гласит: «Некоторые под этим имели в виду Ирода, некоторые — распятого чудотворца Иисуса, некоторые же — Веспасиана»[113].

Но, может быть, это добавление было сделано христианским переводчиком?

Нет никакого сомнения, что христианские читатели, вслед за своими кумранскими предшественниками, относили Быт. 49:10 к Христу. Именно такого рода возмущенная приписка имеется, к примеру, на полях «Иудейской войны» в Ватикано-Урбинском кодексе[114].

Однако наша фраза не имеет никакого отношения к тому, что мог вставить христианин, уже по той простой причине, что в качестве одного из вероятных Мессий в ней значится Ирод. Официальная идеология, как мы попытались показать, действительно провозглашала Ирода Мессией, но совершенно невозможно, чтобы в шорт-лист Христов Ирода включил христианин, проявив при этом такое понимание социальной и политической обстановки в Иудее I в., которого христиане были фундаментально лишены.

И к тому же вряд ли бы христианин назвал Иисуса «распятым чудодеем». «Распятый *гоис*» — это лексика самого Иосифа. Это презрительный тон экс-зилота, возлагающего на бывших единомышленников всю вину за Иудейскую войну.

Фраза Иосифа имела смысл только в одном случае: если он действительно перечислял в ней трех человек, которые в силу тех или иных причин считались серьезными кандидатами на исполнение пророчества. А именно — Ирода, который провозглашал себя Христом и которого милленаристы считали Антихристом; Иисуса Христа, который пришел после Антихриста, и, наконец, Веспасиана, к которому услужливые иудейские перебежчики всех мастей (включая фарисеев) начали применять эту фразу после войны.

Как совершенно справедливо замечает Роберт Айслер, в этом абзаце де-факто объявлено, что Мессией зилотов, виновных в разрушении Храма, был именно Иисус[115].

Другая война

Итак, если дисконтировать благочестивые вставки — то перед нами предстает совершенно другая «Иудейская война».

В каноническом тексте «Иудейской войны», правленном поколениями цензоров, нет ни Иисуса, ни Иоанна Крестителя. Несмотря на ее декларируемую цель — рассказать об отдельных прохиндеях из «четвертой секты», подбивших мирный иудейский народ на восстание против римлян, в ней содержится удивительно мало сведений о деятельности этой секты до середины 50-х гг.

Идейный основатель «четвертой секты», которого Иосиф в «Древностях» называет Цадок, не упоминается вовсе, рассказ о Понтии Пилате повисает в воздухе; в «Войне» не упоминается о том, что «четвертая секта» сражалась под руководством Мессий из дома Давидова, и не говорится, что Мессией объявил себя и сам Ирод. В ней даже не упомянуто о восстании Феуды!

Напротив, в этой, другой «Войне» тема «четвертой секты» проходит красной нитью, как того и требует идеологическая повестка текста. А история с Иродом, провозгласившим себя Мессией и перебившим ропщущий по этому поводу Синедрион, является ключевой. Если для христиан падение Иерусалима было карой за распятие Христа, то для Иосифа это падение — кара за святотатство, совершенное Иродом. В этой, другой «Войне» история распятия Пилатом Иисуса занимает свое законное ключевое место между историей про Значки и историей про Водопровод.

Необычайное оживление «последователей воскресшего гоиса» совершенно логично датируется в ней 44 г. н.э., когда Иудея из-под власти соблюдающего закон правителя снова возвращается под непосредственный контроль ненавистных *киттим.* В этой «Иудейской войне» прямо говорится, что пророчество о появлении в земле Израиля Мессии, который будет править всем миром, «одними относилось к Ироду, другими к *гоису* Иисусу, третьими же — к Веспасиану».

И если канонический текст «Иудейской войны» рисует нам картину религиозного броуновского движения, спонтанного милленаризма, прорывающегося из-под земли, то эта новая «Иудейская война» вдруг чрезвычайно упорядочивает это движение рассказом о двух самых могущественных его основателях: о *«диком муже»*, начавшем свои проповеди при Архелае, и *гоисе,* распятом при Понтии Пилате.

До сих пор у нас существуют два дискурса о событиях в Палестине в начале I в. н.э.

Один — принадлежащий перу отцензурированного Иосифа — описывает историю ужасной секты милленаристских революционеров. Другой дискурс — Нового Завета — рассказывает о проповеднике любви и мира Иисусе Христе, который был ни за что ни про что распят римлянами по наущению нечестивых иудеев.

Славянский Иосиф показывает, что оба эти дискурса описывают один и тот же предмет.

А вдруг это все неправда?

Как мог заметить читатель, на страницах выше мы не только разбирали текст славянского Иосифа, но и постоянно доказывали, что его надо принимать всерьез.

Связано это прежде всего с категорическим неприятием этого текста на протяжении большей части XX в. н.э. Сказать, что у славянского Иосифа плохая репутация — значит не сказать ничего. Кажется, нет больше в истории библеистики текста, который подвергался большему неприятию.

Вначале ничто не предвещало беды. Славянский Иосиф был опубликован в России в 1866 г., а на Западе стал известен после 1906 г., будучи переведен на немецкий рижским немцем Александром Беренцем. Первоначально он был встречен «на ура» и даже попал, в качестве дополнений, в девятитомное академическое издание Теккерея[116].

Но в это-то время появилась книга Роберта Айслера, на которую мы тут постоянно ссылались. Она произвела эффект разорвавшейся бомбы, и лучшие христианские перья были тут же брошены на защиту проповедника любви и мира Христа от фантазий варваров-славян.

Еще не успела высохнуть типографская краска на издании Айслера, как Джон Мартин Крид, кембриджский профессор теологии и по совместительству каноник местного собора, объявил весь труд Айслера грязной инсинуацией, а славянского Иосифа ни более ни менее как фантазией переводчика XII столетия, который желал расцветить скучный текст о неизвестной ему еврейской жизни подробностями из жизни известных ему библейских персонажей.

«Он представлял еврейского историка, надо думать, впервые — простому, полуварварскому, но христианскому народу. Что-то из того, чему посвящена была книга, эти люди уже знали из Нового Завета, и он, естественно, был озабочен тем, чтобы связать их новую историческую книгу со знакомым им нарративом Писания»[117].

Не меньше были оскорблены и иудаисты.

«Славянский Иосиф был написан с целью создания христианской версии Иосифа по-гречески. Славянский Иосиф не может пролить никакого нового света на жизнь Иисуса. Все его абзацы об Иисусе — это вставки, основанные на христианской литературе», — категорически заявлял Шломо Цейтлин в 1948 г. «Напечатав эти христологические абзацы в качестве дополнения к «Иудейской войне», редактор и издатели Loeb Classical Library оказали дурную услугу науке, изучению Иосифа, иудаизма и раннего христианства»[118].

Это утверждение одного из самых известных иудаистов XX столетия имело бы куда больше веса, если бы в той же статье Шломо Цейтлин не объявил бы подделками только что опубликованные кумранские тексты и не датировал бы «Дамасский документ» VIII в. н.э.

Не повезло славянскому Иосифу и в отечественной науке. А.Н. Мещерский, издавший славянского Иосифа на русском в 1958 г., объявил его, как мы уже говорили, ни более ни менее как «произведением русского автора»[119]. Все вставки, приведенные выше, с точки зрения Мещерского, были вставками русского переводчика, а заявление самого Иосифа о существовании арамейского текста было ни больше ни меньше как «литературной мистификацией» самого Иосифа, «этим стремившегося обеспечить больший интерес со стороны римских читателей к предлагавшейся их вниманию книге»[120]. Каким образом заявление о существовании варварского оригинала увеличивало этот интерес, Мещерский не поясняет.

Трудно, кажется, придумать текст, к которому с таким поголовным неприятием относились бы и англиканские священники, и ведущие иудаисты, и даже советские профессора. Все они единогласно объявляли славянского Иосифа средневековой христианской подделкой, чьи сведения взяты прямиком из Евангелий.

Выше мы постарались показать, почему эта гипотеза не выдерживает критики. Разумеется, в славянском Иосифе (кстати, как и в каноническом) полно христианских интерполяций и смешных ошибок.

Но мы вправе спросить: если речь шла о греке, переведшем Иосифа на древнерусский (sic!), то почему же он сделал такую отвратную работу?

Как его сподобило назвать Иисуса «чудодеем», то есть в обратном промежуточном переводе на греческий — *гоисом,* термином, которым Иосиф называл пророков «четвертой секты»?

Какой Сатана надоумил его отождествить предтечу Иисуса со страшным основателем «четвертой секты» Цадоком? Почему он пошел поперек всей евангельской хронологии? Как его угораздило написать, что Иоанн Креститель родился на поколение раньше Иисуса, а казнен был после него?

Каким образом в текст славянского переводчика XII в. вкралась хронология мандеев? Неужели он так внимательно изучал еврейские традиции, чтобы заметить запрет на имена *гоисов?* Как он умудрился обвинить учеников *гоиса* Иисуса в *прельщении* народа и вложить в уста «дикого мужа» типичную терминологию «четвертой секты»?

Почему добавления нашего благочестивого христианина не ограничились тем, что он отождествил Иисуса с пророками «четвертой секты», а Иоанна — с Цадоком? Как его угораздило вложить обещание бессмертия души в случае мученичества в уста *еврейского рабби, восставшего против Ирода?*

Как он догадался сообщить нам, что Ирод объявил себя Мессией, проявив тем самым редкостное историческое чутье и столь же редкостное неуважение к Иисусу? Как ему пришло в голову приписать Синедриону попытку свержения Ирода — причем в тот самый момент, когда его покровитель Антоний потерпел поражение от Октавиана Цезаря?

Добавления славянского Иосифа вовсе не «основаны на христианской литературе», как об этом безапелляционно заявляет Шломо Цейтлин. Ровно наоборот — они радикально противоречат Евангелиям. Они говорят о всем том, что Евангелия пытались скрыть.

Несомненно, в славянском Иосифе, так же как и в каноническом, есть масса христианских правок. Но мы же не считаем канонического Иосифа полной выдумкой на том основании, что Testimonium Flavianum является фейком!

Несомненно, самые ранние списки славянского Иосифа и описываемые им события разделяют ровнешенько полторы тысячи лет. Но вот проблема: у нас есть еще несколько сохранившихся только на древнерусском книг, которые имеют, вероятно, тот же провенанс: они происходят из иудеохристианских кругов.

Одна из них — это Вторая книга Еноха, текст, имеющий важнейшее значение для истории развития иудейского мистицизма. 2 Еноха была написана, вероятно, по-гречески в Александрии в I в. н.э., но сохранилась только на древнерусском. Ее самый ранний манускрипт датируется XIV в.[121].

Однако никому в голову не приходит сказать, что 2 Еноха — это фантазии древнерусского переводчика. Напротив, Петер Шафер в своем фундаментальном труде использует ее для восстановления ступеней развития иудейского мистицизма.

То же самое касается еще одного иудео-христианского апокалипсиса под названием «Апокалипсис Авраама». Этот глубоко мистический текст тоже сохранился только в древнерусском переводе, и самый ранний текст тоже датируется XIV в.[122]. Опять же никому не приходит в голову объявлять этот текст фантазиями русского переводчика, пожелавшего поподробней познакомить своих невежественных читателей с историей праотца евреев.

Причина, по которой 2 Еноха и Апокалипсис Авраама спокойно используются для реконструкции раннего иудейского мистицизма I—II вв. н.э., в то время как славянский Иосиф предан анафеме, очень проста и не имеет ничего общего с тем, что его вставки были «основаны на христианской литературе» и не могли «пролить никакого нового света на жизнь Иисуса».

Ровно наоброт: это произошло потому, что наш текст переворачивал все традиционные представления об Иисусе. Он отождествлял Иоанна Крестителя с основателем «четвертой секты», а Иисуса — с одним из ее вождей.

Именно поэтому сейчас, по мере того как представление о милленаристском характере проповедей Иисуса мало-помалу и неотвратимо просачивается даже в самую консервативную библеистику, отношение к славянскому Иосифу начинает меняться. Айслер, как и Коперник, перестает быть еретиком, на которого неприлично ссылаться.

В 2000 г. вышло издание Иосифа на французском, в котором доминиканец Этьен Ноде, один из крупнейших мировых специалистов по Иосифу Флавию, посчитал славянского Иосифа оригинальным текстом[123]. Александро Фальсетта провел через славянского Иосифа прямую линию, ведущую от Кумрана к «Евангелию от Матфея»[124]. И совсем недавно не кто иной, как сам Джеймс Гамильтон Чарльсворт, патриарх в деле изучения иудеохристианских апокрифов и Кумрана, ссылался на славянского Иосифа как на важный, хоть и небесспорный источник[125].

Снова Иоанн Креститель

Итак, славянский Иосиф является ценным дополнением к каноническому тексту Иосифа Флавия. Его сведения об Иисусе малоинтересны — это правда. Но он вносит важные дополнения в историю Ирода, перебившего Синедрион за нежелание признавать его царем и Мессией. Он вносит нюансы — мы еще увидим, насколько они важны — в проповеди фарисеев Иуды и Маттафии. Он сообщает нам, что прокураторы Куспий Фад и Тиберий Александр устроили охоту на апостолов Иисуса, которые были прекрасно известны не только им, но и самому императору.

Но, бесспорно, самая важная часть славянского Иосифа касается именно биографии Цадока/Иоанна Крестителя — совершенно другой и куда более впечатляющей, чем та, которая известна нам из Евангелий.

Из Евангелий мы узнаем, что был такой пророк, который завел привычку крестить людей в реке Иордан, проповедовал скорое пришествие Господа, призывал сделать «прямыми Пути ему», носил власяницу и ел *акриды.* Согласно Луке он начал проповедовать в 29 г. н.э., и проповедовал полгода. Он был на полгода старше Иисуса, и они были двоюродными братьями.

Из славянского Иосифа следует, что хронология Луки — это чистая пропаганда. Эта пропаганда имеет целью разнести как можно дальше во времени проповедь Иоанна и страшного основателя «четвертой секты» Цадока. Кроме того, она имеет целью совершенно подчинить фигуру Цадока фигуре Иисуса.

Славянский Иосиф дает нам совсем другую хронологию. Иоанн Креститель — и есть могущественный Цадок, основатель «четвертой секты». Он был так влиятелен, что его боялись и Архелай, и Филипп, и Антипа. Он проповедовал как минимум тридцать лет и начал свою проповедь еще до отставки Архелая, а казнен был около 36 г. н.э. Его казнь произвела огромное впечатление на народ. Он носил власяницу, питался тем же, чем Адам в Раю, и завел практику крестить людей в реке Иордан, положив тем самым начало сектам крестителей.

Он призвал людей к свободе и пообещал, что «их единственный руководитель будет *Господь Бог*»[126]. И этого-то руководителя он и признал в Иисусе, точно так же, как знаменитый рабби Акива во II в. н.э. признал Мессией Симеона бар Кохбу.

Понятно, что такая поддержка дорогого стоит. Понятно, почему евангелистам так важно напомнить, что Иоанн лично увидел Дух Святой в виде голубя, нисходящего в Иисуса, и что при этом с неба грянул Бат Кол (небесный голос), который произнес древний гимн, оглашавшийся при восшествии царей из рода Давидова на царство: «Ты сын мой, я ныне родил тебя» (Евр. 5:5). Мы можем также заподозрить, что то место в «Дамасском документе», где говорится о том, что в конце дней восстанут именно Спасение и Праведность (Иеша ве-Цедака), первоначально обещало возвращение именно Спасения и Праведника.

Однако понятно также, что такая поддержка имеет свои негативные стороны. Если Иисуса помазал на царство основатель ужасной «четвертой секты» Цадок, то трудно себе представить, что Иисус был пророком мира и добра. Кроме того, трудно себе представить, что его бурная трудовая деятельность прошла мимо внимания римлян.

Кроме того, славянский Иосиф утверждает, что Цадок/Иоанн проповедовал со времени царствования Архелая (4 г. до н.э. — 6 г. н.э.) до 35/36 г. н.э. Он был казнен после смерти тетрарха Филиппа, имевшей место в 34 г. н.э., и именно из-за его казни Ирод Антипа проиграл войну с набатейским царем Аретой в 36 г. Тем самым из славянского Иосифа следует, что Цадок не только начал проповедовать на поколение раньше Иисуса, *но и был казнен после, а не до него*.

Это вполне логичное утверждение. Секта — это не коммерческая компания, которую можно оформить за пять минут. Все создатели крупных сект, начиная от пророка Мани и кончая основателем научного коммунизма Карлом Марксом, занимались построением своих организаций десятилетиями. Если бы пророк Мухаммед проповедовал всего полгода, Ближний Восток и Средняя Азия вряд ли бы сейчас исповедовали ислам.

То же самое и Цадок/Иоанн.

Утверждение Луки о том, что Иоанн проповедовал полгода, просто невероятно. Влиятельное религиозное движение невозможно создать за полгода. Мандеи, которые утверждают, что Иоанн начал проповедовать за поколение до Иисуса и проповедовал сорок два года, в данном случае гораздо ближе к истине.

Но самое главное — другое.

На вопрос Архелая «Кто ты?» *«дикий муж»* в славянском Иосифе отвечает: «Есмь человек, а был там, где водил меня Дух Божий».

Однако «дикий муж» беседовал с Архелаем не по древнерусски. Он говорил на арамейском языке. Как следствие, он не сказал Архелаю: «Я — человек». Как заметил еще Роберт Айслер, если он говорил на иврите, он ответил: «Я — енош». Если он говорил по-арамейски, он сказал: «Я — енаш»[127].

Но «енош/енаш» — это не просто «человек». Это еще и имя собственное. Енош — это сын Сифа и внук Авеля[128]. В мандейской мифологии именно Авель, Сиф и Енош являются тремя «утрас». «Утрас» — это ангелы, которые когда-то были людьми, но были взяты на небо и превратились во всемогущих и неуязвимых посланцев Света.

«Меч не может их поразить, огонь не может их уничтожить, потоп вод не может их унести, и ремешки их сандалий не могут окунуться в воду. Они были судимы и оправданы. Они искали и нашли. Они боролись и достигли Великого Места Света и Вечного Жилища»[129].

«Гинза Рба» содержит целую большую книгу о том, как великий Енош, сын великого Сифа, сын великого Адама, был взят живым на небо, и там Дух Божий устроил ему экскурсию по всем тайнам мироздания. Это и превратило его из человека в ангела.

Ранние христиане и кумраниты тоже очень хорошо знали историю про человека, которого Дух Божий взял на небо и провел по всем тайнам мироздания, но ее герой был не Енош, внук Адама, а немножко другой человек — седьмой по счету потомок Адама Енох.

«Я — Енош, а был там, где водил меня Дух Божий», — заявляет «дикий муж».

Замените «Енош» (שׁוּנֶא) на «Енох» (דוֹנַח) — и заявление «дикого мужа» превращается в исчерпывающий конспект Книги Стражей, написанной от лица древнего праведника Еноха*.

* Такая замена может показаться весьма спорной. Но мы должны помнить, что именно она была произведена мандеями. Все, что кумраниты говорили о Енохе, мандеи говорили о Еноше — вплоть до истории о его путешествии на небо.

ГЛАВА 11
Необыкновенные приключения Еноха

На всем протяжении этого текста мы пользовались одним и тем же приемом. Мы приводили — явно фантастическую — биографию того или иного персонажа, вроде апостола Фомы или Иоанна, и пытались реконструировать через нее, во-первых, его реальную жизнь, а во-вторых, первоначальный миф, который был ничуть не менее, если не более важен: ведь этот миф был сакральной реальностью для их последователей.

Теперь мы попытаемся сделать то же самое с самой необычной фигурой, с которой мы когда-либо сталкивались на страницах этой изобилующей необычными фигурами книги, а именно с праотцем Енохом, жившим в самом начале сотворения мира — до падения Первого Храма и до его постройки, до Моисея, до Авраама, до Вавилонской башни, даже до потопа.

Время жизни и происхождение нашего героя неясны.

Дело в том, что Яхвист и Жреческий Документ — два важнейших текста, вошедших впоследствии составными частями в Книгу Бытия — сообщают нам о персонаже по имени Енох совершенно различные сведения.

Яхвист утверждает, что у Адама было два внука: Енох (חֲנוֹךְ, Анох, с ударением на последнем слоге) и Енош (אֱנוֹשׁ) (Быт. 3:17–26).

Енох родился от Каина. Это был тот самый Каин, который убил своего брата Авеля и получил от Бога печать, которая давала ему защиту от убийц. Этот Каин, получивший печать (которая, заметим, в данном случае действовала вовсе не как позорное клеймо, а как чудесный оберег), построил первый город и назвал его Енохом в честь сына (Быт. 4:17). Потомки Еноха стали родоначальниками всех пастухов (Быт. 4:20), всех музыкантов (Быт. 4:21) и всех кузнецов (Быт. 4:22).

Таким образом, персонаж по имени Енох был прародителем всего трудового человечества. Но вот к Господу он, судя по всему, не имел права обращаться, вероятно, потому, что его папа был изгнан от лица Господа. К Господу обращался его двоюродный брат Енош*. Он был сыном Сифа, третьего сына Адама. Именно при Еноше люди начали призывать имя Господа (Быт. 4:26).

В этом странном разделении человечества на потомков Еноха и потомков Еноша, из которых первые являются работниками физического труда, а вторые специализируются на призывании имени Господа, мы, возможно, видим след очень раннего дуалистического деления кочевых евреев, предшествовавший делению на двенадцать колен.

Так или иначе, Жреческому Документу вся история про Рай, Яблоко, убийство Авеля и последующее процветание сыновей Каина категорически не понравилась. Он считал, что Бог создал человека по своему образу и подобию, и человеку было негоже делать все эти увлекательные, но неприличные вещи.

Поэтому Жрец выбросил из своей истории мира все про Эдем, яблоко и змея. С точки зрения Жреца, никаких Каина и Авеля вообще не существовало. У Адама и Евы был

* В Синодальном переводе Енош называется Еносом.

единственный сын — Сиф, у того был сын Енош (Быт. 5:6), а у Еноша был праправнук Енох, седьмой от Адама (Быт. 5:18). Этот Енох ходил перед Богом и избег смерти: «И ходил Енох пред Богом. И не стало его, потому что Бог взял его» (Быт. 5:24).

Таким образом, согласно Яхвисту, в паре Енош/Енох перед Богом ходил Енош. А согласно Жрецу дело было наоборот. Это Енох, чье имя можно (но не обязательно) истолковать как «Посвященный», отличался особой святостью и даже, возможно, был живьем взят на небо. А Енош, что, как уже было выше сказано, на иврите значит просто «человек», «смертный» — взял и банально помер*.

Перед нами, возможно, остаток какого-то древнего спора о том, чей клан главнее, и подробностей его мы уже не разберем. Не разбирали его и последующие поколения: Енох и Енош оба превратились в праотцев и мандеи, во всяком случае, их явно путали.

Так или иначе, история о хождении Еноха на небо, неосторожно упомянутая в Бытии 5, впоследствии доставляла

* Современному читателю, который не очень погружен в Пятикнижие Моисея, может показаться, что утверждение о том, что «Бог взял Еноха», вовсе не равносильно истории о вознесении на небо. В самом деле, мы сейчас часто говорим «Бог взял его» в смысле — он банально помер. Однако тут надо иметь в виду, что история Еноха содержится в Жреческом Документе, или, точнее, в той его части, которая сама называет себя «Книга поколений Адама». «Книга поколений Адама» — это скучнейший инвентарный список потомков Адама, с указанием количества прожитых лет, и каждая строчка этого списка завершается словами: «и он умер». На этом фоне утверждение, что Енох «ходил пред Богом», как и другие избранные мужи, например, Ной или Авраам, и что «Бог взял его», действительно резко контрастирует с участью Адама, Сифа, Ламеха и пр. Если же принять во внимание тот факт, что «Книга поколений Адама» является, вероятно, весьма полемическим документом, призванным противостоять гнусным языческим басням Яхвиста о яблоке, змее, братоубийстве и т.д., и заменить эти басни скучным инвентарным списком имен, то трудно сомневаться, что с Енохом действительно произошло что-то невероятное — настолько невероятное, что даже «Книга поколений Адама» не смогла найти в себе сил сказать, что он банально «и умер».

монотеистам много хлопот. Ведь если Енох избег смерти, то он стал бессмертным. Стать бессмертным значило, строго говоря, стать Богом. А Бог у ортодоксов был только один. Все остальное было *прельщение* Израиля.

У нечестивых язычников дела обстояли лучше, отчего, собственно, они и были язычниками. Апофеоз — превращение смертного в бога — был, конечно, экстраординарным, но все же широко известным событием. Богами стали смертные Геракл и Асклепий. Бросился в жерло Этны и стал по этому случаю богом Эмпедокл[1]. Богом стал прародитель римлян Эней. «Тело Энея не было нигде найдено и многие полагали, что он был восхищен к богам»[2].

Основатель Рима, Ромул, вознесся на небо прямо с Капитолия, окутанный огненным облаком, о чем тут же и сообщил его солдатам сенатор Прокул Юлий, заверив, что он лично видел Ромула, «прекрасного и более чем человека, и облаченного в *священные одежды*»[3].

На похоронах Августа то же сделал сенатор Нумерий Аттик. Он заявил, что когда он глядел на погребальный костер принцепса, то увидел его душу, возносящуюся на небо, за что и получил немедленно вознаграждение в миллион сестерциев[4].

Все эти возмутительные языческие басни были строго запрещены в монотеистическом иудаизме начала Второго Храма, и ни у кого из ортодоксальных пророков мы не находим ни малейшей ссылки на Еноха. О нем, как о теологически неблагонадежном элементе, молчат Исайя, Иеремия, Захария и т.д.

Не очень сильно Енох был известен и во время восстания Маккавеев: во всяком случае, в 1-й Маккавеев Маттафия, перечисляя достойных подражания праотцев, называет Авраама, Иосифа, Финееса, Иисуса Навина, Калеба, Давида и даже Илию, который «за великую ревность по законе взят на небо» (1 Мак. 2:58), — но про Еноха он не знает ничего.

Однако начиная с I в. н.э. фигура Еноха вдруг обретает вновь бешеную популярность среди самых различных слоев теологически подкованного населения.

О Енохе оказываются превосходно осведомлены самые ранние христиане. В посланиях, написанных в I в. н.э., на него ссылаются Варнава, Климент, а также апостол Иуда. О книгах, написанных им, отзываются как о Святом Писании Ориген, Тертуллиан и Афинагор.

О Енохе прекрасно были осведомлены манихеи. «Книга Великанов», написанная пророком Мани, имеет главным своим героем Еноха. Про Еноха в этой книге говорится, что он был Сокрыт (ср. «Скрытый Имам»). Енох в этой книге называется «мудрым».

Под тем же титулом «Мудрый» (Идрис) Енох становится известен в исламе. Он называется там вторым пророком после Адама. Коран знает, что Енох/Идрис был вознесен живым на небо[5]. Там-то, на этом небе, и повстречал его пророк Мухаммед во время своего визита, согласно хадису, переданному Малик ибн Анасом[6].

Что еще интересней, Енох становится бешено популярен в иудаизме, но не везде, а в его очень специфической разновидности: а именно, в мистической предшественнице Каббалы, в литературе Хекалот и Меркава, названной так потому, что ее герои описывали свои путешествия на небо, в ходе которых они видели Небесные Дворцы (Хекалот) и огненную колесницу/престол Господа (Меркаву).

В этом мистическом иудаизме Енох возносится на небо, преображается там в ангела и становится Малым Яхве, Метатроном, исполнительной властью трансцендентного Господа, который восседает на престоле на небе и записывает в свою книгу грехи Израиля.

Заслуги Еноха — скромного персонажа, про которого даже непонятно, был он третьим от Адама или седьмым — вдруг в определенных кругах становятся грандиозны.

Так, кумранская Книга Юбилеев, использовавшаяся также ранними христианами, утверждает, что это Енох изобрел календарь. «Он описал знамения неба по порядку их месяцев в книге, чтобы сыны человеческие могли знать времена годов в порядке их отдельных месяцев» (Юб. 4:17).

Напоминаю, что календарь для евреев был все. Помимо очевидной практической надобности, календарь имел огромное ритуальное значение: праздники, жертвы и дни очищения зависели именно от календаря. И вот оказывается, что этот календарь — который один мог позволить верующему соблюдать чистоту, — дал людям именно Енох! Более того, он придумал его не сам, а принес его с неба. «Он был с Ангелами Божиими в продолжение шести лет, и они показали ему все, что на земле и на небесах, господство солнца; и он записал все» (Юб. 4:21).

Изобретение календаря — это уже само по себе грандиозное достижение, но Енох на этом не остановился. Он изобрел и письменность.

Армянский «Авель» утверждает: «Енох, сын Сифа, сделал буквы и назвал планеты их именами»[7].

Письменность Енох изобрел не просто так. Дело в том, что он предвидел, что мир будет уничтожен потопом. Он изобрел письменность, чтобы передать новому человечеству свои знания.

«И он предрек, что мир будет уничтожен дважды, водой и огнем. И он *сделал два столба, из бронзы и из глины*, и он написал на них имена тех частей творений, которых назвал Адам. Он сказал: «Если мир уничтожит вода, то бронза останется, если огонь — то останется глина»[8].

Иначе говоря, Енох создал скрижали!

В традиционном иудаизме скрижали принес Моисей. Он спустился с ними с горы Синай, где они были даны ему непосредственно Яхве. А согласно еноховой альтернативной традиции *скрижали с законами* написал Енох.

Но и это еще не все! Енох получил *знание*. Он предвидел будущее. Он воссел на престол на небе в качестве божественного писца. И он — согласно все тому же армянскому «Авелю» — создал сообщество своих последователей на земле.

«Енох проповедовал своим сыновьям вести *целомудренный* и беспорочный образ жизни, чтобы получить праведное воздаяние от Господа. Двести человек, обучившись этому от него, вспомнили жизнь в Раю и создали завет для себя, чтобы жить чисто. Они были названы «сынами Божьими»[9].

Итак, начиная где-то с I в. н.э. мы узнаем из разных источников, что Енох:

— побывал на небе;
— принес оттуда календарь;
— научил человечество письменности;
— написал скрижали из бронзы и из глины, которые должны были пережить уничтожение мира;
— создал группу праведников, которые стали жить как в Раю.

Даже сам Прометей не сделал ничего подобного!

Эти грандиозные посмертные достижения Еноха, о которых внезапно стало известно где-то через три с половиной тысячи лет после его исчезновения (если следовать еврейскому календарю), поражают сами по себе. Но еще более поражает то, что некоторые известные нам авторы совершенно точно знают о достижениях Еноха — но предпочитают о них молчать.

Так, не кто иной, как наш добрый знакомый Иосиф Флавий, рассказывает нам историю об изобретении календаря, но приписывает ее неким неназванным потомкам Сифа.

«Они же изобрели науку о небесных телах и их устройстве, и для того, чтобы изобретения их не были забыты и не погибли раньше, чем с ними познакомятся люди — ввиду того, что Адам предсказал погибель отчасти от силы огня, отчасти вследствие огромного количества воды, — они воздвигли два столпа, один кирпичный, другой каменный, и записали на них сообщение о своем изобретении»[10].

Как мы видим, Иосиф Флавий, прекрасно знакомый с историей о Енохе и двух столпах, темнит. Он приписывает изобретение астрономии анонимным «потомкам Сифа», а Енохово пророчество о потопе — Адаму.

Согласитесь, такая самоцензура ставит нас в тупик. Речь, слава богу, идет не об Иудейской войне — речь идет о событиях, совершившихся, с точки зрения Флавия, за три с половиной тысячи лет до того! Отчего бывший мирный ессей Иосиф Флавий вдруг становится так чувствителен к вопросу, кто именно изобрел календарь и кто предсказал потоп?

Какое отношение календарь и потоп имеют к *мирным ессеям*?

Ответ на этот вопрос стало возможно дать после того, как были найдены свитки Мертвого моря.

Среди сектантских текстов, найденных в Кумране, обнаружилось сразу несколько книг, написанных от лица Еноха.

Главная из этих книг — это Книга Стражей.

С нее и начнем.

Книга Стражей

Книга Стражей — это, бесспорно, одно из величайших произведений мировой теологии. Это пророческая книга необыкновенной силы и необыкновенной новизны.

Традиционные пророческие книги евреев написаны от лица вполне исторических персонажей — Исайи, Иеремии, Захарии. Напротив, Книга Стражей написана от лица праотца Еноха, седьмого сына Адама, который был живьем взят на небо и познал его тайны.

Она начинается с небольшого апокалипсиса. Енох предрекает Страшный суд и скорое пришествие Господа: Святого и Великого, Бога мира, Который выйдет из Своего жилища.

«И оттуда Он придет на гору Синай, и явится со Своими воинствами, и в силе Своего могущества явится с неба» (Енох 1:4)*.

Приход Господа будет сопровождать грандиозная космическая катастрофа.

«Поколеблются возвышенные горы, и высокие холмы опустятся, и растают, как сотовый мед от пламени» (Енох. 1:6).

В результате этого прихода все, что есть на земле, погибнет. На ней совершится суд над праведными и неправедными. Грешники, то есть все, кто не принадлежит к общине Еноха, будут уничтожены, и спасены будут только избранные праведники, принадлежащие этой общине.

«Для избранных же настанет свет, и радость, и мир, и они наследят землю; а для вас, нечестивые, наступит проклятие» (Енох. 1:20/5:7).

После этой пророческой преамбулы действие внезапно смещается. Енох рассказывает своим слушателям о причинах возникновения зла в мире.

Любому ортодоксальному еврею причина возникновения зла была хорошо известна: это был поступок Адама и Евы, съевших, по наущению змея, плод с древа познания.

Енох, однако, рассказывает нам совершенно другую историю. Зло в мире произошло оттого, что Сыны Божии (*бене*

* Еще раз напоминаем, что книга Еноха цитируется, как правило, по единственному российскому переводу А.В. Смирнова, выполненному в 1888 г. Перевод Смирнова выполнен с эфиопской книги Еноха, впервые опубликованной в начале XIX в. Для своего времени он был замечательного качества. С тех пор, однако, нам стало известно значительно больше вариантов текста, и в случае разночтений автор оставляет за собой право пользоваться текстом George W.E. Nickelsburg and James C. VanderKam. 1 Enoch: The Hermeneia Translation. Fortress Press, Minneapolis, 2012. На сегодняшний день это наиболее точный перевод, учитывающий все варианты и разночтения. Кроме того, в русском и западном переводах приняты разные разбиения: перевод Смирнова разбит на 20 главок, западный — на 107. Для удобства читателя автор указывает оба варианта нумерации, сначала русский, потом западный.

элохим) спустились на землю и совокупились там с дочерьми человеческими.

Еноху можно было верить: ведь он был очевидец событий. Он был седьмым потомком Адама, и вся история с *бене элохим* происходила у него на глазах.

Эти Сыны Божии во главе со своим вождем Шемьязой совокупились с дочерьми человеческими и родили *великанов*. Они научили человечество всяким ужасным вещам, как-то: металлургии, украшениям, употреблению белил и румян, украшению бровей, ткачеству и волшбе. Енох особо отмечает, что это именно павшие Сыны Божии *научили людей есть мясо*. «И они стали согрешать по отношению к птицам и зверям... и стали пожирать друг с другом их мясо и пить из него кровь» (Енох. 2:12/7:5). Сам Енох, как легко вывести из этого пассажа, мяса не ел.

После этого на земле начались кровь и неправда, и вопль душ, угнетаемых великанами, достиг слуха ангелов — Михаэля, Габриэля и Рафаэля и Исраэля. Услышав вопль, ангелы обратились к Всевышнему, которого они в своем обращении назвали «Господом Господов, Богом Богов и Царем Царей» (Енох. 2:21/9:4). Их вопрос был прост: Почему Господь Господов и Бог Богов, будучи всемогущим и всевидящим, допускает бесчинства Шемьязы?

«И Ты знаешь всё, прежде чем это случилось, и Ты знаешь это и их дела, и, однако же, ничего не говоришь нам. Что мы теперь должны сделать с ними за это?» (Енох. 2:29–30/9:11).

В ответ Господь приказывает ангелам перебить на глазах Шемьязы его детей и заточить Шемьязу с его сообщниками до Страшного суда, а Еноху — смертному, поднявшемуся на небо — он поручит вновь сойти на землю и объявить главе Стражей волю Божию. Он должен сказать ему от имени Господа Господов и Бога Богов:

«Ты не будешь иметь мира. Тебе вынесен приговор, ты будешь связан, нет тебе ни облегчения, ни просьбы из-за неправедных дел, которые ты явил, и из-за всех безбожных дел и неправедности и грехов, явленных тобой людям» (Енох 3:6/13:1–2).

Енох исполняет требуемое поручение. Он обещает падшим ангелам погибель от лица Господа. Более того, он сообщает, что Господь сотворил его именно затем, чтобы проречь им погибель.

«Так же, как Он сотворил и предназначил человека понимать слова знания, также он сотворил и предназначил меня, чтобы покарать Стражей, Сыновей Неба» (Енох. 3:17/14:3).

Падшие ангелы пришли от слов Еноха в ужас. Ведь он прорек, что они будут лежать связанными под землей в ожидании неминуемой огненной бездны и видеть при этом *избиение своих любимцев и погибель своих детей* (Енох. 3:5/ 12:6).

Поэтому они немедленно обратились к Еноху за заступничеством, и, так как сами они отныне были лишены доступа в небесный дворец, они поручили Еноху вручить письменное ходатайство Богу за них. «И они просили меня написать за них просьбу, чтобы чрез это они обрели прощение, и зачесть эту просьбу в присутствии Господа Неба» (Енох. 3:8/13:4).

Обычно, как мы знаем, это ангелы вступаются за людей. Но в книге Еноха все происходит наоборот. Это ангелы просят человека вступиться за них. «Енох и ангелы поменялись местами»[11].

Тут мы должны отвлечься и обратить внимание на один важный момент. Все события, которые описывает книга Еноха, происходят не в Иерусалиме и даже не в Иудее, *а в Галилее,* в самой северной ее точке, на южных склонах хребта Хермон.

Енох возносится на небо «в Дане, к югу от Хермона» (Енох. 3:11/13:7). Ангелы сидят и плачут в ожидании приговора, переданного Енохом, «в Абель-Маине, между Ливаном и Сениром», то есть месте, которое находится в 7 км к северу/северо-западу от Дана[12] (Енох. 3:13/13:9). А спускаются с неба ангелы на гору Хермон.

Дан — это совершенно изумительное местечко, разительно отличающееся от окружающего засушливого юга. Он расположен у подножия хребта Хермон. Снега, стекающие с Хермона, ныряют в карстовые разломы и в Дане снова неожиданно бьют тысячами источников, превращая эту землю в водяной заповедник с совершенно удивительным микроклиматом. Повсюду вокруг тебя звенят, переливаются, журчат ручьи, над ними нависают густые заросли. Может показаться, что ты скорее находишься в мангровых зарослях Борнео или — если закрыть глаза — на вершине напоенных влагой шотландских вересковых холмов, нежели в сухой растрескавшейся Галилее. Здесь же находятся развалины города Дан: северного культового центра северного Израиля.

Немудрено, что для жителей Галилеи это место, где находятся истоки Иордана, казалось близким к земному Раю, из которого, как известно, вытекали четыре реки. Однако монотеистическим оно никогда не было: в Дане стоял золотой телец (3 Цар. 12:29).

Хермон — горный хребет, который сейчас поделен между Израилем, Сирией и Ливаном, — было священное для проживавших в этих местах семитских народов место. Само название «Хермон» проистекает от общесемитского «херем» — священное проклятие, посвящение, запрет. Хермон — это гора заклятая и посвященная.

В трех-четырех километрах от Дана, на склоне Хермона стояло то, что в Библии называется *бама* — то есть высота, алтарь на открытом месте[13]. На таких высотах почитали Яхве до монотеистической реформы царя Иосии. В ходе этой реформы жрецов этих высот сжигали на их алтарях.

На территории Иудеи все такие алтари были разрушены, но в Галилее, которую монотеисты долго не могли завоевать, этот алтарь в виде характерного прямоугольного возвышения с ведущей на него рампой сохранился до сих пор.

Причиной его необыкновенной сохранности являлся Ирод Великий. Дело в том, что когда он получил эти земли (а случилось это в 20 г. до н.э.), он построил на этой самой *высоте* храм в честь Августа*. Древнего алтаря Ирод не стал сносить, а попросту оставил стоять в подвале храма, разделив на две половинки несущей стеной. В 129 г. н.э. храм был перестроен к визиту Адриана. Сейчас он, конечно, развалился — и в результате самой сохранившейся частью храма стал как раз древний алтарь на *высоте*.

Это место до сих пор является священным для друзов: чуть пониже расположена могила друзского святого. Справа и слева от храма текут ручьи: это все те же снега Хермона, начало и истоки Иордана.

На вершине Хермона, километрах в пятнадцати по прямой от Дана, на высоте в 2814 м над уровнем моря расположен самый высокий в античности храмовый комплекс. Сейчас там стоят развалины двух небольших римских храмов. Бог, которому в них молились, назывался дословно так же, как называется Бог в Книге Стражей, а именно — Великий Святой[14].

К сожалению, тот, кто сейчас захочет попасть от *бамы*, перестроенной Иродом, в Храм Великого Святого, не сможет это сделать: между ними пролегает одна из самых охраняемых границ в мире. Храм Великого Святого находится с сирийской стороны Хермона, *бама* — с израильской. Когда мне довелось посетить храм Ирода, гора гудела, как улей: сирийцам удалось сбить израильский самолет, в километре от храма шел сбор резервистов, вокруг стояли палатки и БТР, и израильские танки разворачивались на учениях в трехстах метрах от древнего храма.

* «Когда Август подарил ему новые земли, Ирод и там выстроил ему храм из белого мрамора у истоков Иордана, в местности, называемой Панионом. Здесь находится гора с чрезвычайно высокой вершиной; под этой горой, в ложбине, открывается густо оттененная пещера, ниспадающая в глубокую пропасть и наполненная стоячей водой неизмеримой глубины; на краю пещеры бьют ключи. Здесь, по мнению некоторых, начало Иордана». Иосиф Флавий. Иудейская война, 1, 21, 3.

Важность географии заключается тут в том, что хотя все эти места: и Дан, и *бама,* и храм Великому Святому — были местами святыми, они ни в коем случае не были монотеистическими.

Все они были частью царства Израиль, которое поклонялось Яхве, но не знало ортодоксального монотеизма. В состав монотеистической Иудеи эти места, населенные к тому времени в основном итурейцами, вошли только после 104 г. до н.э.

Они были потеряны после расчленения Иудеи Помпеем в 63 г. до н.э. и снова вернулись в ее состав уже только при Ироде, когда Август передал последнему земли итурейского царька Зенодора. Ирод, вероятно, знал, что делал, когда воздвиг храм Августу, живому богу, именно на месте древней *бамы.*

Итак, Енох поднимается на небо не в Иерусалиме (где он получил бы за такие шуточки скалкой по голове от первого попавшегося священника). Он поднимается на небо там, где до завоевания Израиля ассирийцами в 722 г. до н.э. *стоял золотой телец.* Более того, Енох считал Иерусалимский храм оскверненным, а жертвы в нем — скверными и нечистыми (Енох. 17:96/89:73). Он относился к Иерусалиму так же плохо, как иерусалимское священство относилось к Дану.

Книга Еноха — это не единственная любимая милленаристами книга, действие которой происходит в Галилее. Там же разворачивается действие «Завещания Леви» — еще одного кумранского текста, который тоже описывает восхождение на небо. В нем на небо поднимается Леви, прародитель всех левитов. Он делает это прямо с горы Хермон, на вершине которой, видимо, и расположены ворота на небо. Ангелы спустились через них в Книге Еноха, а Леви — поднялся[15].

Эта географическая привязка бросает неожиданный свет на хорошо известное всем христианам событие. А именно — на разговор между Петром и Иисусом, в ходе которого Петр и признал в Иисусе Мессию. «Ты — Христос, сын Бога живого» (Мф. 16:16), — сказал Петр.

Разговор этот состоялся не где-нибудь, а в тот момент, когда они проходили мимо Кесарии Филиппи, возле которой, собственно, и стоял Иродов храм Августу. В награду за это прозрение Иисус дал Петру «ключи от ворот неба». Как мы только что видели, эти ворота находились совсем недалеко — через них ходили Енох, Леви и падшие ангелы!

И они находились вовсе не в Иерусалиме![16]

Ключи, данные Петру, имеют великую силу. «Что́ свяжешь на земле, то́ будет связано на небесах, и что́ разрешишь на земле, то́ будет разрешено на небесах», — говорит, передавая ключи, Иисус (Мф. 16:19). Таким образом, Петр получает от Иисуса те же полномочия, что и ангел Михаил от Господа, который поручает ему *связать* Шемьязу (Енох. 2:41/10:11).

Но вернемся от географии — к Еноху. Получив просьбу бессмертных Стражей, смертный Енох пишет подробный меморандум, в котором перечисляет просьбы каждого Стража и его детей. После этого он приступает к его доставке. Он восходит на небо и попадает во дворец из огня и льда. Почвою дворца был огонь, а поверх его были молния и путь звезд. Енох видит Великий Престол, на котором сидит некто. Одежда Его сияет, как солнце. Она чище, чем снег. На лицо его невозможно глядеть.

«И из-под Великого Престола выходили реки пылающего огня, так что нельзя было смотреть на него. И Тот, Кто велик во славе, сидел на нем; одежда Его была блестящее, чем само солнце, и белее чистого снега. Ни ангел не мог вступить сюда, ни смертный созерцать вид лица самого Славного и Величественного» (Енох. 3:33–35/14:19–22).

Как мы видим, Книга Стражей строго блюдет фундаментальный запрет ортодоксов на видение лица Божия. Каждый, кто видит это лицо, умрет. Поэтому Енох не видит лица Господа, но уже одно созерцание им престола приводит к тому, что собственное лицо Еноха начинает сиять, как сияло лицо Моисея. Кроме этого Енох беседует не собственно с Господом, а с его Словом.

Господне Слово отказывает Стражам в их просьбе. «Скажи им — нет для вас мира» (Енох. 3:55/13:1), — говорит оно Еноху.

Енох в точности исполняет поручение Господа. Стражи сидят в Абель-Маине печальные, с закрытыми лицами. Енох возвращается к ним с неба и отказывает им от имени Господа.

«Я написал вашу просьбу, и мне было открыто в видении, что именно ваша просьба не будет для вас исполнена во все дни всей вечности, но вынесен вам приговор. И отныне вы не взойдете уже на небо до всей вечности и на земле вас должны связать на все дни вечности. Но прежде этого вы увидите уничтожение ваших возлюбленных сынов, и не станут они для вас радостью, но они падут пред вами от меча» (Енох 3:18–20/14:4–6).

Перед нами — поистине величественная сцена. Смертный пророк Илия храбро обличал нечестивого царя Ахава. Смертный пророк Иеремия храбро обличал царя Седекию. Но смертный Енох обошел их всех: он обличает не просто царей, а Сыновей Бога! Он предрекает им, что они будут связаны до конца времен и что их сыновья погибнут от меча.

Однако проклятие, изреченное Енохом, — это вовсе не главное содержание книги.

После посещения небесных дворцов (хекалот) и созерцания Господня престола (меркавы) ангелы устраивают Еноху краткую экскурсию по небу. Он видит устье бездны и хранилища ветров. Он видит основание неба и краеугольный камень земли. Он видит ворота, из которых выходит солнце, и страшное узилище, где покоятся связанные падшие ангелы. Ангелы объясняют Еноху все устройство мироздания. Говоря современным языком, они читают ему краткий курс астрофизики совокупно с единой теорией поля и теорией струн. Они дают ему *гнозис*.

И этот *гнозис* есть настоящий гнозис, божественное знание — а вовсе не какая-то жалкая металлургия, которую людям преподал Азазель. «Я, Енох, был единственный, кто видел эти видения, пределы всего. И ни один смертный не видел того, что я видел» (Енох. 4:26/19:3).

Три важных достопримечательности видит Енох во время своей мистической экскурсии. Во-первых, он видит высокую гору. Эта высокая гора есть «престол, где воссядет Святый и Великий, Господь славы, вечный Царь, когда Он сойдет, чтобы посетить землю с милостью» (Енох. 4:8/25:3).

Во-вторых, Енох видит возле горы Древо Жизни. «Когда все будет искуплено и окончено для вечности, оно будет отдано праведным и смиренным. От его плода будет дана жизнь избранным; оно будет пересажено на север к святому месту — к храму Господа, великого Царя» (Енох. 4:29–30/25:4–5).

И, в-третьих, Енох видит Рай и Ад.

Рай и Ад расположены на земле в долинах большого горного хребта (Енох. 5:10/22:1).

Долин этих четыре. Одна предназначена для душ праведников, и в ней «посередине источник воды и свет» (Енох. 5:10/22:2). Другая предназначена для пыток, которым подвергаются души грешников в ожидании Страшного суда, а еще две — для тех, кто убит грешниками и приносит на них жалобы, и для тех, кто лично грешником не был, но водил с ними компанию и не боролся с ними. Этих последних — как и обещали в славянском Иосифе уважаемые рабби Иуда и Маттафия — тоже ждет незавидная судьба: для них не будет воскресения.

Любому современному потребителю религиозной литературы эта познавательная экскурсия, устроенная праотцу Еноху, не покажется за вещь.

Мы даже можем сказать, что она была исключительно примитивна. К примеру, апостол Павел, писавший в 40–50 гг. н.э., был вознесен до *третьего* неба. Исайя в «Вознесении Исайи», которое тоже датируется I в. н.э., возносится до *седьмого*. В системе гностика Валентина даже все эти *семь* небес являются лишь небесным подземельем по сравнению с занебесьем, на котором обитает Плерома. У нас есть мистические системы, в которых есть восемь, девять, десять и пр. небес. В уже упомянутой 12-й книге Правой Гинзы, которая является мандейской версией Книги Стражей и в которой ангел опять-таки показывает Еношу тайны неба и мироздания, ангел говорит: «Я открою тебе ту тайну, что небо, которое сыны человеческие зовут небом, не есть небо»[17].

По сравнению с этим многоярусным великолепием путешествие Еноха выглядит так себе, на три звезды. Ангелы явно прокатили Еноха по бюджетному варианту. Его небо — одноэтажное. Это, можно сказать, деревенский сарай по сравнению с нью-йоркскими небоскребами Плеромы.

А Рай, который он видит, и вовсе расположен на земле, и в нем «свет и источник воды посередине» (Енох. 5:2/22:2). Из всех гостиничных услуг в этом Раю имеются только электричество и водопровод! Перед нами Рай явно эконом-класса.

Но если взглянуть на путешествие Еноха с точки зрения ортодоксального иудаизма — то отличия феноменальны.

Для начала: никто из иудейских пророков VIII–V вв. до н.э. вовсе не поднимался на небо. Все свои откровения они получали исключительно на земле.

Например, когда пророк Исайя увидел Господа, тот со своей свитой сидел во храме (Исайя. 6:1). Пророк Иезекииль увидел Господа, находясь «среди переселенцев при реке Ховаре» (Иезек. 1:1), то есть в концентрационном лагере, организованном вавилонянами. А пророк Иеремия вообще никогда не видел Господа. Он только *слышал* его. Пророков, которые утверждали, что *видели* Яхве, Иеремия терпеть не мог и постоянно честил их обманщиками (Иер. 23:25).

Иначе говоря, в ортодоксальном иудаизме между человеком и Богом стояла огненная стена. Человек не мог видеть Бога и остаться в живых. На вознесение на небо был наложен строгий запрет, и монотеисты потратили немало сил, чтобы истребить легенду о том, что Моисей не умер и вознесся на небо.

В Ветхом Завете есть только один пророк (не считая Еноха), который поднимался на небо. Это был пророк Илия, живший в северном царстве Израиль и приносивший жертвы Господу на горе Кармель (т.е. делавший то, за что монотеисты сжигали жрецов на их жертвенниках). Из этого можно заметить, что Илия в оригинале был носителем не совсем ортодоксальных традиций.

Книга Еноха предлагает нам радикально другую концепцию отношения человека и Бога, нежели ортодоксальный иудаизм. В ортодоксальном иудаизме человек и Бог разделены каменной стеной. Между ними нет ничего общего. Бог — всемогущ. Человек — ничтожен.

В Книге Еноха Енох — это смертный, ставший бессмертным. Он — выше даже падших ангелов, Сыновей Бога. Он может подниматься на небо, а они не могут. Они могут научить людей только какой-то жалкой металлургии, а ему доступен тайный *гнозис*.

Но даже это фундаментальное отличие есть только начало.

Мир Еноха радикально отличается от мира Торы.

В Торе причиной зла в мире являются сами люди. Это они не послушались воли Бога и съели плод с древа познания. В Книге Еноха причиной зла в мире являются Сыны Божии. Они совокупились с дочерями человеческими, и от их сексуальной невоздержанности появились великаны, которые угнетали людей. Заметим, что шестая глава Книги Бытия, откуда Енох и взял эту историю, никак не осуждает союз Сынов Божиих и дочерей человеческих. Наоборот, она утверждает, что великаны, родившиеся от их союза, были «великие» и «славные люди» (Быт. 6:4). Яхвист, которому и принадлежит этот кусок, относится к этим великанам с тем же почтением, с каким греки относились к Гераклу и Тесею.

В ортодоксальном иудаизме Древо Жизни есть табу и запретная вещь. Адам был изгнан из Рая, чтобы он не мог отведать плода с Древа Жизни и стать бессмертным. Эта мысль выражена в Торе предельно ясно. Господь в ней выгоняет Адама из Рая и ставит к востоку от него херувима с огненным мечом, чтобы стеречь путь к Древу Жизни.

«И сказал Господь Бог: вот, Адам стал как один из Нас, зная добро и зло; и теперь как бы не простер он руки своей, и не взял также от Дерева Жизни, и не вкусил, и не стал жить вечно» (Быт. 3:22).

Но в Книге Еноха Древо Жизни — это награда, уготованная праведникам. Когда все будет окончено и искуплено, оно будет пересажено к подножию горы, к престолу Великого Царя.

В ортодоксальном иудаизме единственным посредником между человеком и Богом являются потомки Аарона. Только они могут приносить Богу жертву, и только в Иерусалимском Храме. С экономической точки зрения монотеизм — это закрепление монополии на посредничество перед Яхве за потомками Аарона.

Но в Книге Еноха какие-либо отсылки к жертвам, жрецам и даже иерусалимскому Храму отсутствуют. А посредниками между этим миром и Богом являются ангелы *и сам Енох.*

В ортодоксальном иудаизме Бог является единственным заказчиком, архитектором и строителем вселенной. В Жреческом Документе нет даже ангелов, и тем более в ортодоксальном иудаизме нет никаких указаний на то, что ангелы могут пасть. Напротив, в Книге Еноха отпадение ангелов от Бога и является главной движущей силой человеческой истории, а сами падшие ангелы являются хозяевами этого мира.

И, наконец, в ортодоксальном иудаизме ничего не говорится о посмертии. Мы можем просеять всю Тору хоть через сито, но мы нигде не найдем хоть сколько-нибудь существенного намека на то, что души человеческие живут после смерти. Даже милленаристские тексты II—I вв. до н.э., написанные после восстания Маккавеев, обещают своим последователям физическое воскресение мертвых, а не бессмертие души.

Первая книга в истории иудаизма, которая обещает мученикам *бессмертие души,* — это Книга Стражей. Первый пророк, который его обещает, — это Енох. Этот Енох является сам бессмертным. Он был взят на небо еще при жизни Адама и стал там небесным писцом. Ему были явлены тайны, и первая из этих тайн — это как раз тайна бессмертия души. Ему было дано знание. Ему был дан *гнозис.*

В этом смысле Книга Стражей — это первый в истории человечества гностический текст. И героем этого текста является отнюдь не Иисус.

Им является Енох.

Пятикнижие Еноха

Книга Стражей была не единственной кумранской книгой, написанной от лица праотца и пророка Еноха. Всего таких книг в Кумране нашлось целых пять. При этом в Кумране не нашлось ни одной книги, написанной от лица пророка Цадока, которого «Дамасский документ» объявляет основателем кумранской секты. Иосиф Флавий называет человека с таким же прозвищем основателем «четвертой секты». А вот книг Еноха в ней нашлось пять — целое настоящее Пятикнижие Еноха, дополняющее Пятикнижие Моисея.

Одна из этих книг была «Астрономическая книга Еноха» — то есть тот самый календарь, который принес с неба Енох и по которому, собственно, и жила секта.

И тут нас подстерегает большая неожиданность: потому что календарь этот был не лунный, принятый в иудаизме, а солнечный, который впоследствии использовали большинство христиан.

Трудно переоценить важность этой детали.

Как мы уже сказали, фанатически соблюдаемая кумранитами ритуальная чистота была намертво связана с календарем. Соблюдать неправильный календарь было все равно, что быть величайшим грешником, а грешников согласно Еноху ждала геенна огненная и мучения на глазах праведников.

Получалось, что у всех евреев был календарь лунный и неправильный, а правильный был только у кумранитов, заключивших с Господом Новый Завет. Ангелы на небесах специально предупреждали Еноха о такой возможности — что после него придут какие-то злобные прельстители и отвратят людей от солнечного календаря в пользу лунного:

«Ибо наверняка будут те, кто начнут следить за луной — как она смущает сезоны и из года в год приходит на десять дней раньше. Из-за этого наступит время, когда они нарушат порядок, и сделают проклятый день днем свидетельства, и нечистый день — праздничным, и они смешают все дни, и святое с нечистым и нечистый день со святым» (Юб. 6:36–37).

Вопрос о календаре был самым наглядным и непреодолимым отличием участников Нового Завета от остальных евреев. И в самом деле — человек может пренебречь различиями в том, что касается теологии и вообще словесной сферы. Но если вы отмечаете праздник в один день, а все другие евреи — в другой, то этого различия не преодолеть никак. Именно отрывки «Астрономического Еноха» были найдены в занятой сикариями Масаде.

Книга Великанов

Еще одной кумранской книгой, главным героем которой был Енох, была Книга Великанов*.

Она представляла собой сиквел Книги Стражей, что было несколько странно.

Дело в том, что ключевой сценой Книги Стражей было предсказание, произнесенное от имени Господа Енохом павшим ангелам. Енох прорек от имени Господа, что сыны Стражей, Великаны, будут убиты на глазах отцов.

Но что-то не сложилось. Великаны не были убиты, или, по крайней мере, некоторые из них выжили — и в Книге Великанов главным предметом обличения Еноха являются уже не сами Стражи, а их сыновья — Великаны.

Эти Великаны, могущественные властители земли, видят вещие сны и посылают через «великую пустыню» за Енохом, чтобы он истолковал их.

Сны жестоких правителей, сыновей павшего Шемьязы, нехороши. Один из них видит потоп, который затопит весь сад, кроме одного дерева с тремя корнями. Другой видит Страшный суд. «Владыка неба снизошел на землю, и поставлены были престолы, и Великий Святой сел. Сотни и сотни служили ему. Тысячи и тысячи стояли перед ним. И раскрыты были книги, и суд был произнесен» (4Q530 Frs. 2, 6–12).

Великаны хорошо понимают, что их дело — труба. Один из них прямо признается, что зря ввязался в войну, в которой его противниками являются ангелы и святые. «Мои противники, ангелы неба, обитают на небе и они живут в святых местах», — говорит Великан (4Q531, Fr. 22).

Это интересный поворот дела, потому что в Книге Стражей ничего о войне сыновей Стражей против *святых* не го-

* Кумранская Книга Великанов сохранилась только в отрывках, и не совсем понятно, написана ли она от первого лица. В любом случае Енох был ее главным героем.

ворилось. В ней говорилось, что эти сыновья Стражей перебьют друг друга на глазах Шемьязы.

В манихейской Книге Великанов, которая была написана по мотивам кумранской, сохранилась впечатляющая речь, в которой Енох истолковывает сновидения этих Великанов, воюющих против ангелов и святых.

Он клеймит их в лицо, предсказывает им гибель и называет их «греховными незаконнорожденными сыновьями Гневного, исказителями истинных слов Святого, нарушителями дел Доброго Дела, обидчиками Благочестия»[18].

Мы уже говорили, что, согласно некоторым источникам, Енох предсказал, что мир будет уничтожен дважды — сначала водой, а потом огнем. Очень вероятно, что это предсказание содержалось именно в Книге Великанов. При этом манихейский Енох утверждал, что Праведники будут иметь власть над этим волшебным огнем. Они будут насылать его, парить над ним на крыльях и преследовать всех, кто попытается вырваться из огня.

«И на сверкающих крыльях они будут лететь и вознесутся над этим Огнем… они будут иметь власть над Великим Огнем… они чище и сильнее, чем Великий Огонь Поражения, который сожжет мир… Они будут стоять вокруг, снаружи и сверху, и слава осияет их. Снаружи и сверху они полетят за теми душами, которые попытаются спастись из огня»[19].

Послание Еноха

Еще один, четвертый текст, написанный от имени Еноха и найденный в Кумране — это «Видения Еноха», и, наконец, пятый текст — это «Послание Еноха».

Мы понимаем, что читатели данной книги не принадлежат к членам кумранской секты и что смотреть этот бесконечный сериал, в которой Енох всегда предсказывает силам добра победу, им несколько надоело: но потерпите еще чуть-чуть.

«Послание Еноха» тоже написано от первого лица. Это — «написанное Енохом писцом полное знамение *мудрости*» (Енох 19:1/92:1). Оно адресовано всем его сынам и «будущим родам, которые будут ходить в праведности и мире».

В своем «Послании» Енох снова заверяет потомков, что он обладает божественной мудростью, ибо он был поднят на небеса. Но что удивительно — он больше ничего не говорит ни о Стражах, которые вот-вот будут уничтожены ангелами, ни об их сынах Великанах, которые вот-вот проиграют войну со святыми.

Вместо этого он сообщает о преследовании грешниками — праведников.

«Горе вам, грешники, так как вы преследуете праведных», — пишет он (Енох. 19:38/95:7). «Горе вам, сильные, поражающие своей силой праведного» (Енох. 19:46/96:8). «Горе вам, приобретающим себе золото и серебро не по правде» (Енох. 19:54/97:8).

Енох заверяет, что это преследование продолжится недолго и закончится для грешников нехорошо.

«Вы будете преданы в руки праведных; они перережут ваши шеи и умертвят вас, и не будут иметь сострадания к вам» (Енох. 19:69/98:12).

Торжество праведников над грешниками снова имеет в этом тексте совершенно материальный характер. По правде говоря, это геноцид и резня. Этот геноцид и будет Страшный суд. Все, кто во время него будет убит, будут грешники. Все, кто будут убивать, будут праведники.

«И в те дни будут умерщвлены в одном месте отцы вместе с сынами, от рассвета и до заката будут их резать» (Енох 19:89/100:1–2). «И конь будет по самую грудь ходить в крови грешников, и колесница потонет до своего верха» (Енох. 19:91/100:3).

Несмотря, однако, на эти обещания хеппи-энда в виде перерезанных шей и колесниц, потонувших в крови, у автора «Послания Еноха» есть маленькая проблема. Судя по всему, хеппи-энд обещан давным-давно, а перерезанных шей все не происходит и не происходит. Более того, дело обстоит ровно наоборот: пока суть да дело, грешники мучают праведников. Они «мучат праведных и сжигают их огнем» (Енох. 19:95/100:7), «делают зло и едят кровь» (Енох. 19:64/98:11) и даже «изрекают им проклятие, чтобы проклинать неразрешимо» (Енох. 19:35/95:4).

И, когда в результате этих несправедливых преследований, мечей и костров, праведники, которые должны были перерезать шеи грешников, умирают, грешники смеются над ними и говорят: «Ну, и какая вам была польза в вашей вере?»

«Вот они, как и мы, умерли в печали и мраке, и какое преимущество они имеют пред нами… Ибо вот они также умерли и отныне не увидят света до века» (Енох. 19:118–122/102:6–7).

В связи с этим Енох считает необходимым морально поддержать праведников, которые должны в будущем перерезать шеи грешников и поделиться с ними важнейшей тайной мироустройства.

«Я знаю эту тайну и прочитал ее на небесных скрижалях… и я нашел записанное относительно духов тех, которые умерли в правде» (Енох. 19:125/103:2).

Великая эта тайна заключается в том, что, в то время как тела праведников погибают, души их попадают в Рай. Более того, они попадают на небо и становятся ангелами (Енох. 19:139/104:4). Более того, эти духи будут «соратники небесных воинств» (Енох. 19:140/104:6). Более того, они будут сиять, как небесные светила (Енох. 19:137/104:2).

Таким образом, доводы поганых грешников, смеющихся над погибающими мучениками, оказываются посрамлены. Енох знает тайну. И эта тайна заключается в том, что каждый шахид восходит на небо и становится там ангелом. Поэтому праведники не должны бояться становиться шахидами. «Если даже праведные спят продолжительным сном, то и тогда они не должны ничего бояться» (Енох, 19:93/100:5).

Как мы видим, «Послание Еноха» содержит более продвинутую версию Рая. Это — Рай 2.0, исправленный и дополненный, адаптированный для более взыскательных пользователей. Книга Стражей рисовала его как место, где «есть источник воды и свет». Нельзя сказать, что это так уж располагало. Конечно, приятно, что в Книге Стражей к Раю была подключена вода и проведено освещение, но многие пользователи надеялись на что-то большее.

«Послание Еноха» это большее предоставляет. Души шахидов не просто в нем пребывают во временном общежитии. Мученики за веру сами становятся ангелами! Это и есть та сокровенная *тайна*, на которой держится все учение Еноха (ср. в славянском Иосифе: «не откроется вам тайна», — укоряет «дикий муж» Синедрион).

Кроме этого автор «Послания Еноха» знает еще одну, очень специфическую категорию грешников. Это *еретики*. «Горе вам, искажающие слова праведности», — восклицает он (1 Енох. 19:74/99:2). Заметим, что в Книге Стражей Еретиков, они же Лжецы, еще не водилось. Зато Ад в ней был обещан не только грешникам, но и всем тем, кто с этими грешниками не воюет, — в точности так, как это обещают в славянском Иосифе фарисеи Иуда и Маттафия.

Мессия с бородавкой на лице

У всех кумранских книг есть одна важная общая черта.

Во всех них Енох — не Мессия. Он — смертный, вернувшийся с небес, чтобы предсказать приход Святого Великого, Господа мира, который явится на гору Синай со своими воинствами с неба. В Книге Стражей этот Мессия называется Господом и Словом. В «Послании Еноха» — «Словом» (Енох. 19:113/102:1) и «Сыном» (Енох. 19:147/105:2).

Наш Енох — это предтеча Мессии. Это тот, кто предсказывает его приход.

Более того, в одном из кумранских текстов сообщается, что этот Мессия, Слово и Сын, одновременно является родственником Еноха. В Книге Стражей ничего подобного не содержится. Но вот из кумранской Книги Ноя, которая, в очень усеченной форме, сейчас тоже является одной из составных частей эфиопского Еноха, следует, что Енох и Мессия состоят в близком родстве.

Книга Ноя устроена так же, как Книга Стражей. В ней отец Ноя, Ламех, обращается к своему вознесенному на небо родственнику с просьбой истолковать странное происшествие: у него родился внук, лицо которого сияет, и его отец боится, что его сын — бастард и родился не от него, а от Стражей.

«Я родил необыкновенного сына; он не как человек, а похож на детей небесных ангелов, ибо он родился иначе, нежели мы: его глаза подобны лучам солнца и его лицо блестящее», — говорит он (Енох. 20:5/106:4).

В кумранском тексте говорится, что от родившегося Мессии «комнаты дома воссияли, как лучи солнца (1Q19, fr. 3), и что он будет «вознесен в Величии Славы» и «прославлен среди сынов Неба» (1Q19, fr. Frs. 13–14).

Но если Стражей Енох проклинает, то родственника он, наоборот, благословляет. Он объясняет, что, несмотря на сияющее лицо ангела, Ной — самый что ни на есть законнорожденный сын Ламеха, а сияет потому, что спасет своих сынов от уничтожения, которым Господь поразит землю за нечестие.

Иными словами, этот Мессия, родственник Еноха, есть одновременно и Бог, и человек. Он самый настоящий, законный сын своего отца, но одновременно он — Слово Божие и Сын Божий. Кумранские предсказания Еноха о Мессии являются классическим примером ереси Второй Власти в Небе.

Именно в кумранской Книге Ноя описаны даже приметы Мессии — родимое пятно красноватого цвета на волосах, родинка в форме боба на лице и «маленькие родимые пятна на его бедре» (4Q534).

Видимо, это и есть тот самый Мессия, который будет иметь «железные рога и копыта из бронзы» и приносить «смерть нечестивым дуновением уст своих» (1QSb, V).

Очень возможно, что этот тот самый Мессия, который был презрен и унижен, но потом оказался выше ангелов (4Q471b). Тот самый, о котором будут рассказывать всяческие гадости. «Они произнесут много слов против него и много [лжи]. Они будут изобретать истории о нем» (4Q541, fr. 9).

И этот Мессия был родственником своего Предтечи, Еноха.

И Енох пошел и сказал Азазелу

Когда было написано кумранское Пятикнижие Еноха?

С его датировкой произошла престранная вещь.

Когда в начале XIX в. была переведена и опубликована эфиопская Книга Еноха, то исследователи сразу заметили в ней десятки совпадений с Новым Заветом. Поэтому книга не вызвала особого интереса. Это был какой-то поздний и постхристианский текст, написанный под влиянием Нового Завета. Ведь в противном случае пришлось бы предположить, что это Новый Завет написан под влиянием книг Еноха!

Однако после того, как в Кумране была найдена Книга Стражей, стало ясно, что это попросту не так. Кумран был уничтожен римлянами в ходе Иудейской войны, и никаких книг, написанных позже 70 г. н.э., в нем попросту не было. Стало быть, Книга Стражей была написана раньше книг Нового Завета!

Тогда католический священник отец Милик, которому в Кумране было поручено исследование «сектантской» литературы, выбрал другой путь. Он постарался датировать Книгу Стражей как можно раньше. Несколько десятилетий он корпел над трудом, который датировал бы Книгу Стражей аж V в. до н.э. Это оказалось задачей непосильной, труд так и не был завершен, и, в конце концов, отец Милик датировал тексты первой половиной II в. до н.э.[20].

Такая датировка надежно разносила кровожадные кумранские тексты, в которых праведность заключается в перерезании горла грешников, со временем жизни проповедника любви и мира Иисуса Христа.

Она также превращала праотца Еноха в абстрактного литературного персонажа. У отца Милика получалось, что жила-была в пустыне мирная секта ессеев, которая время от времени имела обыкновения зачем-то писать разные книги от лица Еноха. Никакого отношения к реальности этот Енох не имел — он же умер в стародавнем прошлом. И мирные ессеи никакого отношения к резне, происходившей в I в. н.э., не имели. «Сын Велиала», с которым они боролись, был чистой абстракцией. Обещания перерезать противникам горла и рассказы о кровавых преследованиях, которым подвергают их враги, — это было так, ничего, абстрактные фантазии совершенно мирной секты.

Поскольку настоятельная необходимость разнести во времени «мирных кумранских ессеев» и «мирного Христа» не является задачей для данной книги, попробуем датировать Книгу Стражей и мы[21].

Автор Книги Стражей живет во время страшного несчастья, обрушившегося на еврейский народ. Это несчастье носит продолжительный, затяжной и многосерийный характер. Это несчастье так велико, что оно заставляет роптать даже ангелов. «Ты знаешь всё, прежде чем это случилось и, однако же, ничего не говоришь нам», — восклицают они.

Более того. Оно настолько длительно, что многие члены общины, к которой принадлежит автор Книги Стражей, соблазнились и отпали от общины. Эти люди, которые «не претерпели до конца и не выполнили закона Господня», будут приравнены к грешникам, и во время Страшного суда их ждет ужасный конец (Енох. 1:17/4:4).

Очень странно датировать такой текст серединой II в. до н.э.

Это было время не бед. Ровно наоборот — это было временем победы единственного успешного милленаристского восстания в Иудее: восстания Маккавеев. Это было время Иуды, очистившего Храм от язычников, его брата Елеазара, погибшего смертью шахида, Ионатана, предательски убитого эллинами, и Симона, который вел победоносный *херем*, уничтожая языческие города вокруг Иудеи и истребляя их население.

В 160—150-е гг. до н.э. нация пылала ярким пламенем успешного фанатизма и строила Царство Божие во всем мире. Странно было бы Еноху характеризовать это время как время «неправды, которая совершалась на земле».

Но, может быть, Книга Еноха написана *до* восстания Маккавеев? Может быть, тот Господь, пришествие которого она пророчит, и есть Иуда Маккавей, «Святый и Великий, Господь славы, вечный Царь, когда Он сойдет, чтобы посетить землю с милостью?»

Это тоже очень сомнительное предположение.

Как мы уже говорили, Книга Стражей обладает очень характерной и очень странной теологией. Она называет Мессию, который сойдет на землю, Словом, Сыном Бога, Господом и Царем.

Ни на что подобное Иуда Маккавей и его братья не претендовали. Они не претендовали ни на статус Сына Бога, ни на статус Слова. Они даже не претендовали на статус Царя! Они правили нацией как Первосвященники. Именно попытка их потомков объявить себя царями привела к гражданским войнам, ослаблению и краху династии.

Кроме того — и мы уже обращали на это внимание, — тексты II в. до н.э., связанные с восстанием Маккавеев, обещают *физическое воскресение*, а не спасение души. Даже в кумранской «Книге войны Сынов Света против Сынов Тьмы», датируемой 40—30 гг. до н.э., ни слова не говорится о попадании душ праведников в Рай. В ней утверждается, что они вот-вот одержат победу над Велиалом на земле, а те, кто при этом падут, воскреснут.

Из этого можно предположить, что еще в 40 гг. до н.э. идея *спасения душ* иудейским милленаристам была неизвестна. Для этого существовали серьезные теологические препятствия: ведь вечно живущая душа и есть Бог.

Кроме этого преследования Антиоха Эпифана имели весьма краткосрочный характер. Реакция на осквернение Храма была почти немедленной.

Между тем цикл Еноха свидетельствует о длительном характере неудач. Так, в Книге Стражей Енох предрекает погибель Шемьязе. В этой книге Господь отдает приказ ангелу Михаилу: «Уничтожь души всех полукровок и сыновей Стражей» (Енох. 2:45/10:15). Из текста Книги Стражей ясно, что приказ этот должен быть исполнен немедленно.

Но в Книге Великанов оказывается, что приказ не выполнен! Великаны, которых должен был убить ангел Михаил, все еще живы и, более того, ведут войну против ангелов!

А в «Послании Еноха» дело заходит еще дальше: в нем уже вообще нет ни Стражей, ни их сыновей, которым Енох предрекает скорый конец. Вместо этого он обещает, что праведники перережут горло грешникам и еретикам!

Может быть, Книга Стражей написана еще раньше, как утверждает Джордж Никельбург, который датирует ее аж IV в. до н.э.? А Стражи и Великаны — это Селевкиды или Птолемеи, претендовавшие, как и все эллинистические монархи, на божественный статус?[22]

Но эта датировка еще менее правдоподобна, — не зря от нее отказался даже отец Милик.

Дело в том, что храмовая теократия, которая правила в IV в. до н.э. Иудеей, была совершенно нетерпима. Она старательно оберегала свою монополию на принесение жертв Яхве и утверждала, что их могут приносить только потомки Аарона и только в иерусалимском Храме. Именно в V–IV вв. до н.э. она объявила самаритянами точно таких же евреев, которые говорили на том же самом языке, молились тому же самому Яхве и имели ту же самую Тору, только жертвы приносили не в Иерусалиме, а в храме на горе Геризим.

И вот, получается, что другую группу иудеев, — которая считала священной гору Хермон, которая тоже отказывалась приносить жертвы во Храме, которая называла его нечистым и скверным! — эта храмовая теократия не прокляла и даже не заметила.

И при этом нельзя сказать, что наша группа была маленькой и незаметной. Она существовала везде, где жили евреи! Сектантские тексты Кумрана написаны на многих языках. Разные тексты написаны на разных диалектах арамейского. Найдены в Кумране и отрывки греческих текстов. И даже в самой Иудее Кумран и гору Хермон, столь важную для сектантов, разделяли 200 км.

При это тексты нашей группы сообщают о постоянных войнах, которые ведут Сыны Света, и ответных ударах, которые наносят им Сыны Тьмы. «Люди, творящие насилие, искали моей жизни, ибо я следовал Завету, — жалуются гимны сектантов. — Могучие люди поставили свои лагеря против меня и окружили меня со всем своим вооружением. Они сыпали стрелами, от которых нет излечения, и пламя их дротиков, — как огонь пожирающий среди деревьев» (IQH, X).

Как мы видим, жизнь наших сектантов нельзя назвать легкой. Они постоянно воевали и их постоянно преследовали.

Но никаких следов этих войн загадочным образом не обнаруживается в иудейской истории IV—III вв. до н.э.! И наша группа отважных борцов с Велиалом никак не проявляет себя во время бесконечных войн Селевкидов и Птолемеев за Иудею!

И что было с нашей группой потом?

Милленаристская династия Хасмонеев, пришедшая к власти после восстания 167 г. до н.э., тоже была совершенно нетерпима. Хасмонеи строили Царство Божие во всем мире, обещали своим приверженцам воскресение мертвых, вели наступательный джихад, уничтожили храм на горе Геризим и, завоевав, обратили в иудаизм Идумею и Галилею. Но вот опорной базы наших фанатиков, находившейся всего в 20 км от Иерусалима, они, получается, почему-то не тронули: и это несмотря опять-таки на обоюдную воинственность!

При этом святые места нашей группы фанатиков (появившейся якобы в IV в. до н.э.) располагались в Галилее, обращенной в иудаизм только в I в. до н.э. Основателем она называет пророка Цадока, который носит то же прозвище, которое у Флавия носит «основатель» «четвертой секты». А ее тексты нашлись в занятой «четвертой сектой» Масаде!

Кто такие Стражи?

Кто эти Сыновья Бога, всесильные владыки земли, погрязшие в сексуальной невоздержанности, жестокости и роскоши, которые тем не менее попросили Еноха заступиться за них и получили в ответ: «Не будет вам мира?» И кто же такие их сыновья, которые снова просили Еноха разгадать их сны?

Антиох IV Эпифан?

Но Антиох никогда не заискивал перед еврейскими пророками. Наоборот, целью его было полное уничтожение иудаизма.

Хасмонеи?

Что? В самом деле?

Еврейский пророк называет павшими Сыновьями Бога единственную победоносную иудейскую милленаристскую династию, не претендовавшую к тому же никогда на статус вышеназванных Сыновей?

Мы знаем единственную династию, которая одновременно заискивала, заигрывала, перекупала и преследовала фанатиков-милленаристов: *это была династия Ирода и его потомки*.

Мы также знаем единственную группу фанатиков, которая долго, но безуспешно резала горла грешников без всякого сострадания к ним: это была «четвертая секта».

Ирод именно что претендовал на статус Мессии евреев. Партия иродиан именно что «считала Ирода Христом». Для кумранитов Ирод был не Мессией, а Анти-Мессией. Не Сыном Бога, а Сыном Беззакония. Не Господом, а Шемьязой — имя, которое, кстати, не совсем имя, а что-то вроде местоимения.

«Шемьяза» можно перевести как «Он-знает-имя». Енох называет своего персонажа «Сами-Знаете-Кто», как Джоан Роулинг — Волдеморта.

Семейная история Сами-знаете-кого удивительно совпадает с семейной историей Ирода так, как она складывалась в последние годы его царствования. Енох предсказывает Сами-знаете-кому, что его сыновья «будут взаимно избивать друг друга», и именно это и произошло с многочисленными сыновьями Ирода от разных его жен: его старший сын Антипатр, снедаемый завистью и жаждой власти, добился казни двух своих младших братьев, а через три года, когда его интриги обнаружились, был казнен и сам, совсем незадолго до смерти Ирода. «Лучше быть свиньей Ирода, чем его сыном», — философски заметил по этому поводу Октавиан Август.

«Уничтожь детей любодеяния и детей Стражей из среды людей; выведи их и выпусти, чтобы они сами погубили себя через избиения друг друга» (Енох 2:39/10:9), — говорит Господь Бог Гавриилу. Это именно то, что случилось с тремя сыновьями Ирода — Александром, Аристобулом и Антипатром — в 7–4 гг. до н.э.

Сыновей у Ирода, впрочем, было много, и после его смерти Август разделил его владения между теми, кто уцелел: то есть между Архелаем, Филиппом и Иродом Антипой.

Политика этого второго поколения иродиан по отношению к иудейским милленаристам характеризовалась той же смесью агрессии и задабривания, что политика Великанов, сыновей Стражей, по отношению к Еноху.

Одним из наших хороших источников в данном случае являются синоптические Евангелия, согласно которым Ирод Антипа, тетрарх Галилеи, заискивал перед Иоанном Крестителем. «Ирод боялся Иоанна, зная, что он муж *праведный и святой*, и берег его; многое делал, слушаясь его, и с удовольствием слушал его» (Мк. 6:20). В славянском Иосифе все три правящих потомка Ирода — Архелай, Филипп и Ирод Антипа — пытаются договориться с «диким мужем». В Кумране сохранилось письмо одного из руководителей секты некоему царю: не исключено, что оно адресовано именно Ироду Антипе.

История Шемьязы, которому Енох предрек, что он увидит погибель своих сыновей, которые будут убивать друг друга, точь-в-точь и очень специфически напоминает семейную историю Ирода.

А история о Великанах, которые послали через «большую пустыню» гонца к Еноху, чтобы он истолковал их сны, один в один напоминает нам рассказ славянского Иосифа о том, как «дикий муж» истолковал сны потомков Ирода.

«Дикий муж» был приглашен истолковать сон тетрарха Филиппа и в ответ предсказал ему смерть и позор. Енох был приглашен истолковать сны Великанов и в ответ предсказал им смерть и позор.

Нашим пруф-текстом в этом смысле является «Послание Еноха». Этот текст содержит значительно более продвинутую теологию. Рай в нем расположен на небе, а не на земле, души в нем превращаются в ангелов, а не просто торчат у какого-то «источника, над которым свет».

Но зато этот текст не содержит ни слова о Стражах и Великанах. Мы можем предположить, что это произошло просто потому, что он написан после 44 г., когда Иудея перешла под прямую власть римлян — и предсказание падения совершенно конкретной династии, представители которой претендовали на статус Сыновей Бога, было заменено на общие обличения алчных грешников.

Вовсе не случайно Енох говорит, что это падшие ангелы *научили людей потреблению мяса*: напомним, что «дикий муж» мяса не ел. Это утверждение Еноха противоречит Торе, согласно которой употреблять мясо людям разрешил лично Господь, но сделал это после потопа (Быт. 9:3). Зато оно помогает понять, почему последователи «дикого мужа» не ели мяса.

И вовсе не случайно «дикий муж» в славянском Иосифе сообщает своим судьям: «Не откроется вам *тайна*».

Эта фраза отсылает нас к главному месседжу книг Еноха. Енох именно что и открывает своим слушателям удивительную, невероятную, неслыханную раньше в иудаизме *тайну*, и эта тайна заключается в том, что они не умрут, а попадут в Рай. Тем, кто пытается судить «дикого мужа», эта тайна не открылась, и поэтому они обречены.

Здесь мы, кстати, снова встречается с косвенным доказательством оригинальности славянского Иосифа: очень трудно себе представить, чтобы наш гипотетический «переводчик XII в.», просветительскую деятельность которого среди диких славян так трогательно описывает Джон Мартин Крид, перед тем, как подделывать свой текст, съездил ненадолго в Палестину, забрался там в пещеры на берегу Мертвого моря, которые не будут открыты еще восемь веков, и, сообразив, что книги Еноха являются центральными для кумранитов, вложил в уста «дикого мужа» два ключевых термина — про «тайну» и про «плоды деревьев», один из которых описывает суть учения Еноха, а другой — суть его образа жизни.

Одна из удивительных особенностей христианской библеистики заключается в том, что большинство религиозных текстов изучаются в ней как самостоятельные эфирные сущности, совершенно отдельные от реальной жизни.

При таком подходе эволюция идей превращается в эволюцию сферического коня в вакууме. Она проходит в безвоздушном пространстве. Получается, что идеи изменяются, размножаются, трансформируются сами собой.

Это, несомненно, так в том, что касается развития научных идей. Что же касается религий — то в них никакой самостоятельной эволюции нет. Эволюция религий — это эволюция фейковых новостей. Это эволюция пропаганды.

Пропаганду невозможно изучать в отрыве от реальности. Агитпроп всегда является реакцией на вполне конкретные вызовы.

В предыдущей книге мы попытались показать, что идея Господа Мессии из рода Давидова среди кумранитов не была абстрактной религиозной идеей. Она существовала потому, что глава кумранской общины претендовал на происхождение из рода Давидова. Смешно думать, что во главе тоталитарной общины, чьи начальники были равны богам, стоял кто-то, кроме живого и действующего Мессии.

Идея Сына Беззакония/Антихриста возникла не сама по себе. Она должна была объяснить долгое и удачливое правление Ирода. Более того, Сын Беззакония и падший ангел Шемьяза были тесно связаны между собой.

Идея вечной жизни праведников возникла не сама по себе. Она возникла как реакция на несколько десятилетий унизительных поражений.

Точно так же Книга Стражей — это не абстрактный пример некоей «енохианской литературы», которую разрозненные мечтатели писали в течение сотен лет. Это книга могущественного пророка и реформатора тоталитарной секты.

Эта книга проклинала очень специфическую династию: династию правителей Иудеи, которые претендовали на то, чтобы быть Мессиями, но на самом деле были врагами Бога.

Эта книга содержала в себе удивительно продвинутую теологию. Ни следа этой теологии нет ни в пророчествах Даниила, написанных во II в. до н.э. перед восстанием Маккавеев, ни даже в милленаристских книгах, написанных после этого восстания. Первый след этой теологии (если, конечно, перед нами не анахронизм) мы наблюдаем в конце правления Ирода, когда фарисеи Иуда и Маттафия, поднявшие восстание против золотого орла, обещают своим последователям спасение души. А в славянском Иосифе они еще обещают и Ад всем, кто не присоединится к ним, — в точности как это обещано в Книге Стражей.

Хасмонеи — единственная династия в истории Иудеи, которая успешно вела наступательный джихад — не разгромили эту секту и даже не знали о ее существовании.

География этой книги привязана к Галилее и, более того, к горе Хермон, на которой, согласно «Завещанию Леви», находятся ворота на небо, и к местечку Дан у подножия Хермона, где стоял золотой телец.

Дан на крайнем севере и Вефиль на крайнем юге были два сакральных места для обитателей царства Израиля. Вефиль прямо упоминается в Торе как место, которое Иаков назвал «вратами неба» (Быт. 28:17), и именно в Вефиль пошел Илия перед тем, как вознестись на небо (4 Цар. 2:2). Там, в Вефиле, жили «сыны пророческие», которые были прекрасно осведомлены о том, что Илия поднимется на небо (4 Цар. 2:5).

В древних домонотеистических верованиях евреев Дан и Вефиль, два места, где стояли два золотых тельца, были, вероятно, одновременно и двумя местами, где находились ворота на небо. Однако эта мистическая традиция вознесений на небо была прямо запрещена монотеистическими реформаторами, и жертвенник в Вефиле был разрушен и осквернен царем Иосией (4 Цар. 23:15). (До Дана Иосия не смог добраться — тот к этому времени был давно и прочно завоеван ассирийцами.)

Вплоть до завоевания Хасмонеями в I в. до н.э. Галилея не знала монотеизма. Однако именно там мы встречаем очаг отчаянного сопротивления римлянам и Ироду. Там в 48 г.

до н.э. поднял восстание атаман Иезекия, там в 37 г. до н.э. «разбойники» сражались против Ирода до последнего и убивали, чтобы не попасть в плен, себя и детей. Именно в Галилее, возле Дана, продолжали существовать некие «разбойники», которые бежали во владения набатеев после того, как Ирод получил эти земли в дар от Августа.

Стоило Ироду уехать в Рим в 7 г. до н.э. — они немедленно вторглись в его царство обратно, разрушая деревни и умерщвляя пленных, «так что их беззакония походили на настоящую войну»[23]. Именно там, в Галилее, сразу после смерти Ирода поднял восстание потомок атамана Иезекии Иуда — видимо, тот же самый, который в 6 г. н.э. поднял восстание против переписи Квирина, и именно там в I в. н.э. существовала секта галилеян.

Трудно не связать эти два обстоятельства — Книгу Стражей, герой которой спускается с небес, чтобы проклясть Стражей, именно в Галилее, — и упорное сопротивление Ироду *галилейских разбойников,* причем не только в начале его царствования и после смерти, но во все время его правления.

Книга Еноха предрекала павшему ангелу Шемьязе, что он увидит, как его сыновья перебьют друг друга, — что и случилось в 7–4 гг. до н.э. Эта книга была написана от имени Предтечи, называвшего грядущего Мессию Словом и Сыном Бога и одновременно — человеком (а в книге Ноя — даже и родственником).

Но при этом — говорят нам с легкой руки отца Милика — этот Енох Предтеча не имеет никакого отношения к Иоанну Предтече. А рассказ о том, как Великаны, сыны Шемьязы, посылали за Енохом, чтобы рассказать свои сны, тоже не имеет никакого отношения к рассказу славянского Иосифа о том, как сыновья Ирода посылали за «диким мужем», чтобы он истолковал их сны!

Совпадение терминологии и теологии этой книги с Новым Заветом — это чистая случайность.

И вообще никакого отношения к конкретной секте эта книга не имела. Это была просто — книга. Она была написана случайно. Это было что-то вроде романа, который был известен всем. Это был некий «Енохический иудаизм», который существовал неведомое количество времени.

С таким же успехом мы можем исследовать тексты Мао Цзэдуна как одну из разновидностей китайской литературы, издавна посвященной поискам социальной справедливости.

Как мы уже говорили — это совершенно не случайно, что в мистической кумранской секте, проповедовавшей возможность вознесения людей на небо, не нашлось книг, написанных от лица основателя секты, пророка Цадока, но зато нашлось целых пять книг, написанных от лица вознесенного на небо Еноха.

Автор данной книги предполагает, что пророк по прозвищу Праведник (Цадок), объявивший себя Енохом, являлся реформатором кумранской секты[*].

А Книга Стражей — это его биография. Это биография совершенно конкретного пророка, который появился в Иудее, вероятно, вскоре после смерти Ирода. Он питался кореньями и носил власяницу, крестил людей в реке Иордан, он проклял сыновей Ирода вместо того, чтобы их благословить, и на вопрос одного из них: «Кто ты», — гордо ответил: «Я — Енаш (или Енох), а был там, где меня водил Дух Божий».

Это не биография в том смысле, в котором ее понимает Плутарх. Наш герой не рассказывает, где он родился и в каких словах бранил Архелая.

Это — гностическая, или, точнее, протогностическая биография, в которой говорится, что наш пророк на самом деле был седьмым сыном Адама и был взят во плоти на небо.

[*] Справедливости ради мы вполне можем допустить (как это делают некоторые исследователи), что наш Цадок был не первый Цадок и что в истории секты имелся еще один его предшественник, тоже Цадок, преемником или даже инкарнацией которого и объявлял себя наш герой.

Он поменялся местами с ангелами: они пали, а он, наоборот, вознесся. В ней рассказано, как правящая династия пыталась переманить его на свою сторону, но он от имени самого Господа сказал: «Нет вам мира».

И, кроме того, в ней рассказывается, что он собственными глазами видел Рай, в котором пребывают души павших за веру, и Ад, в который попадут те, кто не ведет борьбу.

Мы можем представить себе, какое бодрящее влияние это известие оказало на ожесточенную, обессиленную, стремительно теряющую приверженцев секту. Они боролись против римлян вот уже пятьдесят лет, и каждый день им обещали невиданные блага, — но до сих пор ничего на волнах не приплыло.

Им обещали воскресение мертвых — а те не воскресали. Им обещали космическое изобилие — а оно не приходило. Им обещали: в 37 г. до н.э., во время войны против Ирода, что Мессия из рода Давидова убьет сына Велиала, — а победил Сын Велиала.

Книга Стражей — это гораздо больше, чем еще одно новое пророчество.

Это — первый милленаристский текст, в котором сообщается, что праведники после смерти не просто воскреснут, а попадут (хотя бы и временно) в Рай.

Книга Стражей — это новая модель мира. Это мир, в котором человек восходит на небо, превращается в бессмертного и получает от ангелов знание. Вслед за появлением Книги Стражей в иудаизме I в. н.э. начинается целый кембрийский взрыв книг, в которых рассказывается о пророках, вознесшихся на небо. На небо возносятся Авраам и Илия, Барух и Ездра.

Книга Стражей — это создание нового жанра. Точно так же, как «Евангелие от Марка» создало новый жанр, и множество подражателей принялись переписывать Марка, добавляя собственные теологические акценты, точно так же новый жанр создает Книга Стражей. После ее появления история о приключениях Еноха на небе пишется вновь и вновь, с разными теологическими обертонами.

В нашей первой книге мы уже обращали внимание на поразительный факт: а именно, полное отсутствие в христианской традиции священных книг, написанных в 30–40-х гг. на иврите или на арамейском, то есть на том языке, на котором проповедовал сам Иисус.

Это не просто невероятно. Это невозможно. Христианство принадлежало двум великим письменным традициям: греческой и еврейской. Никакие ссылки на то, что христиане были неграмотны, не спасают положения. Книга для неграмотных значит гораздо больше, чем для грамотных. Книгу для неграмотных читают вслух. Ее чтение и является ритуалом, объединяющим общину. В иудейской среде Книга имела значение второе после Бога. Сказать, что неграмотные не нуждаются в Книге, поскольку не умеют писать, — это все равно, что сказать, что телезрители не нуждаются в телевизоре, поскольку не умеют монтировать телепередачи.

Так вот: Книга Стражей и является этим Священным Писанием.

Как Иисус цитировал Еноха

Христиане очень хорошо знают историю ангелов, которые отпали от Бога. Для христианства это утверждение является самоочевидным. Кто же не слыхал про возгордившегося Люцифера? Многие христиане даже уверены, что это сказано в Пятикнижии Моисея.

Но в нем ничего такого нет!

Пятикнижие Моисея — несмотря на некоторые промахи Редактора — ультрамонотеистический текст. Он, по правде говоря, и ангелов-то не очень жалует и ничего не говорит о их создании. Что же до падших ангелов, то для его Редактора — это нелепица, поклеп на всемогущество Бога и тотальная ересь. Именно в такой ереси и упрекает христиан иудей Трифон в раннем тексте Юстина Мученика: «Ты говоришь, что ангелы согрешили и отпали от Бога», — возмущается собеседник Юстина[24].

Зато Иисус — как, разумеется, и его последователи — про падших ангелов знает очень хорошо. Вслед за Енохом Иисус сообщает, что «диаволу и его ангелам» будет уготован вечный огонь (Мф. 25:41).

А автор «Откровения Иоанна Богослова» видит «Ангела, сходящего с неба, который имел в руках ключ от бездны». Этот ангел сковывает диавола Сатану и кладет на него печать (Откр. 20:1–2). Несложно заметить, что ангел, сковывающий Сатану, прибыл в «Откровение» прямешенько из Книги Еноха, в которой Господь командует это же самое ангелу Руфаилу.

О падших ангелах, ждущих в цепях Страшного суда, сообщает Послание Иуды (Иуд. 6), а во Втором Послании Петра говорится, что в день второго пришествия «будут уничтожены огнем *стохейи*» (2 Петр. 3:10).

Греческое словечко «стохейи» (στοιχεῖα) в данном случае значит не «частицы», как это переведено в Синодальном переводе. Оно постоянно употребляется в гностических текстах (и в Кол. 2:8) именно в значении стихийных духов, падших демонов, властвующих над материей.

Как мы уже сказали, ортодоксальный иудаизм ничего не знает о *стохейях*, падших ангелах, и скованном Сатане. Это — теологическое нововведение Книги Стражей.

При этом Иисус не просто хорошо знает историю о падших ангелах. Она известна ему в качестве Св. Писания.

В «Евангелии от Марка», в главе двенадцатой, в которой рассказывается о дискуссиях, имевших место в Храме, саддукеи, не верящие в физическое воскресение тела, задают Иисусу коварный вопрос.

Была некая женщина, у которой умер муж, и она, не имея детей, вышла замуж за его брата: и так семь раз. Когда все семеро воскреснут, чьей женой она будет? — с торжеством спрашивают саддукеи.

Иисус легко выпутывается из ловушки, сообщив, что в воскресении секса нет.

«Иисус сказал им в ответ: этим ли приводитесь вы в заблуждение, *не зная Писаний*, ни силы Божией? Ибо, когда из мертвых воскреснут, тогда не будут ни жениться, ни замуж выходить, но будут, как Ангелы на небесах» (Мк. 12:24–25; Мф. 22:29).

Как мы видим, Иисус не просто сообщает нам, что у ангелов секса нет. Он еще и ссылается при этом на Св. Писание.

Но на какое?

В Торе ничего подобного нет. Жреческий Документ в ней вообще запрещает ангелов. А из Яхвиста, который как раз и является источником истории про *бене элохим* и дочерей человеческих, следует, что боги против секса ничего не имели и крыли человеческих самок со страшной силой, как Юпитер — Данаю. И от этого рождались герои.

Ответ заключается в том, что Иисус ссылается не на Тору, а на Книгу Стражей. Именно Книга Стражей увязывает в единое целое вечную жизнь, ангельский статус и отсутствие секса. Для ангелов, сообщает Енох, Господь «не сотворил жен, ибо духовные имеют свое жилище на небе» (Енох. 3:47/15:7).

При этом Иисус не только цитирует Книгу Стражей, *но и считает ее Священным Писанием*. А всего тексты Нового Завета насчитывают свыше сотни прямых или косвенных отсылок к кумранским книгам Еноха[25].

Учение Иисуса идентично учению Еноха. Они проповедуют одну и ту же теологию и часто делают это одними и теми же словами.

Так, Иисус обещает, что Сын Человеческий придет на землю «на облаке с Силою и Славою великой» (Лк. 21:27). Енох обещает, что «Святый Великий явится со своим могучим войском с неба небес» (Енох. 1:4).

Иисус обещает человечеству «*новое небо и новую землю*» (Откр. 21:1). Енох обещает человечеству «новое творение» (Енох. 13:1/72:1) и «новое небо» (Енох. 18:16/92:16).

Иисус проповедует вслед за Енохом, что избранные *унаследуют землю* (Мф. 5:5; Енох. 1:20/5:7).

Иисус, как и Енох, проповедует, что судить людей будет не Отец, а Сын (Ин. 5:22; Енох. 11:62). Иисус утверждает, что местом наказания для грешников будет *геенна* (Мф. 5:22, 29, 30; 10:28; Енох 17:124/90:26).

Иисус вслед за Енохом говорит о «Маммоне Неправедности» (Лк. 16:9; Енох 10:61/63:10).

Иисус, как и Енох, обещает, что «низложит сильных с престолов» (Лк. 1:51; Енох 8:10/46:5).

Книга Еноха содержит целый «Животный Апокалипсис», в котором иудейский народ выступает как овцы, и Иисус говорит: «Я дверь овцам» (Ин. 10:7).

Дело не просто в вербальных совпадениях. Не в том, что и Иисус, и Енох оба называют своих последователей «избранными», «праведниками», «святыми» и «детьми света». Не в том, что они оба считают, что Господь Славы придет с войском на облаках; не в том, что они оба обещают миру — Страшный суд, последователям — вечную жизнь, а врагам — геенну огненную.

Дело в том, что большинство этих обещаний *не имеют параллелей* в ортодоксальном иудаизме и даже в раннем милленаризме II в. до н.э. — милленаризме фарисеев.

Приведем только несколько примеров. Иисус обещает, что он не только сам сядет на трон Славы, но и посадит туда своих последователей. «Когда сядет Сын Человеческий на престоле славы Своей, сядете и вы на двенадцати престолах судить двенадцать колен Израилевых» (Мф. 19:28).

То, что это обещание является вполне серьезным, подтверждает текст «Откровения». Его автор лично поднимается на небо и там, на небе, видит обещанные престолы.

«И вокруг престола двадцать четыре престола; а на престолах видел я сидевших двадцать четыре старца, которые облачены были в белые одежды и имели на головах своих золотые венцы» (Откр. 4:4).

Современного читателя эта сцена вряд ли поразит: ну, престол и престол, мало ли престолов на небе? Нашим современникам, развращенным Голливудом и спецэффектами, даже целый зал с престолами на небе не показался бы за вещь. Но для ортодоксального иудаизма оно звучало дико. Престол на небе был только один: это была огненная *меркава,* колесница Божия, которую видели Исайя и Езекииль. Единственным исключением из этого правила был пророк Даниил, который умудрился разглядеть на небе два престола: для Предвечного и для Сына Человеческого, и это утверждение Даниила повергало впоследствии рабби в шок и служило почвой для бесчисленных интерпретаций.

Прямое, явное, неприкрытое обещание людям *престолов на небе* было с точки зрения ортодоксального монотеизма нарушением всех и всяческих запретов и прельщением Израиля.

Кто же обещает то же, что и Иисус? Енох.

«Я посажу каждого на престол его почести, и они будут сиять вечно» (Енох. 20:32/108:12)*.

А вот еще одно важное обещание раннего Иисуса. Он обещает своим последователям плод от Древа Жизни. «Побеждающему дам вкушать от Древа Жизни, которое посреди Рая Божия» (Откр. 2:7). Именно это Древо Жизни и видит автор «Откровения» посреди Нового Иерусалима. Оно растет на берегу реки жизни, истекающей из стоящего посреди города престола Бога и Агнца (Откр. 22:1).

---

* Здесь мы должны обратить внимание, что прямое обещание престолов на небе содержится в самой последней главе эфиопской книги Еноха, не найденной среди текстов Кумрана. При этом обещания того, что праведники вознесутся на небо и будут сиять, в Кумране есть.

Это тоже совершенно невероятное обещание. Нигде в Торе не говорится, что Бог вознаградит человека Древом Жизни. Наоборот, в ней рассказывается, что Бог выгнал его из Рая, чтобы он с этого Древа не вкусил.

Кто же обещал своим сторонникам Древо Жизни у Престола Бога, стоящего прямо на земле?

Енох.

«Когда все будет искуплено и окончено до вечности, оно будет отдано праведным и смиренным. От его плода будет дана жизнь избранным; оно будет пересажено на север к святому месту — к Храму Господа, Великого Царя» (Енох. 5:29–30).

Ранний Иисус и его сторонники владели одним важным умением. Они могли поражать врага огнем из своих уст. Именно этим умением обладали «два светильника», упоминаемых Иоанном Богословом: «И если кто захочет их обидеть, то огонь выйдет из уст и пожрет врагов их» (Откр. 11:5). Об этом же умении упоминают Иаков и Иоанн: «Хочешь ли, мы скажем, чтобы огонь сошел с неба и истребил их» (Лк. 9:54), — спрашивают они Иисуса, проходя мимо самарийской деревни. «Огонь пришел я низвести на землю», — обещает Иисус (Лк. 12:49). Об этом умении, как характерной примете Мессии, на рубеже I в. н.э. говорит 3-я Ездры (3 Ездр. 13:10).

По понятной причине впоследствии это умение вышло из моды. Мирные христиане никого огнем из уст не поражали. Исключения бывали, но редкие: к примеру, в «Деяниях Андрея и Матфея» эти два достойных апостола окружили город, которые не принял их учение, огненной стеной, и все внутри спалили огнем.

Но зато история о том, что Мессия будет обладать функциями гигантского космического огнемета, была главным предсказанием Еноха: «В те дни, когда он пошлет на вас мучительный огонь, куда вы убежите и где спасетесь?» (Енох 19:112/102:1). В манихейской Книге Великанов сообщалось, что не только Мессия, но и его ученики «будут иметь власть над Великим Огнем». «Снаружи и сверху они полетят за теми душами, которые попытаются спастись из огня»[26]. «Да принесешь ты смерть безбожным духовением уст твоих» (1QSb, V), — сообщают кумранские тексты о Мессии.

Что именно обещает Иисус своим сторонникам?

Физическое воскресение и вечную жизнь. Но, кроме этого, он обещает им в промежутке между этим физическим воскресением блаженство на небе. «Ныне же будешь со мною в Раю», — говорит он на кресте разбойнику (Лк. 23:43).

Однако именно эта концепция, как мы уже говорили, является теологическим нововведением Еноха, его главным религиозным ноу-хау, отличающим его от предшествующих генераций милленаристов. Да, вечная жизнь и перерезанные глотки противников обязательно будут в программе, но до физического воскресения в мире со ста килограммами винограда на каждой лозе они будут проживать в небесном пятизвездочном отеле и даже сиять.

И, наконец, и Иисус, и Енох проповедуют Страшный суд. В ходе этого Страшного суда праведники воссияют, а грешники будут ввергнуты в геенну огненную.

Это главный предвыборный пункт их милленаристской программы, их коронное обещание и зубодробительный аргумент.

«Для избранных же настанет свет, и радость, и мир, и они наследят землю, а для вас, нечестивые, наступит проклятие» (Енох. 1:20/5:7)

«Изыдут Ангелы и отделят злых из среды праведных, и ввергнут их в печь огненную: там будет плач и скрежет зубов» (Мф. 13:50).

Нельзя сказать, чтобы это ключевое обещание было столь же беспрецедентным, как некоторые другие. Страшный суд над праведниками и грешниками описан впервые еще в пророчестве Даниила: «И многие из спящих в прахе земли пробудятся, одни для жизни вечной, другие на *вечное поругание* и посрамление» (Дан. 12:2). Эта идея восходила еще к фарисейскому милленаризму времени Маккавеев, и она продолжила свое существование у обоих равноправных наследников этого милленаризма — и у христиан, и у раввинов.

Однако все-таки стоит заметить, что если о пришествии Господа и дне его расправы над угнетателями народа Израиля пророки толковали много и охотно, то все-таки идея физического воскресения грешников для их дальнейшего вечного мучения была не очень популярна. Грешников убивали, вот и все. «Египет сделается пустынею и Едом будет пустой степью — за то, что они притесняли сынов Иудиных и проливали невинную кровь в земле их» (Иоиль. 3:19). Даже второй у Маккавеев карой грешников является просто отсутствие воскресения (2 Макк. 7:14).

Однако именно вечные мучения врагов секты в геенне огненной подробно расписаны в составе предвыборной программы Мессии в книге Еноха, — и именно они становятся ключевым обещанием Иисуса.

Речь идет не о заимствовании отдельных абзацев: речь идет о пересказе одной и той же идеологии чуть разными (а иногда и одинаковыми) словами. В одном случае эту идеологию проповедует праведник Енох, который предсказывает триумф Сына, в другом — сам Сын.

При этом в целом ряде случаев, как, например, в истории с Древом Жизни, пересаженным к престолу Мессии, и его умении поражать врага огнем из своих уст, эти цитаты из Еноха встречаются именно в самых ранних христианских текстах, а потом сходят на нет.

И, наконец, Книги Еноха называют Мессию, с одной стороны, человеком и законным сыном своего отца, а с другой — они одновременно называют его Господом, Словом и Сыном.

Для удобства разительное сходство теологии Еноха и Иисуса — и разительное их отличие от ортодоксального иудаизма — можно свести в таблицу.

Иудаизм	Енох	Иисус
Сыны Божии родили от дочерей человеческих славных и могучих потомков	Сыны Божии пали, совокупясь с дочерями человеческими	Сыны Божии пали, совокупясь с дочерями человеческими
У Бога нет космического соперника	Есть Бог и есть Сатана	Есть Бог и есть Сатана
Господь, Судья всей земли, придет и уничтожит всех врагов Израиля (ортодоксы). Будет Страшный суд, в ходе которого грешники будут брошены в геенну огненную, а праведники получат вечную жизнь (Книга Даниила)	Будет Страшный суд, в ходе которого грешники будут брошены в геенну огненную, а праведники получат вечную жизнь	Будет Страшный суд, в ходе которого грешники будут брошены в геенну огненную, а праведники получат вечную жизнь
—	В ожидании физического воскресения праведники живут в Раю	В ожидании физического воскресения праведники живут в Раю
Человека изгнали из Рая, чтобы он не вкусил от Древа Жизни	Древо Жизни будет дано праведникам	Побеждающему со мной дам вкусить от Древа Жизни
Человеку запрещено видеть Бога	Когда человек видит Бога, он становится Богом	Когда человек видит Бога, он становится Богом (гностики)
Человеку запрещено возноситься на небо. Исключение — пророк Илия	Когда человек возносится на небо, он сбрасывает смертные одежды (тело) и облекается в одежду славы (получает тело ангела)	Когда человек возносится на небо, он сбрасывает смертные одежды (тело) и облекается в одежду славы (получает тело ангела)
Ангелов нет (Жреческий Документ) Ангелы есть и ведут себя так же, как люди: едят, пьют и совокупляются с женщинами (Яхвист)	Ангелы не подвержены плотским желаниям	Ангелы не подвержены плотским желаниям
Мессия не есть Господь	Мессия и есть Господь	Мессия и есть Господь
	Енох не Мессия. Он только предсказывает его появление	Иоанн Креститель не Мессия. Он только предсказывает его появление
Лунный календарь	Солнечный календарь	Солнечный календарь

Иными словами, теология книги Еноха — это не иудейская теология V, III или даже I в. до н.э. Это раннехристианская теология. Книги Еноха и были Священным Писанием последователей Иисуса до поражения в Иудейской войне.

Это были Книги Иоанна Предтечи.

Дальнейшие приключения Еноха

Кумран был уничтожен римскими войсками во время Иудейской войны, в 69-м или 70 г. Как следствие — все книги, написанные от лица Еноха и найденные в Кумране, написаны до этого времени.

Однако на этом Енохиана не закончилась.

Книги Еноха, как и Евангелия, продолжали писаться снова и снова. Все они имели один и тот же сюжет: Енох возносился на небо и получал там знание. Но вот теология их была разная. (Точно так же дело обстояло с Евангелиями: они тоже всегда имели один сюжет и разную теологию.)

Так, тема смертных, становящихся ангелами — то есть совлекающих с себя одежду плотского тела и облекающих в тела славы, — получает дальнейшее развитие в 2 Еноха, оригинал которой, сохранившийся только в славянском переводе XIV в., был написан, вероятно, по-гречески в I в. н.э. в Александрии.

За время, прошедшее между ее написанием и Книгой Стражей, жилищные условия праведников и ангелов значительно улучшились. На небе теперь уже *семь* этажей, и Енох поднимается последовательно на все из них[27].

На седьмом небе он *видит лицо* Господа, и вместо того, чтобы убить, лицезрение Господа *превращает его в ангела*.

«И Господь устами своими воззвал ко мне: «Дерзай, Енох, не бойся! Встань и стань перед лицом моим во веки». И поднял меня Михаил, великий архангел Господень, и привел меня пред лицо Господа. И испытал Господь слуг своих, сказав им: «Да вступит Енох, чтобы стоять перед лицом моим во веки». Славные же поклонились [Господу] и сказали: «Да вступит» (2 Енох. 22:5–7).

Бог приказывает Михаилу снять с Еноха земные одежды и облачить его в ризы Славы Господней (2 Енох. 22:8). Иначе говоря, Енох совлекает с себя человеческую плоть и облачается в плоть ангела[28].

А как же запрет на лицезрение лика Бога, который действовал еще в Книге Стражей? Запрет сохраняется, но теперь он относится *уже к Еноху*. Когда Господь посылает ангела Еноха обратно на землю, он инструктирует одного из ангелов остудить лицо Еноха, ибо «ежели лицо твое не будет остужено здесь [на небе] никакой смертный не сможет взглянуть на твое лицо» (2 Енох. 37:2)[29].

При этом Енох в 2 Еноха по-прежнему не является Мессией. Им является племянник Ноя Мельхиседек, родившийся взрослым и в одежде от мертвой матери и воспитанный архангелом Гавриилом в Раю.

Совсем по-другому развивается действие в «Притчах Еноха» — тексте, который сохранился в составе эфиопской Книги Еноха, но показательно отсутствует в Кумране.

В этом тексте Енох также поднимается на небо. Он также видит жилища праведных под крыльями Господа Духов (Енох. 7:13). Он также слышит о Страшном суде (Енох. 8:4–5). Он также видит Две Власти на небе: Предвечного и Сына Человеческого. Он узнает, что Сын Человеческий был известен предвечно: «И прежде чем Солнце и знамения были сотворены, прежде чем звезды небесные были созданы, Его имя было названо пред Господом духов» (Енох. 8:20–21).

И, наконец, следует кульминация.

Енох видит Господа *лицом к лицу* и Преображается. Он узнает, что он и есть Сын Человеческий, который сядет на престол славы судить царей: «И я упал на свое лицо, и все мое тело сплавилось, и мой дух изменился… И тот ангел пришел ко мне, и приветствовал меня своим гласом, и сказал: «Ты — Сын Человеческий, рожденный для правды» (Енох. 12:14–17).

Енох, который доселе только возвещал приход Мессии, обнаруживает, что он сам — Мессия[30]. Перед нами — все та же иудейская ересь Двух Властей в Небе, но Второй Властью в «Притчах Еноха» является не Мессия, а сам Енох!

Но даже «Притчи Еноха» еще не предел! В 3 Еноха, написанной на иврите, Енох возносится на небо и становится там ангелом Метатроном — Малым Яхве. Его плоть превращается в пламя, его брови становятся молниями, он восседает на троне одесную Господа и записывает в книгу грехи и заслуги Израиля. Именно Енох стал в мистическом иудаизме тем Небесным Писцом, который записывает в книгу грехи и заслуги Израиля[31]. Согласимся — это поистине неплохая карьера для изобретателя календаря и алфавита, имя которого Иосиф Флавий не решился упомянуть.

Яхья-Иоханан

Итак, мы предположили, на основании данных славянского Иосифа, что пророк Цадок и Иоанн Креститель — это одно и то же лицо и что этот человек представлялся праотцем Енохом, который спустился обратно на землю перед концом времени. Он не ел мяса, потому что, согласно Книге Стражей, есть мясо научили падшие ангелы, и он проповедовал людям «тайну» — тайное знание о том, как стать бессмертными, знание, которое и составляло впоследствии самую суть гностицизма.

А Книги Еноха, найденные в Кумране, — это новое Пятикнижие, тексты, написанные древним пророком, который вознесся на небо, увидел Бога, облачился «в одежду славы», стал бессмертным и снова спустился на землю, чтобы основать общину праведников и проречь пришествие Мессии*.

* Справедливости ради надо сказать, что о Пятикнижии Еноха первым заговорил отец Милик, к датировкам которого мы тут отнеслись так скептически.

Посмотрим теперь, что говорят нам по поводу отношений Еноха и Иоанна Крестителя мандеи — дожившие до наших дней остатки поклонников Иоанна.

У них есть два варианта ответа на этот вопрос.

Согласно ряду текстов, часть которых мы уже приводили, Яхья-Иоханан был *воспитанником Еноха/Еноша*.

После рождения мальчика Енох забрал его по приказу Отца Славы и перенес его к Древу Жизни, то есть в Рай[32]. Таким образом, согласно мандеям, Иоанн был воспитан Енохом прямо в Раю. Именно Енох дал Иоанну знание, и он создал для него буквы. А когда Иоанну было 22 года, Енох научил его сокровенному волшебству[33].

«Я выучился там всей моей мудрости и усвоил все свои речи. Они облачили меня в *одежды славы* (ср. Превращение Еноха в ангела. — *Ю.Л.*) и покрыли меня облачным покрывалом. Они подпоясали меня поясом, поясом из живой воды, который сиял сверх всякой меры и сверкал. Они посадили меня в облако, в облако Славы, и в седьмой час Дня Солнца они принесли меня в Иерусалим»[34].

Принесенный на землю в облаке Славы, обиталище надмирных эонов, Иоанн, лицо которого было укрыто облачным покрывалом (так же, как и лицо Еноха после того, как он видел Господа), творил чудеса.

Он «очищал прокаженных, открывал глаза слепым, и хромых он поднимал на ноги»[35]. Он был «исцелитель, чье лекарство есть Живая Вода». Он был посланцем Великого Царя Света[36]. Иоанн был неуязвим — его не могло порезать железо и сжечь огонь[37]. Он был увенчан венцом Царя Славы, и он сел по его правую руку[38].

А когда после смерти Иоханана евреи в Иерусалиме начали убивать его учеников, так что из «назореев не спаслось ни одного человека»[39], именно Енох отомстил за его смерть. По приказу Отца Славы он пришел в Мидию, взял семь стрел, произнес над ними семь заклинаний и разрушил ими храм евреев, дом лже-Мудрости, Рухи[40].

Итак, согласно ряду мандейских гимнов, Иоханан был воспитан Енохом в Раю. Он был писец, которому Енох продиктовал свои книги. Последователи Иоанна были последователями Еноха, и Енох разрушил Второй Храм, чтобы отомстить за смерть Иоанна.

Согласно другой версии, изложенной во второй книге правой Гинзы, в «Книге Великого Господа», Енох и был Иоанн.

В «Книге Великого Господа» сообщается, что Енох *спустился в мир во время Пилата*. Это он, Енох, исцелял больных, возвращал зрение слепым, очищал прокаженных, ставил на ноги хромых, заставлял говорить немых. Он победил смерть силой Великого царя Света. Он сделал множество евреев своими учениками. Он направлял каждого, кто был ревностен и тверд в вере в Единого, Господа всех миров»[41]. Он сошел в Иерусалим в одежде (т.е. в теле) из водяных облаков, которые скрывали его сияние. «Его одеяние было не телесным»[42]. Он завел себе 365 учеников. И когда евреи их убили, он и уничтожил в отместку Иерусалим, приняв вид большого белого орла[43].

Именно Енох называется у мандеев пророком новой религии[44].

В «Харан Гавайте» последователи Иоанна прямо именуются последователями Еноха[45]. Итак, для мандеев Иоанн Креститель — это или сам Енох, или его ученик, воспитанный Енохом прямо в Раю.

Енох или Илия?

Гипотеза, отождествляющая Еноха и Иоанна, встречается с одним очевидным на первый взгляд возражением. А именно — в канонических Евангелиях Иоанн нигде прямо не называется Енохом. Вместо этого он называется *Илией*. «Он есть Илия, которому должно прийти» (Мф. 11:14; 17:12, Мк. 9:13).

Дело осложняется еще и тем, что это отождествление существует только в синоптических Евангелиях. В «Евангелии от Иоанна» тождество Иоанна Крестителя и Илии, наоборот, отрицается. «И спросили его: что же? Ты Илия? Он сказал: нет. Пророк? Он отвечал: нет» (Ин. 1:21).

Вместо этого в «Евангелии от Иоанна» Иоанн Креститель просто называется «человеком» — то есть, если считать, как Даниэль Боярин, что пролог «Евангелия от Иоанна» представлял собой арамейский мидраш на Книгу Бытия, он снова называется «енашем». «Был человек, посланный от Бога, по имени Иоанн» (Ин. 1:6). «Он не был свет, но был послан, чтобы свидетельствовать о Свете» (Ин. 1:6–8).

Рассмотрим же тезис синоптических Евангелий о том, что Иоанн был Илией, повнимательней.

Для начала, высказывание Иисуса о том, что Иоанн есть Илия, уже само по себе интересно. Оно напоминает нам, что то, что мы теперь называем ранним христианством и что точнее было бы называть грекоязычным назорейством, обладало совсем иным набором догм и верило в то, что люди избранные — и взятые живьем на небо, как Илия, — могут вновь сойти на землю. В то же в это время верили и фарисеи, полагавшие, что «души добрых после их смерти переселяются в другие тела»[46].

Некоторые арамейские таргумы того времени считали, что Илия — это вернувшийся на землю *ревнитель* Финеес, тот самый потомок Аарона, который пронзил копьем еврея и мадианитянку, совокуплявшихся в скинии (Чис. 25:8).

Именно это представление о святых, возвращающихся вновь на землю в телах современников, видим мы в текстах, связанных с именем апостола Петра, — в «Псевдоклиментинах», в которых Петр верует в Спасителя, возвращающегося на землю через определенные промежутки времени, и «Апокалипсисе Петра», где Иисус показывает Петру его почивших собратьев, Моисея и Илию.

Видим мы его и в самих канонических Евангелиях, где Иисуса почитают иные «за Иоанна Крестителя, другие же — за Илию, а иные — за одного из пророков» (Мк. 8:28; Мф. 16:14; Лк. 9:19). Даже славянский Иосиф сообщает, что Иисуса почитали за вернувшегося на землю Моисея. Это утверждение точно не заимствовано из канонических Евангелий. Зато оно вполне находится в русле иудейского египетского мистицизма, полагавшего, что Моисей был живьем взят на небо и «там получил имя Мелхи», то есть «царь»[47].

Вообще громадное число иудеохристианских апокрифов, написанных вдруг в I—II вв. н.э. от имени праотцев и пророков, возносящихся на небо, вероятно, как раз и объясняется тем, что эти праотцы и пророки вдруг объявились в милленаристских общинах в товарных количествах и спешно делились с потомками своими теологическими мемуарами.

Итак, если наша гипотеза о теологическом тождестве Иоанна Крестителя и Еноха справедлива, почему же Матфей и Марк — в отличие от мандеев — отождествляют Иоанна не с Енохом, а с Илией?

Ответ, вероятно, в том и заключается, что Матфей и Марк — не мандеи. Они не последователи Иоанна. Они — последователи Иисуса.

Отношение авторов синоптических Евангелий к Иоанну крайне двойственное. С одной стороны, они помнят и гордятся тем, что Иоанн провозгласил Иисуса Мессией и лично увидел Святую Руах, снисходящую в него в виде голубя.

С другой стороны, эти Евангелия все написаны после того, как пути последователей Иоанна и Иисуса разошлись. Они написаны после того, как главой секты Иоанна Крестителя стал некто Досифей, который имел у себя в секте тридцать апостолов и женщину по имени Луна и ученики которого имели наглость утверждать, что он тоже воскрес!

Следы этого раздора сохранились даже в канонических Евангелиях. В частности, у Марка Иисуса упрекают в том, что ученики Иоанновы постятся, а Иисусовы — нет (Мк. 2:18).

Еще радикальнее обстояло дело в «Евангелии от евреев». Там рассказывалось ни более ни менее, что Иисус категорически отказался креститься у Иоанна Крестителя, потому что Иоанн крестил в отпущение грехов, а Иисус заявил, что у него грехов нет.

«Мать Господа и братья его сказали ему: Иоанн Креститель крестит во отпущение грехов, давай-ка пойдем, чтобы он крестил нас. Он, однако, ответил им: Какой грех совершил я, чтобы идти и быть крещену им?»[48]

Как мы помним, «Евангелие от евреев» было написано последователями того самого Иакова Праведника, который, если верить «Псевдоклиментинам», выяснял на ступенях Иерусалимского Храма отношения с последователями Иоанна Крестителя по вопросу о том, кто истинно воскрес: Иоанн или Иисус. Мы можем предположить, что после этой вооруженной разборки последователи Иакова всячески стремились преуменьшить роль Иоанна.

Вероятно, именно поэтому в Кумране не отыскалось «Притчей Еноха» — книги, в которой Мессией провозглашался именно Енох, а не Иисус. Для Кумрана это была Книга Лжецов. Это была книга тех, которые на ступенях Храма сломали ногу новому лидеру секты. Тех, кто «писал Слова Лжи», «Прельщал своей Ложью» (Енох. 19:72/98:15) и «искажал Слова Праведности» (Енох 19:74/99:2).

Более того, мы можем сделать совсем уже рискованное предположение. А именно — что та часть движения, которой руководил Иаков, достойно ответила на гнусные происки учеников Иоанна: а именно, она обзавелась собственным Енохом.

Ведь, как мы только что видели, и Енох, и Моисей, и Илия могли ходить на небо и с неб, туда и обратно, как на чердак за сеном. И если Енох пришел один раз в теле Иоанна, ничто не мешало ему прийти второй раз в теле кого-то еще.

Енох 2.0

В I в. н.э. в Египте еще до падения Храма был написан текст, который сейчас называется «Апокалипсис Илии». Мы подробно разбирали его в первой книге. Он был существенно переработан в III в. н.э., но оригинал был куда более ранним[49].

Одна из особенностей «Апокалипсиса Илии» заключается в том, что в нем главными борцами против Антихриста, павшего, подобно утренней звезде, с неба, являются Енох и Илия.

Они, предрекает Апокалипсис, будут сражаться с Сыном Беззакония семь дней на рыночной площади большого города. Потом они три дня будут лежать мертвые на площади, и все будут смотреть на них. На четвертый день они воскреснут и скажут Антихристу: «О бесстыдный, о Сын Беззакония. Или ты и вправду не стыдишься, что *прельщаешь* народ Божий, за который ты не страдал?» (Апокалипсис Илии. 4:15)[50].

Вскоре после этого всенародного воскресения Мессия пошлет с небес шестьдесят четыре тысячи шестикрылых ангелов на помощь *праведным* и *святым*. Те, кто запечатаны печатью Христовой, будут восхищены в воздух и попадут в Рай. Там они вкусят от Древа Жизни. Они сядут на Престолы и получат Венцы. Что же касается оставшихся на земле, то их ждет ужасный конец. Мессия нашлет на землю огонь, который поднимется на семьдесят два локтя. Он пожрет грешников, как солому.

После этого Енох и Илия — которые, очевидно, не только воскресли, но и вознеслись на небо — возвратятся снова.

«Они совлекут с себя плоть этого мира и *облачатся в духовную плоть*. Они будут преследовать Сына Беззакония и убьют его, ибо он не сможет говорить. В этот день он расточится в их присутствии, как лед, растопленный огнем. Он умрет, как змея, в которой нет дыхания». Они скажут ему:

«Твое время кончилось. Ныне ты и все, кто верит в тебя, умрут» (Апокалипсис Илии. 5: 32–34).

Этот текст, как мы видим, демонстрирует все знаковые приметы иудейского милленаризма I в. н.э. — венцы на небе, Древо Жизни для праведников, Мессия, насылающий на мир огонь, и победители Антихриста, которые совлекают с себя плоть этого мира и облекаются в эфирную плоть ангелов. При этом этими победителями являются именно воскресшие Енох и Илия. Ричард Бокхем справедливо замечает, что этот текст отражает дохристианскую (в современном смысле слова) традицию, потому что в современной христианской традиции Антихриста побеждает Христос[51].

Зато он полностью соответствует кумранской традиции, а именно — «Видениям Еноха». В них Енох лично сообщает, что три ангела, восхитившие его на небо, вернут его вместе с Илией на землю накануне Страшного суда (Енох 17:131/90:31).

Эта кумранская традиция о Енохе и Илие, которые будут главными руководителями борьбы с Антихристом, продолжается в некоторых других ранних христианских текстах, например, в уже упомянутом «Апокалипсисе Петра».

«Енох и Илия будут посланы объяснить им, что Сей есть Обманщик, который послан в мир, чтобы делать знамения и чудеса для того, чтобы прельстить. И поэтому они будут убиты его рукой и станут мучениками», — читаем мы в одном из вариантов Апокалипсиса[52].

«Тогда Енох и Илия снизойдут с неба. Они будут проповедовать и стыдить этого злобного Врага Праведности и Сына Лжи. Тогда их обезглавят, и Михаил и Гавриил воскресят их и принесут в Сад Радости, и ни капли его (sic) крови не прольется на землю», — читаем мы в другом варианте[53].

Ипполит Римский сообщает, что Енох и Илия будут проповедовать против Антихриста 1260 дней. Они будут одеты в рубище и будут убиты за то, что отказались признать Антихриста Христом[54]. Тертуллиан полагает, что Енох и Илия «предназначены умереть, чтобы потушить Антихриста своей кровью»[55].

О Енохе и Илии, которые сообщили людям «истинное знание Бога» и призвали их «не повиноваться богоборцу», знает Ефрем Сирин, а также Тибуртинская сивилла[56] и Псевдо-Ипполит[57]. Это, конечно, очень поздние тексты — но они отражают существенно более раннюю и неканоническую традицию, согласно которой главными борцами и обличителями Антихриста являются именно Енох и Илия.

Когда возникла эта традиция?

Мы можем заметить один любопытный момент: судьба Еноха и Илии из «Апокалипсиса Илии» как две капли воды напоминает судьбу «двух светильников» «Откровения Иоанна Богослова», — собственно, этих «двух светильников» прямо отождествляет с Енохом и Илией Ипполит Римский.

Напомню, что наши «два светильника» — это могучие *гоисы*, которые будут уметь наводить мор, язву и засуху и поражать врага огнем из своих уст и которые будут убиты Антихристом — зверем, вышедшим из бездны.

Трупы их будут оставлены посреди Иерусалима, и народ будет глазеть на них три дня. Через три дня они оживут на глазах своих врагов, раздастся Голос с Неба, два светильника вознесутся на небо на облаке, а город содрогнется от землетрясения.

Можно предположить, что «Апокалипсис Илии» и «Откровение Иоанна Богослова» описывают вполне реальное событие, но так, как его подавала зилотская пропаганда.

Что это за событие?

За всю историю Иудейской войны мы видим только одно событие, которое может претендовать на подобный статус. Это распятие Тиберием Александром двух сыновей Иуды Галилеянина, Иакова и Симона, около 48 г. н.э. Если верить славянскому Иосифу, эти два сына Иуды Галилеянина были также двумя апостолами Христа.

Они были распяты на глазах всего Иерусалима, и, так как воскресение и вознесение в то время было делом обыкновенным для пророков «четвертой секты», то понятно, что зилотская пропаганда объявила их воскресшими и вознесшимися. Люди верили в это воскресение добрых пастырей легко и охотно, потому что каждый, кто не верил, рисковал получить сикой в бок.

Понятное дело, у нас нет никакой возможности отождествить Иакова или Симона с *первым* Енохом. Они жили на поколение позже него. Но у нас есть большой соблазн предположить, что или Иаков, или Симон был *вторым* Енохом, Енохом 2.0, который не только снова вернулся на землю, чтобы поразить Антихриста, но и надиктовал новые книги, написанные от лица Еноха, включая, в частности, Книгу Ноя, которая трогательно настаивает на том, что Мессия является не только Богом и человеком, но и родственником Еноха.

В этом умножении числа Енохов нет ничего невероятного. Если среди противников Иакова, брата Иисуса, все время появлялись адаптированные и дополненные Христы, то почему бы среди его сторонников не появляться новым, адаптированным и дополненным Енохам? Если по Иудее бродили лже-Христы, почему бы по ней не бродить лже-Енохам?

«Толедот Иешу»

Есть ли у нас еще какие-то тексты об Иоанне?

Есть.

Еще один источник биографии Иоханана/Цадока — это «Толедот Иешу» — антиназорейская сатира, распространявшаяся в иудейской среде и представлявшая собой антибиографию Иисуса Мессии. Единого варианта «Толедот Иешу» не существовало. Исследователи насчитывают по крайней мере три группы текстов, кардинально различающихся между собой сюжетами, временем действия и порождающих сюжет теологией.

Мы будем говорить о «Толедот Иешу» отдельно в другой книге, но нас сейчас интересует только одна группа текстов, которую исследователи называют «Пилат». В ней дело происходит в Иудее в правление прокуратора Понтия Пилата. Она считается самой ранней группой текстов, оформившейся письменно около III–IV в. н.э.

Согласно этой версии «Толедот» Иисус был *гоис,* творивший удивительные чудеса. Он отверзал очи слепым, воскрешал мертвых и провозглашал себя Богом.

По приказу Понтия Пилата Иисус был арестован. Он был обвинен в том, что *он прельщал народ и занимался волшбой*.

Будучи допрошен Пилатом о причине своих магических успехов, Иисус сослался на древние египетские книги, которыми он обладает. Он заявил, что эти книги пророка Валаама, сына Фегора. Однако, когда Пилат на него надавил, Иисус раскололся. Он признался, что книги эти никакие не древние египетские, а написаны неким *Иохананом Красильщиком*. После этого Иисуса вместе с Иохананом отправили на суд императора Тиберия в Рим, где оба *гоиса* объявили себя сыновьями Бога.

Нетрудно заметить, что перед нами — совершенно точное изложение возможного провенанса Книги Стражей. Кумранские сектанты утверждали, что их удивительные магические книги, дающие им власть летать, прогрызать гору, etc., вынесены из каких-то неведомых далей: из Рая, с неба, или, в крайнем случае, из Египта, где действительно могли сохраниться остатки дореформенного яхвизма (ср. сообщение Филона Александрийского о секте Спасителей, у которых есть книги основоположников их секты, «древних мужей»).

А на самом деле эти их книжки были написаны Иохананом Красильщиком.

Итак, у нас для христиан две новости: одна — хорошая, другая — плохая.

Хорошая новость заключается в том, что все четыре евангелиста были совершенно правы. Могущественный пророк

Иоанн Креститель действительно крестил Иисуса. Более того, он, вероятно, помазал его в Мессии.

Это была очень торжественная церемония. При этом-то помазании, вероятно, и грянул гимн: «Ты сын мой, я ныне родил тебя». Иоанн объявил во всеуслышание, что видел Святую Руах, нисходящую в Иисуса. Он провозгласил Иисуса Господом Славы, Вечным Царем, Святым и Великим, который «сойдет, чтобы посетить землю с милостью» (Енох. 5:28/25:3).

Он признал его Второй Властью в Небе. Это было очень существенное свидетельство. Ведь об этом свидетельствовал не кто иной, как сам Цадок, новое воплощение ставшего ангелом Еноха — а не какой-то там ком с горы.

Плохая новость заключается в том, что ни при каких обстоятельствах могущественный родоначальник «четвертой секты» Цадок не мог провозгласить Мессией пророка любви и мира. И ни при каких обстоятельствах это провозглашение не могло ускользнуть от внимания римских властей.

ЗАКЛЮЧЕНИЕ

Таким образом, как мы видим, у Иоанна Крестителя, он же Цадок, он же Енох, оказалась богатая — совершенно захватывающая биография.

Точнее, этих биографий целых две. Одна из них — реальная.

Иоанн/Цадок начал свою деятельность не одновременно с Иисусом, а на поколение раньше его. Он руководил движением тридцать лет.

Он разработал ритуал ежедневного крещения людей, служившего искуплением их грехов. Он вывел людей в пустыню, где они вступили «в Новый Завет с Господом». Он сделал из них праведников, святых, хранителей Завета и Совершенных в Пути.

Иоанн/Цадок радикально реорганизовал доставшийся ему человеческий материал на основе новых объединяющих ритуалов, беспрекословного подчинения начальству, общности имущества и военного мистицизма.

Вступление в общину требовало долгой подготовки (Иосиф Флавий стажировался у пророка Бануса три года). По окончании курса этой подготовки новичок принимался в общину путем ритуального омовения, смывающего с него грех.

Степеней посвящения было несколько, и высшие члены общины, сосуды, наполненные Святым Духом, отстояли от нижних так высоко, что после прикосновения к ним омывались, словно дотронулись до нечистого животного.

Все вступившие в Новый Завет должны были передать «все свои знания, силы и имущество в Общину» (1QS, 1, 11). Они должны были совершать ежедневные омовения, смывающие с них грех. Они должны были «есть вместе и молиться вместе (1QS6, 2–3)». От них требовалось беспрекословное подчинение *мебаккеру* общины. Нарушивший устав карался смертью или, в легких случаях, изгнанием. Изгнание тоже часто приводило к смерти, потому что член общины, лишенный имущества, предпочитал скорее умереть в пустыне, нежели погубить душу контактом с неверными.

Полноправные члены общины молились до рассвета, затем работали пять часов, затем очищались в воде, надевали чистую, обязательно белую одежду и собирались на общую трапезу, во время которой, как во время Тайной вечери, «священник первым простирал руку, чтобы благословить первые плоды хлеба и новое вино» (1QS6, 4–6).

Все это вместе — ритуальные очищения, скудная диета, фанатическое соблюдение закона, совместные трапезы и гимны — приводило участников общины в измененное состояние духа, в котором они считали себя инструментами Бога и соратниками ангелов. Ангелы присутствовали среди них во время богослужения. Если Тора отрицала для смертного даже саму возможность видеть лицо Бога, то книги сектантов описывали их самих, *праведников* и *святых*, стоящими у трона Господа. В битву против неверных с ними должны были идти ангелы и Сын Человеческий, грядущий на облаках.

Все эти тайны были известны Иоанну, потому что он был Енох, взятый живым на небо, или воспитанник Еноха, до 22 лет живший в Раю.

Почему Иоанн взял себе в качестве революционного псевдонима именно Еноха? Внимательное изучение мандейских книг позволяет дать ответ и на этот вопрос. Дело в том, что мандеи называли Еноха *первым жрецом*.

Жреческий вопрос был больным местом для ортодоксального иудаизма. Жрецы Яхве могли происходить только из рода Ааронова. Жреческий Кодекс так сурово блюл этот момент, что он даже выкинул из истории об Аврааме историю о совершении им жертвоприношений. Согласно Жреческому Кодексу Авраам не мог приносить жертвы Богу, потому что он не был потомком Аарона!

Назвав Еноха первым жрецом, а себя его аватаром/преемником, посвященным в жрецы, Иоанн Креститель тем самым полностью делегитимизировал всю грандиозную машину официального жречества.

Иоанн/Цадок/Енох оказал на современный мир не меньшее влияние, чем Мессия Иисус.

Он был родоначальником всех дальнейших сект гемеробаптистов (т.е. ежедневных крестителей) — масбофеев, ессеев, оссеев, сампсеев, сабеев, мандеев и т.д. Он был предшественником двух существующих ныне мировых религий — христианства и ислама, который до сих пор практикует ежедневное пятикратное омовение, запрещает поклоняться изображениям и соблюдает некоторые пищевые ограничения, наложенные на себя сектантами после падения Храма: а именно, запрет на вино.

В отличие от Иисуса, который рано перестал восприниматься как пророк одних только евреев, Иоанн/Енох оказал огромное влияние на развитие самого иудаизма — и не на одно только революционное отребье, каким Иосиф Флавий пытается представить «четвертую секту», но и на самый что ни на есть иудейский мейнстрим.

Именно он превратился в последующих мистических иудейских текстах в верховного агнела Яхоэла/Метатрона, которому Бог вручил судьбы мира. Воспоминание об этом событии донес до нас даже Ориген, который сообщает о «поверии, существующем относительно Иоанна Крестителя и гласящем, что он… будучи ангелом, воплотился во плоти, чтобы стать свидетелем света»[1].

Но самое главное наследие Иоанна заключается в том, что создал иудейский гностицизм как образ мыслей: как идею о том, что человек может стать Богом.

Ортодоксальный иудаизм, в том виде, в котором он сложился к моменту восстановления Второго Храма (сер. V в. до н.э.), ничего не говорил о бессмертии души. «Они не признают бессмертия души», — писал Иосиф Флавий о его последних носителях, саддукеях. Тому имелись серьезные теологические причины, превосходно изложенные в свое время Юстином Мучеником, который в данном случае выступал как приверженец не только христианской, но и иудейской ортодоксии.

Ведь бессмертная душа, тем более душа, вознесшаяся на небо, получившая там великое могущество и «родственная Богу» (как это изящно сформулировал сикарий Елеазар бен Яир), — и есть Бог. Вера в бессмертную душу несовместима со строгим монотеизмом. Мы можем предположить, что бессмертие души было вычеркнуто из Торы именно в результате монотеистических реформ. Это бессмертие Жреческий Кодекс попытался заменить долголетием: отсюда и дотошность, с которой он постоянно фиксирует необычайное долголетие патриархов.

Восстание Маккавеев во II в. до н.э. кончилось победой первых иудейских милленаристов, которые впоследствии развились в партию фарисеев. Во II в. до н.э. эти милленаристы, по указанным выше причинам, еще не веровали в бессмертие души. Вместо этого 2 Маккавеев, написанная около 124 г. до н.э., говорит о *физическом воскресении* тела.

Эта идея не противоречила монотеизму и долго оставалась излюбленным обещанием самых разных фанатиков. В частности, «Книга войны Сынов Света против Сынов Тьмы», которая, как мы полагаем, была написана во время восстания 40—37 гг. до н.э. против Ирода, содержала в себе исключительно идею физического воскресения.

Победа Ирода произвела в Сынах Света тяжелейший надлом. Им обещали победу Мессии и десять тысяч кистей винограда на каждой лозе, а вместо этого победил Сын Беззакония. «Мы надеялись быть главою, а сделались хвостом» (Енох. 19:131), — жаловались Сыны Света. Грешники дразнили их: ну и где же ваше воскресение? «Праведники умирают, как и мы, и какая им польза от их дел? Вот они, как и мы, умерли в печали и мраке, и какое преимущество имеют они перед нами» (Енох. 19:119).

Ответ на этот вопрос (если Иосиф Флавий в данном случае не допускает анахронизма) был дан в конце правления Ирода и окончательно сформулирован пророком Цадоком. Ответ заключался в том, что печалиться не надо: даже если физическое воскресение и физическое изобилие откладываются по каким-то неясным обстоятельствам, праведников ждет блаженство на небесах. Они станут там членами Совета Богов, сбросят с себя грешную плоть, облекутся в сияющие тела ангелов и будут сиять.

«Вы будете иметь великую радость, как ангелы небесные… вы будете светить, как светила небесные, и врата небесные отверзутся для вас» (Енох. 19:137–139).

Весь протогностический комплекс представлений о том, что смертные могут восходить на небо, что они могут становиться *элим*, что они могут получать Божественное знание, совлекать с себя одежды плоти и сиять, — этот комплекс предшествовал деятельности Иисуса на целое поколение.

Он был теологией Кумрана.

Он и был теологией иудейского милленаризма. Он был теологией, созданной Иоанном Крестителем.

Как следствие, настоящий, исторический Иисус полностью разделял весь этот комплекс убеждений. Он обещал своим последователям поставить их перед престолом Бога, и он обещал, что «сидящий на Престоле сделает их своей скинией» (Откр. 7:15).

Настоящий, исторический Иисус не только ревностно соблюдал закон. Он полагал, что именно ревностное соблюдение закона превратит тела его адептов в храмы, в которые может спуститься Святой Дух и позволит им увидеть Бога. «Если не будете соблюдать субботу как субботу, не увидите Отца» (Фм. 27).

Настоящий, исторический Иисус был не только зилотом.

Он был протогностиком, потому что он был последователем Иоанна Крестителя. Он обещал им престолы на небесах и утверждал, что те, кто стал скинией, где обитает Бог, «не будут знать ни голода, ни жажды» (Откр. 7:16). Он цитировал Книгу Стражей в доказательство того, что получившие вечную жизнь получат с ней и тело ангела: «ибо в воскресении не выходят замуж и не женятся, но пребывают, как ангелы Божии, на небесах» (Мф. 22:30).

Господь, поселившийся в Иисусе из дома Давидова, был для этих ранних иудейских милленаристов лишь частным случаем размещения Господа в человеке, — в телесной скинии, в храме из плоти и крови.

Иоанн Креститель сказал, что люди могут становиться богами, и это было основанием гностицизма. Он провозгласил Иешуа ха-Ноцри воплощением Господа, — и это было основанием христианства.

Мы начали эту книгу с утверждения о том, что Иисус и был наследственным лидером воинственной «четвертой секты». Но, спрашивается, чем же в таком случае он отличался от других воинственных пророков? История знает огромное число мегаломаньяков, и ни один из них — от римского Калигулы до Млимо матабеле — не остался в истории человечества как основатель новой религии.

Ответ заключается в том, что новую религию основало отнюдь не утверждение о том, что Иисус Мессия есть Господь. Ее основало утверждение Иоанна Крестителя о том, что каждый верующий может получить бессмертие.

Месседж этот удовлетворял вечную мечту человечества и высоко поднимался над породившей его средой. С высоты человека, сделавшегося членом Совета Богов, мелкие подробности земной жизни были уже не очень интересны. Этот месседж не просто придавал смысл поражениям и пыткам, — он превосходил их. Он делал их неважными. Он делал из «четвертой секты» религию, находящуюся по ту сторону ненависти и любви, добра и зла, мира и войны, по ту сторону материальной жизни.

Ибо, в конце концов, какая разница, проиграл ты восстание или выиграл, если ты все равно оказался в одеждах ангела на небесах?

Все последующие разновидности гностицизма явились куда позже. Решительное противопоставление вещного мира и мира духовного, провозглашение Бога Израиля Сатаной, многоэтажные гностические вселенные с их бесчисленными отпрысками Монады — все это было потом.

Вначале была простая и невероятная для ортодоксального иудаизма идея. Человек по имени Енох, седьмой сын Адама, поднялся на небо, превратился там в ангела и спустился вниз, чтобы предсказать приход Мессии и показать людям, что они тоже могут подниматься на небо. Что они могут становиться там бессмертными, богами, ангелами, *святыми*, членами Совета Богов и сиять.

И Енох, и Иисус обещали своим приверженцам одно и то же: и престолы на небесах, и Древо Жизни на земле. И то, что потом будет названо «ортодоксальным христианством», и то, что будет потом названо «ересью лжеименного гнозиса», проистекали из единого корня.

Однако в какой-то момент на смену этому мирному сосуществованию пришел раскол, и, как всегда в подобных ситуациях, этот раскол не был связан с абстрактной эволюцией идей. Он был связан с борьбой за власть.

Когда Новый Мессия, вместо того чтобы поразить врага огнем из своих уст, был позорно распят — это было колоссальным ударом по секте.

Иисус не был женат и не имел детей. Его естественным наследником в такой ситуации был его брат Иаков. Но Иаков был посвящен Богу и детей не мог иметь по определению: он был девственник и священник. Иаков вышел из положения, объявив, что Иисус не был мертв.

Он *физически воскрес* и явился к своему брату, а потом вознесся на небо, и скоро он вернется оттуда с ангелами на облаках. Надмирный Дух, обитающий в Иисусе, оживил своего обитателя. Никакого нового Мессии не нужно. Нужно ждать возвращения старого, которое случится вот-вот, а местоблюстителем вместо Мессии пока побудет его брат.

А что же Иоанн Креститель? Если верить славянскому Иосифу и мандеям, он в это время был еще жив. И у нас нет ни малейших оснований полагать, что Иоанн Креститель разделял эту новую теологическую конструкцию Иакова.

Более того, у нас есть сведения о беспорядках на ступенях храма, — беспорядках, которые мы так часто поминали и которые имели в истории секты такое огромное значение, что рассказ о них дошел до нас в двух ипостасях. Они описаны и в «Деяниях апостолов», и в «Псевдоклиментинах». В ходе этих беспорядков, если верить «Псевдоклиментинам», приверженцы Иакова Праведника, которые считали, что воскрес именно Иисус, столкнулись с приверженцами Иоанна Крестителя, которые утверждали, что воскрес именно Иоанн.

Мы еще не рассмотрели всех наших источников, — мы вернемся к этому вопросу в следующей книге, — но даже сейчас, с учетом данных славянского Иосифа, мы можем предположить, что это были за беспорядки.

Это были беспорядки после казни Иоанна Крестителя в 36 г. н.э. Это были столкновения между фракцией Иоанна Крестителя и фракцией Иакова Праведника за лидерство в секте. Именно эти столкновения привели к отставке Пилата и к тому, что по указке взбешенного Тиберия Сенат принял закон против христианских *гоэсов*.

После этих беспорядков секта раскололась на несколько фракций. Фракция сторонников Иакова исповедовала физическое воскресение Христа. Фракция сторонников Иоанна Крестителя, похоже, принялась развивать идею о бессмысленности физического воскресения и о том, что Христом может стать каждый.

Во всяком случае, именно лидеры, связанные с сектой Иоанна Крестителя, постоянно демонстрировали гностический образ мыслей. Аполлос, который «знал только крещение Иоанново», не верил в физическое воскресение уже в 50-х гг. Новым Христом считал себя преемник Иоанна Крестителя Досифей, которого Роберт Эйзенман идентифицирует с мятежником Дортом, распятым сирийским наместником Уммием Квадратом. Симон Волхв/апостол Павел, считавший себя новым Христом, тоже состоял до 36 г. именно в секте сторонников Иоанна Крестителя.

Идея превращения человека в Бога составляла саму суть новой религиозной теологии. Именно она обеспечивала ее фантастическую привлекательность, но именно она, поразительным образом, находилась в жесточайшем противоречии с другой особенностью «четвертой секты» — ее строжайшей организацией.

Вся «четвертая секта» была построена на жесточайшем подчинении начальникам, которых надо было слушаться, как Бога. Если человек сам мог взойти на небо и стать там Богом — зачем ему было слушаться начальников?

В ходе беспорядков 36 г. пути тоталитарной организации, возглавляемой Иаковом Праведником, и мистической идеологии, созданной Иоанном Крестителем, впервые разошлись, и, хотя эта организация впоследствии множество раз меняла свою идеологию и отказывалась от всего — от соблюдения иудейского закона, от самой фигуры Иакова Праведника, наконец, — она всегда с недоверием и подозрением относилась к идее прямого, без посредничества епископа, разговора с Богом.

Ортодоксальная церковь в этом смысле во многом была возвращением к ортодоксальному иудаизму. Совершенно не случайно, что один из главных идеологов, если не основателей будущей христианской ортодоксии, — Юстин Мученик — отрицал бессмертие души и, более того, подводил под это отрицание неоспоримую теологическую основу. «Бог один безначален и неразрушим, — писал он, — поэтому души и смертны и подвергаются наказанию»[2]. Еще в 150-х гг. Юстин Мученик призывал не считать христианами тех, кто считает, «что после смерти их души тотчас берутся на небо», но зато он нейтрально относился к тем христианам, которые соблюдали иудейский закон.

Однако идея превращения человека в Бога оказалась слишком неотразимой и проникла в конце концов и в ортодоксию под видом идеи бессмертия души. Более того, все эти *святые* (обратите внимание на термин), все эти апостолы и мученики в сияющих венцах как две капли воды напоминали именно то обещание, которое давали своим последователям ранние гностики: вы станете у престола Бога. Вы станете членами Совета Святых. Вы станете богами.

Современная библеистика находится в довольно-таки удивительном состоянии. По мере накопления все большего и большего фактического материала старая теория об Иисусе — неизвестном пророке (не важно, ненависти или любви) трещит по всем швам. Забавно смотреть, на какие ухищрения идут некоторые исследователи мандеев и назореев, развивавшихся за пределами Римской империи, какие невероятные, фантастические теории происхождения этих названий и этих религий предлагают они.

Все эти теории похожи на знаменитые эпициклы, которые рисовали астрологи, чтобы объяснить сложные движения планет вокруг Земли.

На самом деле эпициклов не надо, потому что планеты не движутся вокруг Земли. Они движутся вокруг Солнца. Для того, чтобы объяснить гигантское разнообразие различных сект, существовавших как в пределах, так и за пределами Римской империи, достаточно всего трех положений.

Иешуа ха-Ноцри не был «неизвестным» пророком.

Он был могущественным Мессией «четвертой секты», и, более того, он был не первым и не последним Мессией этой секты, верившей, что ее Мессия есть аватар Господа.

Идеология этой секты, в том виде, в котором ее реформировал Иоанн Креститель, он же Цадок, он же Енох, была протогностической. Она обещала своим членам бессмертие души, венцы на небесах и тела ангелов, и именно эта теологическая инновация была главной причиной успеха секты.

Как именно развивалась история Иисуса?

Сколько ему было лет в тот момент, когда его распяли? Когда именно произошла его казнь?

Почему христиане переменили время казни Иисуса, перенеся ее поближе к казни Иоанна Крестителя?

И как из раннего назорейства сложилась христианская церковь?

Об этом — в следующей книге.

ПРИМЕЧАНИЯ

Вступление

[1] Филон Александрийский. О созерцательной жизни, 25.

[2] Ириней Лионский. Против ересей, 2, 31, 1.

[3] The Gospel of Philip, 61, 25–30, NHS.

[4] Поликарп Смирненский. Послание к Филиппийцам, 7.

[5] Юстин Мученик. Диалог с Трифоном иудеем, гл. 80.

[6] Ириней Лионский. Указ. соч., 5, 32, 1.

[7] Юстин Мученик. Апология, 11.

[8] Тертуллиан. О Плоти Христовой, 5.

[9] Все цитаты из «Деяний Иоанна» даются по: Richard I. Pervo. The Acts of John, Polebridge Press, 2016.

[10] Ириней Лионский. Указ. соч., 1,6, 2.

[11] Игнатий Антиохийский. Послание к Магнесийцам, 6.

[12] Игнатий Антиохийский. Послание к Траллийцам, 3.

Глава 1. Находка в Наг-Хаммади

[1] Ириней Лионский. Против ересей. Предисловие, 2.

[2] Евсевий Кесарийский. Церковная история, 2, 13, 7.

[3] Ипполит Римский. Опровержение всех ересей, 7, 24.

[4] Епифаний. Панарион, 26, 1, 3.

[5] Там же. 26, 4.2–5.7.

[6] Ириней Лионский. Против ересей, 1, 25, 4.

[7] Там же. 1, 30, 15.

[8] Peter M. Head. Some Recently Published NT Papyri From Oxyrhynchus: an Overview and Preliminary Assessment, Tyndale Bulletin, 51 (2000). P. 1–16.

[9] «Евангелие от Фомы» цитируется по: The Gospel of Thomas, NHC II, 2 // Marvin W. Meyer, Elaine H. Pagels, James W. Robinson. The Nag Hammadi Scriptures, Harper Collins, 2009.

[10] Ипполит Римский. Опровержение всех ересей, 8, 8.

[11] The Gospel of Philip, 61, 25–30, NHS.

[12] Ibid. 67, 25–26, NHS.

[13] The Gospel of Philip, 68, 15–16, NHS.

[14] The Secret Book of James, 6.19–20, NHS.

[15] Bart D. Ehrman Lost Christianities, Oxford University Press, 2003. P. 61.

[16] Elaine Pagels Revelations: Visions, Prophecy, and Politics in the Book of Revelation New York, 2012. P. 89.

[17] The Gospel of Philip, 73, 1–4, NHS.

[18] Ириней Лионский. Против ересей, 2, 31, 2.

Глава 2. Апостол Фома

[1] Речь идет об иудеохристианском тексте, инкорпорированном в арабский трактат Абд-аль-Джаббара, написанный в X в. н.э. и опубликованном Шломо Пинесом в 1966 г. Shlomo Pines The Jewish Christians of the Early Centuries of Christianity According to a New Source The Israel Academy of Sciences and Humanities Proceedings. Vol. II, n. 13, Jerusalem, 1966. P. 13; см также: Q. Quispel Q. The Discussion of Judaic Christianity, Vigilae Christianae. Vol. 22, N2, Jun 1968. P. 86.

[2] Quispel Q., The Discussion of Judaic Christianity, Vigilae Christianae. Vol. 22, N2, Jun 1968. P. 86.

[3] Stephen J. Patterson. The View from Across the Euphrates, The Harvard Theological Review. Vol. 104, No 4 (OCTOBER2011). P. 428.

[4] Климент Александрийский. Строматы, i 9 45; v 14.96.

[5] Helmut Koester Ancient Christian Gospels: Their History and Development, SCM Press, 1990. P. 85.

[6] H. Montefiore. A comparison of the Parables of the Gospel According to Thomas and of the Synoptic Gospels; H. Montefiore and H. E. W. Turner Thomas and the Evangelist Studies in Biblical Theology, 35; 1962. P. 78.

[7] Nicholas Perrin. NHC II, 2 and the Oxyrhynchus Fragments (P. Oxy 1, 654, 655): Overlooked Evidence for a Syriac «Gospel of Thomas», Vigiliae Christianae. Vol. 58, No 2 (May, 2004). P. 148.

[8] Ibid.

[9] По поводу вопроса о том, на каком языке изначально были написаны «Деяния Фомы» и «Евангелие от Фомы», существует огромная литература. Вот только немногие важнейшие из работ: A. F. J. Klijn. The Acts of Thomas, Brill, 1962. P. 26; H. J. W. Drijvers Edessa und das jüdische Christentum. Vigiliae Christianae. Vol. 24, No 1 (Mar., 1970). P. 4–33; Barbara Ehlers. Kann das Thomasevangelium aus Edessa stammen?: Ein Beitrag zur Frühgeschichte des Christentums in Edessa, *Novum Testamentum.*Vol 12, Fasc 3 (Jul., 1970). P. 284–317; Nicholas Perrin. Thomas and Tatian: The Relationship between the Gospel of Thomas and the Diatessaron (Biblica Academia 5; Atlanta: Society of Biblical Literature; Leiden: Brill, 2002); Gilles Quispel. The Gospel of Thomas and the New Testament Vigilae Christiana, 11 (1957), 189–207; idem «L'Evangile selon Thomas et le Diatessaron», Vigiliae Christianae, 13 (1959), 87–117; Antoine Guillaumont Semitismes dans les logia de Jesus retrouves en Nag-Hammadi Journal Asiatique 246 (1958), 113–23; Han J. W. Drijvers Facts and Problems in Early Syriac-Speaking Christianity Second Century 2 [1982], 173–75; Hans Quecke: 'Sein Haus seines Konigreiches': Zum Thomasevangelium 85, 9f Le Muséon, 76 (1963), 51–53; Kurt Rudolph Gnosis und Gnostizimus: Ein Forschungsbericht Theologische Rundschau, 34 (1969), 194.

[10] Hippolytus, Dan. I, 20, 2–3.

[11] Евсевий Кесарийский. Церковная история, 4, 26, 5.

[12] См.: A. F. J. Klijn. The Acts of Thomas, Leiden, Brill, 1962. P. 23; Gilles Quispel. Makarius, das Thomasevangelium und das Lied von der Perle, Leiden: Brill, 1967. P. 39.

[13] The Acts of Thomas, 1, 1, 6. Все отрывки из «Деяний Фомы» цитируются по изданию: Harold W. Attridge. The Acts of Thomas. Early Christian Apocrypha, Polebridge Press, Salem, Oregon, 2010.

[14] Ibid. 1, 2, 10.

[15] Ibid. 1, 9, 3.

[16] Ibid. 1, 11, 3.

[17] Ibid. 1, 11, 5.

[18] The Gospel of Philip, 67, 27–30.

[19] Ibid. 69, 14–70, 4.

[20] The Acts of Thomas, 2, 27, 8.

[21] Ibid., 33, 11.

[22] Ириней Лионский. Против ересей, 2, 31, 2.

[23] The Acts of Thomas, 9, 87, 5.

[24] Ibid. 9, 98, 1.

[25] Ibid. 9, 96, 3.

[26] Ibid. 9, 96, 6.

[27] Ibid. 9, 100, 10.

[28] Ibid. 9, 98, 3.

[29] Ibid. 9, 106, 9.

[30] Ibid. 11, 138, 8–9.

[31] Ibid 12, 141, 8.

[32] Segal. Edessa. The Blessed City. P. 2.

[33] Историю про Авраама, Нимрода и огненную печь рассказывают не только в Эдессе. Это очень популярная история, варианты которой (с печкой, но без воды) встречаются у Псевдо-Филона и в «Генезис Рабба», 38:11. Средневековые персидские источники рассказывают такую же легенду о Зороастре (см.: Yishai Kiel. Abraham and Nimrod in the Shadow of Zarathustra. *The Journal of Religion*. Vol. 95, No 1 (January 2015). P. 35–50.

[34] The Acts of Thomas, 13, 160, 4–5.

[35] Ibid. 13, 169, 2.

[36] Подробнее см.: Susan E. Myers Spirit Epicleses in the Acts of Thomas, Mohr Siebeck, Tubingen, 2010. P. 119.

Глава 3. Иуда Близнец и город Эдесса

[1] The Acts of Thomas, 1, 10, 10.

[2] Ibid. 2, 27, 4.

[3] Ibid. 2, 27, 11.

[4] F. Cumont. Le culte de Mithras a Edesse, Revue Archeologique, 1888. P. 95–98.

[5] The Gospel of Philip, 67, 27–30.

[6] О практике причастия хлебом и водой см.: Andew McGowan, Ascetic Eucharists: Food and Drink in Early Christian Ritual Meals. Oxford, Clarendon, 1999. P. 252–270.

[7] Cyprian. Epistle 62, Ante-Nicene Fathers. Vol. 5 / Edited by Alexander Roberts, James Donaldson and A. Cleveland Coxe (Buffalo, NY: Christian Literature Publishing Co., 1886).

[8] Egeria's Travels, 19.1–19, by John Wilkinson, London, 1971.

[9] Иосиф Флавий. Иудейские древности, 20, 2, 5.

[10] Там же.

[11] Там же.

[12] Иосиф Флавий. Иудейская война, 2, 19, 2.

[13] Там же, 6, 6, 4.

[14] Там же, 5, 11, 5.

[15] Bavli Nazir, 19b.

[16] Мовсес Хоренаци. История Армении, 2, 49.

[17] Там же. 2, 3.

[18] Иосиф Флавий. Иудейские древности, 8, 9, 1–4.

[19] Плутарх. Красс, 22.

[20] Тацит. Анналы. XII, 12, 3.

[21] Там же. 14, 6.

[22] Там же. XIV, 26, 3.

[23] Там же. XV, 1, 2.

[24] Дион Кассий. 68, 29, 2.

[25] Мовас Хоренаци. История Армении, 2, 57; см. также: Jacob Neusner. The Jews in Pagan Armenia. Journal of the American Oriental Society. Vol. 84, No. 3 (Jul. — Sep., 1964). P. 230–240.

[26] Steven K. Ross. Roman Edessa, Routledge, 2001. P. 20.

[27] Дион Кассий. Римская история, LXXV, 1, 1.

[28] Steven K. Ross. Op.cit., P. 49.

[29] Дион Кассий. Указ. соч., LXXVIII, 12, 1.

[30] Мовсес Хоренаци. Указ. соч., 2, 66.

[31] The Life of Rabbula, 41 // Jr. Phenix, R. Robert; Cornelia B. Horn. The Rabbula Corpus: Comprising the Life of Rabbula, His Correspondence, a Homily Delivered in Constantinople, Canons and Hymns (Writings from the Greco-Roman World Book 17). P. 59. SBL Press, 2017.

[32] О датировке «Доктрины Аддая» см.: Jan Willem Drijvers, The Protonike Legend, the Doctrina Addai and Bishop Rabbula of Edessa, Vigiliae Christianae. Vol. 51, No. 3 (Aug., 1997). P. 298–315.

[33] The Life of Rabbula, 40.

[34] J. W. Drijvers. Cults and Beliefs of Edessa, Leiden, Brill, 1980. P. 41.

[35] Ibid. P. 62.

[36] J. W. Drijvers. Bardaisan of Edessa. Gorgias Pr, 2014. P. 144.

[37] J. W. Drijvers. The Protonike Legend, the Doctrina Addai and Bishop Rabbula of Edessa *Vigiliae Christianae.* Vol. 51, No 3 (Aug., 1997). P. 298–315.

[38] Theodoret *Haeret. Fab.* I 20, cited in Stevenson // *Creeds, Councils and Controversies.* P. 308.

[39] Robert Murray. Symbols of Church and Kingdom: A Study in Early Syriac Tradition. P. 14.

[40] Мещерская Е. Н. Легенда об Авгаре. М.: Наука, 1984. С. 187.

[41] Мовсес Хоренаци. История Армении, 2, 33.

[42] Epiphanius. Panarion, 29, 9, 1–2.

[43] Первым это, кажется, показал Mark Lidzbarski, Mandäische Liturgien, Berlin, 1920. P. XVI–XIX.

[44] R. Eisenman. James the Brother of Jesus and the Dead Sea Scrolls. P. 96, Grave Distractions Publications.

[45] H. Zimmern. Nazoräer-Nazarener // Zeitschrift der Deutschen Morgenländischen Gesellschaft, 74 (1920). P. 429–438 et 76 (1922);. P. 45–46.

[46] Тертуллиан. Против Маркиона, IV, 8.

[47] Евсевий Кесарийский. Ономастикон Назарет.

[48] Епифаний Панарион, 29, 6, 1–2.

[49] Letters of St Jerome, letter 112, Nicene and Post-Nicene Fathers. Vol. 1 / Edited by Philip Schaff Buffalo, NY: Christian Literature Publishing Co., 1887.

[50] Epiphanius Panarion, 29, 7, 7–5.

[51] Надпись Картира цитируется по: Christelle Jullien, Florence Jullien. Aux frontières de l'iranité: <<nāṣrāyē>> et <<krīstyonē>> des inscriptions du mobad: Kirdīr Enquête littéraire et historique, Numen. Vol. 49, No 3 (2002). P. 286–287 G. Quispel The Discussion of Judaic Christianity Vigiliae Christianae. Vol. 22, No 2 (Jun., 1968). P. 87.

[52] François de Blois Naṣrānī (*Ναζωραῖος*) and ḥanīf (ἐθνικός): Studies on the Religious Vocabulary of Christianity and of Islam, Bulletin of the School of Oriental and African Studies, University of London. Vol. 65, No 1 (2002). P. 9.

[53] M.-L. Chaumont. La christianisation de l'empire iranien des origines aux grandes persicutions du IVe siecle (Corpus Scriptorum Christianorum Orientalium, 499). Louvain, 1988. P. 113.

[54] Petri Luomanen. NAZARENES // A companion to 2nd Century «Heretics» / ed Antti Marjanen and Petri Luomanen, Brill, 2005. P. 283.

[55] G. Quispel. The Discussion of Judaic Christianity, Vigiliae Christianae. Vol. 22, No 2 (Jun., 1968). P. 81.

[56] J. L. C. Gibson, From Qumran to Edessa Annual Leeds University Oriental Society, V, Leiden, 1966. P. 24–39.

[57] Helmut Koester. ΓΝΩΜΑΙ ΔΙΑΦΟΡΟΙ. The Origin and Nature of Diversification in the History of Early Christianity. The Harvard Theological Review. Vol. 58, No 3 (Jul., 1965). P. 293.

[58] James M. Robinson. The Problem of History in Mark, Reconsidered Union Seminary Quarterly Review 20 (1965), 135.

[59] Robert Murray. Symbols of Church and Kingdom: A Study in Early Syriac Tradition. P. 7.

[60] Ibid. P. 19.

[61] G. Quispel. The Discussion of Judaic Christianity Vigiliae Christianae. Vol. 22, No 2 (Jun., 1968). P. 82.

[62] L. W. Barnard. The Origins and Emergence of the Church in Edessa during the First Two Centuries A. D. Vigiliae Christianae. Vol. 22, No 3 (Sep., 1968). P. 165.

[63] The Odes of Solomon, 7, 4 tr. By James H. Charlesworth. Cascade Books, 2011.

[64] Ibid., 3, 7.

[65] John of Damascus. De haeresibus liber, 80, Migne, XCIV, 1, цит по: George L. Marriott. The Messalians; and the Discovery of Their Ascetic Book. The Harvard Theological Review. Vol. 19. No. 2 (Apr., 1926). P. 194.

[66] Walter Bauer. Orthodoxy and Heresy in Earliest Christianity. Sigler Press, 1996, ch. 1.

[67] Jan Willem Drijvers. The Protonike Legend, the Doctrina Addai and Bishop Rabbula of Edessa. *Vigiliae Christianae.* Vol. 51, No. 3 (Aug., 1997). P. 298–315.

[68] Judah Segal. Edessa. The Blessed City, Gorgias Press, 2005. P. 68–69.

[69] F. C. Burkitt. Early Eastern Christianity. London, John Murray, 2004, ch. 1.

[70] Иосиф Флавий. Иудейские древности, 16, 9, 2.

[71] Там же. 14, 13, 3.

[72] J. W. Drijvers. Quq and the Quqites: An Unknown Sect in Edessa in the Second Century A. D. Numen. Vol. 14, Fasc. 2 (Jul., 1967). P. 114.

[73] J. B. Segal. Edessa. The Blessed City. Gorgias Press, 2001. P. 79.

[74] The Acts of Thomas. 3, 36, 11.

[75] Ibid. 5, 47, 3.

[76] Ibid. 5, 53, 6.

[77] Превосходный перевод «Гимна жемчужины» русский читатель может прочесть в «Многоценной жемчужине» проф. Сергея Аверинцева.

[78] The Acts of Thomas. 9, 108, 14–15.

[79] Ibid. 9, 109, 33.

[80] Ibid. 9, 110, 41–48.

[81] Ibid. 9, 112, 75–78.

[82] Ibid. 9, 113, 98–100.

[83] The Ascention of Isaiah, 9, 7 // James H. Charlesworth. The Old Testament Pseudepigrapha. Vol. 2.

[84] Ephraem des Syrers. Hymn Contra Haereses, 53, 4; E. Beck. Des Heiligen Ephraem des Syrers Hymnen Contra Haereses. Secretariat du Corpus Scriptorum Christianorum Orientalium. Vol. 169 (текст) and Vol. 170 (перевод), (Scriptores Syri Tomus 76–77), Louvain, 1957.

[85] Helmut Koester. ΓΝΩΜΑΙ ΔΙΑΦΟΡΟΙ. The Origin and Nature of Diversification in the History of Early Christianity. The Harvard Theological Review. Vol. 58, No. 3 (Jul., 1965). P. 296.

[86] Steven K. Ross. Roman Edessa. P. 30 (Chron. Zuq. 121–2/91).

[87] Евсевий Кесарийский. Церковная история, 3, 1, 1.

[88] Иосиф Флавий. Иудейские древности. 20, 2, 6.

[89] Там же. 20, 5, 1.

[90] Helmut Koester. 'GNOMAI DIAPHOROI', in Trajectories through Early Christianity (ed. James M. Robinson and Helmut Koester; Philadelphia: Fortress Press, 1971). P. 139.

Глава 4. Жизнь и необыкновенные приключения апостола Иоанна

[1] Elaine Pagels. The Gnostic Gospels. P. 75.

[2] The Secret Book of John. The Revealer Appears to John (1, 5–2, 25). Все ссылки на «Апокрифон» даются по изданию: Meyer, Marvin W., Robinson, James M. The Nag Hammadi Scriptures: The Revised and Updated Translation of Sacred Gnostic Texts Complete in One Volume, HarperCollins.

[3] The Gospel of Peter, 10, 41–42, From The Apocryphal New Testament, M.R. James: Translation and Notes. Oxford: Clarendon Press, 1924.

[4] The Acts of Peter, 21, 12–13, Robert F. Stoops. The Acts of Peter, Early Christian Apocrypha. Polebridge Press, Salem, Oregon, 2012.

[5] The Acts of Peter, 20, 24.

[6] Acts of Peter and the Twelve Apostles // Meyer, Marvin W.; Robinson, James M. The Nag Hammadi Scriptures: The Revised and Updated Translation of Sacred Gnostic Texts Complete in One Volume. HarperCollins, 2004.

[7] The Acts of Philip, 3, 5, цит. по: François Bovon and Christopher R. Matthews. The Acts of Philip, Baylor University Press, 2012.

[8] Ibid. 14, 4.

[9] The Acts of John, 88, 4–8; цит. по: Richard I. Pervo. The Acts of John, Early Christian Apocrypha. Polebridge Press, Salem, Oregon, 2016.

[10] Pesikta Rabbati. Piska. 21, 100b; цит. по: Alan Segal. Two Powers in Heaven, 34.

[11] The Mekhilta of R. Simeon. b.Yohai. P. 81; Bashalah 15; цит. по: Alan Segal. Указ. соч. P. 33.

[12] The Secret Book of John. The Revealer Appears to John (1, 5–2, 25). The Nag Hammadi Scriptures. P. 108.

[13] Origen. Commentary on John; Origen. Homily on Jeremiah 15, 4; Jerome. Commentary on Isaiah 11 (commentary on Isa 40:9); Jerome. Commentary on Micah (commenting on Mic 7:6); Jerome. Commentary on Ezekiel (commenting on Ezek 16:13) // Robert J. Miller. The Complete Gospels, Polebridge Press, 1994.

[14] The Acts of Thomas, 2, 27, 6–10.

[15] The Gospel of Philip. Mary Conceiving (55, 23–33), The Nag Hammadi Scriptures. P. 164.

[16] The Acts of Peter, 3, 10, 7.

[17] The Acts of John, 95, 7.

[18] Тертуллиан. Против Валентиниан, 7.

[19] The Secret Book of John. On Human Destiny, 29. The Nag Hammadi Scriptures. P. 130.

[20] Ibid. P. 129.

[21] Ibid. P. 129.

[22] Юстин. Апология, 1, 17.

[23] Ириней Лионский. Против ересей, 5, 31, 1.

[24] Тертуллиан. О плоти Христовой, 5.

[25] The Apocalypse of Peter The Ethiopic Text «The Apocryphal New Testament»; M. R. James Translation and Notes, Oxford: Clarendon Press, 1924.

[26] Евсевий Кесарийский. Церковная история, 5, 1, 59.

[27] The Acts of Phileas Bishop of Thmuis (including Fragments of the Greek Psalter); P. Chester Beatty XV (with a New Ed of P. Bodmer XX, and Halkin's Latin Acta), Cramer, 1984.

[28] Ephraem des Syrers Hymn Contra Haereses, 53, 4; E. Beck, Des Heiligen Ephraem des Syrers Hymnen Contra Haereses, Secretariat du Corpus Scriptorum Christianorum Orientalium. Vol. 169 (текст) and. Vol. 170 (перевод), (Scriptores Syri Tomus 76–77), Louvain 1957.

[29] Юстин Мученик. Диалог с Трифоном иудеем, 80.

[30] Евсевий Кесарийский. Церковная история, 3, 1, 1.

[31] nfv 3, 31, 3.

[32] Richard Bauckham. The Testimony of the Beloved Disciple, Baker Academic, 2007. P. 44.

[33] Ириней Лионский Против ересей, 2, 22, 5.

[34] Евсевий Кесарийский. Церковная история, 3, 24, 7.

[35] St Augustin Tractates on the Gospel of John, 124, 2 From Nicene and Post-Nicene Fathers, First Series. Vol. 7 / Edited by Philip Schaff Buffalo NY: Christian Literature Publishing Co., 1888.

[36] Григорий Турский. О славе мучеников (De Gloria martyrum), 29.

[37] Житие и хождение игумена Даниила из Русской земли. О городе Эфесе.

[38] Ramón Muntaner, N. D. Hillgarth. The Catalan Expedition to the East: From the Chronicle of Ramon Muntaner. P. 59–60.

[39] Страбон. География, 14, 1, 24.

[40] Hugh Plommer. St John's Church, Ephesus. *Anatolian Studies*. Vol. 12 (1962). P. 127.

[41] E. Junod, J.-D. Kaestli. L'histoire des Actes apocryphes des apotres du III au IX siecle: le cas des Actes de Jean Geneve/Lausanne/Neuchatel, 1982.

[42] Junod and Kaestli. P. 27.

[43] «Деяния Иоанна» цитируются по изданию: Richard I. Pervo. The Acts of John, Early Christian Apocrypha. Polebridge Press, 2016.

[44] Ориген. Против Цельса, 4, 31.

[45] Тертуллиан. Об идолопоклонстве, 3.

[46] A. W. W. Dale. The Synof of Elvira and Christian Life in the Fourth Century, Canon XXXVI, Ne Picturae in Ecclesia Fiant.

[47] Евсевий Кесарийский. Письмо к Констанции // J.-P. Migne. Patrologiae cursus completus (series Graeca) (MPG) 20. Paris: Migne, 1857–1866, 1545–1549.

[48] Ириней Лионский. Против ересей, 1, 24, 5.

[49] Там же, 1, 25.

[50] Ernst Kitzinger. The Cult of Images in the Age before Iconoclasm. *Dumbarton Oaks Papers*. Vol. 8(1954). P. 92–93.

[51] Тертуллиан. Об идолопоклонстве, 1.

[52] Павсаний. IV, 31, 8.

[53] Антипатр Сидонский. На храм Артемиды в Эфесе.

[54] Dieter Knibbe, Wilhelm Alzinger. Ephesos vom Beginn der römischen Herrschaft in Kleinasien bis zum Ende der Pincipatzeit, Aufstieg und Niedergang der Römischen Welt 2/7/2. S. 748–830; Berlin: Walter de Gruyter, 1980. P. 761.

[55] Guy Rogers. The Sacred Identity of Ephesos. Foundation Myths of a Roman City, London, Routledge, 1991. P. 212.

[56] Ксенофонт Эфесский. Повесть о Габрокоме и Антии. 1, 2 / Перевод С. Поляковой. М., 1956.

[57] Acts of John, Lat, XV // Acts of John, The Apocryphal New Testament: A Collection of Apocryphal Christian Literature in an English / Translation by J. K. Elliott (Editor), Oxford University Press, USA; Second Revised Edition, 1994.

[58] Acts of John, XV, ibid.

[59] Там же.

[60] Richard I. Pervo. The Acts of John. Polebridge Press, 2016. P. 10.

[61] P. J. Lalleman. The Acts of John: a Two-Stage Initiation into Johannine Gnosticism, 1998.

[62] Бл. Иероним. О знаменитых мужах, 2.

[63] Ириней Лионский. Против ересей, 1, 6, 3.

[64] Юстин Мученик. Апология, 26.

[65] О различных датировках «Откровения» см.: Adela Yarbro Collins. Crisis and Catharsis: The Power of the Apocalypse. Philadelphia. Westminster Press, 1984. P. 54–83.

[66] David Aune. Revelation 1–5 (Word Biblical Commentary 52A). Dallas, Texas, 1997, cxxi.

[67] Martin Dibelius. Studies in the Acts of the Apostles, 19n15, SCM Press, 1956.

[68] Hans Conzelmann. Acts of the Apostles, Fortress Press, 1987. P. 163.

[69] Gottfried Schille. Die Apostelgeschichte des Lukas, Berlin, Evangelische Verlagsanstalt, 1983. S. 379.

[70] Gerd Ludemann. Early Christianity According to The Traditions in Acts. Fortress Press, 1989. P. 213.

[71] William Neill. The Acts of the Apostles, Harper Collins, 1973. P. 205.

[72] Тертуллиан. О прескрипции [против] еретиков, 41.

Глава 5. Как черт построил апостолу Филиппу церковь

[1] Климент Александрийский. Строматы, 3, VI, 52, 5.

[2] Там же. 4, IX, 71, 3.

[3] Все цитаты из «Деяний Филиппа», за исключением специально оговоренных, приведены по: Francois Bovon and Christopher Matthews. The Acts of Philip, Baylor University Press, 2012.

[4] Архелай был снят с должности Октавианом Августом в 6 г. н.э.

[5] В Новом Завете «Сыновьями Громовыми» называются апостолы Иоанн и Иаков.

[6] The Gospel of Mary, 5, 5–6 // The Nag Hammadi Scriptures: The Revised and Updated Translation of Sacred Gnostic Texts, 2009.

[7] The Gospel of Philip, 63, 60 // The Nag Hammadi Scriptures.

[8] Richard Elliot Friedman. Who Wrote the Bible, HarperCollins, 1997.

[9] Todd E. Klutz. Rewriting the Testament of Solomon, Tradition, Conflict and Identity in a late Antique Pseudepigraphon. LSTS. London, 53, T&T Clark, 2005. P. 35.

[10] Clinton E. Arnold. Sceva, Solomon and Shamanism: The Jewish Roots at the Problem of Colossae. The Journal of the Evangelical Theological Society, 55/1, 2012. 7–26.

[11] Pseudo-Philo. Biblical Antiquities, LX.

[12] Иосиф Флавий. Иудейская война, 8, 2, 5.

[13] Israel Finkelstein. The Bible Unearthed, New York, 2002. P. 142.

[14] Ibid. P. 126.

[15] Ibid. P. 150.

[16] Ровно та же метафора встречается в другом раннем иудеохристианском апокрифе: «Апокалипсисе Авраама».

[17] Автор взял на себя смелость перевести надпись Аверия, в основном по реконструкции Теодора Зана. Theodor Zahn. Eine altchristliche Grabschrift und ihre jiingsten Ausleger. Neue Kirchl. Zeitchr., VI., 863–886.

[18] Tillemont. Mémoires pour V histoire ecclésiastique, II. P. 620–621.

[19] Duchesne. Mélanges de V Ecole de Rome. P. 173.

[20] Harnack. Zur Abercius Inschrift. Texte und Untersuchungen, XII., 4b, Leipzig, 1895. S. 22,

[21] Henri Grégoire, BARDESANE ET S. ABERCIUS, Byzantion. Vol. 25/27, No. 1 (1955–56–57). P. 364; Грегуар также отметил, что некоторые части «Жизни» списаны дословно с бардесановского трактата «Об обычаях разных стран».

Глава 6. Необыкновенные приключения апостола Феклы

[1] The Acts of Saint Eugenia, 3 // F. C. Conybeare. The Armenian Apology and Acts of Apollonius and Other Monuments of Early Christianity. New York, 1986.

[2] Samuel Brandon. Jesus and the Zealots. P. 184.

[3] Вся история Павла и Феклы цитируется по: The Acts of Paul and Thecla // F. C. Conybeare. The Armenian Apology and Acts of Apollonius and Other Monuments of Early Christianity. New York, 1986; Конибеар воспроизводит армянский вариант «Деяний», сохранившийся, вероятно, в наиболее нетронутом виде. Для русского читателя существует перевод одного из греческих вариантов «Деяний», выполненный проф. Сергеем Аверинцевым в «Многоцветной жемчужине».

[4] Richard Pervo. The Acts of Paul, 3, 3.

[5] William Ramsay. The Church in the Roman Empire, London, 1897. P. 33.

[6] Последующим редакторам это утверждение Димаса и Гермогена показалось недостаточно еретическим, и они заменили его на удивительное: «Мы воскресаем в своих детях».

[7] Richard Pervo. The Acts of Paul, 14, 6.

[8] Ориген. Комментарий на Иоанна, 20, 12.

[9] Commodianus. Carmen Apologeticum, 624–30.

[10] Richard Pervo. The Acts of Paul. P. 52.

[11] Тертуллиан. О прескрипции [против] еретиков, 41.

[12] Тертуллиан. О Крещении, 17.

[13] Ипполит Римский. Опровержение всех ересей, 6, 14.

[14] Recognitions of Clement, 2, 12.

[15] Ibid. 2, 12.

Глава 7. Гностики и зилоты

[1] Климент Александрийский. Строматы, 7, XVII, 106, 4.

[2] Wilhelm Bousset, Kyrios Christos. Geschichte des Christusglaubens von den Anfängen des Christentums bis Irenaeus Göttingen, 1913. S. 222–263.

[3] Richard Reitzenstein. Das iranische Erlösungmysterium, Leipzig, 1921.

[4] Henry L. Mansel The Gnostic Heresies of the First and Second Centuries, London, 1875. P. 16–31.

[5] Edwin Yamauchi Pre-Christian Gnosticism, A Survey of the Proposed Evidence, Tyndale Press, 1973.

[6] Иосиф Флавий. Иудейская война, 2, 8, 11.

[7] Юстин Мученик. Разговор с Трифоном иудеем. Гл. 5.

[8] Климент Александрийский. Строматы, 3, III, 13, 2.

[9] Иосиф Флавий. Иудейская война, 7, 8, 1.

[10] Там же. 6, 5, 2.

[11] Там же. 7, 8, 7.

[12] Там же. 7, 8, 7.

[13] Тертуллиан. О прескрипции [против] еретиков, 41.

[14] John Day. Asherah in the Hebrew Bible and Northwest Semitic Literature. *Journa of Biblical Literature.* Vol. 105, No. 3 (Sep., 1986). P. 387.

[15] Kathleen Kenyon. Digging up Jerusalem, London, 1974. P. 142.

[16] Raz Kletter. The Judean Pillar Figurines and the Archaeology of Asherah. Oxford: BAR International Series, 1996. P. 10.

[17] John Day. Asherah in the Hebrew Bible and Northwest Semitic Literature. *Journal of Biblical Literature.* Vol. 105, No. 3 (Sep., 1986). P. 391.

[18] André Lemaire. Les inscriptions de Khirbet el-Qom et l'Asherah de Yhwh. *Hebrew Union College Annual.* 40–41 (1969–1970). P. 165–167.

[19] William G. Dever. Did God Have a Wife? Archaeology and Folk Religion in Ancient Israel. Grand Rapids, Michigan, 2005. P. 152–154.

[20] Ibid. P. 175.

[21] A. Cowley. Aramaic papyri of the Fifth Century B. C. Oxford. Clarendon Press, 1923. N 44 (3). P. 147; M. E. Mondriaan. Anat-Yahu and the Jews at Elephantine. *Journal for Semitics,* 22: 537–52.

[22] Avoda Zarah. 48a-b.

[23] Pseudo-Philo, 11, 15 // *The Old Testament Pseudepigrapha* / edited by James H. Charlesworth. Vol. 2, New York, 1985.

[24] The Damascus Document, 2,2 // R. H. Charles / ed., *The Apocrypha and Pseudepigrapha of the Old Testament in English.* Vol. 2: *Pseudepigrapha* (Oxford: Clarendon Press, 1913). P. 799–834.

[25] См. подробнее: Margaret Barker. The Angel of the Great Council.

[26] Robert A. Oden. The Persistence of Canaanite Religion. The Biblical Archaeologist. Vol. 39, No. 1 (Mar., 1976). P. 34.

[27] H. J. W. Drijvers. Edessa und das jüdische Christentum. Vigiliae Christianae. Vol. 24, No. 1 (Mar., 1970). P. 4.

[28] Margaret Barker. The Great Angel. A Study of Israel's Second God, London, 1992.

[29] CAT, 1.4 VI, 38–59, цит по: The Ugaritic Baal Cycle. Volume II, Introduction with Text. Translation and Commentary of KTU/CAT 1.3–1.4 / Mark S. Smith and Wayne T. Pitard. Supplements to Vetus Testamentum. Vol. 114, Brill, Leyden, 2009. P. 83–84.

[30] Peshikta Rabbati, 21 100b, цит. по: Alan F. Segal. Two Powers in Heaven, Brill, 2002. P. 34.

[31] Синодальный перевод — 28:1.

[32] Frank M. Cross Jr. and David Noel Freedman. Blessing of Moses. *Journal of Biblical Literature.* Vol. 67, No. 3 (Sep., 1948). P. 202.

[33] Franc Moore Cross. Canaanite Myth, 187.

[34] Синодальный перевод — 67:18.

[35] Синодальный перевод — 102:21.

[36] Синодальный перевод — 88:7–8.

[37] (1QM 1, 10; 1QM 4,9; 1Q22 1 IV.1; 4Q400 2 7; 4Q491 11 I.12; 4Q400 1 I.4; 4Q400 II.9 4Q418 69 II 15 4Q427 7 II. 9; 4Q286 7 I. 6; 4Q431 2 8; 4Q401 11, 3; 4Q427 7.I 14; 4Q427 8 I.10; 4Q511 10 11;

4Q457b 1 I.5), см.: Michael S. Heiser. Monotheism and The Language of Divine Plurality in The Hebrew Bible and The Dead Sea Scrolls. Tyndale Bulletin, 65.1 (2014), 85–100.

[38] CTA 5.I.1–2 = KTU1.5.I.1–2, цит. по: John Day, God's conflict with the dragon and the sea. Cambridge University Press, Cambridge, 1985. P. 142.

[39] J. B. Pritchard. Ancient Near Eastern Texts Relating to the Old Testament Princeton University Press, 1950. Enuma Elish, tab. IV. P. 61ff.

[40] См. подробнее: Латынина Ю. Иисус: Историческое расследование, М.: ЭКСМО, 2018. С. 56–58.

[41] Синодальный перевод — 73:13–14.

[42] John Day. God's Conflict with the Dragon and The Sea, Echoes of a Canaanite Myth in the Old Testament. Cambridge University Press, 1985. P. 7.

[43] John Day. God's Conflict with the Dragon and The Sea. P 142.

[44] J. B. Pritchard. Ancient Near Eastern Texts Relating to the Old Testament Princeton University Press, 1950. Enuma Elish, tab. IV. P. 61ff.

[45] The Passion of Andrew, 40, 5 // The Acts of Andrew.

[46] The Damascus Document, 7, 19 // R. H. Charles / The Apocrypha and Pseudepigrapha of the Old Testament in English. Vol. 2: Pseudepigrapha. Oxford: Clarendon Press, 1913.

[47] Ibid. P. 799–834.

[48] Kurt Rudolph Die Mandäer 1 Prolegomena: Das Mandäerproblem Göttingen, 1960. S. 555.

[49] Peter Shafer. The Origins of Jewish Mysticism, Princeton University Press, 2011. P. 125.

[50] Филон Александрийский. Жизнь Моисея, 1, 155–8.

[51] Eusebius. Praeparatio Evangelica, 29 (пер. автора).

[52] The Ascension of Isaiah, 7, 25.

[53] Библиотека литературы Древней Руси. РАН. ИРЛИ / Под ред. Д. С. Лихачева, Л. А. Дмитриева, А. А. Алексеева, Н. В. Понырко. СПб.: Наука, 1999. Т. 3: XI–XII века.

[54] The Acts of Peter, 21, 8, Early Christian Apocrypha, Polebridge Press, 2012.

[55] The Acts of Thomas, 13, 153, 7, Early Christian Apocrypha, Polebridge Press, 2010.

[56] Иосиф Флавий. Иудейские древности, 18, 1, 6.

[57] Hippolitus. Refutation, 7.34.1–2.

[58] Hieronimus. In Esaiam, 11, 1–3.

[59] Epiphanius. Panarion, 53.1.8.

[60] Clementine Homilies. 3.20, Ante-Nicene Fathers. Vol. 8. Buffalo, NY: Christian Literature Publishing Co, 1886.

[61] Ириней Лионский. Против ересей, 1, 26, 1.

[62] Там же.

[63] Exerpta Ex Teodoto, 1 // Robert Pierce Casey. The Excerpta ex Theodoto of Clement of Alexandria, London, 1934.

[64] Послание Варнавы, 7:3.

[65] The Shrepherd of Hermas, 6 [59]:5, Ante-Nicene Fathers. Vol. I. Buffalo, 1886.

[66] Clement of Alexandria. Quis Dives Salvetur, 37. Cambridge, 1897.

[67] The Acts of Thomas, 9, 94, 6.

[68] Patricia Crone. Jewish Christianity and the Qur'ān (Part One) / Journal of Near Eastern Studies. Vol. 74. No. 2 (October 2015). P. 239.

[69] The Acts of Andrew, 8; цит. по: Dennis R. McDonald. The Acts of Andrew. Polebridge Press, 2005.

[70] The Acts of John, Lat., XV. From «The Apocryphal New Testament», M. R. James. Translation and Notes. Oxford: Clarendon Press, 1924.

[71] The Acts of Philip, 15, 5.

[72] The Acts of Thomas, 4, 39.

[73] The Acts of Philip, 12, 8.

[74] The Acts of Peter, 2, 9, 9 // Robert F. Stoops. The Acts of Peter. Polebridge Press, 2012.

[75] The Acts of John, 10, 60.

[76] The Acts of Andrew, 29.

[77] Ibid. 16.

[78] Ibid. 3, 1.

[79] The Acts of Thomas, 4, 30.

[80] The Acts of John, 30–36.

[81] The Acts of Andrew, 24.

[82] Ibid. 6.

[83] The Acts of Thomas, 3, 32.

[84] The Acts of Philip, 11, 8.

[85] Gospel (Questions) of St. Bartholomew, 4, 12–60 / The Apocryphal New Testament, ed. J. K. Elliott.

[86] Tertullian. О прескрипции [против] еретиков, xxxvi.

[87] The Acts of Andrew, 9, 4.

[88] The Acts of Philip, 2, 12.

[89] The Acts of Thomas, 1, 6–9.

[90] The Acts of Andrew, 5.

[91] The Acts of Philip, 4, 5–6.

[92] The Acts of John, 24–25.

[93] The Acts of Jonh. Lat XXI. From «The Apocryphal New Testament», M. R. James. Translation and Notes, Oxford: Clarendon Press, 1924.

[94] The Acts of Philip, 2, 11.

[95] The Acts of John, 87, 2.

[96] Acts of Paul and Thecla, 21.

[97] The Acts of Thomas, 1, 11, 3.

[98] The Passion of Andrew, 47, 1.

[99] The Acts of Philip, 15, 42.

[100] The Acts of Andrew, 11, 15.

[101] The Acts of Philip, 5, 22.

[102] Ibid. 15, 20.

[103] The Acts of Andrew, 12, 13.

[104] The Acts of John, 24, 8.

[105] The Acts of Andrew, 24.

[106] Syrian Acts of Philip. From «The Apocryphal New Testament», M. R. James. Translation and Notes. Oxford: Clarendon Press, 1924.

[107] The Acts of Thomas, 12, 153, 7.

[108] The Acts of Peter, 2, 21, 7.

[109] The Acts of Philip, 15, 18.

[110] The Acts of Jonh, Lat XVIII. From «The Apocryphal New Testament», M. R. James. Translation and Notes, Oxford: Clarendon Press, 1924.

[111] The Acts of Andrew, 22, 14.

[112] The Acts of Thomas, 2, 24.

[113] Ibid. 10, 125.

[114] The Passion of Andrew, 26, 7 // The Acts of Andrew, Polebridge Press, 2005.

[115] The Acts of Philip, 15, 14.

[116] The Acts of Andrew, 4.

[117] Ibid. 12, 14.

[118] Syrian Acts of Philipp. From «The Apocryphal New Testament», M. R. James. Translation and Notes Oxford: Clarendon Press, 1924.

[119] The Acts of Andrew, 18c, 10.

[120] Ibid. 18c, 27.

[121] The Acts of Andrew and Matthias, 30 // Dennis R.McDonald. The Acts of Andrew, Polebridge Press, 2005.

[122] The Acts of John, 83, 3.

[123] The Acts of Andrew, 22, 3.

[124] The Passion of Andrew, 13, 8 // The Acts of Andrew.

[125] The Acts of Philip, 3, 17.

[126] The Passion of Andrew, 38, 7 // The Acts of Andrew.
[127] Ibid. 63, 2.
[128] The Martyrdom of the Holy Apostle Peter, 8, 4, Robert F. Stoops; The Acts of Peter, Polebridge Press, 2012.
[129] The Acts of Philip, 6, 6.
[130] The Acts of Thomas, 9, 101, 8.
[131] The Acts of John, 94, 1.
[132] The Acts of Thomas, 59, 4; The Acts of Philip, 6, 14.
[133] The Acts of Peter, 9, 3.
[134] The Acts of Philip, 7, 2.
[135] Ibid. 5, 26.
[136] Ириней Лионский. Против ересей, 5, 35, 1.
[137] Иосиф Флавий. Иудейская война, 7, 8, 7.
[138] The Martyrdom of the Holy Apostle Peter, 7, 6.
[139] The Passion of Andrew, 63, 2.
[140] The Martyrdom of Philip, 24 in Vaticanus Graecus, 824 (V), in Bovon, The Acts of Philip.
[141] The Acts of Philip, 6, 18.

Глава 8. Гностики и Новый Завет

[1] Ириней Лионский. Против ересей, 3, 3, 4.
[2] Epiphanius. Panarion, li. 3.6.
[3] Rudolf Bultmann. Jesus Christ and Mythology London: SCM Press, 1960. См. реконструкцию этого гностического мифа: Rudolf Bultmann. Johannesevangelium // Die Religion in Geschichte und Gegenwart, 3 Tubingen: Mohr Siebeck, 1959, 840–850.
[4] Epiphanius. Panarion, xxviii. 1. 7.
[5] Ириней Лионский. Указ. соч., 1, 26, 2.
[6] Clementine Homilies. 3.20, Ante-Nicene Fathers. Vol. 8. Buffalo, NY: Christian Literature Publishing Co, 1886.
[7] The Teachings of Silvanus. Christ Is the Wisdom of God (106, 22–107, 25). The Nag Hammadi Scriptures.
[8] M. R. James. *The Apocryphal New Testament*. Oxford, Clarendon Press, 1924. P. 8.
[9] Юстин Мученик. Диалог с Трифоном иудеем, 51.
[10] Richard August Reitzenstein. Die hellenistischen Mysterienreligionen, 1927. P. 62.
[11] «К Колоссянам» вряд ли принадлежит Павлу. Скорее всего, его писал его ученик.
[12] S. G. F. Brandon. Jesus and The Zealots. P. 151.

Глава 9. Эльхасаиты, терапевты и мандеи

[1] Сократ Схоластик. Церковная история, 1, 22.

[2] Там же.

[3] Michel Tardieu. Manichaeism, University of Illinois Press, 2008. P. 6.

[4] Ascension of Isaiah, 2, 8–11.

[5] Claudine Dauphin. «Farj en Gaulanitide: Refuge judéochrétien?» Proche-Orient Chrétien 34 (1984). P. 233–45.

[6] Hippolytus of Rome, Refutation of all Heresies. IX, 8. Ante-Nicene Fathers. Vol. 5. Buffalo, NY: Christian Literature Publishing Co., 1886.

[7] The Cologne Mani Codex, 84–85 // The Cologne Mani codex (P. Colon. inv. nr. 4780) / «Concerning the origin of his body», translated by Ron Cameron and Arthur J. Dewey. Missoula, Mont.: Scholars Press, 1979.

[8] Shlomo Pines. The Jewish Christians of the Early Centuries of Christianity according to a New Source. Israel Academy Proceedings, II, 13. P. 66.

[9] John C. Reeves. The 'Elchasaite' Sanhedrin of the Cologne Mani Codex in Light of Second Temple Jewish Sectarian Sources. P. 83.

[10] Tardieu. P. 16.

[11] Ibid. P. 18.

[12] The Story of the Death of Mani, in The Gnostic Bible, ed. Willis Barnstone and Marwin Meyer. Boston and London, 2011. P. 597.

[13] Francis Crawford Burkitt. The Religion of the Manichees, Cambridge University Press, 1925. P. 273.

[14] The Gnostic Bible. P. 578.

[15] Burkitt. The Religion of the Manichees. P. 272.

[16] Евсевий Кесарийский. Церковная история, 3, 1, 1–3.

[17] Иосиф Флавий. Иудейская война. 7, 10, 1.

[18] Apocalypse of Elijah // James H. Charlesworth. The Old Testament Pseudepigrapha. Vol. 1, 1983.

[19] Филон Александрийский. О созерцательной жизни, 2.

[20] Там же. 25.

[21] Там же. 12.

[22] Там же. 28–29.

[23] Robert Stahl. Les Mandéens et les Origines Chrétiennes. Paris, 1930.

[24] G. R. S. Mead. Gnostic John the Baptizer. Watkins, London, 1924. P. 71.

[25] Robert Eisler. Jesus Messiah. P. 319.

[26] John's birth. Upbringing and First Apperance. § 32 // G. R. S. Mead. Gnostic John the Baptizer.

[27] Ibid.

[28] Portents at John's Birth, § 18 — там же.

[29] Ibid.

[30] E. S. Drower, ed. The Haran Gawaita and the Baptism of Hibil-Ziwa. Citta del Vaticano, 1953. P. 4.

[31] Ibid. P. 5–6.

[32] Ibid. P. 7.

[33] John's birth. Upbringing and First Apperance. § 32 // G. R. S. Mead. Указ. соч.

[34] E. S. Drower. Op. cit. P. 7.

[35] Ibid.

[36] John's Invulnerability. § 27 // G. R. S. Mead. Указ. соч.

[37] E. S. Drower. Op. cit. P. 7.

[38] John the Ascetic. § 21 // G. R. S. Mead. Указ. соч.

[39] John and the Baptism of Jesus. § 30 // G. R. S. Mead. Указ. соч.

[40] E. S. Drower. Op. cit. P. 4.

[41] Ibid.

[42] Ibid. P. 7.

[43] Ibid. P. 8.

[44] Ibid. P. 9.

[45] Wilhelm Brandt. Die mandäische religion, Leipzig, 1889. S. 155.

[46] C. H. Kraeling. The Origin and Antiquity of the Mandeans. *Journal of the American Oriental Society.* Vol. 49 (1929). P. 203.

[47] Bart Ehrman. Misquoting Jesus, 188.

[48] Иосиф Флавий. Иудейские древности, 20, 8, 10.

[49] Иосиф Флавий. Иудейская война, 6, 5, 2.

[50] G. Quispel. The Discussion of Judaic Christianity. Vigiliae Christianae. Vol. 22, No. 2 (Jun., 1968). P. 88.

[51] Christelle Jullien, Florence Jullien. Aux frontières de l'iranité: <<nāṣrāyē>> et <<krīstyonē>> des inscriptions du mobad Kirdīr. Enquête littéraire et historique. Numen. Vol. 49, No. 3 (2002). P. 286–287.

[52] H. W. Bailey. Note on the religious sects mentioned by Kartir (Karder) // The Cambridge history of Iran iII/2. Cambridge: Cambridge University Press, 1983. 907–8.

[53] Schlomo Pines. The Jewish Christians of the Early Centuries of Christianity according to a New Source. Israel Academy Proceedings, II, 13. P. 25.

[54] Pines. P. 5.

[55] Ibid. P. 15.

[56] Ibid.

[57] Ibid.

[58] Patricia Crone. Jewish Christianity and the Qurʾān (Part One). Journal of Near Eastern Studies. Vol. 74, No. 2 (October 2015). P. 225–253.

[59] Коран. 64:14.

[60] Jerome // Esaiam, prol. 65, цит. по: A. F. J. Klijn. Jewish-Christian Gospel Tradition. Brill, 1992. P. 122. Та же идея содержалась в тексте, который Ориген называет «Доктриной Петра». «В нем Спаситель кажется говорящим своим ученикам: «Я не демон без тела». Origen. de Principiis, prooem. 8, цит. по: A. F. J. Klijn. P. 122.

[61] Jerome, de viris illustribus, 2, цит. по: A. F. J. Klijn. P. 80.

[62] Origen, comm. // Johannem, II, 12; Hom. // Jeremiam, XV, 4; Jerome. Comment // Esaiam, цит. по: A. F. J. Klijn. P. 52–53.

[63] The Gospel of Philip. Mary Conceiving (55, 23–33), The Nag Hammadi Scriptures. P. 164.

[64] Jerome // Esaiam, XI.1–3, цит. по: A. F. J. Klijn. P. 98.

[65] Jerome // Matthaeum, 21, 15–16, цит. по: A. F. J. Klijn. P. 137.

[66] Юстин Мученик. Диалог с Трифоном иудеем. Гл. 5.

[67] Там же. Гл. 80.

[68] Ириней Лионский. Против ересей, 5, 32, 1.

[69] Юстин Мученик. Апология, 11.

Глава 10. Славянский Иосиф

[1] Иосиф Волоцкий. «Просветитель, или Сказание о новой ереси новгородских еретиков: Алексея протопопа, Дениса попа, Федора Курицына и других, то же исповедующих». М.: Институт русской цивилации, 2011. С. 23.

[2] Соловьев С. М. История России с древнейших времен. М.: Мысль, 1989. Т. 5. С. 179.

[3] Иосиф Волоцкий. Просветитель.

[4] Там же.

[5] Соловьев С. М. История России. Т. 5. С. 183.

[6] Там же. С. 184.

[7] Соловьев С. М. История России с древнейших времен. Т. 5. С. 180.

[8] Послание архиепископа Новгородского Геннадия собору епископов. 1490 г., октябрь, 5–6.

[9] Соловьев С. М. История России с древнейших времен. Т. 5. С. 185.

[10] Иосиф Флавий. Иудейские древности, 18, 1, 4.
[11] Josephus Flavius. Vita, 3.
[12] Ibid.
[13] Ibid.
[14] Тацит. Анналы, 13, 32.
[15] Дион Кассий. История, 67, 14.
[16] Josephus Flavius. Vita, 14.
[17] Ibid. 12.
[18] Ibid. 13.
[19] Ibid. 26; Иосиф Флавий. Иудейская война, 2, 21, 3.
[20] Josephus Flavius. Vita, 26.
[21] Ibid. 30; Иосиф Флавий. Иудейская война, 2, 21, 5.
[22] Иосиф Флавий. Иудейская война, 2, 21, 10.
[23] Там же.
[24] Josephus Flavius. Vita, 6.
[25] Иосиф Флавий. Иудейская война, 3, 8, 3.
[26] Robert Eisler. Jesus Messiah. P. 201.
[27] Иосиф Флавий. Иудейская война, 7, 11, 4.
[28] R. Travers Hertford. Christianity in Talmud and Midrash. P. 132.
[29] b Gittin 56b-57a.
[30] Иосиф Флавий. Иудейская война, предисловие, 4.
[31] Там же. 1.
[32] Тацит. История, 5, 9.
[33] Иосиф Флавий. Иудейская война, 7, 10, 3.
[34] Светоний. Божественный Клавдий, 25.
[35] Иосиф Флавий. Иудейские древности, 19, 7, 5.
[36] Там же. 20, 1, 1.
[37] Там же.
[38] Иосиф Флавий. Иудейская война, 2, 11, 6.
[39] Дион Кассий. Римская история, 66, 8.
[40] Иосиф Флавий. Иудейская война, 2, 13, 3.
[41] Иосиф Флавий. Иудейские древности, 20, 8, 5.
[42] Robert Eisler. The Messiah Jesus and John the Baptist, New York, 1931. P. 148.
[43] Ibid. P. 163.
[44] Ibid. P. 164.
[45] Мещерский Н. А. «История Иудейской войны» Иосифа Флавия в древнерусском переводе, 1, 20, 4. М., 1958.
[46] Там же. 1, 32, 9.
[47] Там же. 5, 6, 4.
[48] Там же. С. 61.

[49] Иосиф Флавий. Иудейские древности, 14, 3, 2.

[50] Иосиф Флавий. Иудейская война, 1, 12, 5.

[51] Там же. 1, 12, 7.

[52] Там же. 1, 14, 4.

[53] Там же. 1, 18, 2.

[54] Иосиф Флавий. Иудейские древности, 14, 9, 4; 15, 1, 1.

[55] Baba Bathra 3b-4a.

[56] Иосиф Флавий. Иудейская война, 1, 19, 3; Иосиф Флавий. Иудейские древности, 15, 5, 2.

[57] Мещерский А. Н. Указ. соч., 1, 19, 2, М., 1958. С. 200.

[58] Там же. С. 201.

[59] Тертуллиан. Против еретиков, 1.1.

[60] Панарион. 1.20.1,1.

[61] James Hamilton Charlesworth. Who Claimed Herod was "The Christ"? Eretz–Israel: Archaeological, Historical and Geographical Studies, Ehud Netzer volume, 2015. P. 29–39.

[62] Charles Sandy Brenner. Herod the Great Remains True to Form. Near Eastern Archaeology. Vol. 64, No. 4 (Dec., 2001). P. 212–214.

[63] Иосиф Флавий. Иудейские древности, 19, 8, 2.

[64] James Hamilton Charlesworth. Who Claimed Herod was "The Christ"? Eretz–Israel: Archaeological, Historical and Geographical Studies, Ehud Netzer volume, 2015. P. 33.

[65] Deanne Williams. The French Fetish From Chaucer to Shakespeare. Cambridge University Press. P. 58.

[66] Иосиф Флавий. Иудейская война, 1, 18, 5; Иосиф Флавий. Иудейские древности, 15, 4, 1.

[67] Мещерский А. Н. Указ. соч., с. 199.

[68] Иосиф Флавий. Иудейские древности, 17, 2, 4.

[69] Иосиф Флавий. Иудейская война 1, 33, 5.

[70] Иосиф Флавий. Иудейские древности, 17, 66, 3.

[71] Иосиф Флавий. Иудейская война, 1, 33, 2.

[72] Иосиф Флавий. Иудейские древности, 17, 6, 2.

[73] Там же. 17, 6, 3.

[74] Мещерский А. Н. Указ. соч., 1, 33, 2. С. 239.

[75] Там же.

[76] Иосиф Флавий. Иудейская война, 2, 4, 1; Иудейские древности, 17, 10, 5.

[77] Иосиф Флавий. Иудейская война, 2, 5, 1; Иудейские древности, 17, 10, 9.

[78] Иосиф Флавий. Иудейская война, 2, 8, 1.

[79] Иосиф Флавий. Иудейский древности, 18, 1, 1.

[80] Мещерский А. Н. Указ. соч., 2, 7, 2.

[81] Там же.

[82] Там же. 2, 9, 5.

[83] Иосиф Флавий. Иудейские древности, 18, 1, 6.

[84] Там же.

[85] Robert Eisler. The Messiah Jesus and John the Baptist. P. 236.

[86] Ibid.

[87] Епифаний. Панарион, 30, 13, 5.

[88] Мещерский А. Н. Указ. соч., 2, 9, 5.

[89] Hyppolytus of Rome. Refutation Of All Heresies, 9, 21 // Ante-Nicene Fathers. Vol. 5 / Edited by Alexander Roberts, James Donaldson and A. Cleveland Coxe. Buffalo, NY: Christian Literature Publishing Co., 1886.

[90] Иосиф Флавий. Иудейские древности, 18, 5, 1.

[91] Там же. 18, 6, 4.

[92] Там же. 18, 5, 2.

[93] Там же. 18, 1, 6.

[94] Цит. по: Peter Schafer. Jesus in the Talmud. P. 54.

[95] Ibid. P. 60.

[96] Иосиф Флавий. Иудейская война, 2, 9, 3.

[97] Там же. 2, 9, 4.

[98] Иосиф Флавий. Иудейские древности, 18, 3, 3.

[99] Мещерский А. Н.. Указ. соч. С. 259–260.

[100] Robert Eisler. The Messiah Jesus and John the Baprist. P. 461.

[101] Ibid. P. 386.

[102] The Acts of Thomas, 9, 101, 8.

[103] The Acts of Philip, 2, 18.

[104] The Acts of Andrew, 18c, 10.

[105] Recognitions of Clement, 10, 56.

[106] Иосиф Флавий. Иудейская война, 2, 13, 5.

[107] Там же. 2, 11, 6.

[108] Мещерский А. Н. Указ. соч., 2, 11, 4. С. 264–265.

[109] «Учитель сказал: Иисус Назорей занимался колдовством и обманывал и совратил Израиль». b Sanh 107b, b Sot 47a.

[110] Иосиф Флавий. Иудейская война, 2, 13, 4.

[111] Иосиф Флавий. Иудейские древности, 20, 5, 1.

[112] Иосиф Флавий. Иудейская война, 6, 5, 4.

[113] Мещерский А. Н. Указ. соч., 6, 5, 4. С. 422.

[114] Там же. С. 62.

[115] Robert Eisler. Jesus Messiah. P. 551.

[116] Josephus, with an English Translation by H. ST. J. Thackeray, The Loeb Classical Library.

[117] John Martin Creed. The Slavonic Version of Josephus' History of the Jewish War. The Harvard Theological Review. Vol. 25, No. 4 (Oct., 1932). P. 318.

[118] Solomon Zeitlin. The Hoax of the «Slavonic Josephu». The Jewish Quarterly Review. Vol. 39, No. 2 (Oct., 1948). P. 179.

[119] Мещерский А. Н. Указ. соч. С. 65.

[120] Там же. С. 69.

[121] Peter Schafer. The Origins of Jewish Mysticism. Princeton University press, 2009. P. 77.

[122] Тихонравов Н. С. Памятники Отечественной Русской литературы. Т. 1. Санкт-Петербург, 1863.

[123] Etienne Nodet. Le texte slavon de la Guerre // H. St. J. THACKERAY. Flavius Josephe: l'homme et l'historien (trans. Etienne NODET; Paris: Le Cerf, 2000). P. 129–247.

[124] Alessandro Falcetta. THE LOGION OF MATTHEW 11:5–6 PAR. FROM QUMRAN TO ABGAR Revue Biblique. Vol. 110, No. 2 (AVRIL 2003). P. 222–248.

[125] James Hamilton Charlesworth. Who Claimed Herod was "The Christ"? Eretz–Israel: Archaeological, Historical and Geographical Studies. Ehud Netzer volume, 2015. P. 29–39.

[126] Иосиф Флавий. Иудейские древности, 18, 1, 6.

[127] Robert Eisler. The Messiah Jesus and John the Baptist. P. 231.

[128] В русском переводе Еноша зовут Еносом.

[129] E. S. Drower. The Canonical Prayerbook of the Mandaeans Leiden, 1959. The Book of Souls, ch 77. P. 80.

Глава 11. Необыкновенные приключения Еноха

[1] Диоген Лаэрций. Жизни, 7, 66–68.

[2] Дионисий Галикарнасский. Римские древности, 1, 64, 4.

[3] Овидий. Fasti, 2 481–509.

[4] Дион Кассий. Римская история, 56, 36, 4–5.

[5] Коран, 21, 86.

[6] Sahih Muslim, 1:309; 1:314.

[7] M. E. Stone. Armenian Apocrypha Relating to Adam and Eve, SVTP 14. Leiden, Brill, 1996, P. 151.

[8] Ibid.

[9] Ibid. P. 200.

[10] Иосиф Флавий. Иудейские древности, 1, 2, 3.

[11] Yarbro Collins. Women's History and the Book of Revelation // SBLSP 1987 (ed. K. H. Richards). Atlanta: Scholars, 1987. P. 89.

[12] George W. E. Nickelsburg. Enoch, Levi and Peter: Recipients of Revelation in Upper Galilee, Journal of Biblical Literature. Vol. 100, No. 4 (Dec., 1981). P. 582.

[13] Review of The Roman Temple Complex at Horvat Omrit / An Interim Report edited by J. Andrew Overman and Daniel N. Schowalter. BAR S2205 (2011).

[14] George W. E. Nickelsburg. 1 Enoch 1. A Commentary on the Book of 1 Enoch, 1–36; 81–108, Minneapolis: Fortress, 2001.

[15] The Testament of Levi, 2:5; R. H. Charles. The Testaments of the Twelve Patriarchs, with introduction, notes, and indices. London. Adam and Charles Black. 1908.

[16] George W. E. Nickelsburg, Enoch, Levi, and Peter: Recipients of Revelation in Upper Galilee. Journal of Biblical Literature. Vol. 100, No. 4 (Dec., 1981). P. 593.

[17] Mark Lidzbarski. Ginza. Der Schatz oder Das große Buch der Mandäer. Gottingen, 1925. S. 270.

[18] W. B. Henning. The Book of the Giants, BSOAS11 (1943–46), 68.

[19] Ibid.

[20] J. T. Milik. Problemes de la litterature henochique a la lumiere des fragments arameens de Qumran. HTR, 64, 1971, 333–378.

[21] Эта глава посвящена Еноху, а не всему Кумрану. Полный и подробный разбор датировок кумранских текстов, включая радиоуглеродные, мы отложим до следующей книги.

[22] George W. E. Nickelsburg. Apocalyptic and Myth in 1 Enoch 6–11. Journal of Biblical Literature. Vol. 96, No. 3 (Sep., 1977). P. 391.

[23] Иосиф Флавий. Иудейские древности, 16, 9, 1.

[24] Юстин Мученик. Диалог с Трифоном иудеем, 79.

[25] См., например: Henry Hayman. The Book of Enoch in Reference to the New Testament and Early Christian Antiquity. *The Biblical World*. Vol. 12, No. 1 (Jul., 1898). P. 37–46.

[26] W. B. Henning. The Book of the Giants, BSOAS11 (1943–46). P. 68.

[27] 2-я Еноха цитируется по переводу Л. М. Навтанович // Библиотека литературы Древней Руси. Т. 3 / под ред. Д. С. Лихачева, Л. А. Дмитриева, А. А. Алексеева, Н. В. Понырко. СПб.: Наука, 1999.

Поскольку в переводе Навтанович отсутствует нумерация, она дается так, как принято в англоязычных изданиях.

[28] Peter Schafer. P. 81.

[29] Цит. по: 2 Enoch // Paul C. Schnieders. The Books of Enoch, USA, 2012. К сожалению, в списке, с которого осуществлен перевод Навтанович, данный важнейший фрагмент отсутствует.

[30] Peter Shafer. Jewish Jesus. P. 77.

[31] C. Rowland. The Open Heaven. P. 338.

[32] John's birth. Upbringing and First Apperance, § 32 // G. R. S. Mead. Gnostic John the Baptizer; E. S. Drower / ed. The Haran Gawaita and the Baptism of Hibil-Ziwa. P. 6.

[33] Ibid., в обеих.

[34] John's birth. Upbringing and First Apperance, § 32 // G. R. S. Mead. Gnostic John the Baptizer.

[35] E. S. Drower, ed. The Haran Gawaita and the Baptism of Hibil-Ziwa, Citta del Vaticano, 1953. P. 7.

[36] Там же.

[37] John's Invulnerability, § 27 // G. R.S. Mead. Gnostic John the Baptizer.

[38] E. S. Drower, ed. The Haran Gawaita and the Baptism of Hibil-Ziwa, Citta del Vaticano, 1953. P. 7.

[39] Ibid. P. 8.

[40] Haran Gawaitha. P. 9.

[41] Mark Lidzbarski. Der Ginza oder das grosse Buch der Mandaer. Vandenhoeck & Ruprecht, Göttingen, 1925, II, 136. S. 48.

[42] Ibid.

[43] Wilhelm Brandt Die mandäische religion, Leipzig, 1889. S. 153–155.

[44] Ibid. P. 152.

[45] The Haran Gawaita. P. 8.

[46] Иосиф Флавий. Иудейская война, 26 8, 14.

[47] Климент Александрийский. Строматы. 1, XXIII, 153, 1.

[48] Jerome. Adv Pelagianos III 2, цит. по: A. F. J. Klijn, Jewish-Christian Gospel Tradition. Brill, Leiden, 1992. P. 103.

[49] J.-M. Rosenstiel. L'Apocalypse d'Elie. Paris, Geuthner, 1972.

[50] Все цитаты из «Апокалипсиса Илии» приводятся по изданию: Apocalypse of Elijah // James H. Charlesworth The Old Testament Pseudepigrapha. Vol. 1, 1983.

[51] Richard Bauckham. The Martydrom of Enoch and Elijah: Jewish or Christian? Journal of Biblical Literature. Vol. 95, No. 3 (Sep., 1976). P. 452.

[52] Ibid. P. 455–456.

[53] Ibid.

[54] Hippolitus of Rome. On Daniel, 22, On Christ and Antechrist, 43.

[55] Тертуллиан. О душе, 50.

[56] Old Testament Pseudepigrapha: More Noncanonical Scriptures, Richard Bauckham, James Davila, Alex Panayotov. Vol. 1, 217.

[57] Ps-Hippolytus. De Consummatione Mundi, 29. From Ante-Nicene Fathers. Vol. 5 / Edited by Alexander Roberts, James Donaldson and A. Cleveland Coxe. Buffalo, NY: Christian Literature Publishing Co., 1886.

Заключение

[1] Origen. Comm. on John. 2.31.

[2] Юстин Мученик. Диалог с Трифоном иудеем. Гл. 5.

Научно-популярное издание

Латынина Юлия

ХРИСТОС С ТЫСЯЧЬЮ ЛИЦ

Ответственный редактор *В. Ильин*
Художественный редактор *А. Аверьянов*
Технический редактор *Г. Романова*
Компьютерная верстка *В. Никитина*
Корректор *И. Анина*

ООО «Издательство «Эксмо»
123308, Москва, ул. Зорге, д. 1. Тел.: 8 (495) 411-68-86.
Home page: www.eksmo.ru E-mail: info@eksmo.ru
Өндіруші: «ЭКСМО» АҚБ Баспасы, 123308, Мәскеу, Ресей, Зорге көшесі, 1 үй.
Тел.: 8 (495) 411-68-86.
Home page: www.eksmo.ru E-mail: info@eksmo.ru.
Тауар белгісі: «Эксмо»
Интернет-магазин : www.book24.ru

16+

Интернет-магазин : www.book24.kz
Интернет-дүкен : www.book24.kz
Импортёр в Республику Казахстан ТОО «РДЦ-Алматы».
Қазақстан Республикасындағы импорттаушы «РДЦ-Алматы» ЖШС.
Дистрибьютор и представитель по приему претензий на продукцию,
в Республике Казахстан: ТОО «РДЦ-Алматы»
Қазақстан Республикасында дистрибьютор және өнім бойынша арыз-талаптарды қабылдаушының өкілі «РДЦ-Алматы» ЖШС,
Алматы қ., Домбровский көш., 3«а», литер Б, офис 1.
Тел.: 8 (727) 251-59-90/91/92; E-mail: RDC-Almaty@eksmo.kz
Өнімнің жарамдылық мерзімі шектелмеген.
Сертификация туралы ақпарат сайтта: www.eksmo.ru/certification

Сведения о подтверждении соответствия издания согласно законодательству РФ о техническом регулировании можно получить на сайте Издательства «Эксмо»
www.eksmo.ru/certification
Өндірген мемлекет: Ресей. Сертификация қарастырылмаған

Подписано в печать 18.10.2019. Формат $84x108^1/_{32}$.
Гарнитура «CharterITC». Печать офсетная. Усл. печ. л. 30,24.
Тираж 25 000 экз. Заказ 10690.

Отпечатано с готовых файлов заказчика
в АО «Первая Образцовая типография»,
филиал «УЛЬЯНОВСКИЙ ДОМ ПЕЧАТИ»
432980, Россия, г. Ульяновск, ул. Гончарова, 14

ISBN 978-5-04-101544-2